W0348012

RETROUVER LA FORCE DE L'AMOUR

© 2008, Les Éditions du Relié,
84220 Gordes - France

ISBN : 978-2-286-04705-4

Toute traduction ou toute reproduction par quelque
procédé que ce soit sont interdites pour tous pays.

RETROUVER LA FORCE DE L'AMOUR

en libérant le couple et la sexualité des pièges de l'inconscient

sous la direction de Danielle et Claude Allais

Collaborateurs principaux
Danielle et Claude Allais, psychanalystes et psychothérapeutes
Nicole et Alain Faucher, psychanalystes et psychothérapeutes

Autres collaborateurs
Edwige et Gérard Béthune, psychanalystes et psychothérapeutes
Sylvie Laurent, psychanalyste et psychothérapeute
Michèle et Joël Nicolas, psychanalystes et psychothérapeutes

Le grand livre du mois

Remerciements

Nous remercions Nadine et Thierry Chantepie, Angeles et Patrick Féliot, Claire et Pascal Housiau, tous analystes de couple, qui ont apporté leurs contributions à l'étude des témoignages.

Un grand merci aux couples qui, après avoir suivi une analyse avec nous, ont accepté d'en témoigner et ont recherché dans leurs journaux d'analyse des extraits pour illustrer leur cheminement.

Nos remerciements vont aussi à Dominique Gildas qui a su améliorer la lisibilité et le style de certains passages de ce livre.

Merci aussi aux nombreux amis qui ont lu le manuscrit de cet ouvrage et nous ont fait part de leurs suggestions.

Enfin, cet ouvrage ne serait pas ce qu'il est sans tous les couples qui nous ont fait confiance et qui ont suivi avec nous une analyse de couple. Si cette analyse leur a permis de construire une meilleure relation amoureuse, elle a été pour nous depuis des années un terrain d'étude précieux pour mieux connaître les pièges de l'amour et apprendre à les déjouer.

Avant-propos

Ce livre comprend deux parties principales. La première décrit les bases psychologiques et biologiques de la relation amoureuse et expose en détail les dangers qui la menacent. Nous savons tous qu'il est difficile de maintenir l'amour entre un homme et une femme, et que de très nombreux couples se séparent après quelques temps de vie commune. De multiples facteurs détruisent l'amour et s'enracinent pour beaucoup dans l'inconscient de la personne. C'est pourquoi il est nécessaire de comprendre la partie inconsciente de la relation amoureuse. Nous avons essayé de la décrire de la façon la plus simple possible, en donnant de nombreux exemples.

Cette première partie se termine par une description détaillée des méthodes qui peuvent aider le couple à cultiver ou restaurer la relation amoureuse.

La seconde partie de cet ouvrage est d'ordre pratique. Elle décrit longuement, en s'appuyant sur des témoignages écrits par les conjoints, l'évolution de plusieurs couples ayant vécu des difficultés amoureuses et sexuelles, souvent importantes, et qui ont réussi à rétablir leur union en se servant des méthodes exposées dans la première partie du livre. La description précise de leur évolution permet de voir, de façon vivante et compréhensible, comment les pièges de l'inconscient fonctionnent pour détruire l'amour dans le couple et comment on peut les déjouer en prenant conscience de leurs mécanismes.

Note pour le lecteur :
chacun peut lire les chapitres dans l'ordre qu'il préfère…

Bien que les chapitres de ce livre se suivent dans un ordre logique, ils ont été écrits de façon à pouvoir être lus indépendamment les uns des autres. On peut donc, si on le désire, commencer par ce qui intéresse le plus et sauter certaines parties, quitte à y revenir plus tard.

Les lecteurs très intéressés par l'aspect pratique peuvent commencer directement par la deuxième partie du livre.

Enfin, la conclusion constitue un bon résumé de l'ensemble. On peut donc s'y référer si l'on veut avoir une vue générale du contenu du livre.

Retrouvez les auteurs de ce livre sur le site
www.psy-couple.fr

Introduction

L'amour est le sentiment le plus agréable qui soit. De tout temps, de multiples ouvrages de littérature ont chanté les louanges de cet état délicieux. Cependant, la description des difficultés de la relation amoureuse occupe encore beaucoup plus de place dans la littérature que celle de ses délices. L'amour ne dure pas, il s'affadit ou fluctue selon les humeurs des amants et finit souvent par disparaître complètement. Se pose alors la question suivante : peut-on protéger l'amour et lui redonner sa vitalité originelle ?

Pour répondre à cette question il est nécessaire de trouver l'origine des fluctuations amoureuses. Pour cela, il faut faire une plongée dans le psychisme de l'être humain et découvrir quels sont les mécanismes qui ruinent l'amour. On s'aperçoit alors que ce qui crée et détruit l'amour n'est pas aussi mystérieux que le veut la légende et toute personne qui le désire vraiment peut rompre le maléfice et faire durer ce qu'elle aime.

Ce sont des forces inconscientes complexes, liées à la dépendance et à l'agressivité, qui détruisent l'amour chez les êtres humains

Consciemment nous voulons tous maintenir une bonne relation avec notre conjoint. Si nous n'y parvenons pas, c'est que des forces inconscientes complexes, liées à l'attirance, la dépendance et l'agressivité, créent et détruisent l'amour chez les humains. S'il n'en était pas ainsi nous serions tous capables de faire durer l'amour aussi longtemps que nous le désirons.

La gestion de ces trois forces conflictuelles : attirance, dépendance et agressivité est très difficile. Leurs interactions font naître des sentiments ambivalents violents : possessivité, jalousie, ressentiment, culpabilité, etc., dont la gestion, plus ou moins chaotique, est effectuée par l'inconscient. Sans une évolution consciente majeure, l'adulte reste, comme l'enfant, incapable de gérer consciemment tous ces conflits de désirs et de sentiments. C'est ce qui explique le drame ou le désappointement que vivent beaucoup de couples amoureux. Nous verrons dans ce livre ce qui peut être fait pour mieux gérer ces mécanismes destructeurs de l'amour.

À l'heure actuelle on se met en couple par amour : c'est une révolution par rapport aux époques précédentes, mais cela augmente la fragilité du couple

Jusqu'à une époque récente, amour et couple étaient deux domaines séparés. Il arrivait bien sûr que les membres d'un couple vivent une relation amoureuse épanouissante, mais cela était loin d'être la règle. Très souvent les conjoints ne se choisissaient même pas. Les mariages étaient arrangés par les parents et le couple était surtout considéré comme un contrat alliant deux familles dans un but de procréation et de gestion du patrimoine.

Bien qu'en Occident ces règles se soient assouplies depuis déjà un certain temps, il n'en est pas moins vrai que, dans les esprits, le couple a été longtemps considéré comme un contrat qui reposait sur des bases autres que le lien amoureux. En conséquence, l'union libre et le divorce étaient soit interdits soit mal vus. Depuis environ trente ans, il s'est produit une révolution silencieuse dans ce domaine. En France, entre 1972 et 2000, le nombre des cohabitations en union libre a été décuplé et le nombre des divorces a doublé [1]. Comme les statistiques des divorces ne concernent que les couples mariés, on peut penser que le nombre des ruptures d'unions libres a suivi aussi une forte augmentation. Cela veut dire que de nos jours on entre dans le couple et on en sort d'une façon beaucoup plus informelle et rapide qu'avant.

Ce changement est dû à deux facteurs principaux. D'une part,

1 BRENOT, Philippe, *Inventer le couple*, Paris, Odile Jacob, 2001, p.102.

la législation est devenue beaucoup plus libérale, d'autre part les fonctions du couple ont changé. Nous ne nous mettons plus en couple uniquement afin d'avoir des enfants et d'aider à la gestion d'un patrimoine familial, en oubliant nos besoins affectifs. À notre époque, l'amour et l'intimité passent au premier plan. C'est certainement un progrès au niveau du respect des choix de l'individu, mais il en résulte une plus grande fragilité du couple car le sentiment amoureux est instable.

QUELLE STRATÉGIE ADOPTER POUR VIVRE UNE RELATION AFFECTIVE SATISFAISANTE ?

Jusqu'à une époque récente, le couple remplissait essentiellement des fonctions économiques et sociales. Pour atteindre ce but il était nécessaire que le couple soit stable. Par contre, les sentiments amoureux étaient bien sûr aussi instables que de nos jours. Il en résultait généralement une très grande insatisfaction affective des conjoints. La solution à ce problème était simple : ou bien les conjoints restaient frustrés ou bien ils vivaient leurs sentiments amoureux en dehors du couple en prenant une maîtresse ou un amant. Dans tous les cas, la façade du couple restait impeccable. Il faut ajouter que dans la majorité des sociétés il y avait une forte inégalité entre les hommes et les femmes : l'adultère féminin était souvent sévèrement puni, tandis que l'adultère masculin allait plus ou moins de soi.

Actuellement, il est admis que le couple n'a plus à être stable et l'on tend à vivre en couple de façon temporaire afin de pouvoir se séparer quand la relation affective se détériore. Une question se pose alors : est-ce que le couple suivant sera meilleur que le précédent ? Rien n'est moins sûr, sinon que l'on repart sur une base plus neutre avec un nouveau partenaire. Il est relativement facile dans la société actuelle de retrouver un partenaire, mais il n'est pas certain qu'il sera plus adapté à nous que le précédent. Par ailleurs, a-t-on appris quelque chose sur soi qui va rendre le prochain couple plus facile que l'ancien ? Ce n'est pas certain non plus. La séparation répétée n'est peut être pas la solution à rechercher systématiquement. De plus, elle risque souvent de provoquer des perturbations dans la relation aux enfants.

Une autre façon de procéder, qui est celle que nous décrivons dans ce livre, consiste à donner un sursis au couple actuel qui connaît des difficultés, et à prendre le temps d'examiner en profondeur pourquoi la relation ne marche plus. Cette solution a un gros avantage : elle permet aux conjoints d'apprendre à se connaître eux-mêmes et de cerner beaucoup plus finement à la fois leurs besoins et ceux de leur partenaire. On constate, en effet, que l'amour échoue presque toujours parce que les personnes dans leur très grande majorité ne se connaissent que très imparfaitement et qu'elles comprennent mal leur partenaire, bien qu'elles aient consciemment l'impression du contraire. C'est pourquoi changer de partenaire est souvent un leurre. En dehors de l'avantage de remettre les compteurs à zéro, on risque de se retrouver assez rapidement devant un nouvel échec amoureux. Après quelques échecs de ce type, on en vient souvent à rester avec l'autre par lassitude, car on ne sait pas comment trouver l'amour de façon stable.

Prendre du temps pour examiner ce qui ne va pas dans le couple implique que l'on soit prêt à se remettre soi-même en question. Il faut de plus que les deux partenaires soient d'accord pour entreprendre conjointement une démarche commune. C'est une question délicate, car on constate que lorsque le couple pose problème il devient de plus en plus difficile de se mettre d'accord. Au fur et à mesure que la relation se dégrade, la décision d'examiner réellement ce qui ne va pas dans le couple est sans cesse remise à plus tard, jusqu'à ce qu'il soit trop tard pour aboutir à autre chose que la séparation.

Examiner pourquoi son couple va mal, essayer de voir comment il est possible de retrouver une réelle satisfaction, et même très souvent découvrir une relation beaucoup plus nourrissante que ce que l'on a jamais connu, n'est pas une décision facile à prendre. Il y a la peur de l'inconnu. Et si cela allait plus mal qu'on ne le pense ? Et si je découvrais que l'autre ne me convient pas ? Et si je m'apercevais que je suis le principal responsable de l'échec du couple ? Toutes ces questions sont anxiogènes et tendent à repousser la décision de faire quelque chose pour le couple.

Par ailleurs, consulter signifie pour beaucoup que l'on n'est pas « normal ». Si l'on était normal, il n'y aurait pas de problème de couple. On se débrouillerait tout seul, comme d'autres personnes que l'on connaît. Cette façon de penser omet deux faits fondamentaux. D'une part, à l'heure actuelle, plusieurs millions de personnes en France bénéficient d'une aide psychologique et s'en disent satisfaits [2]. D'autre part, maintenir une relation amoureuse optimale est extrêmement difficile et beaucoup de gens qui croient le faire se cachent en fait les difficultés du couple en se voilant simplement la face. Consulter au sujet du couple n'est donc pas un signe d'anormalité. Le psychanalyste J.-G. Lemaire indique très justement que les personnes qui viennent consulter en couple ne sont pas plus perturbées que le reste de la population [3].

L'analyse relationnelle du couple

Ce livre défend la thèse selon laquelle beaucoup de couples peuvent, en élucidant les causes inconscientes de leurs difficultés, vivre une relation amoureuse pleine et stable, souvent bien meilleure que celle qu'ils ont connue jusqu'alors.

Il peut y avoir dans un couple des causes conscientes à la médiocrité de la vie affective, mais la base fondamentale du mal-être vient de conflits inconscients dans l'esprit de chacun des deux partenaires. S'il n'en était pas ainsi, pourquoi ne suffirait-il pas d'un peu de bonne volonté pour améliorer les choses ? Or ce n'est pas le cas. Les magazines féminins regorgent de conseils, souvent judicieux, pour améliorer le couple. Si ces conseils ne marchent pas à long terme, c'est parce que des forces inconscientes s'opposent à leur application. On verra souvent dans les témoignages donnés dans ce livre que les mêmes conseils, qui n'avaient jusque-là amené aucun résultat tangible et avaient été abandonnés pour cette raison, se mettent brusquement à marcher une fois que les blocages inconscients ont été levés.

Travailler sur ces blocages inconscients requiert une analyse, si l'on prend ce mot dans son acception la plus large : celle d'une exploration de l'inconscient. Dans l'esprit du public, l'analyse a acquis un sens restreint qui est celui d'une méthode particulière d'étude de l'inconscient : l'analyse sur le divan. Ce sens restreint ne

2 « Sondage CSA : Les Français et les psychothérapies », *Psychologies*, septembre 2006.
3 Lemaire, J.-G, *Le Couple : sa vie, sa mort*, Paris, Payot, 1986 p. 29.

s'applique pas au couple, car l'analyse d'une relation de couple nécessite une autre approche que celle de l'analyse sur le divan. Nous la décrivons dans ce livre. Elle comprend une partie analytique verbale, une partie psychocorporelle et une partie comportementale. Nous la désignons dans le livre sous le terme d'« analyse relationnelle du couple », quelquefois résumé pour une simplification d'écriture en « analyse du couple » ou « analyse de couple ». On trouvera aussi parfois « analyse en couple », puisque l'objet de l'analyse est l'inconscient des deux partenaires à l'œuvre dans la relation de couple.

Un point important concernant l'analyse du couple est de pouvoir dépasser le conflit entretenu par les écoles de psychologie entre l'analyse d'une part et les thérapies cognitivo-comportementales d'autre part. Ce conflit a fait récemment couler beaucoup d'encre, pour ou contre ces deux approches jugées antagonistes par certains de leurs défenseurs respectifs. Mais il est rare que la vérité se trouve à un extrême. En réalité, la synergie de ces méthodes, là où elles sont utiles, est une meilleure solution que leur opposition. Dans le cas du couple, il est clair que ces deux approches sont l'une et l'autre extrêmement fructueuses. L'analyse permet de voir et de lever les blocages inconscients et l'approche comportementale permet d'accélérer la disparition des comportements négatifs dans le couple et leur remplacement par des comportements positifs. Nous utilisons ces deux approches de façon complémentaire depuis plus de vingt ans avec succès et notre expérience nous montre qu'il ne faut pas les opposer, mais les unir. Un autre point important est l'inclusion d'une approche psychocorporelle. Le corps est le grand absent de l'analyse classique. C'est regrettable, car il est à la fois source de connaissance de l'inconscient et base de l'énergie de la personne.

On trouvera aussi dans ce livre quelques indications sur la biologie de la relation amoureuse. C'est inhabituel dans un ouvrage sur l'inconscient et le couple. Bien que dans ce domaine les neurosciences soient loin de pouvoir avoir des applications concrètes, il est intéressant de voir les liens qui s'ébauchent entre elles et la psychanalyse. Ces deux disciplines ne sont pas aussi éloignées qu'il y paraît à première vue.

Un bref aperçu du contenu du livre

Le livre comporte deux grandes parties : une qui expose les fondements théoriques et les méthodes, l'autre qui comprend les témoignages d'analyse relationnelle du couple assortis de commentaires.

Première partie : les bases de la relation amoureuse – ses difficultés – comment épanouir l'amour ?

Cette partie comprend deux chapitres.

Chapitre 1 : le rôle de l'inconscient dans la relation amoureuse

Le 1er chapitre décrit le rôle de l'inconscient dans la relation amoureuse. Celui-ci est extrêmement important et il est souvent illusoire de croire que l'on puisse stabiliser l'amour si on ne résout pas un certain nombre de conflits inconscients entre l'attirance amoureuse, la dépendance, la frustration et l'agressivité qui en découle. Nous insisterons sur les phases de la relation de couple, les difficultés et les crises, ainsi que sur les mécanismes de défense utilisés par les conjoints pour essayer de stabiliser la relation amoureuse après la phase de la lune de miel. La description du fonctionnement de l'inconscient dans la relation amoureuse permettra de mieux comprendre les nombreux pièges de l'amour et de commencer à voir comment on peut les déjouer.

Chapitre 2 : comment rétablir la relation amoureuse

Le 2e chapitre décrit comment procéder pour rétablir une relation amoureuse compromise et comment épanouir l'amour et la sexualité. Nous y exposons en détail les méthodes de l'analyse relationnelle de couple. Comme celle-ci reprend un certain nombre d'approches psychologiques et analytiques utilisées par d'autres praticiens, nous nous sommes contentés de décrire ces approches dans le cadre spécifique de l'analyse de couple, tout en étant conscients que nous avons souvent emprunté ces méthodes à d'autres écoles. Cependant, de nombreux aspects de l'analyse relationnelle de couple ont été développés spécifiquement dans le cadre de celle-ci, en particulier tout ce qui concerne la liaison entre le travail analytique et les méthodes comportementales, ainsi que le travail psychocorporel.

Deuxième partie : la présentation des cas d'analyses relationnelles de couples

La deuxième partie du livre est consacrée à l'exposition de cas d'analyses de couples. C'est la partie la plus importante car on ne comprend vraiment ce qu'est une analyse de l'inconscient qu'en donnant des exemples détaillés et individuels. Chaque personne est unique et il en va de même de chaque couple. L'intrication des processus inconscients est différente d'une personne à une autre et d'un couple à un autre. Il est donc nécessaire de donner des exemples détaillés pour comprendre ce qu'est un processus d'exploration de l'inconscient et comment on peut travailler sur la relation de couple à partir de la mise au jour des mécanismes inconscients de chacun des conjoints.

Nous avons réparti ces exemples en séparant les couples en trois grandes classes : les couples pour lesquels les problèmes sexuels prédominent, les couples « à crises » et les couples « figés ». Ces derniers sont des couples qui donnent l'apparence d'aller bien, et même souvent très bien, mais qui souffrent d'un sentiment d'ennui, de manque de vie. Souvent ce manque de vitalité amoureuse est très bien camouflé, car le couple peut être très actif au niveau de la vie familiale et sociale. En réalité les conjoints se servent inconsciemment de ces activités pour maintenir une certaine distance affective entre eux. Il faut en général beaucoup de temps pour que ces couples viennent consulter puisque leur manque d'amour est très bien caché.

Quelques choix faits dans l'écriture de ce livre

On trouvera dans ce livre de nombreux témoignages de personnes ayant fait une analyse de couple. Nous avons pensé que cela était nécessaire pour comprendre réellement comment se déroule l'analyse. Le fonctionnement de l'inconscient apparaît souvent étrange à celui qui n'est pas familier avec lui. De plus, l'inconscient a été étudié par de nombreuses écoles de psychanalyse qui ont chacune développé leurs concepts dans un contexte particulier. Cela complique beaucoup le vocabulaire servant à décrire l'inconscient. Même si on essaie de simplifier au maximum la description théorique, celle-ci reste difficile à suivre pour un lecteur profane. Les cas présentés sont souvent beaucoup plus parlants que les exposés théoriques. On peut d'ailleurs sauter la partie théorique du livre et lire ces cas en premier si on le désire.

Par rapport à d'autres ouvrages, les cas étudiés sont longuement décrits. Nous avons fait ce choix, car l'inconscient est composé de strates qui apparaissent à la conscience les unes après les autres. Si on veut trop résumer un cas, on risque de simplifier de façon exagérée. La description du début et de la fin du processus de prise de conscience peut être exacte, mais le chemin a été escamoté et l'analyse se transforme en synthèse impersonnelle. Nous avons cependant été obligés de synthétiser suffisamment pour donner une perspective claire, car l'analyse d'une personne particulière passe souvent par des circonvolutions dans lesquelles on risque de perdre la vision globale du chemin parcouru. Nous avons sauté certains méandres pour ne retenir que les étapes fondamentales de la prise de conscience et leurs conséquences pratiques sur la personne et le couple.

Pour mettre en évidence la complexité de l'inconscient, nous avons choisi de ne décrire que des analyses s'étalant sur un temps relativement long. Une analyse brève ne met en évidence qu'un seul point, et si on ne montre que celui-ci on manque complètement la description de la profondeur de l'inconscient. Cela ne veut pas dire qu'une analyse doive être nécessairement longue. Dans certains cas, on propose aux couples des stages de trois jours dans lesquels on essaie de faire le point sur la relation, tout en cherchant à mettre en évidence certaines lignes de force inconscientes du couple. Il arrive que ces stages donnent des résultats spectaculaires. Le couple repart en sentant qu'il a mis au jour un point essentiel qui permet de débloquer la relation. Mais on ne peut pas dire que ce travail soit une analyse, même ultra brève. Aucun des partenaires du couple n'a vu autre chose qu'une très petite partie de son inconscient, mais cette partie était fondamentale et bloquait le couple à un certain endroit. La voir permet de faire un bond en avant en se libérant d'un certain mécanisme relationnel négatif.

Au début de l'écriture de ce livre, nous avions commencé à écrire les exposés de cas à partir de journaux d'analyse que les analysants nous avaient permis d'utiliser en respectant les règles d'anonymat classiques. Puis nous avons interviewé des couples ayant réalisé une analyse en leur demandant d'en parler. Comme le livre est un ouvrage collectif, il était facile de faire en sorte que ces entretiens soient menés par un autre analyste que celui qui avait eu le couple en analyse.

Nous nous sommes aperçus rapidement que les personnes s'intéressaient beaucoup à décrire leur analyse et qu'au lieu d'être interviewées elles préféraient prendre davantage de temps pour en faire une description écrite. Cela leur permettait de mieux voir globalement leur parcours en analyse en le mettant en perspective. Cette constatation a donné sa forme définitive à la façon dont les cas ont été exposés. La plupart des exemples proviennent de récits faits par les personnes elles-mêmes, quelquefois entrecoupés d'extraits de journaux d'analyse, avec des commentaires du ou des analystes.

L'ensemble donne quelque chose de très vivant qui garde un parfum du vécu de l'analyse tout en fournissant des exemples types des mécanismes de l'inconscient mis au jour pendant le processus analytique. Comme nous l'avons dit plus haut, ces récits ont été quelquefois simplifiés après coup pour éviter de se perdre dans les méandres de la mise au jour de l'inconscient. Nous avons trouvé ce travail de collaboration entre personnes et analystes extrêmement enrichissant pour tous.

Un dernier point concerne les analystes qui ont collaboré au livre. Tous vivent en couple, ils ont fait une analyse de couple personnelle et une analyse de couple didactique. Certains travaillent avec leur conjoint comme analystes de couples. Au départ, nous avions décidé d'écrire chacun un certain passage et de rassembler ceux-ci pour en faire un ouvrage, en faisant juste les corrections nécessaires pour que l'ensemble soit homogène. Nous nous sommes aperçus, en nous relisant les uns les autres à des fins de correction, qu'un travail beaucoup plus profitable consistait à écrire à plusieurs certains passages, en échangeant nos idées. Ce qui fait que de nombreux chapitres contiennent des morceaux venant de plusieurs personnes. Il en résulte un ouvrage véritablement collectif, ce qui nous a incité à ne mettre la liste des auteurs qu'en tête du livre et non pas chapitre par chapitre comme c'est habituellement l'usage.

Première partie

Les bases de la relation amoureuse et les méthodes pour améliorer la relation et épanouir l'amour

Chapitre 1

Les difficultés de la relation amoureuse : les causes psychologiques

En examinant le fonctionnement psychique de l'être humain, on constate que s'il y a bien des facteurs qui peuvent créer un fort attachement amoureux entre les partenaires, il y a aussi des forces divergentes qui tendent à séparer le couple. Autant les forces qui attirent les partenaires l'un vers l'autre sont fortes au moment de la lune de miel, autant elles tendent à disparaître ou à se diluer ultérieurement.

Pour comprendre ce qui se passe réellement dans la formation de la relation amoureuse et dans sa disparition éventuelle, il ne faut pas se contenter d'examiner le psychisme conscient. Il faut découvrir comment les forces qui attirent ou séparent les partenaires fonctionnent au niveau inconscient, car c'est à ce niveau que tout se détermine véritablement. On ne peut pas aider un couple à retrouver une relation amoureuse épanouie si on ne comprend pas les mécanismes inconscients qui sous-tendent cette relation.

Malheureusement, de par sa nature même, l'inconscient est très mal connu. Le terme « inconscient » évoque pour beaucoup quelque chose de mystérieux. Bien que couramment employé, il demeure le plus souvent mal défini, chacun y allant de sa propre définition. C'est ainsi que certains l'associent à une simple croyance : on croit ou on ne croit pas à l'inconscient. Le fait que ce concept soit érigé en doctrine montre que ce que recouvre ce terme nous échappe et qu'on n'y a pas facilement accès. Ne pas en avoir l'expérience est logique puisque par définition l'inconscient est inconscient et donc n'apparaît pas à la conscience.

En définitive, ce sont nos prises de conscience qui nous rappellent l'existence de ce hors champ de la conscience : « Je ne m'étais pas rendu compte que... Je n'en avais pas conscience... J'ai pris conscience que.... » sont autant d'aveux que « quelque chose » figure dans notre psychisme, et que ce « quelque chose » reste ignoré de nous, avant de se révéler sous forme de pensées et de perceptions diverses que notre conscience décrypte pour nous en offrir une lecture lisible.

L'inconscient ne se manifeste pas de lui-même. Car l'inconscient n'est pas autre chose qu'un processus du psychisme qui sert à cacher ce qui nous dérange. Ce même psychisme ne va pas révéler ce qu'il cherche à masquer. Donc, sauf cas exceptionnel, l'inconscient demeure indétectable. Par contre, il se dévoile à ceux qui sont intéressés à le mettre en évidence en suivant une analyse.

Qu'est-ce que l'inconscient ?

L'inconscient sert à faire disparaître de la conscience les conflits internes difficiles à vivre

La société est façonnée par des règles et des normes communes qui garantissent la pérennité de la communauté humaine. Pour s'insérer dans la société, les hommes doivent se soumettre à une morale sociale et respecter les règles et les normes de la société. La nécessité d'adhérer à la morale du groupe génère inévitablement un conflit interne entre l'envie de faire ce qui plaît et l'obligation morale de faire ce qu'il faut.

Ces conflits sont difficiles à vivre. Pour éviter la souffrance qui en résulte, l'homme essaie de se masquer à lui-même ces conflits. Grâce à la puissance et à la complexité de son cerveau, il est capable de remanier sa perception de la réalité et de masquer plus ou moins, voire totalement, ce qu'il veut éviter de voir. C'est là l'origine de l'inconscient. En fait, l'inconscient n'est pas autre chose qu'un mensonge fait à soi-même à son insu. Comment se fait-il que l'on puisse se mentir à soi-même sans le savoir ?

Pour comprendre ce qui se passe, il faut se rappeler que la réalité telle qu'on la perçoit n'est pas donnée. Elle est construite à partir des messages des sens qui sont interprétés et remaniés considérablement par le cerveau avant d'arriver à la conscience. Tout cet énorme travail cérébral a pour but de donner un sens à la situation vécue par la personne. Tant qu'il s'agit d'appréhender une situation comportant essentiellement des données physiques (visuelles, auditives, tactiles, etc.), telle que percevoir un lieu ou un objet, l'interprétation et le sens donné par le cerveau à la situation sont vraisemblablement « objectifs ». C'est-à-dire que le sens donné à la situation est correct et que seul un cerveau atteint d'une pathologie particulière verra les choses autrement.

Si dans une certaine situation les messages sensoriels sont secondaires, l'interprétation donnée à cette situation sera beaucoup plus subjective et sa perception va dépendre beaucoup plus de facteurs internes à la personne que de la réalité physique.

Un exemple de transformation inconsciente de la réalité

Si je rencontre quelqu'un avec qui j'ai un différend, les données des sens deviennent secondaires. Elles me servent juste à reconnaître la personne et le lieu où je suis. Ce qui compte véritablement c'est ce que je ressens par rapport à cette personne et le comportement que je vais avoir envers elle. Je peux alors être pris dans un conflit interne. D'un côté je sens bien une animosité envers la personne, de l'autre je peux vouloir l'accueillir gentiment pour faire bonne figure, s'il y a des témoins par exemple. La situation est alors inconfortable.

Pour faire cesser cet inconfort, les mécanismes du cerveau qui servent à interpréter la situation se mobilisent pour biaiser la perception consciente de la situation dans une direction qui m'arrange. Le sens donné à la situation cesse d'être parfaitement objectif : il est déformé pour satisfaire mes besoins internes.

Je vais, par exemple, faire disparaître momentanément de ma conscience mon agressivité pendant le temps de la rencontre. Je me perçois alors consciemment comme ayant fait preuve d'un comportement correct et même agréable devant les témoins dont je craignais le jugement. C'est ce que je voulais intérieurement. Le conflit a été totalement gommé de ma conscience pendant un temps plus ou moins long. En termes psychanalytiques on appelle cela l'utilisation d'un mécanisme de défense, le déni de mon agressivité, pour me sentir plus à l'aise. Mon cerveau, à mon insu, a déformé la réalité le temps nécessaire pour me tranquilliser.

Pour que ce tour de passe-passe fonctionne correctement, il faut évidemment que je sois inconscient de la manipulation que mon cerveau vient de faire. Mais c'est toujours le cas puisque les mécanismes qui donnent un sens, vrai ou faux, à une situation sont toujours inconscients et automatiques. On n'est conscient que du résultat final. C'est similaire au fonctionnement d'un poste de télévision. On n'est conscient que de l'image sur l'écran, que cette image soit truquée ou non, mais pas des mécanismes internes au poste qui crée cette image. C'est pourquoi l'inconscient est toujours invisible.

Deux sens différents du mot « inconscient »

Dans le paragraphe ci-dessus, on a en fait utilisé deux sens différents du mot inconscient qui, si on ne les différencie pas précisément, peuvent créer beaucoup de confusion. Il existe chez l'être humain deux types d'inconscient : l'inconscient que l'on peut appeler « d'automaticité » ou inconscient cognitif, et l'inconscient pris au sens psychanalytique du terme.

Le premier concerne le fonctionnement inconscient de tous les organismes vivants. Ceux-ci, pour survivre dans leur environnement, doivent sans arrêt percevoir cet environnement et appréhender simultanément leurs besoins internes (soif, faim, sexualité, etc.) pour connaître les possibilités de satisfaction qu'offre le milieu (boisson, aliments, partenaire sexuel, etc.). Ces perceptions doivent être ensuite suivies d'actions qui permettent l'appropriation de ce qui manque à l'organisme pour répondre à ses besoins.

La coordination de ces processus complexes garantit la survie de l'organisme. Elle s'opère principalement de façon automatique et inconsciente. Ce n'est que dans des situations où il faut « réfléchir » avant d'agir que l'organisme fait appel à la conscience. Toute cette partie, automatique et inconsciente, du fonctionnement d'un organisme évoluant dans son milieu correspond à ce que nous appelons l'inconscient d'automaticité. Souvent, on préfère utiliser le terme inconscient cognitif.

Le second inconscient, l'inconscient au sens psychanalytique, est spécifique à l'homme. Son rôle consiste à déformer la perception de la réalité en vue de satisfaire les besoins d'unité interne intrinsèques à l'être humain. Pourquoi est-il spécifiquement humain ? Parce que son fonctionnement est fondé sur une manipulation de la pensée. Il nécessite donc l'utilisation du langage, mais de façon exclusivement interne et inconsciente. Sans s'en apercevoir, la personne se raconte un mensonge. Le sens donné à une certaine situation est faux alors que la personne croit qu'il est vrai. C'est le cas de l'exemple précité, concernant le déni de l'agressivité. La personne se persuade elle-même qu'elle est positive par rapport à son interlocuteur, alors que ce n'est pas le cas.

Remarquons que les processus mentaux qui créent le sens erroné donné à une certaine situation par la personne sont bien inconscients et automatiques au sens de l'inconscient d'automaticité. Si nous reprenons l'exemple du poste de télévision, les processus qui créent l'image fausse font bien partie du « câblage » du poste et sont inconscients à ce titre. C'est le résultat cherché, et obtenu, qui indique que l'inconscient psychanalytique est à l'œuvre ou non : l'image sur l'écran de la conscience est fausse au lieu d'être vraie.

Inconscient psychanalytique et inconscient cognitif : quelles différences ?

Pendant de nombreuses années, la notion d'inconscient a été associée à la psychanalyse. Mais depuis une vingtaine d'années, on assiste à l'émergence d'études scientifiques qui définissent un autre inconscient : l'inconscient cognitif. Quel est le rapport entre les deux ?

L'inconscient cognitif

L'inconscient cognitif constitue la partie inconsciente des mécanismes mentaux fondamentaux : percevoir, prendre des décisions, apprendre, résoudre des problèmes, etc. Nous sommes bien conscients d'une partie de ces processus, mais il existe une autre partie inconsciente de ces mêmes processus qui se produit à notre insu.

Souvent, quand nous réfléchissons consciemment à un problème sans en trouver la solution, nous laissons temporairement ce problème et nous faisons autre chose. Soudainement la solution nous vient sans que nous y ayons repensé consciemment.

Un exemple illustre concernant ce processus de résolution inconsciente d'un problème vient du mathématicien Henri Poincaré. Il cherchait en vain à résoudre un difficile problème mathématique sans y parvenir. Abandonnant momentanément le problème il prend un train pour se rendre ailleurs, et brusquement au moment où il mettait le pied sur le marchepied, la solution lui apparaît sous la forme d'un rapport inattendu entre deux théories mathématiques. Cette illumination soudaine l'a beaucoup frappé et il développa à la suite de cet incident une théorie de l'invention dans le domaine des mathématiques.

Quelques expériences de psychologie cognitive

À l'heure actuelle, la psychologie s'intéresse beaucoup à l'inconscient cognitif. Citons quelques expériences dans ce domaine.

On constate par exemple, dans le domaine de la perception, que l'on peut être influencé par des stimuli trop rapides pour qu'on ait eu le temps de les voir consciemment. On parle alors de stimuli subliminaux. Si on montre de cette façon subliminale l'image d'un éléphant (c'est-à-dire trop rapidement pour que le sujet puisse consciemment voir l'éléphant) à un sujet, et si on demande ensuite à celui-ci de choisir un mot dans une liste de mots contenant, entre autres, le mot éléphant, on constate que le sujet choisit beaucoup plus souvent le mot éléphant que les autres mots. Il y a donc eu une perception inconsciente de l'éléphant qui a laissé des traces dans la mémoire. Si on demande au sujet pourquoi il a choisi le mot éléphant, il répond que c'est par hasard, ou donne une justification quelconque du type : « J'aime les éléphants ».

De très nombreuses expériences montrent l'importance d'un inconscient cognitif dans tous les domaines de notre activité mentale : percevoir, prendre des décisions, agir, apprendre, etc.

Nous sommes guidés par des schémas mentaux inconscients

En fait, la présence d'un inconscient cognitif ne doit pas surprendre. À chaque moment de notre vie, nous devons agir sans avoir le temps de nous appuyer sur de longues réflexions conscientes. Nous marchons dehors, nous traversons une rue, nous rencontrons quelqu'un : tout ceci se fait en grande partie inconsciemment. C'est heureux, car sinon le moindre geste prendrait beaucoup de temps.

Nous sommes mentalement guidés par des schémas que nous avons construits au cours de notre vie et qui nous aident à appréhender rapidement les objets autour de nous. Nous savons par exemple qu'une table a quatre pieds et un plateau. C'est le schéma que nous avons en tête quand nous allons à la cafétéria. Cela nous permet de nous asseoir à une table sans même y penser, au lieu de passer un long moment à réfléchir pour savoir où nous asseoir pour manger.

L'étude de la façon dont nous construisons et utilisons ces schémas, automatiquement et inconsciemment, est un des domaines de la psychologie cognitive.

Quel est le rapport entre l'inconscient psychanalytique et l'inconscient cognitif ?

En d'autres termes, quelle est la relation entre la psychanalyse et la psychologie cognitive ?

On peut dire que ces deux domaines ne s'occupent pas des mêmes schémas mentaux. La psychologie cognitive étudie les schémas qui nous permettent de nous orienter dans la vie de tous les jours, dans des circonstances qui ne remettent pas en cause notre identité profonde. Ces schémas ont une faible charge affective et concernent des actions accomplies de façon « objective », c'est-à-dire des actions dans lesquelles notre moi est peu impliqué.

La psychanalyse s'occupe, au contraire, des schémas affectifs de base qui servent à nous définir et à guider notre relation affective avec les autres. Ces schémas affectifs contrôlent des points essentiels de notre vie relationnelle : comment nous gérons face aux autres notre peur, notre agression, notre besoin de séduction, etc.

Les schémas affectifs dont s'occupe la psychanalyse sont des constructions biaisées

Le point extrêmement important est que ces schémas affectifs sont systématiquement biaisés dans le but de défendre l'image de soi. Il s'agit de schémas subjectifs inconscients dont le but est de déformer la vérité pour protéger le moi. Le but de l'analyse est d'amener la personne en analyse à prendre conscience de la fausseté de ces schémas.

Les prises de conscience en psychanalyse suivent d'ailleurs le même cheminement inconscient que les « percées de conscience » étudiées par la psychologie cognitive. Simplement le contenu est différent. En analyse on ne va pas avoir, comme Henri Poincaré, la prise de conscience d'une relation jusqu'alors non vue entre deux domaines mathématiques. Par contre, on prendra brusquement conscience, par exemple, que notre vision de notre conjoint était biaisée. On s'apercevra peut-être que nous l'avions idéalisé ou, au contraire, que nous l'avions déprécié injustement. Notre schéma inconscient qui guidait notre perception affective de l'autre était faux, car il était guidé par des processus de défense du moi.

On ne peut malheureusement pas étudier ce type de schémas affectifs en psychologie cognitive. Si on essayait de le faire, on tomberait immédiatement sur la résistance du sujet. C'est pourquoi il faut une autre méthode, l'analyse, pour pouvoir étudier ces schémas et les mettre en évidence, à la condition que le sujet soit volontaire et consentant.

Cette différence importante explique pourquoi psychologie cognitive et psychanalyse sont aussi étrangères l'une à l'autre, pour ne pas dire quelquefois ennemies. Une autre raison de cet antagonisme est une vue trop limitée de la théorie psychanalytique. Au lieu de considérer les processus de base de l'analyse, beaucoup de gens, souvent par ignorance, ne regardent que les grandes

théories, freudiennes ou autres. On agite alors certains grands concepts historiques controversés : complexe d'Œdipe, sexualité infantile, complexe de castration, pulsion de mort, etc,. au lieu de regarder précisément ce que ces concepts recouvrent dans les mécanismes psychiques de la personne. Ces discussions intellectuelles, souvent passionnées, n'aident pas à voir le rapport entre inconscient cognitif et inconscient psychanalytique.
Heureusement, une évolution est en cours, depuis quelques années. Des associations de neuropsychanalyse se sont constituées pour essayer de jeter des passerelles théoriques entre psychanalyse, psychologie cognitive et neurosciences.

La description freudienne de l'inconscient

Les explications que nous avons données sur la nature de l'inconscient peuvent ne pas correspondre, dans l'esprit de certains lecteurs, aux concepts classiques de la psychanalyse dont ils ont entendu parler. C'est pourquoi nous passerons un peu de temps à exposer la théorie freudienne, en restant le plus simple possible.

Nous éviterons d'employer un vocabulaire trop technique qui pourrait décourager les lecteurs peu familiarisées avec le langage psychanalytique. En effet, le vocabulaire de la psychanalyse peut, même avec de la bonne volonté, rebuter un certain nombre de gens. Cette difficulté est due à trois facteurs :

- beaucoup des termes de la psychanalyse sont issus de la description de pathologies variées. Les termes correspondant à ces pathologies ont été gardés, alors qu'en réalité ils décrivent des processus mentaux qui existent chez chacun de nous ;
- pour décrire un mécanisme donné on se réfère à l'âge où il est apparu, pendant l'enfance, au cours du développement de la personne. On utilise donc une référence d'origine infantile, alors que le mécanisme en question continue à se produire chez l'individu devenu adulte ;
- la psychanalyse s'est développée à partir de la théorie freudienne de la sexualité et elle a été complétée ou modifiée par de nombreux théoriciens qui ont chacun ajouté leur terminologie en fonction de leur propre intérêt.

Le refoulement des pulsions sexuelles et agressives – comprendre ce que ce processus veut réellement dire

Freud a mis en lumière le processus de refoulement qui consiste à placer hors du champ de sa conscience les désirs contraires aux normes sociales et morales. Quand l'enfant se socialise, il assimile les normes de pensée et de conduite de la société, relayées par la famille. Ces normes contredisent certains des désirs de l'enfant qui sera amené alors à placer ces derniers hors du champ de sa conscience, sans toutefois les abandonner puisqu'ils vont continuer à agir à son insu.

Quels sont ces désirs refoulés ? Pour Freud, il s'agit avant tout de la sexualité et de l'agressivité. Mais ces deux pulsions doivent être prises dans un sens très large qui ne correspond pas exactement au sens commun.

La sexualité en psychanalyse englobe le désir de plaire, de séduire, si important pour l'être humain. Le désir primordial de l'enfant est de capter l'attention de sa mère, d'être son préféré, unique à ses yeux. Plus tard, il sollicitera l'approbation des autres et, encore plus tard, il se mettra en quête d'un partenaire de couple, mû principalement par le désir d'attirer l'autre, de le séduire. Bien sûr la sexualité sera au rendez-vous, mais elle n'est qu'un élément de l'attirance.

Très vite, si la relation continue, il lui viendra également le besoin de se mettre au-dessus de l'autre, de lui tenir tête et de lui imposer son désir et sa volonté : c'est là le sens élargi de la pulsion agressive. Ces deux aspirations, plaire et s'opposer à l'autre pour imposer son désir, sont très fortes et ni l'enfant, ni l'adulte ne peuvent y renoncer. Ce sont elles qui vont sous-tendre la vie du couple chez l'adulte. Ce sont des pulsions inhérentes aux êtres vivants. Tout organisme est conduit à s'affirmer dans son milieu, à repousser les rivaux pour prendre la place. Il lui faut aussi quérir les objets dont il a besoin (pour l'humain : la mère, puis le regard valorisant d'autrui, l'âme sœur…).

La trilogie freudienne : moi, Ça, surmoi

Ces besoins de séduction, d'appropriation des objets convoités et les tentatives pour imposer sa volonté sont des désirs que l'homme refoule. Il n'y a en effet pas de demi-mesure dans ce domaine : l'expression de ces désirs, s'ils n'étaient pas refoulés, pourrait être : « Tout pour moi tout seul et tout de suite ! », ce qui ne cadre pas avec les valeurs fondatrices d'une société dont la morale prône la coexistence et le partage. Freud nomme l'ensemble de ces désirs refoulés le Ça. Les forces morales de refoulement sont appelées le surmoi. Le surmoi est composé des normes, des règles, des usages introjectés par la personne.

L'introjection est le processus d'assimilation par la personne de ces normes qu'elle fait siennes. Notons qu'en psychanalyse on utilise, pour désigner ce processus d'assimilation des normes, le mot identification à la place du mot introjection. Mais, dans un but de simplification, nous utilisons le mot introjection pour décrire tous les processus variés qui incorporent quelque chose au sujet. Si je suis un petit garçon, je vais introjecter la norme « être courageux », alors que si je suis une petite fille j'aurai tendance à faire mienne la norme « être gentille ». C'est ainsi que je vais essayer de me définir. Les introjections constituent une partie importante du moi, du surmoi et de l'idéal du moi. On dit que la personne s'identifie à ces normes. Ce qui veut dire, d'un point de vue pratique, que le non-respect de celles-ci va créer une angoisse chez la personne qui aura l'impression de perdre une partie de son identité. C'est comme si elle perdait un morceau d'elle-même.

Le moi « constitutif » et le moi « exécutif »

En psychanalyse, le mot « moi » est utilisé, selon les auteurs, dans deux sens. Dans le paragraphe ci-dessus, nous nous sommes servis du sens « constitutif ». Le moi est ce qui nous constitue à nos yeux, ce que nous croyons que nous sommes. C'est l'ensemble de tous les « Je suis ceci », « Je suis cela » : je suis jeune, je suis un homme, je suis bon, je suis authentique, etc. Bien entendu, beaucoup de ces qualificatifs que l'on s'attribue sont des croyances plus ou moins imaginaires. Peut-on dire pour sûr que l'on est bon ou authentique ? C'est pourquoi Lacan dit que le moi est l'ensemble des identifications imaginaires du sujet.

Mais le mot moi est aussi utilisé dans un sens « exécutif ». Il représente alors l'instance inconsciente qui gère le conflit entre le Ça et le surmoi. Nous avons choisi les épithètes « constitutif » et « exécutif » par analogie avec un état dans lequel les fonctions constitutives et exécutives sont séparées.

Les formations de compromis entre le désir et l'interdit

La vie de l'homme est réglée par le conflit entre le Ça et le surmoi. Le Ça pousse l'individu à affirmer sans entrave ses désirs, tandis que le surmoi veille à ce que ce même individu suive les contraintes morales dictées par la société et qu'il a faites siennes. Toute pensée, tout acte de la personne est un compromis entre le Ça et le surmoi, entre le désir et l'interdit. Une formation de compromis est une pensée ou un acte qui laisse passer une partie du désir, en le déguisant de façon à ce que la censure du surmoi ne puisse le reconnaître comme un désir issu du Ça.

Reprenons à titre d'exemple la pulsion agressive. Le non-refoulement de cette pulsion aboutirait à un individu complètement tyrannique cherchant à imposer sa loi sans compromis. Quand elle est refoulée, cette pulsion va se manifester par des formations de compromis diverses, acceptées par la société, et donc par l'individu lui-même : un désir d'affirmer fortement son point de vue, un fort désir de gagner, etc. Ces formations de compromis permettent un certain équilibre entre la pulsion originelle et les exigences morales de la société introjectées par la personne. Dans la relation de couple, on assiste à la formation d'un grand nombre de compromis entre le désir de plaire à l'autre et celui d'avoir raison sur lui. Souvent ces compromis sont frustrants et un malaise s'installe dans le couple. L'analyse de la relation de couple permettra d'éclairer et de modifier ces compromis afin de les rendre plus satisfaisants pour chacun des conjoints.

Les symptômes

Lorsqu'elle n'est pas neutre, affectivement parlant, la vie mentale et relationnelle est soumise à cette dynamique de l'inconscient, c'est-à-dire à cette lutte permanente entre le Ça et le surmoi, entre le désir et l'interdit. Quand le refoulement est réussi, cette lutte est inconsciente.

Mais le refoulement n'est jamais complet, Dieu merci ! S'il l'était, nous serions des espèces d'automates programmés à réagir parfaitement à la morale sociale. Ce n'est pas le cas, et notre vie est chahutée par des apparitions troublantes de nos désirs mal refoulés. Nous vivons, il est vrai, dans la peur que notre surmoi soit débordé. Nous développons une foule de symptômes variés qui sont la traduction de compromis plus ou moins réussis.

Pour reprendre notre exemple de l'agressivité, le désir de gagner peut devenir trop violent et la personne, dans certaines circonstances, peut se laisser entraîner et commettre une action qu'elle juge répréhensible. La culpabilité, issue du surmoi, va alors créer une angoisse, qui à son tour peut être refoulée entraînant éventuellement des symptômes divers. On pourra avoir, par exemple, un symptôme comportemental (peut-être un évitement de certaines situations rappelant trop le conflit refoulé), ou un symptôme psychosomatique (mal au dos, mal au ventre, etc.), ou tout autre symptôme. Dans le couple, en plus des symptômes personnels, on voit apparaître des symptômes relationnels variés qui inquiètent les conjoints, car ceux-ci ne comprennent pas ce qui se passe.

Nous développons ainsi de multiples petits symptômes, mentaux ou corporels, qui traduisent la lutte dynamique entre le Ça et le surmoi qui se déroule constamment en nous. Quand ces symptômes deviennent systématiques et puissants, on parle de pathologies, du type névroses.

L'analyse est le processus par lequel la personne devient progressivement consciente de son désir et des forces morales internes qui s'opposent à celui-ci. Le regard de la conscience permet de mieux intégrer les deux forces en présence et fait diminuer le mal-être dû au conflit.

Le court résumé que nous avons fait de la théorie freudienne s'applique directement à la vie du couple. Au début de la rencontre, le désir de séduction domine, car il s'agit de plaire à l'autre, et les pulsions agressives sont masquées pour ne pas lui déplaire. Puis, au fur et à mesure que la relation dure, le besoin d'affirmer sa volonté et d'avoir raison face à l'autre augmente. Comme on ne veut pas rompre la relation et que l'on se sent coupable d'être agressif, on cherche à calmer l'expression des tendances agressives et on essaie de séduire à nouveau le partenaire. Il y a ainsi tout au long de la vie du couple une alternance entre séduction et agression. La forme que prend cette alternance varie beaucoup selon les couples : elle est à peine visible dans certains couples tandis qu'elle est au premier plan chez d'autres. Pour que le couple devienne vraiment stable, sans pour autant se rigidifier, il faut obtenir, par l'analyse de la relation du couple, une meilleure intégration des pulsions.

Une vue complémentaire de l'inconscient qui éclaire bien la relation de couple : les positions relationnelles décrites par Mélanie Klein

La théorie freudienne a fait l'objet de nombreux ajouts ou remaniements, tout en gardant les concepts de base que nous avons résumés ci-dessus. Parmi les additions apportées à la théorie psychanalytique, la plus importante pour comprendre le fonctionnement inconscient de la relation de couple est la contribution de Mélanie Klein.

Bien que Mélanie Klein ait très peu écrit sur le couple, la façon dont elle dépeint la relation entre la mère et le bébé éclaire beaucoup ce qui se passe dans la relation amoureuse. Les concepts kleiniens sont parfaitement adaptés au couple. Dans le livre de J.-G. Lemaire, intitulé *Le Couple, sa vie, sa mort*, qui est l'un des premiers ouvrages d'orientation psychanalytique à étudier en détail le couple, les concepts kleiniens sont largement exploités. Malheureusement, le vocabulaire employé par Mélanie Klein est un vocabulaire d'origine infantile, avec des termes appartenant à la pathologie. Il traduit l'ensemble de la relation mère-enfant sous l'angle du rapport corporel fantasmatique du bébé à sa mère. Transposer à l'adulte normal les concepts kleiniens, dont le vocabulaire se rapporte à l'enfant, ne rend pas leur compréhension aisée.

Mélanie Klein reprend les deux pulsions de base – séduire (sexualité freudienne) et agresser ou dominer – en montrant comment le jeune enfant les traite dans la relation à sa mère. Elle envisage l'alternance de deux positions relationnelles vécues par l'enfant : la position schizoparanoïde et la position dépressive. Rappelons que ces termes tirés de la pathologie n'ont ici aucune signification pathologique. Ils décrivent simplement des positions relationnelles de base que nous avons tous vécues, et que nous continuons à vivre dans nos relations.

Le mécanisme de clivage et la position schizoparanoïde

L'enfant qui veut à la fois plaire à sa mère et se mettre en colère contre elle se trouve dans une situation délicate, car les deux pulsions sont antagonistes. Klein explique comment l'enfant change la représentation qu'il a de sa mère pour concilier ces deux pulsions.

Le petit transforme fantasmatiquement la vision de sa mère. Au lieu d'avoir une vision unitaire de sa mère en tant qu'objet unique, la perception de celle-ci est séparée en deux objets partiels distincts : la bonne mère et la mauvaise mère.

Ce remaniement inconscient de la perception est une défense appelée clivage qui permet de diviser un objet total en deux objets partiels : un bon et un mauvais.

Les pulsions libidinales (amour) et agressives (colère) sont ainsi dirigées vers deux objets différents. Il n'y a plus de conflit. L'enfant peut exprimer librement son besoin d'amour avec l'objet partiel « bonne mère » et extérioriser sa frustration et son agressivité avec l'objet partiel « mauvaise mère ».

Le qualificatif schizoparanoïde, utilisé par Mélanie Klein, fait référence à la division de l'objet en deux images (processus schizoïde) et à la projection de ce qui est mauvais sur l'image de l'autre que l'on rejette (processus paranoïde).

Ce processus de clivage d'un objet unique en deux objets partiels est facilité par l'absence de maturité du cerveau du jeune enfant. Mais il ne faut pas confondre l'incapacité du très jeune enfant à voir un objet dans sa totalité, faute de maturation neurologique suffisante, et son refus ultérieur inconscient de considérer l'objet dans sa totalité. En effet, en dessous d'un certain âge, l'enfant, par manque de maturité de ses facultés mentales, ne discerne d'abord que des objets partiels, qui ensuite fusionneront en un objet global. Ainsi, une partie du corps de la mère, le sein, est reconnue comme objet par le tout-petit avant que la mère ne soit appréhendée dans son entier. Ici, il s'agit d'un manque de maturation perceptuelle et non pas d'un clivage inconscient défensif, comme dans la position schizoparanoïde décrite par Mélanie Klein.

Le clivage : un processus inconscient plus simple et beaucoup plus fréquent qu'il n'y paraît

La description du mécanisme de clivage que nous avons indiquée ci-dessus peut paraître assez compliquée et faire penser que le clivage est un processus inconscient assez pathologique. Mais la complication ne vient que du fait de l'utilisation du langage psychanalytique. En réalité, nous utilisons très souvent de petits clivages dans notre pensée normale.

Si je viens de me disputer avec quelqu'un, je vais penser à cette personne en la noircissant dans mon esprit. J'accumule dans ma tête toutes les raisons qui justifient mon animosité envers elle. Plusieurs jours plus tard, ma colère s'est calmée et la même personne est à nouveau perçue de façon neutre, voire positive. En termes psychanalytiques on dira que lors de ma colère j'étais entré dans la position relationnelle schizoparanoïde et que j'avais fait un clivage négatif dans ma perception de l'autre personne.

Le point important à retenir est que la vision noire de la personne que j'avais au moment de la colère m'apparaissait comme absolument vraie, alors qu'elle était en fait fausse. Je ne m'étais aperçu de rien au moment même où je transformais la réalité dans ma tête, et j'ai été complètement dupe de moi-même. C'est cela la caractéristique type de tous les mécanismes inconscients : on les vit sans se rendre compte qu'ils sont à l'œuvre. Quand on devient un peu plus conscient, on s'aperçoit qu'il y en a des centaines par jour, d'un type ou d'un autre. On est réellement immergé en permanence dans l'inconscient sans le savoir.

L'exemple que nous venons de donner est simple et le clivage négatif décrit est temporaire. Les conséquences sur la relation à l'autre sont beaucoup plus délicates quand un clivage devient quasi permanent. Or ce cas est extrêmement fréquent dans la relation de couple. Si le clivage est bénin, la relation en souffre peu. S'il est plus marqué, la relation devient difficile et, pour qu'elle change, il faut que le partenaire qui fait ce clivage négatif en prenne conscience. C'est pourquoi il est nécessaire d'explorer l'inconscient si l'on veut que le couple sorte définitivement de l'ornière dans laquelle il est enlisé.

La lune de miel est sous-tendue par deux défenses : un clivage idéalisant et un déni

L'appellation schizoparanoïde, donnée par Mélanie Klein à la position relationnelle que nous avons décrite ci-dessus, ne reflète que deux aspects sur trois du processus relationnel total. Schizo se réfère au clivage qui coupe la perception de l'autre en deux objets partiels. Paranoïde indique que l'un des objets partiels est vu comme négatif. Il manque la référence au processus d'idéalisation qui fait que l'autre objet partiel est vu comme uniquement positif. Nous appellerons ce dernier : clivage idéalisant.

Tout au long de notre vie, nous nous servons de façon fréquente et inconsciente du processus du clivage idéalisant pour embellir la réalité. La lune de miel est un excellent exemple de clivage idéalisant chez l'adulte. C'est une période pendant laquelle on voit l'objet d'amour de façon clivée. Ce clivage consiste à ne voir que la partie positive de la personnalité de l'être aimé. Parallèlement, les défauts de l'autre ne sont pas pris en compte grâce à un autre mécanisme de défense : le déni. La relation amoureuse est préservée grâce à ces deux processus inconscients : clivage et déni. Lorsque la lune de miel arrive à son terme, notre regard change et redevient critique. Nous « oublions » les qualités du partenaire, tandis que ses imperfections reviennent à la surface et alimentent nos ressentiments et nos frustrations. Nous reviendrons en détail sur les processus psychiques et neurobiologiques de la lune de miel dans le chapitre suivant.

La position dépressive : retomber sur terre

Les clivages agressifs ou idéalisants sont largement utilisés par tout le monde car ils amènent un confort interne certain. Ils créent une distorsion de la réalité qui permet d'agir sans conflit ou incertitude. Si j'ai peint l'autre en noir, j'ai le droit de l'attaquer sans problème. Si je l'ai peint en blanc, je peux pleinement l'aimer.

Or, dans la réalité objective, il n'y a que rarement une relation faite de bons sentiments, blancs, clairement séparés des mauvais sentiments, noirs. La réalité de la relation est souvent une ambivalence grise, mélange de blanc et de noir, de sentiments positifs et négatifs. Voir cette réalité est difficile et quelque peu déprimant, mais nécessaire si l'on veut faire évoluer la relation et l'épanouir. La maturation passe par cette ré-objectivation de notre représentation de l'autre et de nous-mêmes. Après avoir beaucoup plané en idéalisant il nous faut à un moment retomber sur terre. C'est ce que Mélanie Klein appelle la position dépressive.

Un double deuil à faire

Pendant la phase dépressive, il y a un double deuil à faire : celui d'un objet (le partenaire) que l'on avait cru idéal et totalement satisfaisant, et celui d'une image de soi idéalisée où l'on apparaissait comme parfaitement digne d'être aimé. C'est une désillusion qui, avant d'être résolue, génère souvent beaucoup d'angoisse. Ce désenchantement est d'autant plus fort que l'idéalisation avait été importante. Fréquemment l'on constate que la situation réelle du couple qui sort de la lune de miel est très loin d'être aussi mauvaise que les conjoints le pensent ; elle est même souvent objectivement assez positive, mais le contact de la réalité, après une trop forte idéalisation, produit un effet de chute. Au lieu d'être dans la phase dépressive, normale, de retour à la réalité, certains entrent alors dans une véritable dépression. C'est ce que l'on peut voir dans certaines ruptures amoureuses.

Les mécanismes psychiques vont s'additionner aux mécanismes biologiques pour rendre difficile l'attachement entre les partenaires du couple

Les mécanismes psychologiques de clivage, propres à l'espèce humaine comme toutes les défenses de l'inconscient, vont malheureusement encore amplifier la difficulté à former un couple stable. Nous avons vu précédemment que la nature n'a pas pourvu l'homme des mécanismes biologiques qui favorisent l'attachement entre les partenaires du couple, à la différence de ce qui se passe chez certains couples d'animaux où l'attachement a une forte base biologique.

Nous voyons maintenant qu'au niveau du psychisme nous avons un mécanisme qui va automatiquement désillusionner les conjoints après la flambée amoureuse de la lune de miel. Autant, lors de la rencontre, les deux partenaires sont attirés l'un par l'autre, autant, par contraste, la suite risque d'être difficile. L'attirance initiale pendant la lune de miel est très forte, car elle conjugue l'attirance sexuelle du côté biologique et l'idéalisation du partenaire du côté psychologique. La déception qui va suivre n'en sera que plus amère. D'où une plus grande difficulté à s'attacher durablement à l'autre.

L'amour ne meurt pas quand on le débarrasse des mécanismes inconscients qui le soutiennent, bien au contraire

Il est sûr que les gens, en particulier dans la relation amoureuse, idéalisent beaucoup et vivent dans une certaine irréalité. Reprendre contact avec la réalité signifie perdre certaines illusions. Ce n'est jamais agréable et cela entraîne fréquemment une petite phase dépressive. Mais abandonner les béquilles fournies par tous les processus inconscients que nous avons décrits permet de réapprendre à marcher. Il importe donc de ne pas s'arrêter à cette phase sombre.

Vivre en contact avec la réalité a de nombreux avantages et procure à la fois une paix et une joie. Les nombreux témoignages d'analyse de couple que nous donnons dans ce livre montrent qu'il y a un grand bénéfice à abandonner ces illusions inconscientes. L'amour ne meurt pas quand on le débarrasse des mécanismes inconscients qui le soutiennent. Au contraire, le sentiment amoureux devient plus fort et, surtout, plus stable.

Le cycle de la relation amoureuse

Note préliminaire. Dans cette partie, nous décrivons les comportements de la femme et de l'homme dans un couple. Pour qu'il n'y ait pas d'ambiguïté, il aurait fallu mettre : il / elle, quand cette description s'appliquait aussi bien à la femme qu'à l'homme. Pour éviter cette lourdeur répétitive, nous avons choisi de mettre tout au masculin ou d'utiliser le mot personne qui signifie aussi bien homme que femme.

Réussir son projet amoureux est une entreprise difficile. Nous avons mis en évidence certains facteurs de nature biologique qui expliquent les raisons de cette difficulté. On a vu que, globalement, la nature n'a vraisemblablement pas prédisposé l'espèce humaine à vivre une relation de couple stable.

La revue des différentes formes de couple, au sein des cultures qui se sont succédé depuis le début de l'histoire de l'humanité, confirme ce pronostic. Jusqu'à ces toutes dernières décennies, les couples se formaient avant tout pour des raisons économiques et sociales, et la satisfaction des besoins affectifs des conjoints arrivait en dernier. Ces raisons pour se mettre en couple obligeaient les conjoints à rester ensemble, même si leur relation intime était mauvaise. En fait, les relations amoureuses se passaient très souvent en dehors du couple et servaient de compensation à la frustration du couple.

Nous avons vu précédemment comment le couple est sous l'emprise de l'inconscient. La présence de celui-ci a un double effet. D'un côté, les constructions inconscientes tranquillisent l'individu, en faisant apparaître la relation sous un jour plus rose qu'elle n'est en réalité. De l'autre côté, en essayant de camoufler les problèmes, l'inconscient empêche de les voir clairement et de faire les actions appropriées pour les résoudre.

En fonction de tous ces facteurs défavorables, il faut donc s'attendre à ce que beaucoup de couples échouent, à des degrés divers, à vivre un amour stable et heureux. C'est ce que nous allons examiner en détail, en montrant quels sont les points les plus délicats dans la vie du couple.

Une caractéristique universelle de l'évolution de la relation amoureuse est qu'elle suit généralement un cycle en quatre phases. Elle commence par une période pendant laquelle l'amour naît et s'épanouit, la lune de miel. Elle continue souvent par une phase de déception et de frustration. Cette déception peut donner naissance à une phase agressive, qui est généralement suivie soit d'une rupture soit d'une tentative de réparation qui relance le couple.

La phase de la lune de miel

La rencontre des partenaires du couple est souvent le début d'une phase de lune de miel, période plus ou moins longue pendant laquelle le sentiment amoureux est intense et réciproque.

Des distorsions flatteuses de la réalité : l'homme idéal et la femme idéale

Les deux partenaires se montrent extrêmement intéressés l'un par l'autre. Chacun envoie à l'autre le message : « Je t'aime, tu es un être digne d'amour ! » et attend en retour des paroles identiques. En fait, les messages, verbaux et non verbaux, échangés par les amoureux sont manipulés par l'inconscient, de façon à plaire à l'autre et à recevoir en retour son amour.

En pleine lune de miel, les amoureux débordent souvent d'énergie, car ils donnent et reçoivent une image idéalisée d'eux-mêmes. C'est une période très stimulante et passionnante, pendant laquelle l'individu investit fortement son projet d'aimer et de se faire aimer en retour. À ce stade de leur idylle, les amants ne rêvent que d'une chose : faire durer leur amour aussi longtemps que possible.

Malheureusement, les fondations du sentiment amoureux, reposant sur une idéalisation inconsciente qui déforme la réalité, sont fragiles. La survalorisation de l'être aimé, qui n'est vu que sous son meilleur jour, recouvre déjà en réalité des sentiments négatifs variés tels que la possessivité, la dépendance, etc., petites bombes à retardement qui vont provoquer la fin de la lune de miel.

La personne amoureuse commence à s'accrocher affectivement à l'autre, car elle s'agrippe à l'image très positive que lui renvoie son partenaire. Elle se cramponne à son nouveau compagnon, dont elle attend un intérêt exclusif : « Mon ami est à moi et ne doit regarder que moi ! » Cet attachement passionné n'est pas viable. La relation ne peut fonctionner correctement car les amants se surveillent inconsciemment. Leur souci est double : préserver une image positive d'eux-mêmes et éviter de décevoir l'autre. Cette vigilance affecte la spontanéité et alourdit imperceptiblement le climat affectif. La désillusion se met en route. Après l'euphorie des premiers mois, le couple entre dans une période de déception.

L'amour est aveugle, mais le sentiment amoureux est toujours authentique

Ces déclarations d'amour sont toujours authentiques au moment où elles sont faites : la personne est réellement comblée et nage dans le bonheur. Elle est totalement satisfaite et éprouve de la reconnaissance et de la gratitude à l'égard de son conjoint et à l'égard de la vie. Cette joie qu'elle ressent montre que le sentiment amoureux est vrai.

Cependant, le miroir positif renvoyé par le partenaire est le produit de constructions mentales erronées (valorisation exagérée de soi et de l'autre) qui rendent le sentiment amoureux instable. Le sentiment d'amour est incontestablement vrai, mais ses fondations sont trop précaires pour lui permettre de durer. En réalité, il se trouve que nous aimons un personnage de conte de fées : le prince charmant ou la princesse de nos rêves.

Les processus de l'inconscient dans la lune de miel

Si l'on reprend ce que nous venons de dire en termes plus techniques, on peut dire que le mécanisme central de la lune de miel est un clivage idéalisant. L'inconscient déforme la réalité en mettant systématiquement en avant les qualités de la personne aimée et en cachant ses défauts. C'est un processus à la fois positif et négatif.

Il est positif, car il permet l'émergence d'un fort sentiment amoureux puisque l'objet aimé est rendu complètement digne d'amour. Sans ce mécanisme, la majorité des gens ne pourrait pas ressentir un fort sentiment d'amour, car l'esprit d'un adulte « normal » est beaucoup trop ambivalent de façon inconsciente. L'aspect négatif du mécanisme du clivage idéalisant réside dans la distorsion de la réalité. Cette distorsion explique pourquoi le sentiment amoureux de la lune de miel ne peut pas durer. Après quelque temps passé ensemble, les partenaires vont redescendre sur terre en commençant à voir les défauts de l'autre. C'est la phase de déception, dont l'amour se remet ensuite difficilement.

La neurobiologie de la lune de miel

On peut photographier le fonctionnement du cerveau grâce à un scanner spécial, l'IRMf. En examinant des personnes se trouvant dans l'état amoureux de la lune de miel, on constate que, quand elles pensent à leur partenaire ou quand elles regardent sa photo, certaines parties de leur cerveau sont très actives pendant que d'autres ont un fonctionnement réduit.

Les parties actives correspondent à des zones du cerveau, le système limbique, qui gouvernent le désir, non pas seulement le désir sexuel, mais tous les désirs quels qu'ils soient. Ces parties du cerveau sont fondamentales pour la vie animale et existent non seulement chez l'homme, mais aussi chez tous les mammifères. Elles sont constituées de neurones à dopamine.

La dopamine, pour résumer, est le neurotransmetteur qui soustend l'élan vital de l'organisme. Quand les neurones à dopamine fonctionnent mal, l'organisme adopte un comportement dépressif et se ferme sur lui-même. Au contraire, quand ces neurones fonctionnent à plein rendement et produisent beaucoup de dopamine, l'individu se sent dynamique, plein de désir et ouvert sur le monde. On comprend pourquoi la personne amoureuse se sent extrêmement bien, ouverte à l'autre et croquant la vie à pleines dents. On retrouve d'ailleurs la même activité des neurones à dopamine dans toutes les situations qui plaisent fortement : la sexualité, l'amour maternel, la prise de substances euphorisantes, l'écoute de la musique, etc. Bien sûr, la quantité de dopamine produite n'est pas la même dans toutes ces situations. Elle est très importante dans

L'amour est aveugle : les bases neurologiques du clivage idéalisant

On dit souvent que l'amour est aveugle. Quand on est amoureux, le mécanisme inconscient du clivage idéalisant permet de ne voir chez l'autre que ce qui plaît et de masquer ce qui pourrait déplaire.

Parmi les parties du cerveau actives chez les personnes amoureuses, on trouve des zones situées à la base du cortex qui servent, entre autres, à analyser les signaux positifs venant de l'environnement : le cortex cingulaire antérieur et le cortex insulaire.

Parmi les zones du cerveau dont le fonctionnement est inhibé chez l'amoureux, on trouve le *cortex cingulaire postérieur*, qui sert à analyser ce qui peut être dangereux dans l'environnement, le *lobe temporal antérieur*, où sont ancrés les souvenirs des situations angoissantes, et l'*amygdale* qui sert à percevoir le danger [4].

On voit ici les bases neurologiques du clivage idéalisant. Les parties du cerveau qui servent à repérer le positif sont activées, celles qui servent à analyser un danger possible sont inhibées. Bien entendu, ces études de neurobiologie n'en sont encore qu'à leur balbutiement, mais elles confirment tout à fait les mécanismes de l'inconscient – ici, le processus du clivage idéalisant – découverts par la psychanalyse.

Remarquons que l'étude neurologique de l'amour maternel donne exactement les mêmes résultats que ceux de la passion amoureuse dans la lune de miel. Les seules différences notables concernent une forte activité, dans l'amour maternel, des zones du cerveau qui stimulent la production de l'hormone de l'attachement, l'ocytocine. On voit que la nature a prévu de faire durer l'amour maternel en créant entre la mère et l'enfant, par ce mécanisme biologique, un fort attachement. Ce n'est malheureusement pas le cas dans la passion amoureuse, d'où les difficultés qui attendent le couple après la lune de miel, quand les mécanismes du clivage idéalisant cessent de fonctionner.

4 Reynaud, Michel, *L'Amour est une drogue douce… en général*, Robert Laffont, Paris, 2005, p.153 et 154.

l'état amoureux passionné, ce qui fait dire à certains que l'amour est une drogue... douce, selon les uns, et dure, selon les autres !

La phase de déception et de frustration

Nous venons de voir que, durant la lune de miel, le rapport amoureux est une relation en miroir. Chacun renvoie à l'autre une image positive. La séduction fonctionne très bien, ce qui fait croire aux amoureux que leur inclination est sincère et durable. Hélas, cette base de l'amour s'appuie sur la valorisation de soi : tant que celle-ci est bien nourrie, l'amour rayonne, mais lorsqu'elle faiblit, le moi se rebiffe, et la personne éprouve de la déception et de la frustration. Le conjoint cesse de lui renvoyer qu'il l'aime et, blessée, la personne se ferme. La lune de miel est sur le point de s'achever : les deux amoureux entrent dans la phase de déception et de frustration.

Très vite se met en place une spirale de dévalorisation mutuelle. Un des deux partenaires commence à douter de la valeur réelle de son conjoint. Celui-ci perçoit un petit changement d'attitude à son égard et éprouve à son tour de la déception, ce qui retentit négativement sur le premier, et le mécanisme de déception grossit en faisant boule de neige. En termes psychanalytiques on parle de disconfirmation mutuelle.

Un bref retour sur la théorie psychanalytique

Si l'on revient à la théorie psychanalytique que nous avons développée précédemment, on peut faire le parallèle entre l'évolution du jeune enfant et celui de l'amoureux dans la lune de miel. L'enfant très jeune utilise le processus de clivage dans la perception de sa mère. Elle apparaît alternativement comme étant bonne ou mauvaise, de façon absolue. Bien entendu le clivage, à cet âge, est initialement dû à l'immaturité de l'enfant, mais il va aussi être utilisé inconsciemment comme défense.

En grandissant, la maturation du cerveau de l'enfant permet à celui-ci d'avoir une perception de l'autre plus globale et plus stable. Le bon et le mauvais commencent à cohabiter dans son esprit, au lieu d'alterner. On dit que l'enfant devient ambivalent. L'ambivalence tempère l'enthousiasme amoureux de l'enfant, c'est pourquoi Mélanie Klein parle de l'entrée dans la position « dépressive ».

La phase d'agression : dévalorisation et rejet de l'autre

Que se passe-t-il quand l'autre, qui est utilisé comme miroir amoureux, refuse d'envoyer les messages positifs attendus ? La personne se sent aussitôt blessée et souffre. Il naît chez elle un désir de revanche. Mais celui-ci lui déplaît, car il est difficile d'apparaître mauvais à ses propres yeux. Il va donc falloir justifier ces bouffées d'agressivité envers un partenaire dont l'ardeur est jugée trop tiède. Inconsciemment, la personne va changer la perception qu'elle a de son conjoint : elle va le percevoir comme plus mauvais qu'il n'est en réalité. Ainsi, elle pourra rejeter et disqualifier celui dont le tort essentiel est de moins s'intéresser à elle.

Voilà typiquement une des manifestations de la projection négative destinée à défendre le moi de la personne. Si l'autre ne nous aime plus, ce n'est pas parce qu'on vaut moins, c'est parce que c'est lui qui, au bout du compte, ne vaut pas grand-chose. Autrement dit, s'il ne m'aime plus, c'est qu'il n'est pas si bien que ça ! Les bons copains (ou les bonnes copines), eux, l'ont bien compris lorsqu'ils disent : « S'il t'a laissé tomber, c'est que tu étais trop bien pour lui ! »

Ce mécanisme de projection occasionne une réaction en chaîne négative : plus l'autre m'apparaît comme mauvais, moins je l'aime ; moins je l'aime et moins il m'aime ; moins on s'aime et plus l'on se dénigre, et ainsi de suite. Les deux partenaires tombent dans un cercle vicieux. Assez rapidement l'amour s'efface et fait place aux attaques agressives, au rejet et à la mise à distance.

La phase de culpabilité et l'envie de réparer

Mais, une fois à distance de l'autre, la personne se sent coupable : elle regrette d'avoir été agressive. C'est un sentiment désagréable qui la pousse à essayer de se rapprocher de son partenaire pour réparer. Après la phase d'agression et de projection négative (distorsion de la réalité à l'inverse de celle réalisée pendant la lune de miel), la personne vit des moments de culpabilité qui débouchent éventuellement sur des comportements de réparation. Si cette réparation est suffisante, le lien amoureux est reconstitué. On revient à la phase amoureuse du début du cycle et celui-ci est prêt à repartir pour un nouveau tour. Après le redémarrage du sentiment amoureux, on retrouvera la déception, l'agression éventuelle, la réparation, et ainsi de suite, à moins que la crise ne devienne trop grave et qu'il y ait rupture.

La périodicité du cycle de la relation amoureuse

Nous venons d'aborder les quatre épisodes de la relation amoureuse classique :

1. Phase amoureuse de séduction réciproque où les amoureux vivent la parfaite idylle ;
2. Phase d'apparition de la déception ;
3. Phase de rejet et d'agression réciproque ;
4. Phase de réparation pendant laquelle les deux partenaires tentent de retrouver le climat amoureux initial.

Ces quatre périodes s'enchaînent chronologiquement et forment un cycle complet qui tourne, de façon plus ou moins rapide, tout au long de la vie du couple. Ce cycle quaternaire orchestre les hausses et les baisses de moral du couple : on s'aime, on est déçu, on se dispute, on répare, et ainsi de suite. L'alternance des quatre phases de la relation s'inscrit dans des durées variables : une heure, une journée, un mois, une année et, dans le cas d'une relation continue, la roue tourne ainsi pendant toute la durée d'une vie.

Un cycle de la vie amoureuse en l'espace de quelques instants

Il est à noter que le tour complet d'un cycle peut durer le temps d'un échange de quelques secondes entre les deux partenaires. Bien entendu, ces derniers n'ont pas conscience qu'ils vivent les quatre moments du cycle au cours de leur interaction. Tout se déroule dans l'inconscient des personnes, de manière excessivement rapide.

Quand on a l'habitude de s'observer, on se rend compte que certains échanges relationnels très courts fonctionnent sur la base de ce moteur à quatre temps. Beaucoup de messages transmis à l'autre reproduisent les quatre phases du cycle : je lui dis que je l'aime et je le valorise ; mais j'ajoute un petit mot, une petite phrase, une petite pique, qui va nuancer, voire contredire, mon propos bienveillant. Je ressens inconsciemment mon ambivalence, et ma culpabilité me conduit à réparer : je vais dire, ou faire, quelque chose de gentil. L'ensemble du processus n'a duré que le temps de dire trois phrases !

LES SYSTÈMES DE DÉFENSE INCONSCIENTS DU COUPLE CONTRE L'INSATISFACTION

La description du cycle de la relation amoureuse montre qu'il est difficile de vivre à deux en restant amoureux. La phase de déception, éventuellement suivie par l'agression, est très pénible. Elle peut déboucher sur une rupture.

Lorsque la personne commence à être désenchantée, elle met en place inconsciemment des défenses variées pour adoucir l'inconfort dû à sa frustration. Ces stratégies inconscientes sont plus ou moins efficaces. Certaines peuvent être catastrophiques car elles condamnent toute évolution positive potentielle du couple.

On peut recenser trois grands systèmes de défense contre les frustrations de la phase dépressive du couple, qui correspondent chacun à un comportement type :

- la personne part dans une fuite en avant en renforçant les processus d'idéalisation vacillants ;
- elle se protège contre les risques de la passion amoureuse en mettant une distance avec l'autre ;
- elle se réfugie dans l'agression sans pour autant rompre la relation, ce qui est une autre façon de prendre de la distance.

Avant d'examiner successivement ces trois attitudes défensives possibles, insistons sur le fait que la plupart des couples les combinent toutes les trois de façon plus ou moins complexe. Il existe cependant des types de couple assez purs qui utilisent massivement un seul mode défensif quelles que soient les situations. Ce sont ces couples assez typés que nous allons décrire maintenant.

L'idéalisation forcée dans le couple

Pour atténuer les effets de l'ambivalence, qui assombrit le climat affectif du couple, certains choisissent de renforcer leur propre idéalisation et celle de leur conjoint. Malheureusement, à ce stade de l'évolution du couple, ce processus rigidifie les rapports en leur donnant un aspect défensif.

Au fond d'elle-même, la personne n'est pas tranquille car elle perçoit inconsciemment que l'idéalisation est un artifice, un tour de passe-passe mensonger de l'inconscient. La peur que ce système de défense soit inefficace, et que l'angoisse apparaisse, explique la rigidité qui s'installe dans le couple. La personne redoute inconsciemment plusieurs choses : se sentir incapable de satisfaire l'autre, ne pas réussir à repousser une crise, se retrouver en échec par rapport à d'autres couples amis qui semblent apparemment n'avoir aucun problème. Ces peurs sont contrées par une idéalisation encore plus grande, de façon à ce que les partenaires soient rassurés. Mais cette nouvelle idéalisation amène une nouvelle peur inconsciente. Ainsi, le couple se rigidifie totalement dans un cercle vicieux.

Ce type de couple peut être stable pendant très longtemps, puisque tout est cristallisé autour d'un « ça va bien, il n'y a pas de problème » immuable, masquant tout remue-ménage interne potentiel. Cependant, cette structure rigide peut soudainement craquer si un incident perce la cuirasse des défenses. Il peut alors arriver que le couple explose d'un seul coup. On assiste à une rupture rapide et imprévue. Dans ce cas, les personnes qui les connaissaient disent : « On ne comprend pas ce qui est arrivé, ils étaient si bien ensemble ! » Lors d'un sondage, ce sont ces couples qui répondent automatiquement qu'ils sont tout à fait satisfaits de leur relation.

Nous allons maintenant passer en revue plusieurs styles d'idéalisation forcée dans un couple.

L'idéalisation conjointe : « Ah ! Quel beau couple ! »

Quand une idéalisation réciproque est à l'œuvre, la description que font les conjoints de leur couple est très embellie par rapport à la réalité. Souvent ces descriptions sont prises pour argent comptant par l'entourage. On se dit : « Ah ! Quel beau couple ! Comme ils sont heureux ensemble ! » Ce spectacle d'une union réussie qu'offrent les conjoints aux amis et à la famille est, en réalité, une défense qui recouvre des relations rigides et peu enrichissantes. Parfois, l'idéalisation du couple est extrême. La défense prend alors un aspect maniaque qui annule et inverse la tendance dépressive. Les personnes sont enthousiastes, voire euphoriques. Elles donnent l'impression d'avoir vaincu tous les obstacles. Ces personnes ont en général un grand charisme. Elles sont même prêtes à enseigner leur « méthode » pour avoir un couple heureux à ceux qui veulent bien l'entendre !

L'idéalisation à sens unique : « Ah ! Qu'il est grand et beau ! »

On assiste à une autre forme d'idéalisation quand l'un des conjoints s'idéalise lui-même en tant que super conjoint, tandis que le partenaire tient le rôle du fan et applaudit.

On emploie alors le terme de collusion narcissique, car il y a un accord inconscient entre les partenaires pour jouer chacun un personnage dans le couple. Pour résumer : l'un bat des mains pendant que l'autre salue.

Le protecteur et le protégé

Il y a aussi le conjoint qui protège et celui qui se laisse protéger, avec deux variantes dans cette répartition des rôles. On peut voir le couple de type « mère-fils » avec la femme protectrice d'un côté et l'homme dépendant de l'autre, celui-ci jouant souvent le rôle de l'incapable ou du mauvais garçon. L'alternative est le couple de type « père-fille » dans lequel l'homme joue le rôle du protecteur d'une femme-fille.

Dans ce type de défense, mettant en scène un protecteur et un protégé, le protecteur s'idéalise secrètement : il se vit comme étant absolument indispensable, le sauveur de celui qui, pense-t-il, ne pourrait pas faire grand-chose sans lui. Mais le protecteur idéalise aussi certains aspects de son protégé. Il pense que son compagnon a véritablement un bon fond et estime que, mis à part ses défauts et ses échecs successifs, ce dernier réussira finalement à sortir de ses problèmes, grâce à lui, le protecteur.

On parle ici de collusion orale pour illustrer cette complémentarité dans le couple, où l'un protège l'autre avec son consentement implicite, car le rapport protecteur-protégé rappelle la relation orale du type mère-bébé. Bien entendu, tous ces rôles sont inconscients.

Le couple rigide « comme si »

Toujours dans le processus d'idéalisation au service de la défense de l'image du couple, nous trouvons aussi le couple rigide qui s'attache aux convenances : « Il ne faut pas se disputer, car ça ne se fait pas ; quand on est en couple, on s'aime, on ne s'affronte jamais ! » Telle est la ligne de conduite que les personnes s'efforcent de tenir pour correspondre aux valeurs sociales de la bonne harmonie conjugale et idéaliser de cette manière leur couple. Les yeux rivés au miroir des convenances de la société, ces personnes ne s'agressent pas, mais leur couple est éteint.

Le syndrome du faux self gagne ce type de couple. Le faux self est une soumission précoce aux demandes de l'environnement. La personne atteinte de ce syndrome fait « comme si » elle était parfaitement adaptée aux règles sociales. Elle cache ses désirs réels et se conforme aux normes du milieu sans que cela ne lui pose apparemment de problème. En réalité, il y a une suradaptation qui s'accompagne d'un sentiment de non-existence, les désirs personnels étant étouffés sous les convenances.

Le clivage du conjoint en une image positive et en une image négative

Dans certains cas, l'idéalisation se mêle à des manifestations d'agressivité. La personne opère un clivage de son partenaire en deux images opposées. La partie positive est attribuée au partenaire lui-même, à ses qualités, ses atouts, tandis que la partie négative est imputée à des facteurs autres, tels que les mauvaises influences que subirait le conjoint, la maladie, etc.

Analysons la partie positive du clivage : le conjoint disparaît au profit d'une image idéalisée. La personne vénère cette image et la préfère au partenaire en chair et en os. C'est le cas classique de « la photo sur la cheminée », où l'on regarde amoureusement la photo du partenaire absent en se racontant combien il nous manque. Puis le conjoint revient et notre attendrissement s'évanouit : les éternels scénarios de mise à distance ou de disputes se rejouent aussitôt. Notre compagnon réel nous intéresse moins que son portrait et l'histoire d'amour qu'on s'est racontée pendant son absence.

En ce qui concerne la partie négative du clivage, la personne ne considère pas que son conjoint soit fondamentalement mauvais. Ce sont simplement des faits « objectifs » – ses crises ou son caractère, ou sa dépression, voire sa maladie – qui le rendent pénible. Ainsi pense la personne. Parfois, c'est l'évolution du partenaire qui peut être remise en cause pour servir d'alibi. On déplore que l'autre ait changé, estimant qu'il n'était pas aussi difficile à vivre aux premiers temps de la rencontre.

En imputant les défauts du conjoint à des causes extérieures – sa famille, des mauvaises relations, son travail, ses soucis, son origine, etc. – la personne choisit de ne pas remettre en question le choix de son compagnon. Le couple est ainsi préservé, mais dans quelles conditions !

Le comportement possessif à l'égard du conjoint : l'idéalisation persécutrice

L'idéalisation jointe à l'agression se retrouve également dans l'adoption d'un comportement possessif vis-à-vis de son conjoint. La personne exerce sur son partenaire une forme de contrôle censé tenir celui-ci éloigné des mauvaises influences ou des tentations. Il s'agit de parer à toute défaillance du conjoint en le mettant sous surveillance rapprochée.

Parfois la personne tente de rééduquer son compagnon, « pour son bien » ou « pour le bien du couple ». Elle lui inflige une sorte de formatage en lui rappelant la ligne de conduite à tenir dans le domaine moral, religieux ou social. Les deux conjoints entretiennent alors une sorte de rapport sadomasochiste dans lequel le couple trouve un équilibre.

La mise à distance inconsciente dans le couple

Nous venons de voir le système de défense fondé sur l'idéalisation sous ses multiples formes. Dans toutes, l'objectif est de faire face à la déception qui fait suite à la lune de miel. On remanie inconsciemment la réalité, en donnant des excuses au couple, ou au conjoint, et en se persuadant soi-même que l'on est plus satisfait qu'on ne l'est réellement.

Un deuxième système de défense, qui permet d'éviter la crise ouverte, ou de la retarder considérablement, est la mise à distance inconsciente. Inconscient veut dire ici que les comportements dans le couple sont bien destinés à éviter une relation intime trop proche, mais que les conjoints n'en sont pas du tout conscients.

L'engagement peut faire peur et une union rapprochée peut être ressentie inconsciemment comme une menace. La peur de vivre une relation amoureuse intense, tout en en rêvant, caractérise fréquemment les couples de notre époque. Auparavant, les couples ne se mariaient pas pour satisfaire en premier leurs besoins affectifs, d'autres considérations plus « raisonnables » passaient en priorité.

Dans les couples actuels, la demande amoureuse passe en premier. Consciemment, c'est ce que demande la personne. Inconsciemment, trop d'attachement fait peur. Beaucoup de gens ont du mal à supporter le contact intime amoureux. La solution est alors de mettre le conjoint à distance, sans s'en rendre compte.

Une façon de procéder fréquente est de choisir un conjoint qui partage la même peur, bien entendu inconsciente, du rapprochement intime. Implicitement, les deux partenaires s'entendent, dès le début du couple, sur leur principal désir inconscient, à savoir éviter un attachement trop fort dans le couple. De nombreux couples stables sont de ce type. Quand on leur demande s'ils sont amoureux l'un de l'autre, ils répondent sincèrement : « Oui, bien sûr ! », car en fait ils n'ont pas de point de référence puisqu'ils n'ont jamais connu de relation plus amoureuse.

En termes techniques on parle de partialisation de la relation affective. Pour parer à une menace inconsciente d'engloutissement dans la relation, on limite étroitement celle-ci. Cela permet de garder la relation sans se sentir menacé. Très souvent on diversifie les objets aimés (conjoint, enfants, parents, famille, métier, amis, distractions, etc.) pour faire face à la perte de l'un d'entre eux. C'est la stratégie consistant à ne pas mettre tous ses œufs dans le même panier. C'est prudent, mais cela entraîne un étiolement de la relation et un amour en réalité très tiède. À investir trop de choses, on a finalement, sans s'en rendre compte, une relation assez pauvre avec chacune.

L'appauvrissement affectif du couple à distance

Dans le couple secrètement à distance, la communication entre les conjoints s'appauvrit progressivement. Les rapports sexuels diminuent, les conjoints évitant tout rapprochement jugé trop intime. Il s'ensuit une disparition du désir. La relation se cantonne au partage de certains aspects de la vie de couple. Chacun développe parallèlement une vie fantasmatique ou réelle, souvent ponctuée d'une multitude d'activités. Les soucis du ménage ou du métier permettent de justifier, par des explications rationnelles, les limites de la passion conjugale.

De toute façon, par peur du conflit ou du malaise, le couple n'échange jamais sur la mise à distance. Celle-ci reste invisible. Cependant, le couple se sent mourir à petit feu. L'inquiétude surgit alors, d'abord masquée, puis plus insistante. Le couple, inquiet, peut alors se décider à consulter. D'après J.-G. Lemaire, c'est l'une des raisons les plus fréquentes de consultation conjugale. La baisse de la sexualité, en particulier, amène les gens à chercher un remède.

Concrètement, comment la personne s'y prend-elle pour obtenir cette réduction du contact intime ? Il existe plusieurs stratégies, toutes inconscientes.

Une première stratégie de mise à distance : la personnalité creuse

Pour éviter le rapprochement, la personne se compose une personnalité « creuse », afin de ne s'en tenir qu'au strict minimum affectif. Sa vie sentimentale est réduite à sa plus simple expression. Les désirs et les émotions sont canalisés et modérés. C'est une personne qui apparaît extérieurement très équilibrée et très stable.

Mais si la passion se déclare, elle peut oublier toute prudence et connaître l'exaltation des transports amoureux. Hélas, cela finit souvent mal. De nombreux films, comme *L'Ange bleu* de Josef von Sternberg, relatent la naissance de la passion amoureuse chez des gens qui vivaient tranquillement et pour lesquels il ne se passait pas grand-chose. On assiste à leur transformation, puis à leur désillusion, qui se termine le plus souvent par un drame.

Une deuxième stratégie de mise à distance : la personne « occupée »

Une seconde stratégie consiste à se laisser déborder par les amis, la famille, les enfants, quand ce n'est pas la profession, pour fuir le tête-à-tête. L'hyperactivité professionnelle est assez souvent le reflet d'une difficulté pour la personne à se retrouver seule avec son conjoint. D'autres s'intéressent à des domaines dont le partenaire est absent : amis, sports, ordinateur, etc. Les hommes en particulier ont souvent un passe-temps qui les maintient éloignés de la maison.

Une troisième stratégie de mise à distance : le couple « bigame » officieux

Il ne s'agit plus ici d'investir des domaines extérieurs au couple, mais de former un autre couple en parallèle. À côté du couple officiel, on trouve le couple officieux, celui de l'amant et de la maîtresse. Le gros avantage de ce système est qu'il permet de répartir les besoins affectifs et sexuels entre deux relations totalement séparées. Ce mode de relation apporte un certain équilibre, car la liaison extraconjugale absorbe le stress de la vie conjugale quotidienne.

L'inconvénient de cette organisation est que la vie affective du couple reste très limitée, ce qui veut dire qu'elle ne permet généralement aucune évolution vers l'intimité.

Dans l'évolution des couples en analyse, il est intéressant de constater que la tentation de l'infidélité disparaît relativement vite, sauf pour des personnalités « séductrices » pour qui la conquête est un besoin vital. En effet, dès que le couple commence à faire l'expérience d'une sexualité plus agréable et d'une relation plus intime, les conjoints n'ont plus envie d'aller séduire ailleurs. Tout ce qu'il faut faire pour aller séduire une personne hors du couple leur apparaît comme un comportement assez artificiel et globalement peu agréable par rapport au plaisir naturel de la relation intime qu'ils découvrent dans le couple.

Une quatrième stratégie de mise à distance : le couple « temporaire »

Une autre façon de mettre son partenaire à distance consiste à maintenir le principe que le couple actuel n'est que temporaire. La personne décrète, dès le début de la relation, que celle-ci est passagère et que sa fin est programmée à plus ou moins long terme. Trois cas sont à distinguer.

En premier, il peut s'agir d'une vraie relation temporaire. Dans ce cas, la personne n'est réellement pas sûre de son choix de partenaire. Ici, la limite posée est une simple hésitation, généralement passagère, et non pas un mécanisme de défense permanent par mise à distance.

La deuxième situation est celle de la personne qui profite de la première crise importante du couple pour rompre. En général, elle se comporte ainsi parce qu'elle croit inconsciemment qu'elle n'est sans doute pas capable de mener à bien une relation amoureuse. La peur de se faire « jeter », quand l'autre s'en apercevra après un temps de vie commune, amène à provoquer une rupture en utilisant le premier prétexte venu. De cette façon on n'aura pas montré que l'on était décevant.

La troisième situation est celle où le couple dure, souvent très longtemps, mais la personne maintient sans faiblir le principe que le couple actuel n'est que temporaire. Si le conjoint est d'accord avec cette situation, le couple reste stable, malgré ces affirmations répétées. La personne peut alors bénéficier des avantages d'un couple stable, tout en refusant de s'engager. Les raisons de cette défense sont les mêmes que dans le second cas : la peur de ne pas plaire et de ne pas être capable d'assumer la relation si celle-ci s'approfondit. Quelquefois la personne agit ainsi tout en s'abritant derrière une idéalisation : elle a de grands principes sur la vie amoureuse, qui doit être grandiose et libre. Le couple est une situation trop « petite » pour vivre de tels idéaux ! Derrière ces idéalisations, on ne trouve généralement que l'appréhension de l'inconnu que représenterait une relation amoureuse intense et riche.

Un couple « heureux » particulièrement réussi :
la combinaison de la mise à distance et de l'idéalisation

La mise à distance du conjoint peut se doubler d'une autre défense : l'idéalisation. Cette double défense est particulièrement trompeuse. Elle donne des couples qui semblent fonctionner très bien et n'avoir aucun problème.

Ces couples présentent l'image d'un amour à la fois vivant et stable. Pourtant, le problème de l'intimité demeure entier. Dans ce type de couple, l'absence de proximité passe inaperçue, car les deux conjoints masquent le relâchement de leur lien affectif en s'investissant subtilement dans des relations d'ordre familial. Comme l'investissement tourne principalement autour des enfants, de la famille et des amis, l'entourage pense que les conjoints forment un duo intime.

Ce n'est pourtant qu'une apparence. Il y a bien des valeurs et des intérêts familiaux forts qui sont partagés et qui créent un attachement certain, mais l'intimité amoureuse de la lune de miel est finie depuis longtemps. Le couple ne traverse pas à proprement parler de crises, mais le lien amoureux est dilué. Il en résulte un affadissement des phases du cycle (passion, déception, agression, réparation) qui donne l'impression que la relation amoureuse est à la fois forte et stable.

La vérité surgit au moment de la disparition des objets investis à l'extérieur du couple : métier, famille, amis, distractions, etc. On assiste alors à l'émergence d'une agressivité entre les conjoints. C'est le test de réalité : les adultes désœuvrés se retrouvent confrontés à eux-mêmes sans le vouloir. La mésentente menace. C'est le cas, en particulier, quand les enfants, devenus grands, quittent le nid familial ou quand le moment de la retraite a sonné, mettant fin à l'investissement professionnel. Les deux conjoints se retrouvent face à face et remettent en route le cycle agressif. Les problèmes réapparaissent, sous la forme fréquente de maladies psychosomatiques dont la fonction est de masquer les véritables raisons psychiques du mal-être, sans pouvoir toutefois le faire disparaître.

Le couple maussade :
une combinaison de mise à distance et d'agressivité

La mise à distance a fréquemment une dimension agressive. Tout en maintenant une grande distance avec l'autre, la personne boude ou se plaint de son partenaire, en lui attribuant les causes de cette mise à distance : « Je n'ai pas envie de me rapprocher de lui (ou d'elle) car il ne me comprend pas, il m'a fait ci, il m'a fait ça… » La mise à distance est ainsi justifiée par une projection : ce n'est pas moi, c'est l'autre. Comme nous le verrons en étudiant les cas décrits dans ce livre, ce mécanisme de déresponsabilisation, grâce à une projection, est la base névrotique de très nombreux couples. En effet, elle comporte bien des avantages. La personne n'apparaît pas comme celle qui veut mettre une distance dans le couple. Au contraire, c'est l'autre le mauvais conjoint, tenu pour responsable de cette mise à distance déplorée à haute voix : « Ce n'est pas que je ne veux pas, c'est que je ne peux pas ! Avec lui (ou elle), le rapprochement est impossible. » La personne apparaît comme une victime. Elle est dédouanée et digne de compassion. Sa difficulté d'approcher l'autre n'est pas vue comme une incapacité personnelle, mais comme une privation subie et regrettable, dont la faute incombe à son conjoint déficient. La mise à distance semble alors parfaitement justifiée. Ici, il n'y a pas à la tenir secrète, comme dans les cas précédents.

À quelles occasions les comportements de mise à distance agressive apparaissent-ils ?

Souvent, après une période plus ou moins longue d'instabilité, le couple s'installe de façon durable dans la phase de déception. Les deux personnes, désabusées, se tiennent à distance l'une de l'autre dans un climat voilé d'ennui et de mauvaise humeur. L'agression reste larvée, sous forme de plaintes contre l'autre. Les affrontements directs violents sont très rares, dus à une peur d'apparaître mauvais. Le couple se montre souvent charmant et enjoué à l'extérieur, avec les amis ou la famille, mais les partenaires entre eux se battent froid.

Les réactions caractérielles dans le couple

Parfois le désir d'échapper à la relation conduit à des comportements très déstabilisateurs pour le partenaire. L'aventure extraconjugale lancée à la figure de l'autre, la fugue, ou n'importe quelle réaction de type caractériel sont des passages à l'acte soudains dont on sait qu'ils vont perturber le conjoint. Celui-ci est violemment touché, tout en étant mis dans une situation d'impuissance puisqu'il est mis devant le fait accompli et que tout s'est déroulé en dehors de lui. En ce sens ces passages à l'acte représentent également des mises à distance agressives. Elles sont beaucoup plus rares que celles que nous venons de décrire, car avoir des réactions caractérielles ne donne pas une bonne image de soi. Au contraire, c'est au conjoint que les autres risquent de donner raison.

Une mise à distance grâce à une relation de pouvoir particulière : « Je te séduirai, tu ne me séduiras pas ! »

Pour être complets, mentionnons un couple assez particulier. C'est celui où l'un des partenaires, ou quelquefois les deux, vit la relation à l'autre comme une relation de séduction, dans laquelle le but est de réussir à piéger son conjoint sans se faire piéger soi-même. Par piéger, nous voulons dire : rendre l'autre dépendant, sans le devenir soi-même. Ce mode de relation correspond à certaines mœurs amoureuses du XVIIIe siècle, décrites notamment dans *Les Liaisons dangereuses* de P. Choderlos de Laclos par exemple. Sans atteindre ce summum, certains couples fonctionnent sur ce principe.

Quand on les rencontre, ces couples semblent extrêmement vivants. Mais, encore une fois, l'apparence est trompeuse. Les partenaires peuvent même avoir l'air très amoureux l'un de l'autre. Cette impression de vie intense est due aux efforts de séduction déployés dans le couple. Les dessous de la relation sont tout autres :

c'est une mise à distance affective, pour éviter de devenir dépendant, et une recherche de pouvoir sur l'autre.

L'agressivité dans le couple

Nous venons de détailler les deux premières réactions possibles quand la lune de miel du couple s'achève et que la déception s'installe : l'idéalisation et la mise à distance inconsciente. Il nous reste à étudier la troisième : l'agression.

La fin de la phase amoureuse du couple est frustrante et la façon la plus facile, pour beaucoup, d'évacuer cette frustration est de se plaindre et d'agresser l'autre. Après une période plus ou moins longue de turbulences, marquée par des crises et des tentatives de rapprochement, certains couples s'installent de façon stable dans la phase d'agression.

Il faut bien reconnaître que la construction d'une relation harmonieuse est une entreprise incertaine, avec des garanties de succès plutôt minces, si l'on n'a pas appris à le faire. Autant se tourner vers un mode de relation généralement mieux connu : la bagarre. Pour beaucoup, le rapport agressif est immédiat et naturel. Il est certes pénible, mais il est plus facile d'accès que la relation intime harmonieuse, compliquée à réaliser. Autrement dit, il est beaucoup plus commode de se plaindre de l'autre et de l'accuser des échecs de la relation que de faire des efforts pour vivre harmonieusement, car atteindre une harmonie réelle exige généralement que les deux conjoints se remettent en question. De plus, le mécanisme de projection permet de justifier l'agression en en faisant porter la responsabilité au conjoint : « Si je suis agressif, c'est parce que l'autre a fait ceci ou cela ! »

On peut répertorier plusieurs formes de couple agressif.

Le couple querelleur « normal »

Dans le couple querelleur, les partenaires alternent reproches, bouderies et mises à distance agressives. Les scènes de ménage spectaculaires sont rares, car en fait le combat est permanent. Chacun est habitué à ce climat agressif continuel. Agresser l'autre devient un acte de tous les instants, qui fait partie du couple et qui ne choque aucun des partenaires. En fait, les personnes ne s'aperçoivent pas vraiment qu'elles se querellent. Elles pensent entretenir une relation normale.

Beaucoup de vieux couples sont constitués de personnes qui finissent par être mordantes à l'égard du compagnon. On peut les entendre déclarer : « Il est difficile à vivre, mais je l'aime ! » ou « Si on ne se disputait pas, on s'ennuierait ! » Leur relation conjugale est-elle empreinte d'amour ou d'une dépendance mutuelle à la bagarre ?

Le couple querelleur passionnel

Quand le lien amoureux et sexuel ne se rompt pas et que les conjoints réagissent à la frustration par l'agression immédiate, on a à faire à une forme de couple agressif – le couple querelleur passionnel – caractérisée par une alternance rapide de phases de séduction et de phases d'agression. Dans ce couple passionné instable, les partenaires peuvent se montrer très amoureux à un moment, dans une phase d'idéalisation mutuelle, pour se retrouver quelques heures plus tard, en train de hurler l'un contre l'autre. La relation oscille entre la passion et les disputes à répétition.

En termes psychanalytiques, on peut dire que l'on assiste à un retour à la phase de l'enfance pendant laquelle l'enfant clive sans arrêt sa perception de l'autre. Il passe constamment de « il est bon » à « il est mauvais », et réciproquement.

Le couple uni contre un bouc émissaire extérieur : agression, déplacement et idéalisation

Dans un couple agressif, la cible de l'attaque n'est pas toujours le conjoint. Il peut arriver que les sentiments négatifs nourris par les conjoints se déplacent sur un tiers bouc émissaire : un enfant du couple, un autre membre de la famille ou tout autre objet social. Le couple s'entend alors à dénoncer celui-ci. Par ce mécanisme de défense, appelé déplacement, les rancœurs conjugales sont déviées et l'attaque du conjoint est écartée.

Ce procédé a l'avantage non seulement de préserver la relation, mais également d'idéaliser celle-ci. En effet, les deux conjoints se valorisent ensemble de posséder la sagesse et la clairvoyance appropriées pour discerner ce qui est bien ou mal, et juger celui qui joue le rôle du mauvais. Ils espèrent ainsi être vus comme deux adultes responsables, unis dans une vision mature et juste de la vie, échappant de cette manière à l'image de deux agressifs.

Ce mode de défense est très fréquent, aussi bien dans les couples que dans la société. Beaucoup d'amis passent leur temps, en papotant, à casser du sucre sur le dos d'un autre. C'est un moyen facile de se rapprocher et d'entretenir la relation, car on tombe facilement d'accord quand il s'agit d'accuser un troisième.

Le couple violent

Il existe des formes plus extrêmes de couple agressif que celles que nous venons de décrire.

Nous rencontrons parfois des couples où l'agressivité est violente et directe. Nous assistons alors à des agressions physiques, des attaques verbales violentes et des crises à répétition.

Cette violence a une origine archaïque inconsciente. Le couple violent correspond à des personnalités qui ont un fort besoin de décharger cette énergie agressive constitutive et qui utilisent le couple dans ce but. Leur couple dure, car c'est un lieu d'expression qui sert aux deux. Vis-à-vis de l'extérieur, ces personnes ne manifestent généralement aucune agressivité. Celle-ci est réservée au conjoint qui sert d'exutoire à leur violence.

Les couples agressifs sont stables

Les couples agressifs sont souvent stables, car une relation conflictuelle peut procurer un puissant sentiment d'existence. La personne se sent pleinement exister, sans dépendance directe à l'autre, puisqu'elle le rejette et que son rejet est justifié par un mécanisme projectif. En réalité, il y a une forte dépendance, mais elle n'apparaît pas ainsi à la conscience des conjoints qui pensent ne pas être dépendants de leur besoin d'agressivité.

La personne s'autorise d'autant plus à s'affirmer agressivement que le risque de voir le conjoint s'en aller est minime. En général, la prudence prévaut dans nos rapports avec nos amis ou nos collègues de travail, car le lien est moins solide. Nous savons que nos comportements agressifs pourraient provoquer aisément une rupture de la relation. Nous faisons donc attention à ne pas trop déplaire. En revanche, dans le couple, une séparation est plus lourde de conséquences et les gens réfléchissent à deux fois avant de rompre. Le partenaire de bagarre reste donc disponible, à portée de main, à condition toutefois de ne pas dépasser certaines limites.

Reconnaissons-le, ce tour d'horizon propose un aperçu plutôt pessimiste de la relation amoureuse pour un grand nombre de couples. Nous découvrons que les fondations de la phase amoureuse sont très fragiles. Le sentiment amoureux partagé est, dès le départ, le produit de constructions mentales erronées, dû au processus inconscient de clivage et d'idéalisation. Un amour, dont les bases sont ainsi falsifiées, conduit inévitablement à une succession de chutes menant tout droit à un ressenti négatif : déception, mise à distance, rejet, agressivité.

L'inconscient des conjoints offre bien des « remèdes » à l'échec du projet amoureux. Mais ces alternatives que nous avons passées en revue sont en fait des défenses inconscientes jamais satisfaisantes et ne permettent pas de retrouver l'amour de la phase amoureuse.

Le camouflage de l'échec du projet amoureux

Notre analyse des mécanismes du mal-être conjugal soulève la question de l'existence ou non de relations amoureuses véritablement réussies. Cette question, objet de nombreux livres, intéresse bien évidemment tout un chacun.

Si on interroge un couple, on obtient souvent la réponse : « Bien sûr que nous nous aimons ! » à moins que l'on entende : « Nous connaissons des couples qui s'aiment ». D'après ces opinions, tout semble aller pour le mieux dans l'histoire de l'amour conjugal : on s'aime ou l'on connaît des gens qui s'aiment. L'amour existe donc bien !

Cette réponse est malheureusement souvent un mensonge de l'inconscient, dont l'objectif est de défendre l'idée selon laquelle notre projet amoureux peut réussir ou est réussi. P. Brenot [5] fait justement remarquer qu'à la question « Est-ce que vous vous aimez ? », les couples dont le projet amoureux est plus ou moins en échec, c'est-à-dire un assez grand nombre, répondent généralement « oui », car il faut bien qu'ils justifient à leurs propres yeux pourquoi ils restent en couple. Mais, à la question : « Si vous n'étiez pas mariés, est-ce que vous resteriez ensemble ? », la réponse est fréquemment une hésitation ou un non.

5 Brenot, Philippe, *Inventer le couple*, Odile Jacob, Paris, 2001, p. 168.

Les questions sur la satisfaction dans le couple peuvent seulement toucher le conscient de la personne. Or, celui-ci ne représente qu'une petite partie de la réalité : ce qui vient de l'inconscient, filtré les mécanismes de défense. Au moment de la désillusion qui suit la phase amoureuse de la lune de miel, nous avons vu que les couples utilisent des mécanismes de défense puissants contre la déception plus ou moins latente. Si cette défense marche bien, la personne pense que son couple est réussi et donc que la relation amoureuse est saine et sauve, ce qui est souvent bien loin de la vérité. À la question : « Est-ce que vous vous aimez ? », elle va donc répondre oui.

En fait, il y a deux niveaux. Sous la question apparente explicite : « Est-ce que vous vous aimez ? », se cache la question réelle implicite : « Est-ce que vos mécanismes de défense concernant le couple fonctionnent bien ? » La réponse : « Oui, nous nous aimons », veut dire avant tout : « Oui, nos mécanismes de défense fonctionnent bien. » La question « Est-ce que vous vous aimez ? » reste en fait sans réponse. Peut-être s'aiment-ils d'un amour fort et authentique, peut-être non. Ce qui est sûr, c'est qu'on ne peut pas le savoir à partir de la simple question « Est-ce que vous vous aimez ? »

Un autre facteur qui éclaire la difficulté à reconnaître l'échec amoureux du couple est notre manque de comparaison. On ne connaît, en effet, que son expérience et on ignore, en fait, ce qu'on peut attendre réellement de la vie. Certains couples, qui vivent véritablement un enfer en luttant constamment l'un avec l'autre, n'imaginent pas d'autre relation, car les désaccords sont leur seul mode relationnel connu. Comme ils restent ensemble, ils imaginent que c'est cela l'amour ! Cette méprise est beaucoup plus fréquente qu'on ne le croit.

Deux défenses invisibles

Il nous est à tous arrivé de rencontrer des couples qui semblaient authentiquement heureux et amoureux. Le sont-ils vraiment ? À nouveau, il est souvent difficile de savoir s'il s'agit d'un amour profond et authentique ou non. Deux types de défense simulent l'amour à la perfection et il faut un œil extrêmement exercé pour voir au-delà des apparences.

La première défense invisible est l'idéalisation forcée que nous avons détaillée ci-dessus. Pour éviter la désillusion qui suit la lune de miel, chaque conjoint force le processus d'idéalisation de lui-même, de l'autre et du couple. On a vu que le couple devient alors extrêmement rigide en profondeur, par peur du moindre accroc qui risquerait d'abîmer l'image. Mais le tableau présenté à l'extérieur ne montre rien de cette rigidité. Les partenaires semblent s'aimer plus que jamais et sont complètement enthousiasmés par leur couple. Amour ou défense : c'est difficile à dire.

La deuxième défense invisible est la combinaison de l'idéalisation jointe à une mise à distance subtile de l'autre. Le couple paraît très réussi et les conjoints semblent très proches. Mais un examen attentif de leur fonctionnement montre qu'il y a très souvent une mise à distance subtile entre les conjoints, qui permet aux difficultés de rester masquées derrière une façade amoureuse très réussie.

Un cas particulier fréquent concerne la différence à faire entre le couple « intime et amoureux » et le couple ayant réussi son projet familial. Quand deux personnes partagent le même désir de réussir le projet familial et sont parvenues à souder les membres du foyer, elles se sentent unies et complices, heureuses et, à juste titre, satisfaites l'une de l'autre.

Néanmoins, on constate alors fréquemment que le couple passe très peu de temps à deux. Les partenaires sont presque toujours avec d'autres membres de la famille ou des amis. En fait, ils évitent subtilement le moment de se retrouver seuls ensemble pendant une longue période. Les joies de l'amour fort de la lune de miel ne sont plus pour eux. Leur lieu de réussite et d'investissement est la famille, et non le couple. Ils ont brillamment réussi leur partenariat pour mener à bien leur projet familial. Forment-ils aussi un couple intime et amoureux ? Difficile de le savoir.

Ne pas savoir réussir sa relation amoureuse n'est pas une tare : c'est difficile, mais on peut apprendre

Il est très difficile d'échapper au jugement, plus ou moins inconscient, de se sentir nul ou mauvais quand les difficultés amoureuses émergent. Il est admis communément qu'il est possible de réussir assez facilement une vie amoureuse. Par conséquent, si l'on échoue, c'est la preuve qu'on est un incapable, pense-t-on au plus profond de soi. En réalité, la grande majorité des êtres humains se heurte à la difficulté de réussir véritablement une relation amoureuse pleinement épanouie tout au long d'une vie.

On ne peut vraiment réussir ce projet que dans deux cas. Soit, la chance nous a été donnée de rencontrer le partenaire avec lequel la relation intime et amoureuse peut s'établir sans effort, mais c'est un cas rare. Soit on prend conscience de la complexité du projet et on retrousse ses manches : on décide d'apprendre comment construire une relation épanouissante.

Le mythe du couple dans la littérature

Les séries télévisées ou les romans créent et entretiennent le mythe du couple amoureux, qui serait à la fois spontané et durable.

La légende nourrit l'imaginaire collectif : l'identification au héros d'une fiction amoureuse fonctionne très bien. Nous connaissons tous la passion amoureuse à travers les récits qui introduisent toujours un élément réaliste : la nécessité pour les héros de lutter pour préserver leur amour. Ce qui est déformé, en revanche, dans la fiction, c'est la nature des difficultés rencontrées : elles sont souvent dépeintes comme se trouvant à l'extérieur du couple. Le danger n'est pas décrit comme venant de l'intérieur des personnages, mais de circonstances extérieures : rivaux jaloux, femmes fatales ou situations dramatiques. Or, dans la réalité, les difficultés sont internes à l'individu, aux prises avec son inconscient. La nature invisible de l'inconscient explique ce report des facteurs de désunion, de l'intérieur vers l'extérieur (on retrouve ici l'éternel mécanisme de la projection inconsciente que nous avons rencontré si souvent).

En fait, pour réussir l'amour, nous devons réaliser un voyage périlleux à l'intérieur de nous-mêmes. Il nous faut rencontrer les démons qui peuplent notre inconscient et qui tirent les ficelles de notre vie, pour les exorciser. Mieux : les deux acteurs du couple doivent entreprendre ensemble ce voyage.

Surmonter les difficultés pour construire un vrai couple intime et amoureux

Construire une relation amoureuse puissante et stable est tout à fait possible, nous en avons l'expérience. Mais il faut à la fois un très fort désir d'avancer et une méthode, un chemin, afin que les deux partenaires du couple puissent se transformer simultanément dans la bonne direction. Car le changement d'un seul partenaire ne peut conduire, à long terme, à une plénitude du couple.

Que signifie réussir l'amour ?

Une question subsidiaire, mais importante : que signifie réussir l'amour ? Beaucoup de gens estiment qu'il est difficile d'y répondre, car la nature de l'amour serait à jamais mystérieuse.

En réalité, la réponse est plus simple qu'il n'y paraît : l'amour est réussi quand le cycle attraction-rejet a disparu définitivement et que les mécanismes qui cachent l'insatisfaction n'ont plus lieu d'être. Lorsque ce cycle s'arrête, seule la phase amoureuse demeure, et ce, quelles que soient les circonstances de la vie.

En pratique, le maintien de la phase amoureuse, sans que ce soit une défense par idéalisation, est complexe parce qu'il s'agit à la fois de conserver le sentiment amoureux, qui est vrai et très agréable, et de modifier les mécanismes mentaux habituels, qui sont des constructions inconscientes fallacieuses sur soi, sur la relation et sur l'autre. Nous verrons dans les cas présentés dans ce livre que ce changement est ardu, certes, mais réalisable. Le résultat en vaut la peine pour ceux qui désirent connaître une réelle union amoureuse.

Chapitre 2

Les difficultés du couple ne sont pas insurmontables

Les méthodes utilisées pour résoudre les problèmes du couple, rapprocher les partenaires et épanouir l'amour

Depuis toujours, l'être humain a loué les vertus de l'amour. A-t-il réussi néanmoins, siècle après siècle, à faire fructifier cette passion chantée dans le monde entier ? Rien n'est moins sûr. N'est-il pas, en effet, aussi hasardeux de nos jours de vivre une relation amoureuse qu'aux époques plus anciennes ? L'être humain ne semble pas avoir évolué sur ce point-là. Pourquoi ?

La réponse est simple. Qu'ils soient d'origine biologique ou psychologique, tous les mécanismes qui détruisent l'amour et que nous venons de décrire sont inconscients. Tant qu'un travail de mise au jour de notre inconscient n'est pas réalisé, il est quasi impossible de repérer et de dépasser ces mécanismes « tue l'amour ». L'être humain se retrouve ainsi vite démuni. Il ne voit pas bien comment procéder pour protéger ce sentiment si agréable qu'est l'amour et qu'il espère toujours pérenniser.

En général, l'individu voit clairement les crises du couple, mais il en ignore les véritables origines, c'est-à-dire les problèmes de fond qui les provoquent. En effet, il se focalise généralement sur des détails de la relation de couple. Il tend vite à dire : s'il y a crise, c'est parce que telle ou telle chose ne va pas, sans se rendre compte qu'il existe des causes plus profondes. De plus, la personne, en dehors des crises, ne prend pas toujours la pleine mesure de la mauvaise ambiance de son couple au quotidien. Son inconscient camoufle les causes véritables de ses mésententes conjugales et leurs répercussions dans l'intimité.

Pour y voir plus clair et tenter de préserver le sentiment amoureux fragilisé par le travail de sape de l'inconscient, la personne n'a pas d'autre choix que de suivre un chemin où elle accédera à plus de conscience. Car, à défaut d'une vision claire du fonctionnement des bases inconscientes de la relation de couple, les processus qui détruisent l'amour continuent à œuvrer en souterrain et finissent par endommager le lien amoureux.

LA GESTION INCONSCIENTE DES PROBLÈMES DU COUPLE : ÉVITER DE SE RESPONSABILISER

Comment traitons-nous habituellement les mécanismes profonds qui sont à l'origine de nos crises conjugales en l'absence d'un travail de mise au jour de l'inconscient ?

Nous choisissons le plus souvent de les enterrer, en espérant ainsi les faire disparaître, grâce à deux procédés de camouflage. Le premier est radical : on rompt la relation et on reste seul, ou on essaie avec un nouveau partenaire, sans avoir compris véritablement ce qui s'était passé, avec le risque de reproduire les mêmes erreurs. Le deuxième est plus subtil : on reste ensemble, mais on masque le problème en utilisant l'un des nombreux mécanismes de défense que nous avons vus au chapitre précédent. Nous voulons ainsi éviter tout contact avec les causes profondes de nos problèmes. L'inconscient nous pousse spontanément à la politique de l'autruche : masquons nos difficultés relationnelles intimes, et leurs causes cesseront d'exister, pensons-nous.

Un examen de ces deux procédés d'enfouissement des problèmes de fond permet de mieux comprendre les réactions courantes des conjoints dont le couple est en crise.

La rupture comme méthode de gestion des problèmes de fond

La première méthode de gestion des problèmes par camouflage consiste à projeter sur le partenaire la raison du dysfonctionnement du couple. Autrement dit, si la relation ne marche pas c'est à cause de lui (ou d'elle). Par voie de conséquence, si cela ne va pas avec X, cela ira vraisemblablement mieux avec Y. La solution apparaît simple.

La rupture devient une solution tentante quand le couple se trouve dans une période de crise. Cette réaction s'inscrit dans la phase agressive du cycle de la relation amoureuse que nous avons décrite dans le chapitre précédent : la personne est en colère contre l'autre. Elle lui en veut, elle ne peut plus le supporter. La possibilité d'une rupture la console et l'aide à tolérer l'inconfort de la crise, comme une solution qui permettra de repartir de zéro et de rebâtir avec un autre une relation amoureuse de meilleure qualité. Mais règle-t-elle pour autant le problème de fond ? Oui, dans certains cas, notamment lorsque la complémentarité entre les deux conjoints est vraiment mauvaise. La désunion offre alors la possibilité de se remettre en couple avec une personne qui convient mieux à son tempérament.

Mais en général, changer de partenaire ne suffit pas à résoudre la difficulté de vivre à deux, car la perte de l'amour vient à la fois de l'autre et de soi-même. Remplacer l'autre ne règle pas tout, il faut aussi, dans la plupart des cas, se transformer soi-même. Sinon, on risque de reproduire les mêmes dysfonctionnements, de retomber dans les mêmes pièges relationnels. Les changements de couple sont souvent des fuites en avant qui ne permettent pas de traiter en profondeur les difficultés de la relation amoureuse, et la personne risque de les retrouver, quasiment inchangées, avec un autre partenaire au bout d'un certain temps de vie commune.

L'utilisation des défenses inconscientes comme autre méthode de gestion des problèmes de couple

Cette deuxième méthode de camouflage des problèmes de base a été décrite en détail dans le chapitre précédent. La désillusion qui suit la fin de la lune de miel est masquée ou neutralisée par l'utilisation des nombreuses défenses de l'inconscient. Cette méthode permet d'éviter la rupture, mais la vie du couple s'en trouve plus ou moins handicapée selon les défenses utilisées. Les conjoints pensent généralement que leur couple fonctionne correctement, alors qu'en réalité celui-ci s'est progressivement rigidifié ou affadi et il n'y a plus d'amour, au sens fort du terme. Sans s'en apercevoir le couple devient plus ou moins sclérosé.

Le point commun aux deux modes de gestion : la déresponsabilisation personnelle

Bien qu'opposées en apparence, ces deux façons de gérer le problème répondent à une attitude intérieure identique, à savoir : la déresponsabilisation de la personne, à mille lieues de ressentir la nécessité d'un changement personnel, essentiel au développement de son potentiel amoureux.

Rappelons que le système propre de l'inconscient, qui consiste à nier les conflits en les déformant et en les occultant, est en effet basé sur la déresponsabilisation : inconsciemment, la personne refuse de se laisser remettre en question par les obstacles qu'elle rencontre dans la relation intime. Elle s'abstient de regarder en face les problèmes, en procédant à une double manipulation inconsciente : le refoulement de ce qui la dérange dans la relation et l'attribution de la responsabilité des problèmes à d'autres personnes : partenaire, enfants, famille, etc. À partir de là, aucun changement personnel n'est réellement envisageable.

Pour se transformer soi-même, il faut se remettre en cause. Beaucoup de gens disent qu'ils le font. En vérité, mises à part les personnes qui se trouvent contraintes de le faire, car elles sont perturbées par une répétition de crises conjugales, rares sont celles qui se remettent réellement en question. Il faut, il est vrai, avoir subi un certain nombre de crises avant de pouvoir se dire : il est dans mon intérêt de faire quelque chose, je n'ai qu'une vie, ce serait dommage de la gâcher.

Nous avons évoqué les deux modes principaux de gestion spontanée des problèmes de l'amour. Il en existe un troisième qui nous intéresse au premier chef : le mode conscient de gestion des difficultés, qui, lui, permet de s'attaquer au problème de fond en se responsabilisant davantage.

La gestion consciente des problèmes du couple : se responsabiliser

Le point de départ de ce troisième mode de gestion de la difficulté conjugale est de reconnaître que celle-ci n'est pas seulement due à des circonstances difficiles, extérieures à soi, mais qu'il y a bien aussi un problème chez soi, et qu'il faut le résoudre. Ceci nous paraît un point fondamental.

La pénibilité des crises est parfois salutaire : elle pousse la personne qui les redoute, premièrement à admettre qu'il y a un réel problème dans le couple, sans chercher à le dissimuler, deuxièmement à identifier sa part de responsabilité pour tenter de mieux comprendre la nature des difficultés afin de mieux les gérer. La prise de conscience du problème et la responsabilisation de son comportement évitent à la personne de s'inscrire soit dans un couple morne, soit dans des séries de crises successives qu'elle endure sans jamais pouvoir en tirer les leçons.

En tant que révélatrices du problème de couple, les crises ne sont pas toujours inutiles. On peut même dire que, en l'absence de toute passe difficile, le problème personnel de l'individu et sa part de responsabilité ne sont jamais vus. Les mésententes conjugales révèlent les aspects de la personne qui sont à travailler. Elles constituent un matériau, certes peu agréable, mais important : une fois analysé, il aide indubitablement la personne à évoluer dans un sens positif pour le couple.

Première étape : réaliser ses propres difficultés à travers les problèmes de son couple et voir qu'il est nécessaire de changer quelque chose de soi (son regard sur le couple, son comportement dans la relation, etc.). La deuxième étape consiste à utiliser une méthode, sans quoi on ne peut avancer bien loin dans la résolution du problème.

1. UN BREF RÉCAPITULATIF DES MÉTHODES DE RÉSOLUTION DES PROBLÈMES DU COUPLE

LES CONSEILS CONCERNANT LA RELATION AMOUREUSE

Quand un conjoint, souvent la femme, commence à prendre conscience que quelque chose ne va pas dans le couple, il va chercher des conseils afin de trouver une solution. Il y a deux grandes sources de conseils : les amis et les médias.

Les conseils délivrés par les amis existent depuis la nuit des temps. Ils offrent un espace d'expression et de communication et soulagent beaucoup pour cette raison. Mais en général, ils n'apportent pas les résultats escomptés.

Et les conseils des médias ? On y trouve de très nombreux avis au sujet de l'amour, ce qui prouve le grand intérêt que l'être humain porte à la relation amoureuse et à ses aléas. Les livres, les magazines féminins, certaines émissions télévisées indiquent ce qu'il faut faire, ou ne pas faire, pour réussir sa vie amoureuse. Le débat médiatique ayant trait à cette question est un phénomène de société relativement récent qui, de notre point de vue, est positif. En traitant de manière récurrente le thème de la relation amoureuse, la presse et la télévision sensibilisent les gens aux problèmes psychiques et relationnels, et montrent qu'il est possible d'améliorer les situations. C'est un message d'encouragement pour ceux qui sont en difficulté.

Les conseils que les médias donnent sont des avis de bon sens qui n'offrent pas matière à critique. Nous constatons, néanmoins, que le bon sens reste très insuffisant pour régler les problèmes qui résultent des manifestations de l'inconscient.

Ces conseils de bons sens, quand ils sont appliqués, aident sûrement au début, en faisant naître chez la personne de bonnes résolutions. En effet, celle-ci s'approprie le conseil et se risque à essayer quelque chose de nouveau. Mais les forces de l'inconscient sont telles que la personne finit par abandonner ses efforts. Et le naturel revient. Tant que la personne continue à méconnaître les véritables mobiles qui guident ses comportements, elle ne peut, malgré sa bonne volonté, opérer un changement en profondeur.

Nous avons vu dans le chapitre sur l'inconscient que la perception est un phénomène complexe dans lequel le cerveau, à partir des données des sens, construit notre perception de la situation que nous vivons en lui donnant un sens. Mais ce sens est souvent guidé par ce que nous souhaitons et non pas par la réalité objective de la situation. Il en résulte une perception souvent erronée, sans que nous nous en rendions compte, puisque les mécanismes du cerveau qui créent cette perception ne sont pas conscients.

Dans un couple, chaque partenaire construit de son côté sa perception personnelle de lui-même, de l'autre et du couple. On comprend alors combien la communication peut être difficile, chacun vivant en somme dans son monde personnel. Quand l'un dit quelque chose, l'autre entend-il vraiment ce qui est dit ? Rien n'est moins sûr. Chacun pense que la communication a bien eu lieu correctement, mais il n'y a pas de moyen de le vérifier. Cela peut ne pas poser de problème quand la relation à l'autre est neutre, mais dans le cas d'une relation affective, cette différence inconsciente de point de vue peut créer de grandes difficultés.

Ce problème se pose dans toutes les relations humaines et pas seulement dans le couple. C'est pourquoi il existe des stages dont le but est d'améliorer la communication entre les personnes. Cela se fait beaucoup en entreprise, au moyen d'une méthode ou d'une autre. Cela existe aussi pour le couple.

Quand on applique ces méthodes à une relation relativement neutre, entre participants d'un séminaire par exemple, on constate qu'elles donnent des résultats intéressants, même s'il faut reconnaître que la qualité des stages est très variable d'un séminaire à l'autre, puisqu'elle dépend beaucoup de la valeur de l'animateur et de son enseignement.

Les stages de communication consacrés au couple sont plus délicats et leurs résultats, souvent très mitigés. Leur avantage global est de « réveiller » le couple. Le cadre du stage incite les partenaires à échanger entre eux, à se dire des choses dont ils n'osent pas toujours se parler en face à face, à la maison. Les conjoints prennent ainsi conscience que leur parole a le pouvoir de débloquer des situations jusqu'alors crispées, et que leurs partages verbaux ouvrent des perspectives.

Dans la plupart des cas, les personnes se sentent mieux après un séminaire de communication de couple. Mais les bienfaits durent rarement longtemps car l'inconscient, lui, n'a pas été touché. Il continue subtilement à se manifester dans les interactions à travers les projections faites sur le conjoint, les culpabilisations de soi et de l'autre – autant de « tue l'amour » – qui persistent, sans que les partenaires s'en rendent véritablement compte.

Nous utiliserons une métaphore pour illustrer ce point. Rétablir la communication dans un couple est comme rétablir le débit de l'eau dans une source qui était tarie. Soudainement la vie renaît et la relation est fertilisée par la communication. Mais si l'eau est plus abondante, elle reste néanmoins polluée par les mécanismes de l'inconscient. Dans le pire des cas, le couple peut même se retrouver en difficulté après le stage de communication. La communication, comme l'eau, a débordé et a emporté le couple : trop a été dit d'un seul coup. Pour éviter ce type de danger, il faut que la communication entre les conjoints se fasse dans le cadre d'une méthode plus vaste, avec l'aide personnalisée et le suivi d'un praticien expérimenté.

Les méthodes d'aide personnalisée : se faire aider par un praticien

Les méthodes dans lesquelles un praticien intervient en apportant une aide individuelle tout en suivant le couple sont nombreuses. Nous allons les passer en revue, sans les développer, et ceci pour deux raisons :

- dans ce livre, nous nous intéressons au traitement des causes de mal-être du couple issues de l'inconscient. Or, souvent ces méthodes s'abstiennent d'explorer l'inconscient ;
- nous décrirons en détail notre pratique de l'analyse de la relation du couple. Cette méthode reprend beaucoup d'éléments importants empruntés à d'autres techniques.

Le conseil conjugal

Le conseil conjugal est essentiellement une aide individualisée à la communication verbale dans le couple. Le conseiller conjugal aide les partenaires à mieux entendre et à mieux comprendre leur conjoint. Mais il ne cherche pas à aller au-delà. Il n'est donc pas question ici de chercher à mettre en évidence certains mécanismes inconscients du couple.

La thérapie de couple

La thérapie de couple consiste à appliquer une certaine approche thérapeutique au couple. Comme il existe de multiples formes de thérapie, il existe aussi de multiples formes de thérapie de couple. Cette diversité est renforcée par les expériences et les personnalités des thérapeutes, qui jouent un rôle essentiel en la matière. On ne peut donc pas parler de « la » thérapie de couple. D'une approche thérapeutique à une autre, ou d'un thérapeute à l'autre, les situations sont trop variées. Concernant le travail sur l'inconscient, nous aboutissons au même constat : il est difficile de tirer une conclusion générale. Certaines thérapies de couple se révèlent être en fait de remarquables analyses de l'inconscient, alors que beaucoup d'autres n'abordent pas du tout ce domaine. Vu l'éventail des méthodes proposées, on ne peut rien dire à ce sujet.

Pour le grand public, la thérapie de couple est souvent vue comme une tentative de gérer les crises du couple. C'est là une vue assez limitée. Le thérapeute de couple essaie bien de diminuer les crises, mais, du point de vue de l'évolution du couple, son rôle est beaucoup plus large que la simple gestion des crises.

Les thérapies peuvent être plus ou moins longues, mais il faut savoir qu'une thérapie brève de couple ne peut pas apporter beaucoup plus que de calmer une crise pour laquelle les conjoints sont venus consulter. Il ne faut donc pas en attendre une évolution significative du couple. Dans ce cas, la thérapie se rapproche du conseil conjugal, bien que les méthodes puissent être différentes.

La thérapie familiale

Les thérapies familiales ne constituent pas à proprement parler des thérapies de couple. En revanche, elles peuvent avoir une influence importante sur le couple. La résolution d'un conflit, ou d'une situation pathogène autour des enfants, assainit le climat familial et peut aider le couple.

La thérapie familiale est une approche systémique : elle s'occupe de la famille en tant que système de relations entre ses membres. Ses outils sont adaptés à des systèmes familiaux de plus de deux personnes. Il y a souvent plusieurs thérapeutes, ce qui permet d'avoir des points de vue différents. À partir de leurs observations, les praticiens décrivent le fonctionnement du système familial. Ils expliquent, en particulier, certaines interactions familiales, et les remettent dans un cadre plus large que celui qu'utilisent habituellement les intéressés, ce qui permet de dédramatiser les situations. Ils proposent à la famille, le cas échéant, des tâches thérapeutiques à continuer chez soi.

Il ne faut donc pas confondre thérapie de couple, qui s'applique à un système de deux personnes en relation directe, et thérapie familiale, qui s'applique à un système familial de plus de deux personnes ayant des relations croisées variées. On peut appliquer certaines techniques de la thérapie familiale au couple, mais les zones de travail restent dans ce cas très circonscrites.

La psychanalyse

La psychanalyse est la méthode par excellence pour explorer l'inconscient, bien que beaucoup d'autres thérapies permettent aussi de découvrir des parties cachées du psychisme. Citons en particulier les thérapies cognitives qui cherchent à remettre en question les croyances erronées, presque toujours inconscientes, de la personne, bien que le vocabulaire employé utilise peu le terme inconscient.

Cependant, l'analyse sur le divan ne peut être utilisée pour le couple. Elle est réservée à la personne seule, et un analyste ne travaille jamais avec les deux conjoints à la fois.

L'analyse d'un seul conjoint ou l'analyse en parallèle des deux conjoints qui ont chacun leur propre analyste donnent-elles des résultats satisfaisants au niveau du couple ? Cela peut arriver, mais ce n'est pas la règle générale. Souvent, les effets de l'analyse classique sur la relation conjugale sont assez pauvres. La psychanalyse améliore le bien-être de l'individu, mais elle n'entend pas agir directement sur le couple. L'entente affective et sexuelle entre les conjoints n'est pas d'emblée améliorée.

On peut regretter que l'analyse classique ne soit pas une méthode directement applicable aux couples car la grande majorité des problèmes de couple viennent de l'inconscient des partenaires. C'est pour remédier à ce manque de méthodes analytiques applicables au couple que nous avons mis au point l'analyse relationnelle du couple, dont nous détaillerons le fonctionnement ci-après. Pour ce faire, il nous a fallu aborder l'analyse sous un autre angle et lui adjoindre d'autres outils tels que : un travail de mise en évidence des croyances erronées (issu de l'approche cognitive) ; un travail émotionnel et corporel ; l'utilisation du travail en groupe ; un travail de transformation des comportements (issu de l'approche comportementaliste) ; le développement de la sexualité. Nous avons ainsi complété l'apport psychanalytique de base pour pouvoir l'appliquer au couple avec un maximum d'efficacité.

La sexologie

La sexologie est une thérapie de type comportemental qui isole le symptôme de dysfonctionnement sexuel et s'attache à le résoudre, sans s'occuper de ses liens avec d'autres aspects de la relation de couple. Elle consiste essentiellement en une rééducation du comportement sexuel.

Les couples qui ont des problèmes sexuels peuvent tirer un grand bénéfice de la sexologie. Très utile dans un certain nombre de cas, elle parvient à débloquer des situations figées par un échec sexuel répétitif.

La sexologie atteint cependant assez rapidement ses limites parce que la difficulté sexuelle s'inscrit souvent dans un ensemble relationnel problématique beaucoup plus global. Dans ce cas, l'utilisation exclusive des méthodes de la sexologie peut améliorer le symptôme, mais la sexualité obtenue risque de rester dans des limites assez étroites. Épanouir la sexualité nécessite d'associer les ressources de la sexologie à une approche plus large qui inclut un travail sur la relation intime du couple.

2. L'ANALYSE RELATIONNELLE DU COUPLE

LES ORIGINES DE L'ANALYSE RELATIONNELLE DU COUPLE

Nous allons, dans cette partie, décrire assez longuement l'analyse relationnelle du couple. Cette approche nouvelle se situe au carrefour de cinq grandes voies : la psychanalyse, l'approche systémique, les approches cognitivo-comportementales, la psychologie humaniste et la sexologie.

La psychanalyse

La théorie sous-jacente de l'analyse relationnelle du couple est clairement de nature psychanalytique. Il s'agit bien d'explorer l'inconscient pour pouvoir se dégager de ses propres conflits. Cependant, cette analyse ne s'effectue pas sur le divan car ce sont les situations relationnelles de la vie du couple qui fournissent le matériel nécessaire à l'analyse.

L'approche systémique

Le couple est un système à deux. On ne peut donc se contenter de l'analyse individuelle respective des conjoints pour espérer obtenir un éclairage complet sur les interactions dans le couple. Nous avons donc repris dans l'analyse relationnelle du couple certains concepts et outils de l'approche systémique.

Les approches cognitivo-comportementales

Certains de leurs principes sont fondamentaux et ont été repris dans l'analyse relationnelle du couple *[voir l'encadré ci-dessous]*.

La psychologie humaniste

La psychologie humaniste représente un courant qui s'est développé aux États-Unis, puis en Europe, à la fin des années soixante et au début des années soixante-dix. L'analyse relationnelle du couple lui emprunte plusieurs situations et techniques : notamment l'exploration des émotions, l'éveil du corps par les approches psychocorporelles et l'utilisation du groupe.

La sexologie

Beaucoup de couples consultent pour des difficultés sexuelles, puisque les difficultés relationnelles perturbent presque toujours la sexualité, et inversement. Il est donc souvent utile d'utiliser les ressources de la sexologie quand on veut aider un couple.

Il faut distinguer deux formes d'approche sexologique : l'une qui répare, utile au début du traitement des problèmes ; l'autre qui épanouit et revitalise la relation amoureuse par la suite. La sexologie épanouissante, utilisée en analyse relationnelle du couple conjointement à la sexologie réparatrice, est une approche relationnelle, mêlant intimement sexualité et relation affective, dans laquelle la créativité personnelle du couple permet de transcender l'aspect souvent un peu « mécanique » des techniques sexologiques classiques.

Thérapie cognitive et psychanalyse : quelles différences ?

La thérapie cognitive est de plus en plus connue et recommandée dans un certain nombre de cas. De quoi s'agit-il et quelles sont ses similarités et ses différences avec la psychanalyse ?

Le but essentiel de la thérapie cognitive est de mettre en évidence les croyances erronées de la personne, afin de pouvoir l'aider à les modifier. En ce sens, elle se rapproche de la psychanalyse, car ces croyances erronées sont toujours inconscientes. Citons quelques croyances erronées fréquentes : « Je dois être capable de faire tout comme je l'entends », « C'est catastrophique si ce que j'entreprends échoue », « Je ne peux rien faire, car je suis incapable de réussir quoi que ce soit », « Tout m'est dû », « Je ne serai jamais aimé », « Il faut absolument que quelqu'un m'aide », etc.

Bien sûr, toute personne sensée reconnaît immédiatement l'irrationalité de ces croyances, quand elles sont posées noir sur blanc sur le papier. Par contre, il est très difficile de faire prendre conscience que les schémas directeurs de la pensée, qui orientent la vie de la personne et la mettent en échec, sont précisément basés sur ce type de croyances.

Le thérapeute utilisant la thérapie cognitive entreprend de discuter rationnellement, en face à face, avec son patient. Il essaie, en lui demandant de parler de ses pensées et de ses actions, et en voyant en particulier ses réactions émotionnelles, de lui faire prendre conscience qu'il a bien en tête ce type de croyances ; et que le symptôme dont il se plaint, dépression ou pensées obsessionnelles, par exemple, vient bien de la force inconsciente de ces croyances cachées.

Le cadre de la thérapie cognitive est très différent de celui de la psychanalyse :

- on se concentre sur le symptôme dont se plaint le patient et seulement sur celui-ci ;
- les séances se déroulent en face à face et sont en nombre limité ;
- le thérapeute est directif : il prescrit un programme d'actions qui sert à la fois à mettre en évidence les croyances irrationnelles et à tester les progrès de la thérapie.

Plusieurs éléments de ce cadre rangent la thérapie cognitive dans les thérapies comportementales : directivité, concentration sur un symptôme, prescription d'un programme d'action. C'est pourquoi on parle souvent de thérapie cognitivo-comportementale (TCC).

La théorie de l'inconscient qui sous-tend la thérapie cognitive est simple : l'inconscient est formé de schémas cognitifs, correspondant aux croyances erronées, qui sont utilisés par la personne pour interpréter les informations venant de l'environnement. C'est une description très voisine de celle que nous avons utilisée dans le chapitre sur l'inconscient, en parlant de représentations du monde qui donnent un sens aux situations et qui guident la personne dans ses actions. Le problème de l'inconscient étant que ces cartes sont erronées, sans que la personne en soit consciente.

La psychanalyse n'a rien à redire à cette description de base, sinon qu'elle manque beaucoup de détails. La théorie analytique a bâti des cartes du psychisme beaucoup plus détaillées et intéressantes, avec toutefois l'inconvénient majeur d'un vocabulaire variant selon les écoles et prenant souvent une allure ésotérique.

Il est très difficile de comparer les résultats de la thérapie cognitive et de la psychanalyse car elles ne cherchent pas la même chose. La première vise la disparition de symptômes précis, ce qui est mesurable ; tandis que la deuxième fournit un vaste panorama du psychisme, à partir duquel la personne pourra effectuer des changements individuels modifiant profondément sa vie ou la vision qu'elle a d'elle-même, ce qui n'est pas mesurable.

La thérapie cognitive a été développée en premier aux États-Unis, de façon assez informelle, par Albert Ellis, dans les années soixante. Puis elle a été systématisée et a pris une allure « scientifique » grâce à Aaron Beck, un universitaire américain. Son succès actuel vient de la présentation très rationnelle, faite par ce dernier, qui plaît aux milieux universitaires. Malheureusement, cette même présentation risque de l'enfermer dans un cadre assez sclérosant, à la fois au niveau de la description du psychisme et à celui du développement de la personne.

La thérapie cognitive peut être appliquée au couple. Le problème majeur est la complexité de la relation de couple et la quasi-impossibilité d'isoler certains symptômes pour les traiter séparément du reste de la relation de couple. Dans ce cas très fréquent, la rationalité de la thérapie n'est qu'apparente et son efficacité globale pour changer le couple en profondeur est douteuse. Pour nous, il semble beaucoup plus intéressant d'utiliser une approche analytique complétée par des techniques d'inspiration cognitiviste. Ce que nous retenons avant tout, c'est la double nécessité de travailler les schémas mentaux erronés qui entraînent des blocages inconscients et de proposer à la personne un programme d'apprentissage destiné à accélérer son changement.

Terminons en disant que la rationalité de la thérapie cognitive fait que certains de ses principes ont été utilisés thérapeutiquement bien avant qu'une forme et un nom lui aient été donnés. En fait, on peut dire que beaucoup de thérapeutes et d'analystes l'utilisent, à des degrés divers, de façon informelle depuis toujours.

Les éléments de base dans l'analyse relationnelle du couple

Pour aider un couple à résoudre ses problèmes de fond et à s'épanouir véritablement, il faut pouvoir adapter plusieurs méthodes avec succès :

- une méthode d'analyse de l'inconscient applicable au couple ;
- une méthode qui accélère les changements de comportements des conjoints, une fois ôtés les blocages inconscients qui empêchaient jusqu'alors de changer ;

- une méthode qui développe l'intimité dans le couple, quand celle-ci devient possible ;
- une méthode de guérison et d'épanouissement de la sexualité.

L'analyse relationnelle du couple utilise ces différents moyens mis au point sur une période de plus de vingt ans avec de nombreux couples. Nous allons les décrire plus longuement ci-dessous.

L'ANALYSE DE L'INCONSCIENT DANS L'ANALYSE RELATIONNELLE DU COUPLE

L'analyse sur le divan n'est qu'une des façons d'explorer l'inconscient de l'individu. Il en existe d'autres. Ainsi, pour l'enfant, l'étude du psychisme se fait à travers les interactions qu'il entretient avec l'autre et avec le monde en général. En ce qui concerne le couple, il en va de même : l'analyse se déroule en dehors du divan.

Le processus de base de l'analyse sur le divan : le transfert

Revenons cependant à la méthode du divan, avant de poursuivre notre étude de l'analyse relationnelle du couple, pour rappeler en quoi consiste l'analyse classique, dont l'élément important, le transfert, se retrouve aussi dans l'analyse de couple, bien que sous une forme différente. La personne en analyse (l'analysant), allongée sur le divan, se trouve placée dans une situation relativement neutre par rapport à l'analyste. De cette façon, les interactions entre elle et le praticien sont le plus dépouillées possible. L'analysant verbalise ce qui se passe pour lui quand il est sur le divan, sans que l'analyste intervienne.

L'inconscient de l'analysant se révèle à travers la relation, essentiellement fantasmatique, qu'il établit avec l'analyste de manière unilatérale. En effet, sauf intervention de l'analyste, toute modification de la relation est due à la personne allongée sur le divan. C'est elle qui oriente la relation analytique en fonction de ses désirs par rapport à l'analyste, de ses sentiments tels que la colère, la frustration, l'envie de plaire, etc., et de ses résistances.

Le transfert n'est rien d'autre que l'émergence spontanée de ces manifestations du psychisme, en présence d'une personne extérieure à l'histoire du sujet, ici l'analyste, qui lui sert de surface de projection. C'est un phénomène qui aide à mettre en évidence l'inconscient de la personne. L'analyse sur le divan est une analyse du transfert, c'est-à-dire l'analyse d'une relation affective forte dans laquelle la personne projette son inconscient. Ainsi projeté, l'inconscient est amené à la conscience, il devient visible.

Le mot transfert a été vulgarisé sans que le public comprenne ce dont il s'agit réellement. Dans l'imagerie populaire, transférer sur quelqu'un est souvent pris dans un sens péjoratif voulant dire se laisser influencer indûment par une personne que l'on met abusivement en position d'influence. C'est généralement considéré comme un signe de faiblesse. Cette interprétation est un total contresens. Dans la situation de l'analyse, l'analyste est passif et sert juste de surface de projection à la personne. Tout vient de cette dernière qui réagit à la situation sur le divan en fonction de son inconscient et des conditionnements de son passé. En fait, dans le quotidien de la vie, nous passons tous la plupart de notre temps à réagir en fonction de notre inconscient et de notre passé aux situations qui se présentent. C'est-à-dire que nous transférons constamment sans le savoir. Toute relation contient donc un très fort élément transférentiel dont on va se servir dans l'analyse de couple.

La relation de couple considérée comme un transfert particulier entre les conjoints

Au niveau analytique, l'analyse de couple est aussi fondée sur l'étude du transfert, mais il s'agit maintenant d'analyser le transfert entre les conjoints et non plus le transfert avec l'analyste. La relation de couple est une relation intime et impliquante qui, dans certaines conditions, révèle très bien l'inconscient des partenaires. En effet, chaque conjoint offre à l'inconscient de l'autre une vaste surface de projection. On peut dire que dans un couple chacun des partenaires fait, sans le savoir, un transfert permanent sur l'autre.

Pourtant, on ne peut pas transposer directement l'analyse du transfert sur le divan à l'analyse du transfert dans le couple. En psychanalyse, l'analyste reste neutre, de façon à ce que tout ce qui se passe dans le transfert provienne de la personne seule, et non pas du praticien. Il peut certes y avoir ce qu'on appelle un contre-transfert de la part de l'analyste, c'est-à-dire une réaction de nature affective venant de l'analyste, mais ce contre-transfert doit rester très modeste et se manifester le moins possible.

Dans le couple, aucun des conjoints n'est neutre et les transferts et contre-transferts se font simultanément des deux côtés. L'un transfère sur l'autre et réciproquement. Cela complique *a priori* l'analyse du transfert. Il faut donc inventer une méthode qui la rende possible. C'est ce que l'on fait en créant des situations dans lesquelles les points saillants de la relation et du transfert mutuel entre les conjoints apparaissent beaucoup plus clairement que dans les interactions quotidiennes du couple. Ces situations seront décrites en détail un peu plus loin.

Parallèlement au transfert réciproque entre conjoints, il se produit un transfert sur l'analyste ou les deux analystes (dans l'analyse de couple, il y a souvent un couple d'analystes : un homme et une femme). Par ailleurs, comme l'analyse de couple utilise aussi l'outil du groupe, la personne va réagir aux autres participants en fonction de leurs personnalités et de leurs actions. C'est ce qu'on appelle un transfert latéral. La mise en évidence et l'analyse comparative de ces différents transferts (sur le conjoint, l'analyste femme, l'analyste homme et les autres couples du groupe) permettent de mettre au jour, progressivement, l'inconscient de la personne.

Dans l'analyse sur le divan, on constate que le passé remonte spontanément à l'esprit de l'analysant. Dans l'analyse de couple, un travail important est effectué sur ce point, en comparant ce qui se passait pendant l'enfance et ce qui se passe maintenant dans le couple. Cela permet de mettre au jour des conditionnements relationnels issus du passé, et projetés inconsciemment sur le couple actuel.

Enfin, un travail émotionnel et corporel favorise une prise de conscience des émotions refoulées. Il ne s'agit pas de rechercher une simple décharge libératrice qui détend l'organisme. Accompagnée d'un travail de compréhension et d'intégration, l'expression émotionnelle est beaucoup plus qu'une simple catharsis, c'est une aide précieuse à la découverte de l'inconscient.

La combinaison de ces différents outils permet à la fois d'analyser progressivement l'inconscient de chacun des conjoints et de montrer comment les inconscients des deux partenaires interagissent en influençant la nature de la relation de couple ; ce qui n'est pas possible lorsque les conjoints font séparément une analyse individuelle.

Analyse active et tests de réalité : l'interaction entre l'analyse et les changements de comportement

On peut qualifier l'analyse de couple d'analyse active en ce sens que le matériel utilisé pour cette analyse provient des actions relationnelles que la personne pose dans son couple. Parallèlement, cette dernière utilise ce qu'elle découvre sur elle-même, dans l'analyse de couple, pour améliorer ses actions et ses comportements dans le couple.

Les actions et comportements dans le couple constituent un véritable test de réalité : si la compréhension de soi acquise dans l'analyse est réellement intégrée, la personne modifie et ajuste sa manière d'être ; sinon, on peut supposer que son fonctionnement dans la relation n'a pas été vu clairement et qu'il reste des influences inconscientes qui font échouer ce changement.

L'amélioration tangible de la relation dans le couple est considérée comme le test de réalité qui prouve qu'il y a bien eu diminution des influences négatives de l'inconscient. S'il persiste des échecs, que traduisent des états de mécontentement, de frustration, c'est la preuve qu'il reste des zones d'ombre et que l'analyse mérite d'être poursuivie.

L'APPRENTISSAGE DE COMPORTEMENTS NOUVEAUX

Rappelons que le but de l'analyse n'est pas de mettre au jour l'inconscient pour le simple plaisir de le faire. Il s'agit d'utiliser la nouvelle connaissance de soi pour abandonner les comportements négatifs et adopter des comportements positifs qui permettent de satisfaire les besoins des deux partenaires de façon simple et efficace.

Mais on ne peut pas changer d'attitude, si on ne voit pas ce qui empêche le changement. C'est le rôle de l'analyse de mettre au jour les obstacles au changement. Une fois ces obstacles repérés, il est extrêmement utile de proposer au couple des méthodes d'apprentissage de conduites nouvelles pour accélérer la transformation de soi.

On peut pour cela faire appel à des méthodes issues de l'approche comportementale. Celle-ci, née aux États-Unis dans les années cinquante, est fondée sur la modification des comportements que l'on juge indésirables et sur le renforcement des comportements positifs. Elle s'est beaucoup développée en parallèle avec les approches cognitives, car elle peut être très efficace pour améliorer un point précis du comportement.

Le principe de l'approche comportementale est de se focaliser, à l'exclusion de toute autre chose, sur la conduite spécifique à changer, en la définissant le mieux possible et en établissant un programme de changement. Un exemple de thérapie comportementale est la sexologie. En sexologie on isole, de façon aussi précise que possible, le comportement sexuel indésirable et on propose des méthodes d'apprentissage de comportements nouveaux, sans s'occuper des autres facteurs qui influent sur la sexualité.

L'approche comportementale se situe donc à l'opposé de l'analyse qui, elle, recherche le plus large éventail possible de facteurs inconscients qui entravent le développement de la relation de couple.

Ces deux méthodes abordent les problèmes sous deux angles totalement différents. Plutôt que de les opposer, nous proposons, dans le cadre de l'analyse relationnelle du couple, de les employer en parallèle car elles se complètent très bien. L'analyse permet de voir l'ensemble de la situation et des facteurs qui perturbent le couple, alors que l'apprentissage de nouveaux comportements spécifiques accélère le changement de ce qui est prêt à changer. Ce qui n'est pas prêt à changer sera abordé plus tard, quand l'analyse aura mis en évidence ce qui bloque le changement.

Il est difficile d'appliquer l'approche comportementale telle quelle au couple, dont l'étude du fonctionnement implique de prendre en compte beaucoup de facteurs inconscients. Une relation affective conjugale est toujours complexe. Les actes relationnels que les partenaires posent sont composites et ne sont pas dissécables en éléments simples, isolables les uns des autres.

Nous n'avons donc directement emprunté aux méthodes comportementales qu'une seule technique classique, celle des contrats. Mais nous avons inventé d'autres techniques d'inspiration comportementaliste : ce sont les situations relationnelles expérimentales (appelées aussi temps d'intimité structurés), que nous décrirons en détail un peu plus loin. Ces dernières favorisent l'apparition de comportements positifs et fournissent en retour à l'analyse un matériau sous la forme de comportements à analyser.

La méthode des contrats

Dans une analyse de couple, la méthode des contrats sert à modifier des comportements facilement identifiables. C'est une manière de résoudre des conflits que les couples utilisent déjà spontanément entre eux. Quand un des conjoints demande à l'autre de se comporter différemment dans certaines circonstances et que ce dernier accepte, nous sommes en présence d'un contrat informel. Par exemple, quand on demande à l'autre d'être plus attentionné dans certaines situations, de se comporter différemment dans la sexualité, d'éviter certaines attitudes avec les enfants, de baisser le niveau sonore de la télévision ou de la musique, de faire la vaisselle plus souvent, etc., et que l'autre répond favorablement, on est en présence d'un début de contrat. Le contrat peut se définir comme une demande que l'on adresse à l'autre, suivie d'un accord du conjoint pour satisfaire cette demande.

Généralement, ces contrats informels passés entre conjoints ne fonctionnent bien que pour des choses simples. Dès que cela devient plus complexe, ce type de contrat implicite est vite dépassé. Cela n'est pas étonnant : si le changement de certains de nos comportements était chose aisée, il aurait déjà eu lieu plus ou moins spontanément. Cette résistance à satisfaire le contrat indique qu'il y a des blocages plus ou moins conscients qui empêchent sa réalisation.

L'analyste prend le rôle du médiateur

Dans le cadre de l'analyse relationnelle du couple, le contrat comporte des éléments nouveaux par rapport aux contrats informels que l'on vient d'évoquer. Le premier de ces éléments est la présence de l'analyste qui intervient temporairement en médiateur.

Souvent, les conjoints ne se connaissent pas suffisamment eux-mêmes pour poser des contrats qui ont de bonnes chances de réussir. En général, ils attendent de l'autre des actes qu'ils imaginent facilement réalisables. Or, ces attentes rencontrent les résistances inconscientes du conjoint qui peine à y répondre, malgré sa bonne volonté. Le demandeur pense alors que son partenaire ignore intentionnellement ses demandes. Il se sent agressé, en proie, imagine-t-il, au pouvoir abusif de son conjoint et en veut à ce dernier.

Il y a, pour chacun, un grand intérêt à considérer la situation d'un point de vue plus large. Comme nous le disions dans le chapitre sur l'inconscient, nous avons dans notre tête une représentation de la réalité qui nous est personnelle, donc subjective, alors que nous la croyons objective et universelle. Il en va de même pour notre conjoint. Cela veut dire que nos représentations personnelles du monde divergent et coïncident rarement. Ainsi, l'un des conjoints estimera que telle action ne pose aucun souci, alors que l'autre l'estimera ardue, voire impossible à exécuter, pour des raisons propres à son psychisme.

Dans un premier temps, lors de l'établissement d'un contrat comportemental entre les deux membres du couple, le rôle de l'analyste consiste à dépassionner le débat de façon à arriver à une description beaucoup plus précise du problème et des désirs de chacun. Il aide à faire la différence entre un contrat qui peut marcher et un contrat qui a toutes les chances d'échouer. Il va donc jouer le rôle du médiateur qui fait baisser les enchères et oriente les demandes jusqu'à ce que le contrat puisse aboutir.

On constate, en général, que la demande d'un contrat vient du partenaire qui, frustré à la suite d'un comportement de son conjoint, sollicite un changement de la part de ce dernier. Le destinataire de la demande peut accepter de changer, sans rien demander en retour, se contentant de la satisfaction obtenue dès lors qu'il a réussi à faire plaisir. Mais comme la révision de son comportement lui coûte, il arrive très souvent qu'il ressente le besoin de demander la réciproque, à savoir la modification d'une attitude qui lui déplaît chez son partenaire. On a alors un double contrat. Là encore, l'analyste privilégie une mise au point sereine et réfléchie des deux contrats symétriques pour les rendre les plus réalistes possible.

Réajuster le contrat

Quelle que soit sa nature, le contrat retenu sera appliqué pour voir clairement en quoi il réussit et échoue. L'analyste joue, là encore, un rôle primordial dans l'accompagnement du contrat. Souvent, les partenaires concluent un accord qui semble être clair pour chacun et qui est donc accepté par les deux sans ambiguïté. En réalité, on constate après coup que l'un a compris une chose et l'autre une autre, ou bien que le contrat n'est pas respecté de façon suffisamment stricte. Dans ce cas, il faut alors revenir sur les termes du contrat et le redéfinir. Moyennant ces réajustements, le contrat est un bon outil de changement. C'est aussi un test de réalité qui indique où en sont les deux « apprentis conjoints » dans la création d'une relation intime et respectueuse des besoins de l'autre.

Quand le contrat est un échec

Un échec à un contrat bien préparé n'est absolument pas catastrophique, il signifie simplement que les conjoints croyaient faire mieux qu'ils ne le peuvent réellement à ce stade de leur évolution. Le ratage permet de remettre les pendules à l'heure et repartir de là où l'on en est, et non pas de là où l'on croyait être.

Le non-respect d'un contrat entre les conjoints devient pour l'analyste une situation relationnelle à étudier qui permet de voir les résistances inconscientes au changement. Après le rôle de médiateur dans la mise au point des contrats, le praticien réinvestit sa fonction d'analyste.

Les contrats sont toujours volontaires

Notons au passage que les contrats se passent toujours entre les conjoints et qu'ils sont à chaque fois volontaires. Un contrat qui serait imposé à l'un des partenaires ne serait pas, par nature, un contrat. Un contrat est un acte d'accord mutuel pour réaliser quelque chose ensemble. Un conjoint est toujours libre de refuser une proposition de contrat qui ne lui convient pas.

Les situations relationnelles expérimentales dans le couple (ou temps d'intimité structurés)

La méthode des contrats comporte des limites assez précises. Comme nous l'avons dit, les relations dans le couple sont trop complexes pour pouvoir être divisées en petits modules qui feraient l'objet de contrats comportementaux. Tout en leur reconnaissant une utilité au regard de situations conjugales spécifiques, les contrats nous apparaissent comme des solutions ponctuelles limitées. Ce que les conjoints désirent est bien autre chose en définitive : ils voudraient retrouver une intimité amoureuse authentique.

Or la relation amoureuse est une relation riche et compliquée qui exige d'autres formes d'interventions. Les obstacles à l'amour sont tellement puissants et inconscients qu'une méthode comportementale classique ne saurait suffire à rétablir un rapport amoureux.

Nous avons vu que pour retrouver un sentiment amoureux, il faut d'abord analyser les facteurs inconscients qui lui font obstacle. Ceux-ci s'actualisent dans nos mécanismes mentaux d'idéalisation forcée, de déni, d'agressivité, de culpabilité, de projection, etc., à l'égard du conjoint, mécanismes que nous avons détaillés dans le chapitre sur l'inconscient. Mais si la prise de conscience de ces manifestations perturbantes est nécessaire pour lever les obstacles qui bloquent l'intimité amoureuse, elle n'est pas suffisante pour épanouir complètement le couple. Il faut accompagner la compréhension venant de l'analyse par des méthodes comportementales permettant de développer et de stabiliser l'intimité amoureuse dans le couple. Seule la combinaison des deux permet de pleinement développer le potentiel amoureux du couple.

C'est une des raisons pour lesquelles une analyse individuelle améliore difficilement l'intimité dans un couple. En effet, celle-ci ne dispose d'aucune méthode pour favoriser l'apprentissage de nouveaux comportements propices à l'émergence d'une intimité amoureuse dans le couple.

Se rapprocher intimement grâce à un cadre relationnel qui allie sécurité et liberté

Nous avons mis au point un certain nombre de méthodes qui aident le couple à reconstruire progressivement un espace intime amoureux. Elles consistent toutes à proposer au couple un cadre sécurisant, à l'intérieur duquel les conjoints peuvent expérimenter des situations qui les rapprochent, tout en leur offrant une grande liberté d'action. Nous appelons ces moments des « situations relationnelles expérimentales » et, comme leur but principal est de créer progressivement une intimité dans le couple, on les appelle aussi des « temps d'intimité structurés ».

Le cadre de ces situations expérimentales est défini par quatre règles

1. Le couple décide de faire quelque chose ensemble : c'est la situation à vivre. Ce peut être un exercice relationnel à faire ensem-

ble ou toute autre situation relationnelle définie à l'avance par les conjoints, comme aller se promener ensemble, se câliner, parler d'un certain sujet, faire l'amour, etc.

2. Le couple décide à l'avance de la durée du temps à passer ensemble, qui peut aller de quelques minutes à plusieurs heures, selon la nature de la situation choisie.
3. L'un des partenaires, que l'on appelle A, va être le conjoint actif pendant la moitié du temps de l'exercice ; l'autre, appelé B, sera le conjoint suiveur. Dans la seconde partie de l'exercice les rôles seront échangés, A devient B et réciproquement. En général, être A (actif) signifie que l'on dirige l'exercice pendant que B (passif) suit et essaie d'adhérer à ce que A propose.
4. Le conjoint suiveur B fait ce que suggère A en y mettant un maximum de bonne volonté, mais, si ce que projette de faire A ne lui va pas du tout, il a le droit de demander à A de lui proposer autre chose.

Ces quatre règles créent un cadre sécurisant dans lequel les partenaires vont pouvoir explorer des aspects variés de la relation. Ce temps passé ensemble, comme suspendu et mis entre parenthèses par rapport au quotidien, rapproche incontestablement les conjoints. En général, le couple choisit de vivre une situation intime, ce qui est tout à fait propice à l'émergence du sentiment amoureux.

Les conditions qui créent le cadre sécurisant

On peut les résumer en quatre points principaux :

1. Les conjoints doivent se mettre d'accord sur ce qu'ils vont faire ensemble avant de commencer. Cet accord peut porter sur un contenu précis, thème ou déroulement, ou au contraire sur la pratique d'un jeu libre comme nous le décrivons un peu plus loin.
2. Ils déterminent à l'avance une durée maximale pendant laquelle ils vont vivre la situation.
3. Le temps total retenu est divisé en deux parties égales entre lesquelles ils échangent les rôles. Il y a donc une stricte égalité entre les deux partenaires : chacun a la garantie de pouvoir, à un moment donné, conduire l'exercice de la façon dont il le désire.
4. Aucun des deux partenaires ne peut imposer à l'autre des situa-

tions qui ne lui conviendraient pas. Ce dernier a à sa disposition la règle du « stop » pour signifier son refus de vivre telle situation.

On peut ajouter une cinquième règle extrêmement utile, mais facultative : la possibilité, après le temps écoulé, de faire un partage verbal pour échanger sur la manière dont a été vécu l'exercice. Ce temps de parole renforce la complicité et permet de découvrir ce qui s'est réellement passé pour l'autre, ce qui peut être très différent de ce qu'on pouvait soi-même imaginer.

Il est très important qu'il y ait deux rôles bien distincts : un actif qui dirige et un passif qui suit. Cela donne l'occasion d'expérimenter les deux jeux de meneur et de suiveur et d'observer son propre comportement dans des situations opposées. Mener oblige à indiquer clairement son désir à l'autre. Beaucoup de gens peinent à exprimer clairement ce qu'ils veulent. Dans le couple, le désir est souvent dissimulé. Suivre permet, à l'inverse, de tester ses capacités à respecter le désir de l'autre et à agir de façon à ce que ce désir soit satisfait. Ces situations relationnelles expérimentales sont caractérisées par un principe central : un des partenaires mène (on l'appelle A) et l'autre suit (on l'appelle B). C'est pourquoi on appelle souvent ce type d'exercice : l'exercice A/B (meneur/suiveur). On inverse les rôles de meneur et de suiveur ensuite, pendant une durée égale.

On apprend beaucoup sur soi et sur l'autre en faisant régulièrement ce genre d'exercice relationnel.

Le contenu des situations relationnelles expérimentales

Les situations relationnelles expérimentales sont librement choisies par les conjoints et sont de ce fait extrêmement variées, avec, il est vrai, de grands classiques en la matière, que l'on retrouve spontanément chez de nombreux couples : le temps A/B (meneur/suiveur) libre sur une longue durée et la relation sexuelle. Nous allons les décrire plus précisément ci-dessous.

Les temps A/B libres sur une longue durée : apprendre à donner et à recevoir

Une situation fréquemment exploitée par les partenaires consiste à expérimenter la situation meneur/suiveur pendant une longue période sans en avoir fixé à l'avance le programme. Ce sera à celui qui mène (A) de déterminer, au fur et à mesure que le temps passe, ce que fait le couple pendant la période déterminée. B essaie de suivre avec la meilleure volonté possible, avant de mener à son tour dans la période suivante.

Concrètement, les conjoints se réservent plusieurs heures pour pratiquer cet exercice, afin de pouvoir s'immerger complètement dans la relation intime sans en être distraits.

Cet exercice A/B (meneur/suiveur), à contenu libre et effectué sur une longue durée, met en évidence deux aspects importants des situations expérimentales :

- le meneur (A) apprend à indiquer sans ambiguïté son désir, tout en pensant au bien-être du suiveur (B). Il est en effet responsable de la relation de couple pendant un long moment. Il lui faut donc, si possible, trouver une idée d'activité qui soit agréable aux deux. Cela apprend à respecter et à concilier son propre désir et celui de l'autre ;
- le suiveur (B), en s'engageant dans le temps d'intimité structuré sans savoir à l'avance ce que le meneur (A) va proposer, s'entraîne à faire confiance à celui-ci et à s'adapter à ses désirs, tout en sachant qu'il a la possibilité de refuser les propositions de A si celles-ci lui apparaissent comme étant trop difficiles à suivre.

Ce type d'exercice est un excellent moyen pour apprendre à donner et à recevoir dans des conditions qui sollicitent une implication forte des partenaires.

Les situations relationnelles sexuelles

L'expression du désir de l'un ou de l'autre va fréquemment se porter, à un moment ou à un autre, sur la sexualité. On constate que les temps d'intimité structurés comportent souvent un épisode sexuel, initié par l'un ou par l'autre des conjoints. Ces moments sexuels sont laissés à la créativité du couple quand rien n'est prévu à l'avance.

Mais il est possible de définir à l'avance des situations expérimentales sexuelles dans le couple, pour apprendre à la fois à résoudre certaines difficultés sexuelles et à développer une sexualité épanouie. On a affaire ici à une sexologie relationnelle épanouissante, assez différente de la sexologie classique.

Quand il existe dans le couple une difficulté sexuelle, les situations expérimentales sexuelles sont le plus souvent préparées et définies avec l'aide de l'analyste, avant que les conjoints les vivent. Il s'agit surtout de déterminer qui va être actif en premier et ce qu'il peut faire ou ne pas faire pour améliorer sa sexualité et celle de son partenaire.

Ce mode d'exercice donne des résultats étonnants dans le domaine de la sexualité. Dans ce cadre précis, les couples explorent leur créativité et se montrent rapidement beaucoup plus libres que dans les situations sexuelles de la sexologie classique. Ces dernières sont très didactiques et visent avant tout à enseigner à faire l'amour en se concentrant sur la partie sexuelle technique et en laissant de côté les aspects relationnels du jeu sexuel. Au contraire, dans les situations relationnelles axées sur la sexualité, c'est la relation et la créativité qui sont au premier plan, la technique sexuelle n'est qu'un support secondaire.

Les deux outils, la sexologie classique et les situations expérimentales sexuelles telles que nous les préconisons, se complètent parfaitement. Ils peuvent s'utiliser en alternance quand cela s'avère nécessaire.

Cependant, on admettra qu'un sexologue peut difficilement proposer ce type d'exercice, car il faut que le couple sache déjà « jouer » à deux avant de pouvoir pratiquer avec succès au niveau sexuel. Or, ce n'est que dans le cadre d'une analyse relationnelle utilisant ce type d'exercice que les conjoints apprennent d'abord à « jouer » ensemble, avant d'appliquer cet apprentissage au domaine de la sexualité.

L'aspect ludique des temps d'intimité : réapprendre un jeu joyeux avec l'autre

Nous avons surtout évoqué le jeu sexuel dans le couple. Mais ce que nous retiendrons, c'est que les temps d'intimité structurés dans le couple, qu'ils soient d'orientation sexuelle ou non, doivent toujours conserver un caractère ludique.

Nous savons bien néanmoins que jouer avec son partenaire ne peut pas s'imposer. La règle selon laquelle « il faut jouer » est contraire à l'esprit même du jeu. Il est préférable que les conjoints ne s'encombrent pas d'une telle injonction, afin de laisser faire le plus librement possible ce qui vient, sans obligation de résultat. Cela dit, il faut garder à l'esprit le fait que ces temps d'intimité structurés sont avant tout l'occasion de réapprendre à jouer avec l'autre, comme au temps de la lune de miel, où des jeux spontanés un peu enfantins se produisaient entre les partenaires, où l'on riait et faisait les fous, en se moquant des convenances de la société.

L'aspect corporel des temps d'intimité

Ces jeux relationnels, qui expriment la bonne santé amoureuse du couple, ont souvent un aspect corporel. Nous avons déjà parlé des temps d'intimité sexuels, mais il est utile, pour la suite de nos propos, de distinguer le sexuel du corporel. Les jeux spontanés pendant la lune de miel sont fréquemment sexuels, mais ils ont aussi une composante corporelle qui n'est pas directement sexuelle : les étreintes, les câlins, les corps à corps, les simulations de bagarre corporelle, les chatouilles et les papouilles variées ne sont pas à proprement parler sexuels. Ces comportements ludiques corporels sont des signes manifestes d'un rapprochement amoureux. De même que la sexualité, le contact corporel intime est très important dans le couple. Nous incitons les couples, dans les temps d'intimité, à développer librement ces contacts corporels amoureux le plus possible.

L'interaction fructueuse entre temps d'intimité structurés et analyse du couple

Bien entendu l'apprentissage de l'intimité grâce aux temps d'intimité structurés est très progressif. Au début, on va constater que les couples, même en y mettant la meilleure volonté possible, se heurtent souvent à des échecs. L'un des partenaires peut se bloquer et refuser de continuer l'exercice, ou bien continuer, mais en étant de mauvaise humeur. L'autre lui en veut de faire échouer l'exercice et risque de se bloquer à son tour. On aboutit ainsi à une situation tendue ou morne, très loin du jeu ludique et d'un partage intime. Ces échecs sont tout à fait normaux car il y de fortes résistances, plus ou moins inconscientes, à exprimer son désir clairement du côté du meneur, ou à suivre le désir de l'autre du côté du suiveur.

C'est ici qu'intervient l'analyse. En analysant ce qui s'est passé, on peut mettre en évidence les résistances inconscientes qui ont fait échouer le temps d'intimité structuré. Celui-ci constitue donc un excellent matériau pour l'analyse de la relation de couple. Pendant le temps de l'exercice, les conjoints sont seuls l'un avec l'autre et il n'y a aucun facteur extérieur qui vient interférer avec la situation. Ce qui s'y passe vient donc uniquement des deux conjoints, aussi bien ce qui réussit que ce qui échoue. On a donc, pendant le temps de la situation expérimentale, la relation de couple la plus dépouillée possible des éléments extérieurs au couple.

C'est une situation idéale pour l'analyse car elle met clairement en évidence le transfert des partenaires l'un sur l'autre. C'est l'équivalent de la situation du divan dans l'analyse classique, avec la réserve importante que la situation est plus compliquée car les deux conjoints transfèrent l'un sur l'autre simultanément et les interactions sont complexes et rapides : la réaction de l'un va entraîner la réaction de l'autre et réciproquement. Le rôle de l'analyste est, dans ce cas, à la fois plus actif et plus délicat que celui de l'analyste classique. En effet, il doit aider les conjoints à séparer les éléments de leurs transferts réciproques pour que chacun puisse reprendre la responsabilité de ce qu'il a apporté dans la situation expérimentale. Il faut beaucoup d'expérience pour mener à bien ce travail. Remarquons que les situations expérimentales ne constituent pas le seul matériau de l'analyse. Toute action ou réaction dans le couple peut alimenter l'analyse.

On retrouve ici le grand principe de l'analyse de la relation de couple : faire alterner l'analyse et l'apprentissage de comportements nouveaux dans le couple. L'analyse permet de prendre conscience des facteurs inconscients de résistance au changement, ce qui va permettre en retour de débloquer les difficultés de l'apprentissage. Inversement, l'apprentissage de nouveaux comportements permet de concrétiser les prises de conscience faites pendant l'analyse et de les ancrer dans les actions quotidiennes du couple.

Le recyclage des petites crises du couple

Les temps d'intimité structurés peuvent être aussi utilisés pour aider le couple à « digérer » des petites crises. Quand les conjoints ont pris goût à ces jeux intimes et quand ils les maîtrisent suffisamment bien, ils sont invités à les utiliser pour aborder des points délicats de leur histoire. Il est demandé aux partenaires de rejouer des scènes qui ont laissé des traces négatives en chacun, dans le but de mieux intégrer celles-ci et de les faire disparaître.

Dans un cadre sécurisant qui facilite une expression joyeuse et dynamique, il est possible de revenir avec une distance humoristique sur les désaccords présents ou passés. Cela permet de passer d'un premier degré âpre et agressif à un second degré léger et amusant. C'est ce que nous appelons procéder à un « recyclage » ludique de l'agressivité, en la transformant en un jeu intime humoristique. Ces exercices sont extrêmement utiles mais leur maniement est délicat. Il faut donc, pour les pratiquer, avoir déjà une bonne expérience du travail sur la relation de couple. Ajoutons enfin que ces exercices doivent nécessairement s'apprendre en groupe avec l'analyste, avant que le couple puisse les tenter à la maison.

Les dérapages dans les exercices de couple peuvent servir de vaccination contre des crises plus graves

Bien que le cadre des exercices relationnels à faire dans le couple soit le plus sécurisant possible, des dérives ne sont pas rares. Le sujet choisi par le couple est parfois trop sensible, la susceptibilité trop forte : les partenaires s'écartent alors du jeu et plongent dans une atmosphère agressive. À partir d'un jeu plaisant pris au second degré, le couple se retrouve dans une bagarre au premier degré.

Dans le cadre de ces exercices, les dérapages représentent ce qu'on pourrait appeler des minicrises. En dépit de leur caractère désagréable, ces dérapages remplissent une fonction très utile. En effet, on s'aperçoit que ces minicrises servent de vaccins contre des crises plus importantes. Chaque minicrise apporte un matériel très utile pour l'analyse, ce qui, à terme, contribue à désamorcer des crises plus graves qui pourraient être dangereuses pour le couple.

Le développement de la communication verbale dans le couple

Il est fondamental d'aider le couple à avoir une bonne communication verbale. Que signifie « une bonne communication verbale » ? C'est pouvoir s'exprimer, face à l'autre, sur ce que l'on voit et sur ce que l'on ressent, de façon vraie. Ce n'est pas toujours facile, car l'inconscient oriente la parole dans un sens ou dans un autre et empêche une communication relativement objective.

Pour contrer ces effets néfastes de l'inconscient, nous avons mis au point, dans le cadre de l'analyse relationnelle du couple, deux méthodes de communication qui fixent un cadre sécurisant propice aux échanges verbaux.

Ces méthodes sont utilisées par le couple chaque fois que les conjoints le désirent. Souvent, les situations relationnelles expérimentales, décrites ci-dessus, sont suivies d'un partage verbal, à l'occasion duquel chaque partenaire a la possibilité d'exprimer la manière dont il a vécu la situation. Cet échange peut prendre deux formes différentes : le partage en écho ou le partage verbal avec support projectif.

La communication verbale en « écho », un échange intime

Dans une communication de couple un peu chargée émotionnellement, on assiste souvent à une sorte de partie de ping-pong, dans laquelle les partenaires se renvoient la balle très rapidement dans l'espoir de marquer un point sur l'autre, avant que celui-ci ait eu le temps de réagir. Lorsqu'ils sont remontés l'un contre l'autre, les conjoints ont du mal à s'écouter et à prendre la parole chacun leur tour. Au contraire, ils se coupent la parole, et c'est à qui parlera le plus fort, le plus longtemps et le dernier de préférence !

Il nous a paru indispensable de proposer aux couples une façon de communiquer plus respectueuse et plus efficace : chacun doit pouvoir être assuré que son message a bien été transmis, enregistré par l'autre et vice versa. Le partage en écho est un partage verbal régi par les règles suivantes :

- *il est attribué un temps de parole égal à chacun des conjoints.* Les deux partenaires parlent à tour de rôle pendant une période de temps déterminée à l'avance. En général, la durée est de l'ordre de dix à vingt minutes par personne ;
- *les deux partenaires se mettent dans une position corporelle intime.* Le face à face est évité. Il rappelle trop la « partie de ping-pong verbale » et contribue à maintenir une distance entre les personnes. Il est préférable alors que la personne qui parle s'allonge et mette sa tête sur les genoux de l'autre qui reste assis à l'écouter. Elle ferme les yeux pour mieux se concentrer sur ce qu'elle ressent et sur ce qu'elle a à dire. Elle prend son temps pour choisir ce

qu'elle veut exprimer. Elle sait qu'elle ne va pas être interrompue brusquement par l'autre, grâce à la règle des temps de parole alternés : elle peut alors choisir de parler ou de se taire, au rythme qui lui convient, sans crainte d'une interruption ;

– *il est demandé une répétition interne empathique à celui qui écoute.* Celui qui est assis et qui écoute peut poser sa main sur le corps de son partenaire pour garder un contact corporel. Dans sa tête, il répète silencieusement, pour lui-même, tout ce qui est dit par celui qui parle, comme s'il faisait écho aux paroles de l'autre. D'où le nom de partage en écho donné à cet exercice. Cette répétition silencieuse a deux buts :
  - elle aide à écouter réellement ce que dit le conjoint. Répéter dans sa tête, avec les mêmes inflexions de voix, les propos de celui qui parle, aide à se mettre dans la peau de l'autre,
  - la répétition silencieuse empêche de préparer automatiquement sa réponse avant même d'avoir pu assimiler le message de l'autre.

Cette façon de communiquer demande une certaine discipline, mais elle a l'avantage d'assurer une communication authentique entre les personnes.

La communication verbale avec support projectif

Le partage en écho améliore considérablement la communication verbale dans le couple. Néanmoins, le matériau utilisé reste le langage des mots. Or, les personnes qui éprouvent le besoin d'échanger sont souvent dans un état émotionnel agité et leur choix des mots peut s'en ressentir. Ne dit-on pas parfois : « Mes mots ont dépassé mes pensées » ?

Les mots ont leurs limites et n'expriment pas de manière toujours juste le fond de notre pensée ou de notre ressenti. Ils peuvent, dans certains cas, concourir à embrouiller notre réflexion.

Un deuxième outil de communication permet l'accès à une parole plus ajustée. Il se compose de supports projectifs *[Voir l'encadré « Les supports projectifs, à la fois moyen d'expression et miroir du psychisme »]* constitués de dessins, de photos et d'images illustrant des sentiments et des scènes relationnelles variées. En soi, l'illustration vaut langage et aide à enrichir et à préciser le message qu'on souhaite faire passer. Dans la suite du texte, ces supports projectifs seront souvent appelés cartes, puisqu'ils se présentent comme un ensemble de cartes imagées.

Les deux partenaires procèdent selon l'ordre chronologique suivant.

Ils s'entendent préalablement sur le sujet à débattre, qu'il s'agisse d'une décision commune à prendre, d'une mise au point concernant un incident récent, d'un souci qui pèse sur l'un des conjoints, etc.

Dans un deuxième temps, chacun choisit spontanément quelques cartes illustrant pour lui le thème retenu, et réfléchit seul, dans son coin, sur la signification de sa sélection. Il est possible d'étaler les cartes devant soi et de les agencer, comme lorsqu'on tente de mettre un peu d'ordre dans ses idées. De ce travail, il se dégage une réflexion personnelle qui, ensuite, est communiquée à l'autre. En effet, les deux partenaires se retrouvent pour présenter, à tour de rôle, leur choix de cartes et échanger dessus.

Le grand atout de ce dispositif est qu'il se déroule par étapes et qu'il court-circuite les mots. La personne commence à réfléchir, seule, tranquillement avant de partager avec l'autre. De cette manière, on obtient des échanges constructifs et dépassionnés sur des sujets qui, au départ, peuvent fâcher. En outre, les images et les mots se complètent à merveille et la complexité de ce qu'on peut avoir à exprimer gagne en limpidité.

Ce type de communication, à partir de supports projectifs, fonctionne un peu à la façon de l'analyse des rêves. Le choix des cartes se fait plus ou moins consciemment et assez rapidement, en évitant de trop réfléchir précisément. Le sens du choix personnel de ces cartes se dégage progressivement au fur et à mesure de la réflexion et des mots mis sur ces illustrations. Cette méthode de communication est une adaptation libre de certains tests projectifs formalisés, comme le TAT (*Thematic Apperception Test*), qui sont utilisés dans un but d'exploration de l'inconscient.

DEUX ANALYSTES : UNE FEMME ET UN HOMME

L'analyse relationnelle du couple est assez souvent conduite par deux analystes, un homme et une femme. Les séances individuelles sont faites par l'un ou par l'autre et les séances de groupe peuvent être menées par l'un ou par l'autre ou par les deux à la fois.

Cela permet d'avoir en face de soi à la fois un homme et une femme. On ne réagit pas de la même façon aux deux. On peut, pour certains domaines de sa vie, préférer parler à l'un plutôt qu'à l'autre. Il arrive aussi qu'on ait spontanément plus confiance en l'un qu'en l'autre, bien que le fait qu'il y ait une personne de chaque sexe permette d'apprendre à avoir confiance dans les deux.

Nous sommes ainsi en présence de deux transferts différents. C'est un avantage, car les occasions de mettre en évidence des aspects différents de l'inconscient sont alors multipliées. En outre, en cas de transfert difficile, la présence de deux analystes peut aider à simplifier la situation. L'analyste qui subit un transfert négatif un peu trop violent peut se mettre un peu en retrait en attendant que la personne ait travaillé suffisamment ce transfert avec l'autre analyste.

Un couple d'analystes : une garantie de compétence

Souvent, l'homme et la femme analystes sont également en couple dans leur vie personnelle.

C'est un cas intéressant. Les fondateurs de l'analyse relationnelle du couple ont découvert, en formant des analystes de couple, que la meilleure formation était, de très loin, de travailler sur son propre couple. *A priori*, on pourrait penser que cette découverte est, en fait, une évidence. En effet, on n'apprend pas à être analyste sans faire sa propre analyse. On ne voit pas comment on pourrait apprendre à être analyste de couple si on n'a pas soi-même vécu sa propre analyse de couple.

Mais cette évidence ne l'est pas pour tous. Il est plutôt rare, en effet, de voir des thérapeutes de couple travaillant en couple avec leur conjoint. Il y a une bonne raison à cela. Pour travailler avec son conjoint face à d'autres couples, il faut avoir construit préalablement un couple particulièrement solide. Dans le processus de l'analyse, les transferts et contre-transferts sont puissants et subtils. Qu'elle soit faite sur le divan avec une personne, ou en couple comme dans l'analyse relationnelle du couple, l'analyse met en jeu des processus inconscients de séduction et d'agression importants. C'est normal et souhaitable, puisque ces processus de séduction et d'agression sont les principaux modes d'expression de l'inconscient que l'analyse se charge de mettre en évidence.

Mais ces forces puissantes peuvent dans certains cas mettre le couple d'analystes en danger. Un couple d'analystes qui n'aurait pas épuré profondément sa relation conjugale ne pourrait pas travailler longtemps ensemble. Un long travail sur soi et une supervision très complète, comportant des phases d'analyse de ses propres processus psychiques, est indispensable.

Cette nécessité d'un long travail personnel sur soi et sur son propre couple, par les analystes qui travaillent de façon régulière en couple, constitue une garantie de compétence pour le couple qui est en analyse. Cela signifie que le couple d'analystes a bénéficié d'une formation et d'une supervision très sérieuses, confirmées par le test de réalité de la qualité de leur relation de couple. Cela prouve qu'ils connaissent parfaitement leur sujet et qu'ils l'ont mis en pratique pour eux-mêmes, en ayant été capables de déjouer les pièges de la relation. Ils sont donc à même de guider le mieux possible les couples en analyse avec eux.

Le rôle du groupe dans l'analyse relationnelle du couple

L'analyse relationnelle du couple comprend des séances individuelles dans lesquelles l'analyste reçoit, selon le cas, chaque partenaire individuellement ou les deux partenaires ensemble quand le besoin s'en fait sentir. Elle comprend aussi des séances de groupe auxquelles assistent des couples qui sont parallèlement en analyse de couple individuelle.

Le groupe remplit plusieurs fonctions extrêmement importantes.

Mieux se connaître soi-même en écoutant les autres

En offrant la possibilité d'écouter les autres, le groupe participe à une meilleure connaissance de soi-même.

Écouter les autres couples parler de leurs difficultés et de leur analyse est très utile. Même si l'on sait qu'on n'est pas les seuls à traverser des périodes pénibles, on croit souvent que nos problèmes sont uniques. D'où un certain sentiment de solitude face aux épreuves traversées. En fait, il n'en n'est rien. Même si les problèmes de couple peuvent apparaître différents d'une personne à une autre, les mécanismes de base issus de l'inconscient qui sont à l'origine du problème sont universels.

La participation à un groupe aide à découvrir ces mécanismes de base, communs à tous. Seul, on a beau s'observer, on peine à voir l'essentiel de son fonctionnement. L'inconscient crée une image de soi qui masque la réalité et ne nous fait voir que la surface consciente de nous-mêmes. On reste ignorant sans le savoir des mécanismes plus profonds qui déterminent notre vécu. En observant autrui, on peut voir comment ces mécanismes se manifestent chez lui. Cette observation nous permet de constater que les mêmes mécanismes, que l'on voit chez lui, sont aussi à l'œuvre chez nous. D'où l'intérêt des groupes d'analyse qui nous renvoient indirectement à nous-mêmes et nous aident à découvrir nos propres mécanismes psychiques.

Pouvoir partager intimement avec des personnes du même sexe

Le groupe permet aussi de partager intimement avec des personnes du même sexe. Lors de chaque groupe, il est habituellement prévu un temps de partage verbal à deux. Les participants se choisissent par deux, entre femmes et entre hommes, et parlent d'eux-mêmes de façon libre et assez intime. Ces petits moments sont une opportunité de rencontrer quelqu'un qui nous inspire confiance et dont on souhaite se rapprocher. L'échange avec une personne de même sexe enrichit notre compréhension sur la manière dont on fonctionne en tant que femme ou en tant qu'homme.

Certaines personnes, en particulier des femmes, penseront qu'elles font déjà ce type de partage avec leurs amies. Le problème est qu'il est très rare que l'on puisse partager avec quelqu'un qui connaisse un peu les bases du fonctionnement inconscient du couple, ce qui fait que l'on peut certes parler de son ressenti, mais que les questions essentielles risquent de ne pas être abordées correctement.

Mieux comprendre comment fonctionne l'autre sexe

Le groupe élargit notre connaissance du sexe opposé.

Écouter les personnes de sexe opposé se révèle également très instructif sur la façon dont celles-ci se comportent ou réagissent. Au bout d'un temps, les femmes perçoivent mieux les hommes et vice versa. Les croyances, les idées reçues qui proviennent de sa propre éducation, de son histoire familiale, etc., s'effritent et laissent la place à une vision plus réaliste.

Peu de gens ont vécu suffisamment longtemps en couple avec des partenaires différents pour avoir une expérience directe et variée du sexe opposé. Quand bien même aurait-on eu plusieurs partenaires dans sa vie, ceux-ci ont été vus le plus souvent à travers un regard subjectif.

Dans un groupe de couples, la chance nous est offerte d'appréhender plus précisément la manière dont vit l'autre sexe, d'observer ses désirs, ses peurs, ses façons de s'ouvrir ou de se défendre. Ailleurs, les occasions sont rares d'accéder à ce type d'informations.

L'analyse des transferts latéraux

Le groupe sert aussi à l'analyse des transferts latéraux. On appelle transfert latéral la relation issue de l'inconscient qui se crée avec une autre personne du groupe. Face à quelqu'un, on réagit à la fois d'une façon objective par rapport à la situation de rencontre et subjectivement en fonction de son propre inconscient. Comme on l'a vu dans le chapitre sur l'inconscient, l'être humain projette beaucoup sur l'autre sans s'en apercevoir.

L'analyse de ces transferts latéraux est un outil important d'exploration de l'inconscient. En ce sens, elle aide indirectement l'analyse de son propre couple. Dans la façon dont on transfère sur un autre, on peut reconnaître des éléments communs au transfert que l'on réalise sur son propre conjoint. Cela aide à les voir et à s'en débarrasser.

Le feedback de groupe : la possibilité de voir une image objective de soi-même

Une autre fonction du groupe consiste à servir de miroir pour savoir comment on est perçu par les autres, ce qui permet de rectifier la perception que l'on a de soi-même dans un sens plus objectif. Les interactions auxquelles nous participons dans le groupe peuvent nous donner des informations sur nos comportements relationnels. Souvent nous n'avons conscience que d'une partie de ceux-ci et nous ignorons comment ces comportements sont réellement perçus par les autres.

Il est possible de demander aux participants du groupe de nous dire leur perception de nous-même. C'est ce qu'on appelle un exercice de *mirorring* ou *feedback*. Dans un *feedback*, les participants du groupe essaient de renvoyer une image objective sur la manière dont ils voient la personne agir dans la relation. La fiabilité de la description donnée par un ensemble de personnes est plus élevée que celle présentée par une seule personne. Autrement dit, quand un groupe de personnes différentes, qui nous connaissent bien, nous renvoie une image concordante de nous-mêmes nous pouvons la considérer comme étant vraisemblablement objective.

Un *feedback* peut être extrêmement utile quand une personne est prête à prendre conscience de quelque chose d'elle-même, mais que ses résistances sont encore trop grandes pour véritablement accepter cette nouvelle vision d'elle-même. Dans les chapitres ultérieurs du livre, plusieurs personnes témoignent de l'intérêt qu'a eu pour elles un *feedback* du groupe, à un moment donné de leur analyse. Effectivement, lorsque cet exercice arrive au moment opportun, il marque souvent un tournant positif dans l'évolution de l'individu. Pour qu'il ait un effet tangible, le *feedback* doit à la fois être demandé au bon moment et amener une description unanime de la part du groupe. Un *feedback* du groupe qui serait proposé trop tôt, alors que la personne n'est pas prête à l'entendre, peut, au contraire, avoir un impact négatif en renforçant malencontreusement les défenses de la personne, du moins momentanément.

L'apprentissage des situations relationnelles expérimentales

Enfin, le groupe est le lieu d'apprentissage de certaines situations relationnelles expérimentales dans le couple. Ces exercices, comme on l'a vu précédemment, sont fondamentaux pour l'évolution du couple. Or leur base ne peut vraiment s'acquérir que dans le cadre d'un groupe. Pour que l'apprentissage de ces situations soit efficace, il faut que les couples puissent comparer entre eux comment ils apprennent à pratiquer, de façon à pouvoir repérer leurs erreurs. Ces exercices, apparemment simples, comportent trop de difficultés subtiles pour qu'il puisse en être autrement. Quand un couple a appris, en groupe, comment procéder, il est prêt à poursuivre ces exercices, seul, à la maison.

Les stages individuels

L'analyse relationnelle du couple comprend trois modes de travail possibles : les séances individuelles, les séances de groupe et les stages individuels.

Dans le cadre des séances individuelles, les conjoints sont invités à voir l'analyste soit individuellement, soit à deux, à intervalles plus ou moins réguliers. Les deux possibilités, seul ou en couple, offrent une grande souplesse. En général, la personne rencontre l'analyste seule, mais quand le besoin s'en fait sentir les deux conjoints peuvent venir ensemble. Ainsi, pour analyser une situation de couple spécifique ou pour discuter d'un contrat entre les conjoints, la séance se fait à deux.

Un stage individuel est une courte période de quelques jours (un à trois jours), pendant laquelle le couple quitte son quotidien pour se concentrer sur un thème de travail, avec l'aide de l'analyste.

Un stage individuel présente l'avantage de réaliser un travail sur soi plus approfondi que lors de séances espacées dans le temps. Les stagiaires restent longtemps centrés sur le thème du stage et l'effet boule de neige joue : une prise de conscience en amène une autre, puis une autre, etc. De plus, le cadre restreint du stage individuel crée un espace protégé où l'on se sent en sécurité, ce qui incite à aborder des problèmes intimes.

On constate que spontanément les couples recherchent ce type de travail en stage individuel, dans la mesure toutefois où ils parviennent à s'extraire de leur vie quotidienne pendant quelques jours, ce qui n'est pas toujours facile. Quand c'est trop difficile pour un couple de trouver le temps nécessaire pour faire un stage ensemble, on propose aux personnes qui le désirent de venir alternativement en stage. Bien que cette formule soit *a priori* moins intéressante pour le couple, elle peut avoir aussi une répercussion très positive sur l'évolution du couple.

L'ASPECT ÉMOTIONNEL ET CORPOREL DE L'ANALYSE RELATIONNELLE DU COUPLE

L'inconscient est le réceptacle de très fortes charges émotionnelles dont la dynamique va modeler le psychisme de l'individu. Il comporte deux instances essentielles, le Ça et le surmoi. Le Ça désigne l'ensemble des désirs refoulés et le surmoi est l'ensemble des principes moraux de la société, intériorisés par l'individu, qui s'oppose à l'expression directe des désirs refoulés. La lutte entre le Ça et le surmoi est gérée par le moi.

L'analyse permet de mettre au jour cette lutte entre le surmoi et le Ça, ce qui peut entraîner des manifestations affectives et des décharges émotionnelles lors de l'émergence à la conscience de certaines forces refoulées. L'analyse classique utilise le mot abréaction pour nommer ces décharges, quand elles s'accompagnent d'une prise de conscience libératrice se traduisant par une verbalisation. Elle distingue, à juste titre, les abréactions d'une part et les décharges d'autre part, qui soulagent mais ne sont pas accompagnées d'une prise de conscience et d'une verbalisation du processus inconscient impliqué.

Les thérapies humanistes, qui se sont développées pendant les années soixante-dix, insistaient beaucoup sur l'utilité du revécu émotionnel. Ressentir une forte émotion aide à mieux voir ce qui se passe en soi, car un des grands mécanismes de défense de l'inconscient est d'intellectualiser en bloquant le ressenti. Mais à cette époque, de nombreux thérapeutes qui employaient des méthodes axées sur l'expression émotionnelle étaient assez peu familiarisés avec l'inconscient. Il s'en est suivi un certain nombre de critiques des méthodes favorisant les émotions. Avec le temps, un équilibre entre l'apport émotionnel et l'apport de l'analyse de l'inconscient s'est instauré. Utiliser le travail sur les ressentis en l'intégrant dans une démarche analytique solide est une méthode sûre et efficace.

Apprendre à une personne à éprouver plus pleinement ses émotions n'a pas pour seul avantage d'aider l'analyse. Cela conduit aussi l'individu à être plus en contact avec son corps. Dans la constitution d'un être équilibré, le contact avec le corps et avec les sensations est fondamental. Il équilibre une mentalisation excessive dont souffre un grand nombre de gens.

Nous incluons dans l'analyse relationnelle du couple des techniques corporelles provenant de différentes disciplines. L'axe central de ces techniques diverses (positions corporelles, mouvements, respiration, vocalisation) est de permettre au corps de retrouver sa liberté et de le laisser parler de façon spontanée. Ces techniques permettent de stimuler la production de dopamine. La dopamine est un neurotransmetteur fabriqué par le cerveau. Son rôle est fondamental dans le développement de l'élan vital de l'individu et dans la sexualité. Ce qui fait que cet apprentissage du corps est très important pour accéder à une sexualité épanouie et à un fort dynamisme corporel.

Le développement sexuel

Nous pouvons distinguer deux niveaux de développement sexuel. Le premier niveau consiste à retrouver une sexualité « normale », c'est-à-dire résoudre les difficultés sexuelles auxquelles on peut être confronté. On en trouvera des exemples dans les témoignages d'analyse relationnelle qui sont décrits dans la suite du livre.

Le deuxième niveau de développement sexuel va au-delà. C'est un épanouissement de la sexualité qui transforme la sexualité en un pôle énergétique puissant, grâce auquel les conjoints partagent une intimité réelle et une forte attirance l'un pour l'autre. Contrairement à ce qui est souvent annoncé, il n'y a pas de raison pour que le désir s'atténue dans le couple, à condition toutefois de faire ce qu'il faut pour le maintenir. Au contraire, au fur et à mesure que les conjoints se connaissent mieux, la sexualité s'épanouit et devient plus présente et plus complète. L'amour s'intègre à la sexualité et l'élargit considérablement. De nombreux couples, après avoir réglé les problèmes sexuels auxquels ils pouvaient être confrontés avant l'analyse de couple, poursuivent celle-ci dans le but de continuer à épanouir leur sexualité.

Une des découvertes intéressantes que nous avons faite dans la pratique de l'analyse relationnelle du couple au cours des vingt dernières années est de voir comment, par la combinaison des différentes méthodes que nous avons décrites, la sexualité entre les conjoints devient de plus en plus riche et, par voie de conséquence, les problèmes d'infidélité qui pouvaient se poser avant l'entrée du couple en analyse disparaissent de façon automatique et naturelle.

Nous parlons ici de la disparition spontanée des tendances légères à l'infidélité, et non pas des tendances ayant un caractère plus extrême, souvent dues à un besoin compulsif de séduction plus fort que la normale. Pour ce dernier type d'infidélité, nous n'avons pas de solution. On constate que dans les cas où l'infidélité est fortement partie prenante du fonctionnement du couple, les partenaires échouent à travailler sur eux en profondeur. En effet, l'infidélité répétitive casse la cohésion du couple. Un travail de remaniement du couple suppose qu'un investissement minimal du lien soit concrétisé. Si le lien est régulièrement rompu par un des partenaires qui en tisse d'autres ailleurs, on constate qu'il n'est pas possible de créer la confiance nécessaire pour aboutir à une relation intime et amoureuse.

L'AUTO-ANALYSE

L'auto-analyse consiste à entreprendre sa propre analyse, seul, sans le concours d'un analyste. Nous pensons qu'une auto-analyse complète est irréalisable. L'inconscient oppose des résistances à la fois trop massives et trop subtiles pour que la personne, livrée à elle-même, aille bien loin dans la mise au jour de son inconscient.

Cependant, au cours de l'analyse réalisée avec un praticien, un processus d'auto-analyse se déroule bel et bien. La personne en analyse découvre elle-même son inconscient, au fur et à mesure de l'avancée de son travail. Cette participation active de celui qui est en démarche est du reste reconnue par l'analyse classique, qui nomme désormais la personne en analyse l'analysant, et non plus l'analysé, comme c'était l'usage jadis.

Il est incontestable que certaines personnes réussissent à accélérer le cours de leur analyse, en se concentrant sur quelques aspects de leur comportement et en se posant les bonnes questions. Mais il arrive aussi que ce type d'effort aboutisse au résultat inverse en entraînant un excès d'intellectualisation.

Pour aller dans le sens d'une accélération de l'analyse, nous encourageons la tenue d'un journal d'analyse pour ceux qui le désirent.

C'est un outil de travail qu'on peut utiliser seul, chez soi, entre les séances de groupe ou les séances individuelles. Nous constatons que beaucoup de gens se servent de cet outil. Dans les témoignages d'analyse relationnelle qui sont décrits dans la suite de ce livre, on trouvera un certain nombre d'extraits de journaux d'analyse illustrant différents aspects de l'évolution des personnes pendant l'analyse.

La distinction entre « réparation » de la relation de couple et épanouissement amoureux

Concernant l'évolution du couple, deux attentes sont à différencier : la demande de réparation de ce qui ne va pas dans le couple et la demande d'épanouissement amoureux du couple. Ces deux attentes correspondent à deux phases de l'analyse de couple.

Nous avons vu combien il est difficile d'avoir une vie de couple réellement satisfaisante. Contrairement à ce qui est habituellement pensé, les difficultés de couple sont souvent la règle et non pas l'exception. Si les problèmes conjugaux n'apparaissent pas plus clairement chez de nombreux couples, c'est parce qu'ils sont cachés par les défenses de l'inconscient. Quand ces défenses ne parviennent plus à les dissimuler, les conjoints prennent conscience des difficultés : des accrocs déchirent le tissu relationnel affectif. Ils décident alors de consulter pour essayer de le réparer.

Mais la phase de réparation n'est qu'une première étape. Au fond d'eux-mêmes, ce qu'espèrent les couples, c'est retrouver une intimité amoureuse forte, similaire à celle qu'ils ont connue pendant la lune de miel, au tout début de la relation, ou la trouver s'ils ne l'ont pas connue. Ce désir les pousse à aller au-delà de cette première phase de réparation des blessures du couple, et les conduit, dans un deuxième temps, vers un autre type de travail relationnel, au terme duquel les partenaires accèdent à la possibilité de vivre une relation profondément amoureuse et stable.

Le sentiment amoureux de la lune de miel, si épanouissant pour les partenaires, est malheureusement fondé sur une vision fausse de la réalité créée par des mécanismes inconscients. On idéalise le partenaire et on dénie ce qui peut poser problème dans la relation naissante. On a ainsi une vision fausse de la réalité, correspondant au mythe du prince charmant et de la princesse. Cette perception idéalisée de la relation ne dure évidemment pas et le sentiment amoureux se dégrade plus ou moins vite au cours du temps. Cependant, le sentiment amoureux lui-même est authentique. Pour retrouver ce sentiment amoureux, il faut faire un travail important d'épuration de l'inconscient, afin de démasquer et de supprimer ces mécanismes mentaux, créateur d'illusions, qui empêchent ensuite la relation amoureuse de s'installer durablement. Notre expérience montre que c'est possible à condition d'y investir l'effort nécessaire.

Les thérapies de couple habituelles n'ont pas pour but d'épanouir le couple. Elles servent à dédramatiser les conflits et à instaurer une relation affective équilibrée et raisonnable. On pourrait dire qu'au terme de la thérapie entreprise, le couple est « normalisé ». Le résultat est certes très important, mais toute personne un peu passionnée attend de pouvoir passer à la vitesse supérieure pour atteindre un état amoureux intense et stable. Cela n'est pas prévu dans le programme des thérapies de couple habituelles et la personne doit la plupart du temps se débrouiller seule pour réaliser ce désir.

Certains diront que c'est très bien comme cela, et que le couple, remis sur les rails, doit trouver l'amour seul. C'est une conception fréquente que nous ne partageons pas entièrement. Notre expérience du travail avec les couples montre que les écueils qui jalonnent le chemin vers l'amour sont beaucoup trop importants pour que l'on puisse avancer loin tout seul. Dans la majorité des cas, le couple en vient à se contenter d'une situation certes bien meilleure que celle qu'il avait connue, mais qui reste loin d'être aussi satisfaisante qu'elle pourrait l'être.

Dans notre travail nous considérons que l'analyse du couple comporte deux phases : celle de la réparation du couple et celle de l'épanouissement amoureux. Bien sûr, un couple peut très bien se contenter de la phase de réparation, mais il a néanmoins à sa disposition un outil pour continuer au-delà, s'il en a le désir.

Deuxième partie

Transformer le couple : présentation de cas concrets d'évolution du couple

Chapitre 1

Libérer la sexualité pour exprimer l'amour

L'insatisfaction dans la relation sexuelle est un problème qui conduit fréquemment les couples à venir consulter un spécialiste : sexologue, conseiller conjugal, thérapeute ou analyste de couple. Loin d'être un signe d'anormalité, les difficultés sexuelles sont, au contraire, au vu de leur fréquence, statistiquement normales.

Le bon fonctionnement sexuel d'un couple est le résultat réussi de l'interaction entre le psychisme personnel des conjoints, la relation et la sexualité. Cette interaction est complexe et fragile. De notre point de vue, nous distinguons trois grands facteurs de perturbation potentielle :

- *l'anxiété créée par les difficultés sexuelles elles-mêmes.* Rencontrer des difficultés sexuelles est très inquiétant pour la plupart des personnes. Quand les difficultés deviennent répétitives, l'approche de la sexualité devient anxiogène. Les personnes ont alors souvent tendance à éviter la sexualité sous des prétextes divers ;
- *les perturbations personnelles.* Les symptômes d'un mauvais fonctionnement sexuel sont fréquemment sous-tendus par des conflits internes de nature psychologique. En général, ces conflits et leurs liens avec les symptômes ne sont pas visibles pour la personne car ils demeurent inconscients ;
- *les perturbations relationnelles.* Il existe généralement une interaction étroite entre la qualité de la relation et celle de la sexualité. Une mauvaise entente dans le couple peut perturber la sexualité, et la mauvaise qualité de la sexualité contribue, bien souvent, à détériorer l'atmosphère du couple.

L'intrication de ces différents facteurs rend souvent complexe la problématique des difficultés sexuelles. Il est assez rare que celles-ci soient dues à un facteur isolé, notamment pour des personnes vivant en couple.

Dans l'introduction de ce chapitre, nous décrirons d'abord un certain nombre des symptômes rencontrés dans la sexualité par les femmes et par les hommes, à la fois sur le plan personnel et sur le plan relationnel. Puis nous présenterons les approches que l'analyse relationnelle du couple propose pour résoudre les difficultés sexuelles.

QUELQUES ASPECTS DE LA PROBLÉMATIQUE SEXUELLE FÉMININE ET DE SES SYMPTÔMES

Les modèles féminins véhiculés par la société créent une forte pression

Quelle que soit leur personnalité, toutes les femmes sont confrontées au modèle de féminité mis en valeur par la société. Essayer de réussir ce modèle, qui est présenté au travers des publicités, des films, des journaux et des livres, représente un véritable « parcours du combattant » pour une femme. Ce parcours est d'autant plus pénible que le modèle en question est secrètement contradictoire et irréaliste. Pour échapper à cette emprise, certaines femmes ont la tentation de dénier inconsciemment la pression du modèle social, en se déclarant parfaitement satisfaites d'elles-mêmes et libres par rapport aux normes sociales. Mais si cette position ne correspond pas vraiment à la vérité, elle créera, comme toutes les défenses inconscientes qui déforment la réalité, un malaise dans la relation intime du couple.

Voici deux exemples des contradictions que peut rencontrer une femme dans sa quête du modèle de la féminité épanouie :

- une femme se doit d'être séduisante et attirante sexuellement, mais sans avoir l'air, malgré tout, d'apparaître trop directement intéressée par la sexualité ;
- sur le plan sexuel proprement dit, l'exigence est du même ordre : la femme se doit d'être orgasmique tout en conservant un aspect digne et en aucun cas vulgaire.

Si une femme se montre trop ouvertement sexuelle, elle risque de se sentir jugée négativement. La menace interne plus ou moins consciente de se voir comme une « femme facile », si elle se laisse aller sans retenue dans la sexualité, peut conduire à une certaine forme d'inhibition, voire à un blocage de son expression sexuelle.

De plus, être belle et attirante à notre époque signifie presque obligatoirement être mince. Cette exigence est une tyrannie qui peut devenir très lourde et perturber la vie relationnelle et sexuelle.

Cette obligation de montrer une image féminine « réussie » est doublée de la nécessité de réussir aussi le projet amoureux qui est au centre de la problématique féminine. La femme se doit donc aussi d'être agréable dans la relation.

La pression du modèle entraîne des symptômes qui peuvent prendre une forme autodestructrice comme la boulimie

Plaire est donc une obsession féminine quasi inévitable. Plaire en étant belle, plaire en étant sexuelle, plaire en étant agréable. Une telle obsession ne peut pas ne pas être accompagnée d'une hantise de l'échec. Ce conflit entre désir de plaire et peur d'échouer est en général très inconscient. Il génère parfois des comportements incompréhensibles pour certaines femmes. Inconsciemment anxieuses de ne pas réussir leur projet de séduction, elles peuvent fuir la relation à l'autre qui leur apparaît comme étant trop menaçante. Les conséquences peuvent parfois devenir graves. L'absence de contact vivant avec elles-mêmes et avec l'autre peut créer un vide à l'intérieur d'elles. La nourriture apparaît alors parfois comme la seule solution pour remplir ce vide et calmer l'angoisse.

Surpoids et boulimie, maladies de la civilisation de l'image

L'obsession du poids et la boulimie sont des plaintes récentes qui touchent surtout les femmes des sociétés occidentales aisées. Il suffit de lire les magazines féminins, de regarder les publicités pour comprendre qu'il est très difficile aujourd'hui

pour les jeunes femmes de ne pas s'investir dans l'image. Il ne s'agit pas tant d'être une femme épanouie, mais bien d'être vue comme telle ; et de nos jours, dans cette civilisation de l'image, pour avoir l'air heureux il faut être belle et mince.
L'idéal du moi narcissique, « paraître profondément belle et épanouie », est une nourriture, certes très attrayante, mais peu nourrissante. C'est comme un arbre dont seule l'écorce serait vivante : il existe un grand vide intérieur. Ce vide apparaît d'autant plus paradoxal que la personne a, en principe, tout à sa disposition pour être bien. C'est souvent ce vide que la boulimique essaie de remplir en vain par la nourriture. Une panique interne insidieuse accélère le processus : dès que la personne commence à manger, elle doit manger plus pour étouffer l'angoisse générée par le processus d'autodestruction auquel elle se livre.
La boulimie peut s'arrêter lorsque la personne a la possibilité de se nourrir « d'autre chose ». Assez souvent, dans une analyse de couple, le rapprochement plus intime avec le partenaire aide la personne à trouver la nourriture affective qui lui permet de se décrocher de son obsession de l'image et de l'anxiété qui en découle.

La contradiction du modèle à réaliser conduit fréquemment les femmes à un certain évitement de la sexualité dans le couple, par manque de désir

Nous l'avons souligné quand nous avons présenté les difficultés provoquées par les modèles sociaux de la féminité, une femme doit être attirante, mais « sans excès », elle doit être épanouie sexuellement, mais pas trop, etc. On retrouve cette contradiction dans la tête de beaucoup d'hommes. Comme le dit la chanson : « Il y a les filles que l'on aime et celles avec qui l'on dort » !

Ces contradictions sont particulièrement marquées dans la relation de couple puisque la femme doit assumer les deux rôles, sentimental et sexuel. On comprend alors que la tentation de prendre un amant puisse être quelquefois assez forte : elle permet en effet d'échapper à une partie des contradictions. On attend d'une maîtresse qu'elle soit avant tout sexuelle. On peut donc, dans cette relation extraconjugale, se laisser aller totalement dans le désir sexuel.

Dans la relation de couple, au bout d'un certain temps de vie commune, on observe malheureusement une diminution fréquente du désir sexuel, voire sa disparition. Bien des femmes renoncent plus ou moins consciemment à une vie sexuelle satisfaisante. Certaines malgré tout ne s'y résolvent pas. C'est l'une des causes les plus fréquentes pour laquelle le couple vient consulter.

Les sensations sexuelles désagréables, voire les douleurs, sont des symptômes fréquents liés aux contradictions psychiques et à l'anxiété

Très souvent, les difficultés sexuelles se traduisent par des symptômes de dérèglement du fonctionnement sexuel. Nous avons parlé de la disparition ou de la diminution du désir qui s'accompagne, de façon quasi automatique, d'une absence ou d'une médiocrité des sensations sexuelles.

Il n'est pas rare même que les sensations sexuelles deviennent franchement désagréables, et de nombreuses femmes se plaignent de douleurs à la pénétration. Ces douleurs sont, en général, la conséquence d'une crispation mal définie. Elle peut être, par exemple, engendrée par certaines formes de conflit interne, comme se sentir amoureuse de son partenaire tout en lui résistant inconsciemment. Mais la crispation est surtout la conséquence de l'anxiété que provoquent les difficultés sexuelles. Nous décrirons en détail le phénomène du cercle vicieux engendré par cette anxiété, après avoir parlé des difficultés sexuelles masculines. En effet, ce cercle vicieux est commun aux deux sexes, qui se trouvent ici à égalité devant les difficultés sexuelles.

S'aider du couple pour retrouver le chemin de l'orgasme

La perturbation de la réaction orgastique entre souvent dans le cadre de ces dérèglements de la mécanique sexuelle liés à l'anxiété. Mais il est important de souligner que la réponse orgastique diffère d'une femme à l'autre, en fonction de la façon dont elles ont abordé la sexualité dans leur histoire. Quand la sexualité a été éveillée de façon précoce, par la masturbation notamment, la réponse orgastique est en général claire. À l'opposé, si l'éveil des sensations corporelles et sexuelles a été limité pour une raison ou une autre, l'orgasme est souvent plus difficile à atteindre. Mais le travail de développement des sensations corporelles et sexuelles est possible et permet en général de retrouver le chemin de l'orgasme.

L'évolution en couple, dans le cadre d'une analyse relationnelle, présente un avantage essentiel. En intégrant la dimension amoureuse de la relation, elle favorise dans tous les cas une transformation positive dans le sens d'une sexualité plus riche et plus globale.

Les symptômes liés aux difficultés sexuelles masculines

Le sentiment d'insuffisance face au modèle de virilité rend la sexualité menaçante pour beaucoup d'hommes

Le modèle de virilité est beaucoup plus unidimensionnel que le modèle féminin que nous avons observé précédemment. Sa dimension principale est, on peut dire « hélas », la performance. Le rapport sexuel constitue très souvent, dans l'esprit de l'homme, une performance à réaliser face à sa partenaire et aussi, sur le plan fantasmatique, face aux rivaux. L'enjeu de la performance est l'impact sexuel que l'homme a sur la femme, et plus particulièrement sur la jouissance de la femme. Faire jouir la femme est le test de virilité pour de nombreux hommes ! Plus l'homme est inquiet dans sa capacité à réussir ce modèle viril inconscient, plus l'enjeu de la sexualité augmente. Il y a donc une forte anxiété potentielle qui se traduit chez certains hommes par des difficultés à maintenir une érection ou encore à maîtriser l'éjaculation.

Même si l'homme n'est pas confronté directement à ce type de difficulté, la crainte d'un dérèglement de sa sexualité est souvent présente de façon plus ou moins avouée chez lui. Cela le conduit fréquemment vers une sexualité un peu trop mécanique, centrée sur les sensations génitales, qui lui assurent un contrôle du fonctionnement sexuel. En agissant ainsi, il néglige souvent la diffusion des sensations sexuelles dans le reste du corps et l'ouverture vers des ressentis plus amoureux. C'est pour cela que l'on dit que la sexualité de l'homme est à la fois moins complexe, mais aussi moins riche que celle de la femme. La pratique de certains exercices corporels et l'évolution vers une relation beaucoup plus intime transforment en général beaucoup la sexualité masculine. On peut dire que la dimension féminine de l'homme s'ouvre et s'épanouit au fil de l'évolution.

L'image que l'homme a de son corps et de son sexe est un facteur important de son fonctionnement sexuel

Nous avons vu précédemment combien l'image de leur corps a pour les femmes une influence fondamentale sur le désir sexuel. L'influence de l'image est en général moins forte pour les hommes. L'homme peut se sentir viril sans répondre à des critères physiques aussi précis et tyranniques que ceux auxquels sont soumises les femmes. Néanmoins, certains hommes peuvent être fragilisés sur le plan viril parce qu'ils se considèrent, plus ou moins consciemment, trop gros, ou trop maigres, ou encore trop petits. Bien souvent, l'homme dénie ou minimise l'effet que cette vision négative de lui-même peut avoir sur sa sexualité. Même si elle ne semble pas clairement perturbée, l'énergie sexuelle a toute chance d'être plus ou moins freinée.

Dans l'image corporelle de l'homme, la vision qu'il a de son sexe occupe une place fantasmatique particulière. Même s'il est couramment reconnu, notamment par les femmes, que la taille du sexe de l'homme n'est pas un critère prépondérant pour la qualité de la relation sexuelle, la peur d'avoir un sexe trop petit demeure centrale dans la tête de bien des hommes.

La vision négative de son corps ou de son sexe, et l'inquiétude qu'elle génère dans la sexualité, sont difficiles à éliminer car elles sont souvent ancrées fortement dans l'esprit de l'homme. Ne pas les dénier, apprendre à en parler avec sa partenaire, aborder ce sujet dans un groupe d'analyse, est souvent le remède le plus efficace pour découvrir une vision plus objective de son corps et échapper au sentiment inconscient d'écrasement dans la sexualité.

L'éjaculation précoce

Dans les témoignages des couples sur la sexualité, nous n'avons pas inclus de cas d'éjaculation précoce. Cela ne veut pas dire que l'analyse relationnelle du couple ne peut rien dans les cas d'éjaculation précoce. Au contraire, nous avons souvent eu des couples dans lesquels l'homme souffrait d'éjaculation précoce, car c'est un symptôme très fréquent.

Selon notre expérience, c'est généralement un problème qui se résout facilement. On peut appliquer successivement plusieurs méthodes.

Les méthodes « mécaniques »

On utilise en premier une méthode sexologique très simple : la méthode du *squeeze*. *Squeeze* est un mot anglais qui veut dire serrer. La méthode consiste simplement à serrer la base du pénis avec la main quand on sent que l'éjaculation va se produire. C'est un procédé facile à enseigner et à mettre en œuvre. Il ne faut pas serrer trop tôt, cela risque de couper l'excitation sexuelle et de perturber l'érection, ni trop tard, quand le processus de l'éjaculation est déjà irréversible.

Une autre méthode simple, que tous les hommes qui veulent retarder l'éjaculation trouvent spontanément, consiste à penser à autre chose pendant le rapport sexuel. La méthode a des limites évidentes : on peut certes ralentir l'éjaculation de cette façon, mais la qualité du plaisir sexuel laisse évidemment beaucoup à désirer.

Les techniques permettant la diffusion de l'énergie sexuelle à l'ensemble du corps

Chez l'homme, la charge énergétique sexuelle a tendance à rester concentrée au niveau du sexe, alors que chez la femme elle diffuse plus facilement dans l'ensemble du corps. Chez l'éjaculateur précoce, l'anxiété créée par le symptôme ajoute une charge énergétique supplémentaire. Quand les deux mécanismes s'additionnent, la charge au niveau du sexe devient trop importante et elle se décharge spontanément sous la forme de l'éjaculation précoce.

Apprendre à laisser l'énergie se diffuser largement dans le corps sans la retenir au niveau du sexe fait disparaître l'éjaculation précoce. Les méthodes psychocorporelles que nous utilisons développent beaucoup l'écoute du corps et le niveau d'énergie corporelle de la personne. Ils permettent aussi d'apprendre à laisser l'énergie sexuelle se diffuser dans le corps, ce qui va constituer une aide très précieuse dans la résolution de l'éjaculation précoce. C'est une méthode qui permet d'épanouir la sexualité tout en résolvant le problème de l'éjaculation précoce.

L'analyse des processus mentaux inconscients pour réduire l'anxiété

Dans les cas où ces méthodes restent insuffisantes, il reste l'analyse des processus mentaux inconscients qui créent trop d'anxiété dans la relation sexuelle. C'est une procédure beaucoup plus impliquante que les autres méthodes, mais elle a l'énorme avantage, quand elle se fait en couple et qu'elle réussit bien, de permettre une relation avec l'autre beaucoup plus riche. La sexualité s'épanouit et change de nature : en intégrant davantage l'amour, elle s'élargit considérablement.

UN PROBLÈME COMMUN AUX FEMMES ET AUX HOMMES DANS LA SEXUALITÉ : L'UTILISATION DES FANTASMES

Les fantasmes sexuels, qui constituent une source importante d'excitation pour l'être humain, peuvent devenir une cause de perturbation, surtout dans le cadre d'une relation amoureuse.

Une mauvaise compréhension des fantasmes peut perturber la sexualité

Certaines personnes sont inquiètes et coupables des fantasmes qui surviennent dans leur esprit pendant l'acte sexuel, surtout si ces fantasmes mettent en scène d'autres acteurs que leur partenaire. Elles ont le sentiment de trahir la relation amoureuse. Cela les conduit en général à lutter contre l'apparition de ces fantasmes, ce qui produit bien sûr toujours le même effet : diminuer l'excitation sexuelle et créer une situation anxiogène en boucle. Si l'excitation sexuelle est forte, elle peut provoquer l'apparition des fantasmes ; si la personne lutte pour faire disparaître les fantasmes, l'excitation sexuelle diminue !

Cette réaction négative par rapport aux fantasmes provient d'une méconnaissance du fonctionnement du mécanisme des fantasmes sexuels dans l'esprit humain.

Nous expliquons ce mécanisme dans l'encadré ci-dessous et soulignons tout au contraire son apport positif pour le bon fonctionnement de la sexualité.

Du bon usage des fantasmes

L'imaginaire est une précieuse richesse pour l'être humain. La capacité de pouvoir créer de toutes pièces un monde conforme à ses désirs les plus chers, sans risque d'échec ni de contradiction, est caractéristique des enfants quand ils jouent librement. Elle est reprise avec talent par les créateurs artistiques dans le monde du théâtre ou du cinéma.

La seule chose à ne pas faire est de confondre l'imaginaire avec le réel. S'identifier à des héros imaginaires pour affronter la vie réelle apporte, en général, son lot d'inconvénients. Par contre, dans le domaine du jeu, utiliser l'imaginaire en sachant bien qu'il est imaginaire ne pose aucun problème. Si on veut bien considérer la sexualité comme un terrain de jeu, les fantasmes peuvent alors constituer un apport très enrichissant.

En effet, les fantasmes sont des images ou des histoires produites par l'imaginaire de la personne, visant à embellir son monde interne. La personne se donne le droit de s'identifier à des « héros » dans le monde sexuel. Ainsi, la domination, la possession, l'exhibition, par exemple, peuvent s'exprimer dans le cadre fantasmatique mental, sans crainte ni culpabilité. C'est un jeu !

Nombre de ces fantasmes ne sont pas destinés à être mis en scène concrètement. Leur fonction est d'être utilisés, de façon interne, pour favoriser la meilleure excitation possible. Mais, certains fantasmes se prêtent bien à être joués avec le partenaire, si cela lui convient. Partager des jeux fantasmatiques initiés par l'un ou l'autre des conjoints est pour certains couples une source de plaisir inépuisable.

Néanmoins, même quand la relation est bonne, certaines personnes s'inquiètent parfois de la nature des fantasmes de leur partenaire, se sentant exclues de situations dont elles ne font

pas directement partie. Cette inquiétude n'est, en général, pas justifiée : la forme des fantasmes prend naissance assez tôt dans la vie de la personne, souvent au moment de l'adolescence, donc bien avant la rencontre avec le partenaire du couple actuel. Ils font partie de la réponse globale de l'organisme, qui permet l'excitation sexuelle. Mais, il n'y a aucun doute et aucune inquiétude à avoir : l'acte sexuel réel se déroule, ici et maintenant, avec le conjoint.
Pour être complet, il faut reconnaître que les fantasmes peuvent aussi être utilisés pour rêver à d'autres partenaires quand la relation n'est pas bonne... Mais c'est alors la mauvaise qualité de la relation amoureuse qui est en cause, et non les fantasmes.
Jouer avec les fantasmes est bien une utilisation positive de l'imaginaire. Donc loin de s'en méfier ou de les condamner, il faut au contraire, si on le désire, les accueillir et en profiter.

L'ANXIÉTÉ GÉNÉRÉE PAR LES DIFFICULTÉS SEXUELLES CRÉE UN CERCLE VICIEUX

Les difficultés sexuelles sont un terrain propice pour mettre en place des cercles vicieux souvent liés à l'aspect contradictoire des modèles recherchés.

Mais le cercle vicieux le plus directement actif est lié à l'anxiété qui envahit peu à peu tout l'univers de la sexualité.

Le risque de dégradation de l'estime de soi qui accompagne les difficultés sexuelles suscite une forte anxiété avant et pendant le rapport sexuel. Si la difficulté apparaît, la personne risque de tomber intérieurement dans le drame. Malheureusement, le comportement devient alors très irrationnel. Au lieu de se centrer sur le corps et laisser les sensations corporelles et sexuelles se développer naturellement au fil de la situation, l'esprit de la personne est envahi par l'anxiété et fait des efforts pour s'en défaire. Pour ne plus ressentir cette anxiété, la personne se crispe de plus en plus sur ses sensations en cherchant à les maîtriser. Cette crispation détruit rapidement le peu d'excitation sexuelle qui lui reste. On est entré dans un cercle vicieux dans lequel le désir sexuel va disparaître complètement. Le drame a bien lieu, le sentiment d'échec devient violent et renouveler l'expérience est de moins en moins tentant. On comprend alors que les personnes qui rencontrent des difficultés sexuelles évitent de plus en plus la rencontre sexuelle avec leur partenaire sous des prétextes divers, dont le plus courant est d'afficher un désintérêt apparent pour la sexualité.

LE SYMPTÔME SEXUEL PLONGE PLUS OU MOINS PROFONDÉMENT SES RACINES DANS LA STRUCTURE PSYCHIQUE DE LA PERSONNE ET SON HISTOIRE PERSONNELLE

Dans la description des symptômes sexuels masculins et féminins, nous avons plusieurs fois indiqué que l'analyse des causes psychiques personnelles est souvent utile, voire nécessaire, pour obtenir une guérison satisfaisante. Souvent, en effet, le symptôme a des racines profondes dans l'inconscient de la personne.

Les mécanismes de défense inconscients qui se sont établis dans l'enfance en réaction au milieu familial conditionnent l'ensemble de la personnalité. Comme la définition sexuelle de la personne fait partie de cette personnalité, il est logique que dans certains cas ce soit la sexualité qui soit l'endroit révélateur des contradictions de l'inconscient.

L'INTERACTION DE LA SEXUALITÉ ET DE LA RELATION

Dans le couple, la sexualité est, en général, très influencée par le climat relationnel. La dimension affective de la sexualité est souvent fondamentale pour les femmes. Quand le climat est détérioré dans la relation, la tendresse ne peut s'épanouir et la sexualité en souffre.

Quand la mauvaise qualité de la relation se traduit par des crises, les couples en sont conscients. Mais, il n'est pas rare que la mésentente demeure inconsciente. Les partenaires se mettent plus ou moins à distance l'un de l'autre, sans vraiment s'en rendre compte.

Au cours de l'analyse, la prise de conscience de cette complémentarité relationnelle négative et de ses conséquences permet d'assainir le climat du couple et de créer un nouvel espace de confiance. Cette évolution positive de la relation va fortement favoriser la résolution des problèmes sexuels de chacun.

Nous venons de dire que la complémentarité relationnelle négative accentue les difficultés sexuelles. À l'inverse, des difficultés sexuelles ne favorisent pas, en général, le rapprochement relationnel.

Quand la vie sexuelle et le tissu relationnel du couple se délitent, les deux partenaires en souffrent, mais les réactions sont souvent différentes selon les couples, et selon qu'il s'agit d'un homme ou d'une femme.

Images érotiques, sexualité solitaire et fuite de la relation

De façon assez fréquente, certains hommes, surtout s'ils sont privés de sexualité, se tournent vers le monde des fantasmes érotiques et la sexualité solitaire. Ils peuvent alors utiliser une partie importante de leur temps à rechercher l'excitation dans l'univers de la pornographie, d'autant plus que l'accès à celui-ci, par Internet, est devenu très aisé *[voir l'encadré ci-dessous]*.

Un homme trompe-t-il sa femme en surfant sur Internet ?

Depuis toujours, la plupart des hommes ont été intéressés par les images érotiques montrant le corps de la femme et les rapports sexuels. Internet apporte, aujourd'hui, une grande facilité pour satisfaire la curiosité sexuelle fantasmatique de l'homme.
Il est important de souligner que l'attraction vers cet univers des images sexuelles existe chez quasiment tous les hommes, et qu'elle n'a rien de pathologique ni de condamnable en elle-même.
Néanmoins, dans le cadre du couple, la pratique du surf dans le monde pornographique d'Internet peut parfois poser problème. Si cette pratique est connue et acceptée par la femme, il n'y a alors aucune difficulté. D'ailleurs, de nombreux couples utilisent l'érotisme, sous différentes formes, comme source d'excitation

sexuelle. Il s'agit alors d'une pratique de fantasmes partagés en utilisant un support extérieur.
Mais souvent, l'homme surfe secrètement sur les sites sexuels d'Internet. Parfois parce qu'il est coupable, voire honteux, de sa curiosité sexuelle, mais aussi par crainte d'une réaction négative de sa partenaire. Bien sûr, ce qui est redouté peut parfois arriver : la femme vient à prendre connaissance d'une manière plus ou moins fortuite de l'activité en question. Cette découverte peut amener une crise profonde dans le couple, car nombreuses sont les femmes qui se trouvent alors choquées et blessées. Certaines d'entre elles en concluent que c'est parce qu'elles ne sont pas intéressantes sur le plan sexuel que leur conjoint s'évade ainsi. D'autres vivent même cela comme une véritable relation extra-conjugale. Elles se sentent trompées et, en réaction, elles peuvent aussi porter un jugement très dénigrant sur l'homme.
La crise est assurément encore plus profonde si la qualité de la relation, et notamment de la relation sexuelle, n'est pas satisfaisante. Face à cette situation, il peut être très utile de consulter un professionnel de la relation de couple pour sortir de l'incompréhension qui s'établit alors entre l'homme et la femme. Dans le cadre d'un travail de couple, la crise peut être salutaire. Comprendre les différences qui existent entre une femme et un homme dans l'approche de la sexualité, loin de les éloigner, peut alors les rapprocher.

La tentation et le risque de l'infidélité

Parfois, c'est la vie sociale qui vient remplacer la vie intime du couple. Et dans cette vie sociale, des amants et maîtresses peuvent apparaître pour combler le vide de la sexualité du couple.

Une infidélité conjoncturelle, qui correspond à un dysfonctionnement du couple à un moment donné, crée parfois une crise qui provoque la rupture du couple. Heureusement, dans certains cas, la crise débouche sur une simple remise en cause et relance la relation. Dans ce cas, l'aide d'une analyse peut être précieuse.

La tendance à être attiré par d'autres partenaires sexuels que son conjoint est très répandue, notamment chez les hommes. Elle est en général contradictoire avec le fonctionnement intime du couple. Résister à cette tendance engendre chez certaines personnes une réelle frustration, surtout si la sexualité n'est pas satisfaisante dans le couple. Il est réconfortant de constater que l'évolution d'un couple vers l'intimité amoureuse et sexuelle diminue beaucoup le désir de rencontrer d'autres partenaires. Il ne s'agit pas alors d'une question de morale, mais d'une évidence vécue : la sexualité, quand elle s'épanouit dans un couple, est beaucoup plus nourrissante que la sexualité que l'on peut partager avec un partenaire occasionnel, car elle est d'une tout autre nature.

Parfois, la sexualité se passe bien dans le couple, même si la relation va mal

Toute règle comportant des exceptions, certains couples vivent une sexualité satisfaisante alors que la relation est conflictuelle par ailleurs.

D'une certaine façon, on peut considérer que le domaine de la sexualité fonctionne pour eux, de manière comparable à une relation amant-maîtresse. Il n'y a qu'une part d'eux-mêmes qui est investie dans la relation sexuelle. Leurs défauts ou leurs difficultés n'apparaissent pas à cet endroit, et les ressentiments qui minent la relation habituelle sont provisoirement mis en veilleuse.

Dans ce cas, la bonne qualité de la sexualité est un facteur positif important sur lequel on peut s'appuyer pour aider les couples à résoudre leurs difficultés relationnelles. L'amélioration du climat amoureux conduit alors vers une sexualité beaucoup plus intime.

Les outils de l'analyse relationnelle du couple pour résoudre les difficultés sexuelles

Les méthodes proposées par l'analyse relationnelle dans le domaine de la sexualité cherchent à apporter des solutions dans les trois domaines qui sont à l'origine des difficultés : boucle d'anxiété générée par les difficultés sexuelles elles-mêmes, perturbations personnelles et perturbations relationnelles.

Bien entendu, l'analyse des mécanismes inconscients qui sont à l'origine des difficultés se trouve toujours au cœur du processus d'évolution du couple. Nous allons souligner dans les paragraphes qui suivent quelques apports spécifiques des méthodes de l'analyse relationnelle pour résoudre les difficultés sexuelles.

Apprendre à parler de ses difficultés sexuelles

Pour rompre le cercle vicieux de l'anxiété, parler est essentiel. Il faut briser le mur du silence. C'est particulièrement important pour les hommes, dont beaucoup vivent le fait de rencontrer des difficultés sexuelles comme un échec honteux. Mais c'est vrai également pour de nombreuses femmes qui, même si elles ont souvent plus de facilité que les hommes à confier leurs difficultés relationnelles et affectives, gardent une réticence à parler de leurs problèmes dans le domaine du corps et de la sexualité.

Les séances individuelles avec un analyste constituent l'endroit probablement le mieux adapté pour pouvoir aborder pour la première fois ce sujet. La neutralité bienveillante de l'analyste va contribuer à desserrer l'étau constitué par le cercle vicieux des jugements sur soi et de l'anxiété qu'ils génèrent.

Beaucoup de personnes redoutent d'avoir à partager leurs difficultés sexuelles dans un groupe d'analyse. Pour certaines d'entre elles, cela leur paraît même inimaginable. La personne projette souvent qu'elle va être la risée de tous si elle ose parler de ses difficultés sexuelles en public, devant un groupe. En fait, on se rend très vite compte que cela ne correspond pas du tout à la réalité. Un partage en groupe est d'abord l'occasion d'écouter les autres participants parler de leurs difficultés, qu'elles soient sexuelles ou autres. Cela permet de comprendre rapidement quelque chose de fondamental : rencontrer des difficultés en tant qu'être humain est inévitable compte tenu de la présence de l'inconscient et de ses contradictions. Ce n'est donc pas anormal ! Et nous avons vu, au cours de cet avant-propos, combien le sentiment inconscient d'anormalité joue un rôle important dans les troubles de la sexualité.

Quand elle parle à son tour, la personne se sent en général très soulagée. Cela contribue beaucoup à diminuer son anxiété.

Cela peut sembler paradoxal, mais le couple est loin de représenter l'endroit le plus facile pour partager sur les difficultés de la sexualité, car il y a de grandes chances que les conjoints ne veuillent pas entendre ce que dit l'autre. Il est en effet très difficile, pour une situation aussi interactive que la sexualité, de pouvoir distinguer de façon objective ce qui vient de l'un et ce qui vient de l'autre. La tendance à accuser son partenaire de ne pas faire ce qu'il faut est quasi inévitable. Par exemple, si l'un des deux n'a pas de désir, quelle est la part éventuelle du comportement de son partenaire qui induit ce manque de désir ? C'est une question bien délicate à trancher, qui demandera un certain temps de travail analytique pour chacun des deux conjoints.

Cependant, dans le cadre d'une analyse, les conjoints vont apprendre à partager leur vécu dans la sexualité à partir de ce qu'ils ressentent, sans faire abstraction de leurs peurs ou des doutes sur eux-mêmes. La plainte contre le partenaire devient alors moins aiguë et la confiance grandit dans le couple.

L'approche comportementale est indispensable pour compléter l'analyse

L'analyse des mécanismes inconscients à l'œuvre dans le couple apporte une compréhension indispensable, mais ne peut pas tout résoudre toute seule. Au fil du temps, les difficultés sexuelles, qui s'entrelacent forcément plus ou moins fortement avec les difficultés relationnelles, ont laissé des traces dans le corps de la personne et dans la relation, sous la forme de comportements réflexes inadaptés, de tensions ou de crispations.

Il y a donc une forme de rééducation nécessaire des comportements relationnels et corporels. Il faut abandonner certains comportements et en apprendre d'autres. Ce n'est pas facile car les comportements acquis depuis longtemps sont en général rigides. Il faut donc des outils adaptés pour favoriser cette transformation.

Le travail corporel et énergétique

Le travail corporel énergétique a pour fonction de lutter contre la rigidité et la sclérose. En rendant le corps plus vivant, il le rend aussi plus sensible. Nous avons vu combien, dans le cas des difficultés sexuelles féminines, l'absence ou la faiblesse des sensations corporelles et sexuelles constitue un symptôme fréquent. Du côté des

La sexologie relationnelle : outil de réparation, mais aussi d'évolution

La sexologie est habituellement définie comme une thérapie comportementale des troubles sexuels. Elle se concentre sur l'aspect sexuel en essayant de mettre en quelque sorte le psychisme « hors circuit ». Elle cherche à créer des situations extrêmement neutres pour que les facteurs psychiques négatifs – anxiété, culpabilité, agressivité – fassent le moins possible leur apparition pendant l'apprentissage du nouveau comportement sexuel.
Si cette tentative de mettre le psychisme hors circuit réussit, l'apprentissage sexologique marche bien, mais c'est une opération délicate car il est difficile de mettre le psychisme entre parenthèses. C'est d'autant plus difficile dans la relation de couple, qui est un milieu infiniment psychique. Tous les cas décrits dans ce livre en témoignent.
Une méthode visant à l'évolution des couples a tout intérêt à inclure sexualité et relation, non seulement pour guérir en profondeur les symptômes perturbant la vie sexuelle de la personne et du couple, mais aussi pour développer la dynamique sexuelle entre les deux conjoints. La sexualité recèle, en effet, un potentiel énergétique et amoureux qui, s'il est bien utilisé, contribue énormément à l'épanouissement du couple.
En ce sens, nous pouvons qualifier cette approche de sexologie relationnelle. Ses outils de base sont le travail corporel énergétique et surtout les situations expérimentales relationnelles et sexuelles dans le couple, aussi appelées temps d'intimité structurés. Celles-ci constituent le creuset dans lequel le couple peut apprendre à intégrer amour et sexualité.
Nous présentons brièvement le travail corporel et les situations expérimentales dans le texte ci-dessous.

hommes, il y a un phénomène similaire : la plupart des hommes sont tournés vers l'action extérieure et ont peu développé leur sensibilité corporelle. La sexualité peut s'en trouver affaiblie, appauvrie.

Le développement de l'énergie corporelle donne la capacité à la personne de s'appuyer sur son corps et ses sensations pour lutter efficacement contre les mécanismes mentaux négatifs susceptibles de perturber sa sexualité. Ce sera, bien sûr, d'autant plus efficace que ceux-ci auront été mis au jour et compris à l'aide de l'analyse.

Les situations expérimentales relationnelles et sexuelles dans le cadre du couple

Dans une analyse relationnelle, l'interaction entre l'analyse et l'apprentissage de nouveaux comportements est essentielle. C'est elle qui permet le changement dans le couple. Les situations relationnelles expérimentales, ou temps d'intimité structurés, sont un outil très efficace pour l'apprentissage des comportements nouveaux qui permettent d'apporter des solutions aux problèmes du couple. C'est particulièrement vrai dans le domaine de la sexualité.

Nous renvoyons le lecteur au chapitre sur les méthodes pour une présentation complète de la technique des situations expérimentales relationnelles. Rappelons simplement qu'il s'agit de périodes dont la durée va d'une demi-heure à plusieurs heures, pendant lesquelles les conjoints décident alternativement d'une activité relationnelle ou sexuelle à faire en commun. Pendant la moitié du temps l'un mène et l'autre suit. Pendant l'autre moitié on inverse les rôles. Il y a ainsi une stricte égalité entre l'homme et la femme, et chacun peut suivre son propre désir pendant la partie où il mène. Quand c'est à son tour de suivre le désir de l'autre, on essaie de le satisfaire le mieux possible. C'est une situation destinée à expérimenter des comportements nouveaux dans le couple et à apprendre à donner et à recevoir. Quand cet exercice relationnel est pratiqué régulièrement, il amène une bien meilleure compréhension des désirs de l'autre et une forte intimité dans le couple, d'où le nom de temps d'intimité structuré que l'on donne aussi à ces périodes de situations expérimentales.

Dans le domaine de la sexualité, les situations expérimentales permettent au couple d'aborder leurs difficultés de façon pragmatique, c'est-à-dire de réfléchir ensemble aux conditions les plus favorables pour le fonctionnement de leur sexualité. Ayant la possibilité de mener le jeu à tour de rôle, chacun peut décider de ce qu'il va faire pour faciliter la sexualité, pour lui-même, mais aussi pour son partenaire. Un échec relatif peut se produire mais il fait partie du processus d'apprentissage choisi en commun. Cette approche, respectueuse des désirs des deux conjoints, nourrit fortement la confiance entre eux. Nous avons vu combien celle-ci était essentielle pour diminuer l'anxiété de l'échec.

Quand les difficultés sexuelles les plus fortes commencent à être dépassées, l'aspect ludique va être de plus en plus présent dans ces situations expérimentales. L'évolution vers une sexualité amoureuse de plus en plus satisfaisante est alors en marche.

1. CÉCILE ET FRANCK : L'ÉTOUFFEMENT DE LA SEXUALITÉ PAR LES CONDITIONNEMENTS NÉGATIFS DE L'ENFANCE

Nous avons choisi de présenter en détail l'analyse relationnelle du couple de Franck et de Cécile, car leur exemple illustre bien le cas de ces couples dits « réussis », c'est-à-dire servant de modèle à leur famille et à leurs amis, alors qu'il s'agit en fait d'une façade créée par l'inconscient pour cacher un problème sexuel et relationnel fréquent.

Cécile et Frank vivent en couple depuis de nombreuses années et apparaissent aux yeux de tous comme vivants et libres, autonomes et paradoxalement très unis. Ils participent à de nombreuses activités sociales et sont entourés de beaucoup d'amis. En apparence ils n'ont donc aucun problème, et tout un chacun – homme et femme – voudrait leur ressembler.

En réalité, dans l'intimité de leur chambre, lorsque le public a disparu, ils sont tous les deux très insatisfaits de leur sexualité.

Après de nombreuses années d'insatisfaction, ils commencent alors une analyse psychocorporelle chacun de leur côté. C'est ainsi que nous faisons leur connaissance. Puis, après un certain temps, voulant aller plus loin, ils décident de faire ensemble une analyse de couple.

Analyse relationnelle du couple et analyse psychocorporelle

Dans la méthode de l'analyse relationnelle du couple, celui-ci est considéré comme un système à deux inconscients. La relation qui se crée entre les deux inconscients est complexe. C'est pourquoi l'analyse relationnelle du couple utilise des approches variées et crée des situations spécifiques pour permettre aux mécanismes inconscients des deux conjoints d'apparaître plus clairement *[voir le chapitre 2 de la première partie sur les méthodes].*
L'analyse psychocorporelle est l'une de ces différentes approches utilisées. Il s'agit de l'analyse de l'inconscient à partir des manifestations du corps. L'expression corporelle à travers les postures et les émotions permet de révéler certains aspects de l'inconscient – sentiments refoulés, jugements sur soi, conflits internes, etc. – et constitue en cela un outil très utile pour comprendre le psychisme.
La dimension psychocorporelle est très présente dans la relation entre deux personnes. L'analyse psychocorporelle est donc parfaitement appropriée au travail de couple, mais elle peut aussi être pratiquée à titre personnel, en séances individuelles ou en séances de groupe.
L'utilité de l'approche psychocorporelle ne se limite pas à l'analyse. Elle a aussi l'avantage de sensibiliser la personne à son propre corps et à ses sensations, tout en développant l'énergie corporelle.

1.1. CÉCILE – ABSENCE DE DÉSIR ET BOULIMIE

Quand Cécile arrive au premier entretien, elle se plaint de problèmes d'alimentation et de poids. Très vite au cours de la séance, il apparaît que cette légère boulimie, puisqu'il s'agit bien de cela, cache un mal-être beaucoup plus profond lié à de grosses difficultés d'expression de son désir, en particulier dans la sexualité.

DANS MON ENFANCE, JE SUIS LA PARFAITE « GENTILLE FILLE » QUI SE MOULE INCONSCIEMMENT AU MOINDRE DÉSIR DE MA MÈRE

Récit de son analyse par Cécile. *J'étais boulimique depuis des années, sans jamais vraiment vouloir le reconnaître. J'ai décidé de démarrer une analyse quand j'ai commencé à me faire vomir pour éviter de grossir. La vision de moi-même à genoux dans les toilettes me faisant vomir m'a fait comprendre pour la première fois que j'avais un problème et que j'avais besoin d'aide.*

Je viens d'un milieu simple. Mon père, un homme gentil et discret, apporte la sécurité matérielle en étant un fonctionnaire consciencieux. Malgré sa discrétion, il peut cependant montrer une présence autoritaire dans son travail. Mais à la maison il est effacé et silencieux. À l'inverse, ma mère, très présente, organise et contrôle toute la maisonnée. Elle a eu une enfance très difficile en ayant perdu sa mère à 3 ans et elle ne se trouve pas jolie. Malgré tout, c'est une femme très dynamique qui s'ennuie avec un seul enfant. Je suis donc très désirée pour remplir ce vide et nais 3 ans après ma sœur.

J'ai 2 ans quand ma mère, gravement malade, part 6 mois en sanatorium. À son retour, elle fait une dépression sans en parler à personne. Ma sœur va à l'école et je reste toute la journée seule avec ma mère qui va mal. Je deviens inconsciemment la petite fille vivante chargée de calmer ses angoisses. À mon insu, j'apprends à l'écouter, à correspondre à ses attentes, à déceler les moindres signaux pour adapter mon comportement à ses désirs conscients et inconscients. Elle est très susceptible, mais comme je vais toujours dans son sens, elle est très satisfaite de moi et me le dit. Par contre, elle se plaindra pendant toute mon enfance de mon père qui est trop effacé selon elle, ne parle pas et ne montre pas de désir dans la sexualité.

C'est ma mère qui dicte les bonnes et les mauvaises valeurs : en particulier pour être de « bonnes filles », il ne faut jamais rien demander. Quand nous faisons des courses dans les magasins et qu'un enfant pleure pour obtenir quelque chose, ma mère nous montre combien cet enfant capricieux est « vilain » et nous explique que c'est très laid.

L'apparition de la boulimie : l
e cycle infernal des régimes et de l'obsession alimentaire

Ma mère a été traumatisée par une enfance très pauvre, puis par les manques d'approvisionnement dus à la guerre.

Pendant son séjour au sanatorium lorsque j'ai 2 ans, il est admis que prendre du poids est signe de guérison. Elle me raconte à son retour combien le moment de la pesée hebdomadaire était une angoisse pour chacune, ajoutant que certaines de ses compagnes tuberculeuses se remplissaient les poches de cailloux pour faire pencher favorablement la balance. Elle a donc pris l'habitude de trop manger, mais pour elle cela est avant tout un témoignage de guérison, puis de bonne santé. Depuis, elle voit d'un mauvais œil que nous-mêmes puissions nous préoccuper d'un quelconque surpoids, et elle s'inquiète dès que nous ne finissons pas les plats. Je prends donc inconsciemment l'habitude de trop manger et elle se réjouit de mon bon appétit. Jusqu'à la puberté, ça ne pose pas de problème de poids car je fais beaucoup de sport. À l'adolescence, les photos montrent un léger surpoids, mais je ne m'en préoccupe pas car je n'en ai pas conscience.

C'est à l'âge de 18 ans, lorsque je sors du giron familial pour faire des études supérieures, que je commence à m'intéresser aux garçons et donc à me préoccuper de mon apparence corporelle. Je me souviens donc très précisément de la première fois où je décide de me peser : la balance de la pharmacie indique 70 kg ! J'ai comme un choc. C'est ce jour-là que je décide de maigrir, commençant le cycle infernal des régimes et de l'obsession alimentaire. Les périodes de privation entraînent de telles frustrations qu'elles sont inévitablement suivies de fringales qui virent petit à petit en véritables crises de boulimie. Le plus étrange est qu'en dehors de mon obsession de manger, je n'ai aucun problème. Je n'ai qu'un désir : manger et ne pas grossir.

Le tableau que trace Cécile de sa relation avec sa mère montre bien comment elle est complètement conditionnée à suivre tous les désirs de sa mère, à commencer par le plus puissant : être la fille parfaite d'une mère parfaite. C'est pourquoi son apparence sociale est excellente. Elle semble toujours en forme, sereine et très intéressée par l'autre.

Devenue adulte, Cécile pratique un contrôle constant, non seulement de son comportement mais aussi de ses pensées. Son idéal du moi et son surmoi très puissants entraînent un refoulement de tous les désirs et des émotions perturbantes qui pourraient surgir.

C'est un système générateur d'une anxiété interne, qu'elle apprend à cacher parfaitement, puisqu'il y a toujours un risque de ne pas satisfaire l'autre et donc de se sentir coupable. La pression interne devient très forte et Cécile essaie de calmer son anxiété par la seule voie autorisée par sa mère : la nourriture. Il y a possibilité pour elle d'une satisfaction immédiate d'un désir en mangeant. Satisfaction de courte durée puisqu'elle est très vite rattrapée par de forts jugements sur sa boulimie et son poids excessif.

LA RENCONTRE AVEC LE PRINCE CHARMANT : ENFIN LA VIE !

À cette époque, les écoles et les lycées ne sont pas mixtes. C'est donc en faculté que je fréquente des garçons pour la première fois. Je me sens extrêmement dynamisée par cette découverte tout en restant très sage. Lorsque je rencontre Franck, je tombe naturellement amoureuse de lui. Nous nous marions dans les formes quatre ans plus tard, nos diplômes en mains. Dans ma tête, tout est simple et organisé : nous aurons une vie agréable, deux beaux enfants et la vie s'écoulera sans problème.

Malheureusement, très vite, la sexualité devient difficile

Les premiers émois passés, le moment du coucher quotidien est de plus en plus pénible. Je n'ai plus de désir et j'évite par tous les moyens de faire l'amour tout en me sentant très coupable. Soit je me couche très tôt en prétextant une grande fatigue, soit j'attends que Franck soit lui-même endormi pour le rejoindre au lit. Franck, lui, me désire toujours, mais il se sent souvent coupable de son désir et n'ose pas me demander de faire l'amour. Je me sens de plus en plus mal sans pouvoir me l'avouer : la seule chose que je constate est que la boulimie s'accentue.

En moins de trois ans, nous sommes devenus Franck et moi très distants, compensant le vide par une vie sociale très active : nous recevons beaucoup, sortons davantage encore, ce qui nous évite de nous rencontrer intimement.

L'inévitable arrive : je prends des amants, Franck prend des maîtresses

C'est à l'occasion d'une de ces soirées que je rencontre John... Il devient mon premier amant. De son côté, Franck s'intéresse à d'autres femmes.

Une activité sociale trop intense peut servir à compenser l'absence d'intimité dans le couple

Les activités sociales telles que les sports, les sorties entre amis, le militantisme, les passions diverses... pratiquées de manière excessive peuvent être des moyens fréquemment utilisés pour fuir le tête-à-tête avec le conjoint, tête-à-tête perçu comme inquiétant, car risquant de mettre au jour des mécontentements divers, des conflits avec soi-même ou avec l'autre.

Il est beaucoup plus simple, pour beaucoup de couples qui apparaissent « heureux et sans problème », de maintenir cette image à l'extérieur, en se cachant derrière des activités sociales qui servent de paravent, plutôt que de se confronter à la réalité de leur propre intimité.

C'est malheureusement souvent à l'occasion de ces rencontres sociales que le séisme peut survenir sous la forme d'un amant ou d'une maîtresse, révélant ainsi l'existence d'un problème de couple jusque-là soigneusement masqué. C'est le piège dans lequel tombent Cécile et Franck *[voir le témoignage de Cécile dans le texte ci-dessous].*

Pour ma part, je me sens à nouveau femme puisque j'arrive à séduire d'autres hommes. Et comme avec ces partenaires il n'y a pas de vie quotidienne mais seulement des phases de séduction, la sexualité marche mieux avec ceux-ci. Pour Franck, c'est la même chose. Nous pouvons donc penser que la faute appartient à l'autre : de mon côté, je crois que mon manque de désir est dû à la maladresse de Franck, et lui pense que je suis très insuffisante en tant que femme. La jalousie est par ailleurs refoulée par nous deux en utilisant les grandes valeurs de liberté individuelle.

Malgré tout, la vie quotidienne se passe plutôt bien, car à mon insu je rejoue avec Franck le comportement que j'ai appris face à ma mère : je m'adapte aux situations tout en continuant d'ignorer quels sont mes propres désirs. Mais j'ai beau paraître vivante et gaie aux yeux du monde, au fond je me sens vide, vide de sensations, avec l'obsession autour de la nourriture et du poids qui ne fait que s'amplifier. Je m'ennuie malgré mes nombreuses activités. Je décide donc de commencer une analyse psychocorporelle individuelle.

Assez rapidement les choses changent grâce à mon analyse. Pour la première fois de ma vie j'ai un lieu où je me sens écoutée, comprise. Je suis là pour moi et pour moi seule. Je n'ai plus ma mère dans la tête comme à mon habitude. Ce n'est plus moi qui écoute et suis attentive aux problèmes de l'autre : je peux enfin détourner mon regard de l'autre et l'orienter sur ce qui se passe en moi. Ouf !

Les séances d'analyse permettent à Cécile de sortir de son mécanisme névrotique habituel, car pendant la séance elle n'a plus à se préoccuper autant de l'autre. Le contrat entre l'analyste et la personne en analyse est clair dès le départ : la personne n'est pas là pour plaire à l'analyste, elle est là pour elle-même. C'est grâce à ce contrat que Cécile peut enfin s'autoriser à parler d'elle plus tranquillement, au lieu de guetter sans cesse l'autre pour voir s'il est d'accord.

Dans les séances, l'analyste m'invite à parler des relations à mes parents, en particulier à ma mère, et je prends conscience petit à petit que mon obsession pour la nourriture et le poids, ainsi que mon manque de désir sexuel, ne sont que les conséquences d'un mal-être beaucoup plus profond. Le fait simplement d'en parler m'allège déjà considérablement.

Un jour, l'analyste me propose un travail émotionnel sur la pression interne supportée pendant toutes ces années. J'écris à cette époque dans mon journal :

> *« J'ai osé pendant la séance dire avec force beaucoup de choses que je n'aurais jamais osé dire avant. C'est une vraie libération. En sortant de la séance, je me sentais très soulagée. Dans la rue j'avais l'impression d'effleurer le sol, presque de voler. J'étais joyeuse et c'est comme si ça se voyait sur moi, sur ma façon de bouger. Je n'ai pas le souvenir de m'être déjà sentie aussi légère et vraiment gaie. »*

Un peu plus tard l'analyste me propose de participer à un groupe. J'accepte, avec cependant beaucoup de peurs et de questions que je formule ainsi dans mon journal :

« Je me demande si j'ai vraiment besoin de participer au groupe. Comment sont les autres personnes ? Moi, j'ai l'impression que ma vie fonctionne bien à part la boulimie et le manque de désir, et encore ça diminue déjà beaucoup. Comment sont les autres personnes ? Sont-elles malades, elles ? »

En fait, passé ma peur initiale, ce premier groupe me plaît énormément. Il me permet de vivre des expériences très positives auxquelles je ne m'attendais pas. Les exercices proposés, relationnels, émotionnels et corporels me donnent l'occasion de m'ouvrir à un grand nombre de sensations, de ressentis habituellement totalement interdits chez moi. Le contact et le partage verbal avec les autres membres du groupe me permettent de découvrir des points de vue et des façons de penser très différents des miens. Dans ma famille, tout était uniforme et nous n'avions jamais d'autres points de vue que ceux de ma mère.

Au fur et à mesure que l'analyse progresse, je comprends mieux la nature de la relation avec ma mère et le système de fonctionnement qui en découle avec, principalement, l'inhibition de mes désirs.

Petit à petit des désirs simples émergent à ma conscience, et j'ose les exprimer clairement. Par exemple, lors d'un exercice en groupe, il faut choisir un partenaire pour partager ce qui se passe pour soi. Ce moment de choix était jusque-là un vrai dilemme : je croyais ne pas avoir de préférence et j'attendais toujours qu'on veuille bien me choisir tout en cogitant beaucoup dans ma tête. Maintenant j'ose demander à la personne qui me convient le mieux et j'en suis heureuse.

Cette autonomie que je découvre dans les groupes d'analyse, je la retrouve aussi dans la vie quotidienne : quand Franck me demande ce que je souhaite faire le dimanche, je me surprends à lui répondre sans hésiter : « Je veux aller me promener à tel endroit. » Cela peut paraître banal à certains, mais pour moi c'est une véritable libération.

L'ANALYSE RELATIONNELLE DU COUPLE ME PERMET DE RETROUVER LE DÉSIR SEXUEL

Malgré les nombreux progrès que je fais par ailleurs au niveau boulimie et confiance en moi, je ne retrouve pas de véritable désir sexuel pour Franck et nous ne faisons l'amour que très épisodiquement.

Parler dans un groupe d'analyse favorise l'expression personnelle intime

L'analyse en groupe permet pour beaucoup de personnes, qu'elles soient seules ou en couple, de sortir de leur isolement mental en voyant que d'autres partagent, si ce n'est les mêmes difficultés, du moins des difficultés proches des leurs. C'est extrêmement soulageant et déculpabilisant.
Parler intimement de soi signifie aborder des points délicats, souvent à la limite de la conscience, que l'on hésite à dévoiler car ils mettent en cause l'image de soi-même. Les plus délicats d'entre eux, sont même souvent censurés avant de parvenir à la conscience. Il est donc difficile d'être intime avec soi-même à cause des défenses mises en place par l'inconscient. Il est alors logique de penser que ce qui est déjà difficile à regarder quand on est seul doit être encore plus difficile à partager devant un groupe.
Paradoxalement, il n'en est rien. Les participants du groupe sont ressentis comme neutres car ils ne font pas partie de l'environnement relationnel habituel de la personne. Ils apparaissent également tolérants et non jugeants, car eux-mêmes sont amenés à parler de ce qui les perturbe intimement. Ainsi, la neutralité du cadre qui induit une grande sécurité et la motivation des participants pour clarifier ce qui pèse dans leur esprit contribuent à une très grande liberté de parole, quels que soient les sujets abordés.

En faisant le constat que nous n'arrivons pas à avoir une sexualité épanouie, mais que nous tenons chacun à notre relation, nos analystes nous conseillent d'entrer dans un groupe d'analyse de couple, sans commencer par des séances individuelles puisque nous sommes déjà en analyse depuis un certain temps.

Après de nombreuses hésitations, pour Franck et pour moi, nous décidons de nous lancer. J'écris dans mon journal d'analyse le, premier jour du stage d'analyse de couple :

> *« Nos analystes nous ont demandé ce que nous attendions du stage. En ce qui me concerne, je dois avouer que j'espère bien que Franck va enfin voir que quelque chose ne va pas chez lui. Je ne sais pas trop ce*

que c'est, mais je le sens. C'est sûr ! Quand nous faisons l'amour il ne sait pas s'y prendre, il n'est pas à l'aise. »

De son côté Franck écrit :

« Quoi que je fasse, rien ne va jamais. Quand j'ai du désir, Cécile ne veut pas. Quand je me mets à distance, elle pense que je ne suis pas un homme car je ne la désire pas. De toute façon, ça n'est jamais le bon moment. Je me sens découragé. J'ai peu d'espoir que le stage change quelque chose. »

Nous restons dans cet état d'esprit les deux premiers jours du groupe en participant assez peu aux exercices. Ce qui nous permet, en maintenant une certaine distance entre nous, d'éviter les reproches et les conflits. Moi, comme toujours, je suis plus dynamique, Franck apparaissant être celui qui traîne la patte. Après un exercice d'affirmation de soi face au conjoint, nous choisissons des photos représentant ce qui s'est passé. Je choisis des représentations de Franck qui le montrent insuffisant en tant qu'homme, car pas assez viril. À l'inverse, je choisis des photos d'hommes très virils qui eux, selon moi, seraient capables de me satisfaire puisque je me présente comme une femme dynamique et ouverte.

Cette description de moi et de Franck me paraît une évidence et je la présente à l'analyste comme telle. Je tombe des nues quand l'analyste me montre qu'en réalité je fais comme ma mère l'a fait vis-à-vis de mon père : se positionner clairement au-dessus en mettant l'homme comme insuffisant d'un point de vue sexuel. Je suis assommée : je n'avais jamais vu ce comportement car tout se passe toujours dans ma tête sans que les choses puissent être formulées. J'écris dans mon journal :

« En étant la gentille Cécile, je pensais être différente de ma mère, mais je réalise qu'au fond j'ai les mêmes jugements, les mêmes exigences dans ma tête. C'est un peu terrifiant et pourtant au fond de moi je ne peux nier ce que me renvoie l'analyste. »

La prise de conscience du mécanisme de sa projection permet à Cécile de commencer à se responsabiliser de ses difficultés en accusant moins son conjoint de ses propres maux à elle. Cela a pour effet de libérer Franck d'une lourdeur qui pesait sur ses épaules et étouffait son énergie. Cécile, en se responsabilisant de ses projections sur Franck, libère ce dernier d'une définition dévalorisante. Elle permet ainsi indirectement à Franck de se rapprocher d'elle, pour le plus grand bien du couple.

À partir de là, Franck entre plus activement dans les exercices proposés dans les groupes d'analyse et je suis étonnée et heureuse de découvrir un Franck joyeux et dynamique.

Néanmoins, à la suite de ces expériences très positives, nous constatons qu'insidieusement la distance bien connue se réinstalle fréquemment entre nous. Pendant toute cette période, je me rends compte que dès que je me sens en difficulté, en particulier dans la sexualité, mon inconscient suit naturellement la pente de la projection négative sur Franck et je dois faire de gros efforts pour le contrecarrer et surmonter mon orgueil blessé. Mais je ne peux plus faire comme avant et ignorer la prise de conscience que j'ai faite. Je réalise alors que mon inconscient est vraiment retors et que les choses que je croyais avoir vues pour de bon disparaissent à nouveau de ma vision à mon insu. Nous avons cependant retrouvé l'espoir, car nous avons fait, grâce aux exercices et à la compréhension, l'expérience d'un dynamisme intime depuis longtemps oublié, et nous avons l'un et l'autre pris conscience de la nécessité d'être aidés par les analystes pour mettre au jour nos mécanismes inconscients.

L'éveil de la sexualité grâce aux rendez-vous amoureux

Les différents exercices que nous proposent nos analystes m'aident considérablement. À la fois pour débusquer cette projection négative quand elle se présente à mon esprit et pour m'en responsabiliser. Ces exercices constituent pour moi un cadre sécurisant dans lequel je peux oser demander, oser dire, oser partager… Sans ce cadre particulier, ce sont les réflexes habituels qui ont cours, réflexes qui me font ignorer mon désir et projeter sur Franck ma propre peur d'insuffisance.

C'est à partir de ce constat, c'est-à-dire en acceptant de voir ses propres difficultés dans la sexualité et de se responsabiliser vis-à-vis de cet échec, que Cécile peut prendre en charge l'éveil de sa sensualité et développer une sexualité vivante. Elle décide d'agir pour remédier à son inhibition sexuelle. Pour cela, nous lui proposons de se préparer mentalement à ce qu'elle appellera plus tard ses « rendez-vous amoureux », qu'elle décrit ainsi dans son journal :

À l'aide du mécanisme de projection, Cécile crée l'homme selon les besoins de son inconscient

La lune de miel a été agréable mais de courte durée pour Cécile et Franck *[voir le témoignage de Cécile dans le texte ci-dessus]*. Très rapidement, Cécile a été confrontée à la disparition de son désir sexuel. Très soucieuse de conserver une image parfaite, elle passe son temps à contrôler tout ce qui se passe en elle. Elle comprendra plus tard dans son analyse que ce contrôle perpétuel ne peut qu'aboutir à la disparition du désir.

Mais au moment où nous nous situons, Cécile ne comprend pas encore ce qui se passe. Elle est très inquiète, car ne pas avoir de désir induit une forte dévalorisation d'elle-même, d'autant plus que la lune de miel lui avait permis de se sentir rayonnante de féminité. Face à cette inquiétude, il est alors nécessaire pour l'inconscient de mettre en place une stratégie visant à défendre la représentation d'elle-même qui est menacée.

La défense inconsciente la plus « naturelle » est d'attribuer au partenaire la responsabilité de ce qui ne va pas dans la relation sexuelle. Cécile va pour cela utiliser une projection négative. Projeter est une opération inconsciente qui aboutit à redéfinir l'autre avec l'objectif de conserver une représentation valorisée de soi-même.

Ainsi, en projetant un jugement de manque de virilité sur Franck, Cécile stabilise à peu de frais son sentiment d'être une femme : « Si Franck n'est pas assez viril, c'est que pour moi ça va. Et si je n'ai pas de désir pour lui, c'est parce qu'il est insuffisant comme homme. » Cécile peut alors conclure : « Je suis une femme tout à fait normale. Je n'ai seulement pas eu de chance d'être tombée sur un partenaire insuffisant. »

Cécile définit ainsi l'homme selon les besoins de son inconscient. Pendant la lune de miel, par le mécanisme de projection positive, Franck était le prince charmant qui lui renvoyait l'image d'une femme très féminine. Plus tard, pour ne pas être confrontée à ses propres difficultés pour maintenir son désir sexuel, elle utilise la projection négative de l'homme insuffisant pour préserver son image de femme sans problème. On retrouve ces mécanismes de défense par projection dans la plupart des problèmes relationnels de couple.

« Aujourd'hui est le jour de notre contrat sexuel. Moi qui croyais que le désir devait venir spontanément, c'est tout l'inverse qui se passe. Je me prépare à la sexualité comme à un rendez-vous amoureux. D'abord je prends un bain en écoutant de la musique et je mets de beaux dessous afin de me mettre en condition. Je m'autorise aussi à fantasmer des situations de séduction, par exemple des scénarios de rencontres interdites. Je me rends compte que souvent le désir et la peur (à condition qu'elle ne soit pas trop forte) sont assez liés. Enfin je m'amuse à me caresser et à ressentir mon corps de l'intérieur.

« Avant il m'aurait été impossible d'imaginer prendre ainsi du temps pour moi. Or, Franck et moi, on en profite bien tous les deux au bout du compte. Je découvre que s'occuper de moi dans le but d'avoir une relation agréable avec Franck n'est pas du tout égoïste. »

Quelque temps plus tard, elle écrit :

« C'est pas à pas que j'avance vers l'éveil de ma sensualité, et je suis heureuse car petit à petit je découvre de nouvelles sensations, je retrouve de l'énergie et du goût pour la sexualité. Je me concentre sur ce que je ressens au lieu d'être obsédée par ce que j'imagine qu'il faut faire à partir de ce que j'ai pu voir dans des films ou lire dans des livres. »

Il est intéressant de constater que dans l'inconscient social, il est tout à fait admis qu'on doive se préparer à un rendez-vous amoureux pendant la période de séduction, mais paradoxalement, plus tard, il est dit que le désir doit être « spontané » sans justement aucune préparation. Cécile découvre qu'il n'en est rien grâce aux contrats proposés dans le cadre de l'analyse. Ces rendez-vous amoureux lui permettent d'apprendre le désir comme on apprend un comportement que l'on maîtrise mal. Elle a ainsi mis en place trois éléments permettant le développement d'une sexualité vivante : un narcissisme positif en se faisant jolie, la sensualité par le bain, la caresse de son corps et la musique, et enfin l'imaginaire grâce aux fantasmes.

La pratique régulière de ces rendez-vous amoureux permet à Cécile de reconnecter son désir sexuel et de le développer. Au bout d'un certain temps de pratique, le désir devient réellement spontané et disponible. Le but des contrats est alors atteint et ceux-ci peuvent disparaître pour faire place à une sexualité spontanée.

L'utilité d'être aidé pour explorer son inconscient

Les tentatives de dialogue dans un couple aboutissent souvent à un échec. On entend fréquemment dire : « S'il y a un problème, il n'y a qu'à en parler ! » Il faut certes aborder les problèmes, mais souvent la communication débouche très rapidement sur des reproches réciproques. Cette communication transformée en accusations est généralement suivie d'une mise à distance permettant à chacun de panser ses plaies. L'alternance de périodes de reproches, sous couvert de clarification, et de mises à distance constitue une partie importante de la communication de nombreux couples.

Ce type d'échange est considéré comme une communication suffisante dans un couple normalement ouvert. Cependant il n'a rien à voir avec la communication authentique d'un couple véritablement intime. Celle-ci nécessite un apprentissage et ne peut vraiment s'épanouir que si les mécanismes inconscients qui perturbent la relation sont mis au jour.

Mettre au jour ces mécanismes inconscients n'est pas toujours chose facile. L'illusion créée par la déformation inconsciente de la réalité est difficile à appréhender pour la personne elle-même. Remettre en cause cette représentation déformée, ainsi que les illusions et les croyances qui l'accompagnent, est un travail qui engendre de fortes résistances tant l'enjeu existentiel de l'inconscient est élevé. C'est pour cette raison qu'un regard extérieur neutre est indispensable à qui veut devenir conscient. On peut certes avancer grâce à une auto-analyse, mais on ne peut pas complètement se passer de la présence d'une aide extérieure.

Bien entendu, les mêmes mécanismes de déformation inconsciente de la réalité, qui se jouent dans le couple, se rejouent avec l'analyste. C'est ce qui constitue le transfert. Mais la position neutre d'un analyste expérimenté peut conduire la personne à acquérir la capacité à se regarder elle-même et à remettre en cause le caractère erroné de la représentation d'elle-même et de l'autre qu'elle avait construite à son insu.

La mise en cause de ma croyance que Franck n'était pas suffisant sexuellement a été le tournant crucial de l'analyse et a radicalement changé la vision de notre relation. Je suis assez sidérée, car au fond je me croyais vraiment honnête en affirmant tout cela ; je pensais simplement décrire la réalité. Sans l'aide de l'analyse je n'aurais jamais pu voir ce système de projection. Mon inconscient était d'une totale mauvaise foi. Cette prise de conscience m'a responsabilisée et j'ai pu enfin faire ce qu'il fallait pour remettre ma sexualité dans le bon sens.

Les prises de conscience apportées par l'analyse, les partages verbaux dans le couple ainsi que les rendez-vous amoureux et sexuels nous ont permis de développer une intimité que je ne connaissais pas et qui me plaît énormément. Je me sens amoureuse de Franck comme je ne l'ai jamais été, en ce sens que mon amour est beaucoup plus mature et solide que celui de notre lune de miel. Je le sens fortement enraciné et ne fluctuant plus en fonction des circonstances.

Mon regard sur Franck a considérablement changé et je le vois aujourd'hui comme un homme viril. J'aime qu'il manifeste son désir pour moi et, ce qui m'étonne le plus encore, c'est que j'ai maintenant envie de faire l'amour souvent alors que c'était tellement compliqué avant.

La transformation positive de Cécile est due à la combinaison des deux éléments de base de l'analyse relationnelle du couple. Le premier est l'analyse proprement dite qui permet de débusquer les pièges de l'inconscient, ici les projections de Cécile sur Franck. Le second, l'approche comportementale, permet d'accélérer le changement en proposant, au moment opportun, des exercices et des contrats de couple qui permettent au couple d'avancer dans la bonne direction.

Il est intéressant de noter que la boulimie dont Cécile se plaignait et qui l'a amenée en analyse a progressivement disparu. En effet, la relation affective et sexuelle avec Franck s'est considérablement développée et Cécile s'en nourrit fortement. Elle n'a donc plus besoin comme par le passé de combler – en mangeant de manière compulsive – un vide qui n'existe plus.

L'aide de l'analyste permet d'appliquer réellement des conseils de bon sens

Dans toute la presse féminine, on peut lire des conseils variés de bon sens pour relancer le désir dans les couples : se faire belle, favoriser la séduction du conjoint... Mais rares sont les personnes qui peuvent les suivre au-delà de quelques tentatives. En effet, les résistances inconscientes, telles que la mauvaise estime de soi, la peur d'être insuffisant, les ressentiments cachés vis-à-vis de l'autre, et l'anxiété que tout cela génère, sont des obstacles beaucoup plus puissants que la simple volonté résumée par la petite phrase : « Il suffit de... Il n'y a qu'à... ».
L'analyse, en mettant au jour ces résistances et en permettant de les dépasser, aide considérablement la mise en application réelle de ces conseils.

1.2. FRANCK – DIFFICULTÉS D'ÉRECTION ET FUITE DE LA RELATION AVEC LA FEMME

Après avoir décrit l'analyse de Cécile, nous poursuivons avec celle de Franck. Celui-ci, comme sa compagne, a commencé tout d'abord une analyse psychocorporelle de son côté avant de rejoindre Cécile pour entreprendre une analyse relationnelle du couple.

Franck, à son arrivée en analyse, est un homme, qui, bien qu'aimant les contacts sociaux, a tendance à s'enfermer dans une « bulle » grâce à laquelle il se protège d'un monde qu'il juge trop agressif.

Franck, dès son début d'analyse, voit très bien comment une enfance difficile a marqué sa personnalité d'homme.

JE FAIS MIENNES LES IDÉES FAUSSES DE MA MÈRE

Ma mère : une « sainte » femme

Ma famille d'enfance se compose de ma mère, d'un frère aîné et de moi-même. Mon père abandonne le foyer familial peu de temps après ma naissance et je n'en garde aucun souvenir. Le creuset familial baigne dans une morale catholique très culpabilisante et ma mère en ajoute une forte dose en se faisant passer pour une « sainte » sacrifiant sa vie affective pour élever ses deux enfants, déniant ainsi son propre échec de couple. En fait, derrière cette image qu'elle donne d'elle-même et qui fonctionne bien sur la scène sociale, ma mère a tout le pouvoir et règne en maîtresse femme sur ses deux fils.

Face à cette omnipotence, mon frère devient très vite un garçon rebelle en guerre constante contre le pouvoir maternel. De mon côté, je me définis comme « gentil », en apparence, car mon analyse me permettra de prendre conscience que cette gentillesse masque en réalité une résistance farouche à tout pouvoir sur moi, quelle qu'en soit l'origine.

Le discours maternel : « les hommes ne pensent qu'à ÇA ! »

Aussi loin que je me souvienne et jusqu'à sa mort, j'entends ma mère dire constamment : « Tous les hommes sont des salauds : ils ne pensent qu'à ÇA ! » Je me demande bien alors ce qu'est ce ÇA auquel elle se réfère tout le temps et ne comprends que bien tardivement l'allusion à la sexualité. En tant que garçon, je semble supporter une sorte de malédiction liée au sexe : si je ne fais rien pour me corriger de cette tare originelle, je suis un salaud en devenir… L'analyse me permettra de comprendre que ce discours maternel adressé à des gamins de quatre et six ans n'a rien de normal et dénote une forte obsession sexuelle que ma mère projette sur les hommes pour s'en déculpabiliser. Cependant, j'en conclus à l'époque que si la sexualité semble intéresser fortement les hommes, les femmes ne font que la subir en s'offrant saintement à la bestialité de leur mari…

Je serai différent de ces hommes-là !

Je me mets alors en tête que je ne me comporterai jamais comme les hommes décrits par ma mère et serai au contraire un homme doux et aimant. En correspondant à l'idéal maternel, j'espère bien ainsi être reconnu par ma mère, mais en fait quoi que je fasse ou ne fasse pas, c'est mon frère, que ma mère trouve beau et intelligent, qui réussit, malgré ses crises d'opposition, à avoir un impact sur elle. De mon côté, j'ai beau m'agiter comme un beau diable, j'ai l'impression de n'être jamais intéressant à ses yeux.

Toute expansion narcissique normale est culpabilisée

Toute expression d'agressivité entre mon frère et moi est rapidement réprimée d'un : « Comment voulez-vous qu'il n'y ait pas de guerre dans le monde quand deux frères ne sont pas capables de s'entendre ? » Dès la moindre dispute, nous devenons responsables de millions de morts...

Toute expansion quelle qu'elle soit est interdite : c'est ainsi que si nous sommes joyeusement excités parce qu'il neige, nous sommes rabroués et taxés d'égoïsme parce que nous ne pensons pas à ceux qui n'ont pas de toit !

La mère de Franck, fortement perturbée par une sexualité refoulée du fait d'une morale très culpabilisante, n'apporte visiblement pas de réponses conformes à la réalité. D'une part, elle empêche toute expansion narcissique normale de ses fils en les culpabilisant très fortement, et d'autre part elle sème le doute sur leur identité d'homme et détruit l'image masculine à laquelle ils pourraient s'identifier. Face à cette situation, le frère de Franck tente de s'en sortir par la rébellion. Nous verrons plus loin que Franck quant à lui, trouvant la relation beaucoup trop compliquée, se réfugie souvent dans la lecture et la rationalité : il crée ainsi une « bulle » dans laquelle il se protège en s'isolant.

Je me réfugie dans une « bulle » protectrice

Pour correspondre au rôle de « gentil » et tenter de plaire à ma mère, j'apprends très vite à refouler le moindre sentiment que je juge négatif par rapport à ses idéaux, à ne rien montrer de mes colères, de mes jalousies, de mes désirs... Je supporte une dose énorme de culpabilité et à force de refoulements successifs je finis par me refermer sur moi-même. Isolé dans ma bulle, les livres – ceux dont la lecture est autorisée par ma mère – m'apportent cependant un espace de liberté dans lequel je peux laisser aller mon imagination.

À l'adolescence, je me sens coupable de tout et j'ai refoulé toute expression d'agressivité. J'ai peu de copains (ma mère les a jugés au fil du temps – sans les connaître – « pas fréquentables ») et ne sors jamais. Je me vis à l'intérieur comme étant assez anormal... Je me sens souvent comme anesthésié et emprisonné.

Ce triste tableau que je dresse de moi à l'adolescence peut paraître trop extrême. Je l'ai moi-même nié inconsciemment pendant longtemps, car il fallait bien que je me revalorise à mes propres yeux. Ce tour de passe-passe mental me permettait de faire assez bonne figure en société. Ce n'est qu'après les échecs de ma vie et mon analyse que j'ai pu voir combien, en réalité, j'avais été desséché de l'intérieur par le climat de mon enfance.

J'ai 19 ans lorsque ma mère meurt des suites d'un cancer pendant lequel je remplis mon rôle de « gentil » en la soignant. Malgré la peine immense qui m'étreint – je perds là le seul parent qui me reste – je sens en même temps un soulagement m'envahir. Comme une immense bouffée d'oxygène : je sors enfin de la prison familiale et j'ai l'avenir devant moi.

JE CROIS POUVOIR M'EN SORTIR SEUL

Cécile, une copine de faculté, me soutient dans cette période pénible. Elle est la première fille que j'approche et, me sentant très attiré par elle, je la demande en mariage dès le premier baiser échangé. La lune de miel se passe naturellement de manière idyllique. Cécile est très vivante et n'est pas moralisante. Pour la première fois de ma vie, je confie mes peines et mes difficultés à quelqu'un : j'ai alors l'impression de m'ouvrir fortement à la vie. Avec la promesse de mariage en poche, nous découvrons la sexualité ensemble. Bien que chargée de culpabilité, elle m'ouvre un monde extraordinaire. La période pénible de l'enfance semble définitivement rangée dans les oubliettes du passé.

Malheureusement, une fois la lune de miel passée, les difficultés apparaissent. D'ordre relationnel et d'ordre sexuel.

En me fermant, je fais la preuve que c'est moi le problème

Cécile a une parole beaucoup plus libre et facile que la mienne. De mon côté, je baigne dans la culpabilité depuis mon enfance tout en m'arc-boutant contre ce sentiment. Dès le moindre désaccord, n'arrivant pas à m'exprimer, je me ferme rapidement et je fais ainsi la preuve qu'effectivement c'est bien moi le problème. Petit à petit, je me retrouve enfermé dans un rôle où, à nouveau, quoi que je fasse ou ne fasse pas, sur quelque plan que ce soit (la sexualité, les sorties, les copains, les vacances...), ça ne va pas.

Des pannes sexuelles totalement déniées

Sur le plan sexuel, je me sens très coupable de mes désirs et je ressens une certaine honte à me montrer en érection, ce qui dans mon esprit me fait appartenir à la catégorie d'homme honnie par ma mère. Je constate bien une fragilité de mon érection, mais comme cela pourrait être dramatique en comparaison du modèle viril que j'ai en tête, je nie cette difficulté et reporte le problème sur Cécile qui, à mes yeux, ne se montre pas assez désirante. En fait il s'agit bien là d'impuissance partielle, de pannes plus ou moins régulières, mais que je dénie totalement par un tour de passe-passe mental.

Notre sexualité est donc très entravée et la mettre en route est compliqué. La masturbation est beaucoup plus simple, mais c'est bien une fuite de la sexualité à deux. Cécile, pour ses raisons propres, fuit également la sexualité : nous ne faisons donc l'amour qu'une fois par mois au maximum.

La réponse classique à la morosité du couple : prendre amants et maîtresses

Au bout d'un certain temps, nous prenons maîtresses et amants. Comme les rencontres sexuelles avec ceux-ci se passent bien mais que nous ne vivons pas le quotidien avec eux, il est facile de conclure pour chacun d'entre nous que c'est bien le conjoint qui pose problème. Pour ma part, désirant sexuellement mes maîtresses sans en être amoureux, je me sens très coupable de ces relations : elles sont de ce fait très espacées et suffisamment éloignées dans le temps pour que je ne connaisse pas de pannes sexuelles. Ce qui me renforce dans l'idée que je n'ai pas de problème d'érection.

La morosité s'installant au quotidien, Franck et Cécile trouvent la parade classique qui consiste à prendre maîtresses et amants. La passion, qui a quitté le couple, se réinvestit alors sur une personne extérieure : la maîtresse ou l'amant.

Cela offre en apparence un double avantage. D'une part, cela permet de masquer les difficultés (l'impuissance partielle en ce qui concerne Franck) puisque la personne ne vit pas au quotidien avec la maîtresse ou l'amant. D'autre part, cela permet de se faire croire que l'on est capable d'avoir une véritable relation amoureuse. Mais en réalité, cette relation – essentiellement fondée sur des entrevues espacées fondées sur la séduction et la sexualité – n'est que très superficielle et très loin de l'intimité profonde qui peut se créer dans un couple réellement amoureux.

Cette situation permet à la personne d'éviter toute remise en cause de sa structure psychique et la persuade, au contraire, que la cause des difficultés est à chercher à l'extérieur d'elle-même. En fait, la situation renforce la défense du moi.

L'ANALYSE ME PERMET DE SORTIR DE MON ISOLEMENT

Grâce au groupe d'analyse, je comprends que je ne suis pas anormal, loin de là !

À ce régime, notre couple va de plus en plus mal. Je me sens alors très en échec : finalement, je n'ai pas fait mieux que ma mère. La relation de couple me semble au final impossible et la sexualité que je vis me paraît totalement pauvre et limitée, à l'inverse de ce que j'ai pu lire ou entendre sur le sujet.

C'est à la suite de ce constat d'échec que je décide d'entrer en analyse psychocorporelle pour tenter de comprendre ce qui m'a conduit à cette situation. Bien qu'attiré intellectuellement par l'analyse classique sur le divan, je préfère opter pour une démarche qui prend aussi en compte le corps, car je me méfie de mon intellect qui peut tourner en rond pendant des siècles sans réellement avancer.

Ce qui me frappe dans le groupe d'analyse, c'est que la sexualité est un domaine fréquemment abordé par les différentes personnes. C'est loin d'être un sujet tabou et honteux comme dans mon esprit : je prends alors conscience que le problème est bien dans ma tête !

C'est un sujet non seulement abordé par les hommes, mais aussi, et c'est cela qui m'étonne le plus, par les femmes ! Les femmes ont donc du désir sexuel comme les hommes : là, je n'en reviens pas ! Je découvre un tout autre monde dans lequel la sexualité fait partie de la normalité et non l'inverse. Un monde dans lequel les deux partenaires ont du désir l'un envers l'autre et dans lequel il n'y a pas de honte.

Franck, arrivant en analyse, a une vision de la sexualité totalement fermée sur elle-même. Il vit dans un monde imaginaire dans lequel il a intégré le mythe de sa mère « sainte » et de la sexualité honteuse. Il a pris, sans le vouloir, les valeurs de celle-ci, et tout en

Prendre un amant ou une maîtresse : une solution facile pour échapper à la sclérose de la relation de couple, mais qui ne résout rien sur le fond

L'ambivalence de la relation amoureuse, qui se traduit par un mélange indémêlable de sentiments positifs et négatifs, constitue le lot peu agréable de bien des couples.

Le processus de clivage, qui permet de séparer clairement les sentiments positifs et négatifs, est une des solutions de l'inconscient pour éviter l'ambivalence. Un cas exemplaire de clivage positif est celui de la lune de miel dans laquelle les mécanismes d'idéalisation de soi et de l'autre permettent au couple de vivre un état amoureux intense. Mais, c'est bien connu, l'état amoureux ainsi obtenu ne résiste pas à l'apparition dans la conscience des aspects négatifs de la relation.

Pour se protéger de l'ambivalence, certains couples se spécialisent dans une forme clivée de la relation en faisant alterner l'amour et le rejet. Ils vivent une relation passionnelle dans laquelle les phases amoureuses et agressives se succèdent sans se mêler, souvent de façon non maîtrisable. À un point tel que parfois la rupture peut devenir inévitable.

La mise à distance inconsciente est l'autre solution pour se protéger de l'ambivalence. C'est le moyen le plus facile dans un couple qui dure. Elle s'installe dans le couple après la lune de miel. Les conjoints portent peu à peu leur intérêt sur d'autres objets que leur relation intime : enfants, amis, métiers... L'amour-passion qui caractérisait la lune de miel s'est affadi. Cette organisation raisonnable apporte la stabilité au couple. Mais le prix à payer pour cet amour-raison est une certaine sclérose du lien amoureux et en général de la sexualité. Tout en disant s'aimer beaucoup, les deux conjoints n'ont en fait qu'un faible rapport amoureux réel. La vie de famille recouvre progressivement la vie amoureuse.

Au fond de soi, le besoin d'être véritablement amoureux demeure. Il est alors tout à fait naturel d'être attiré par une nouvelle aventure amoureuse dans l'espoir de faire revivre l'amour-passion. C'est pourquoi les relations extraconjugales sont si fréquentes.

La relation extraconjugale permet de séparer la fonction amoureuse du couple en deux. D'un côté, il y a l'amour-passion avec l'amant ou la maîtresse, de l'autre l'amour-raison avec le conjoint. En séparant ces deux composantes, on évite le pire, la rupture du couple, tout en retrouvant une certaine excitation amoureuse en dehors du couple.

Le succès que connaît le système amant-maîtresse est dû à sa grande facilité. Il est infiniment plus facile de regarder en dehors du couple et de changer de partenaire pour retrouver l'excitation amoureuse que de se remettre en question et de rechercher pourquoi l'amour de la lune de miel a été perdu. Cependant, cela ne fait que pérenniser une situation dans laquelle vivre pleinement l'amour demeure impossible, car l'amour ne peut être coupé en deux sans perdre sa plénitude.

Ce constat corrobore notre analyse des liens du couple et de la difficulté à unifier l'amour. Contrairement à une idée répandue, il est très difficile de savoir aimer à la fois de façon forte et durable. Pour pouvoir réaliser ce rêve, il faut connaître les obstacles que l'on porte inconsciemment en soi et les ôter un par un.

[Pour un exemple illustrant cet encadré, voir le témoignage de Franck.

se sentant peu viril, il se croit un homme au-dessus des autres hommes honnis par sa mère. Contrairement à eux, il n'a pas de désirs « bas ». Il est cependant régulièrement confronté à la réalité qui lui renvoie une tout autre image de lui et il se sent extrêmement coupable de tout. On peut dire que malgré son apparence de réussite sociale il est très insatisfait de sa vie.

La première phase de son analyse va lui permettre d'avoir une meilleure vue sur son passé et de le reformuler d'un point de vue plus objectif. Il prend conscience que les jugements qu'il a dans la tête sont issus de son histoire, et qu'ils ne sont pas forcément dans la tête des autres personnes. À partir de là, il va pouvoir regarder objectivement les jugements qu'il a sur lui-même, les éroder, les amoindrir et de ce fait élargir son périmètre intérieur. C'est un début de réconciliation avec lui-même.

Nous entreprenons une analyse de couple : l'épanouissement de notre sexualité

Comme Cécile et moi faisons une analyse chacun de notre côté, nos analystes réciproques nous proposent au bout d'un certain temps d'entreprendre ensemble une analyse relationnelle du couple de façon à approfondir notre intimité. C'est ainsi que Cécile se met à aborder les problèmes liés à notre sexualité assez systématiquement. Pour ma part, me sentant inconsciemment très fragile dans ma virilité, j'ai tendance à ignorer ce problème et à le laisser à la charge de Cécile.

Il m'est impossible de jouir si la femme ne jouit pas !

À l'occasion d'une séance de groupe, je choisis néanmoins, dans une vaste collection d'images diverses proposée par l'analyste et concernant le rapport homme-femme, des cartes que j'utilise comme supports projectifs pour représenter ce qui se passe pour moi dans la sexualité. Après m'avoir fait décrire l'ensemble de mon choix de cartes, l'analyste m'aide ensuite à faire ressortir deux images centrales dans le lot que j'ai choisi.

La première image représente un aventurier au visage buriné, figure du héros mythique, symbole de la détermination et de la virilité.

En resituant cette image dans la sexualité avec Cécile, je dis dans un premier temps qu'il est important pour moi d'être un homme viril et que pour être cet homme-là il faut que Cécile ait un orgasme. En poursuivant la réflexion autour de cette image, cette première description se transforme en : « Il m'est impossible de jouir si Cécile ne jouit pas ! » En fait, de fil en aiguille, je découvre là toute l'ampleur de ma culpabilité autour de la sexualité. Culpabilité liée au discours maternel sur « les hommes qui ne pensent qu'à ça ». Pour échapper à cette culpabilité il est indispensable pour moi que Cécile ait un orgasme, sinon je ne suis qu'un salaud égoïste.

Je prends conscience d'un conflit central : d'une part la honte d'affirmer mon désir et de me montrer en érection et d'autre part la volonté de bander fortement pour amener la femme à la jouissance

La deuxième image représente un personnage étriqué au visage tourmenté. Elle symbolise pour moi le malaise que je ressens, sans me l'expliquer, dès que j'aborde la sexualité. En explorant ce malaise avec l'aide de l'analyste, je vais prendre conscience qu'il recouvre en fait tout un pan de honte de mon corps et de culpabilité de mes désirs. Honte de me montrer nu en général, et plus particulièrement lorsque je suis en érection. Culpabilité de mes désirs en général, de mes désirs sexuels en particulier.

Ces deux images antagonistes que l'analyste m'a aidé à extraire de l'ensemble des images choisies par moi me permettent de prendre conscience de la façon dont je suis coincé dans une contradiction : d'une part la honte de me montrer en érection (j'affirme trop mon désir, je suis un salaud qui ne pense qu'à ça !) et d'autre part la nécessité de bander fortement pour amener Cécile à la jouissance. C'est pour moi une première compréhension de certains des mécanismes qui me mènent à l'impuissance. J'écris alors dans mon journal :

> *« Je ne peux que constater qu'effectivement je ne suis pas libre dans la sexualité : je m'aperçois que je passe mon temps à observer Cécile pour vérifier où elle en est de sa jouissance, non pas par bonté d'âme, mais par culpabilité ! Si elle y parvient, j'ai alors un bref moment de répit pendant lequel je peux enfin me laisser aller à mes propres ressentis. Si elle n'y parvient pas, c'est la catastrophe : je croule à la fois sous la culpabilité du jugement maternel d'être un obsédé sexuel et celui de n'être pas un homme qui sait faire jouir la femme. »*

Je suis pris dans un cercle vicieux qui ne peut qu'aboutir à la panne sexuelle

J'écris par ailleurs :

> *« Quand on fait l'amour, je suis beaucoup plus dans ma tête que dans mon corps. Je tourne dans des boucles mentales infernales avec la question lancinante : vais-je réussir à bander suffisamment longtemps pour faire jouir Cécile ? Cette question m'amène à me fixer sur mon érection. Ce qui augmente le doute, qui augmente la fixation, qui augmente le doute... Dans ces cas-là, je suis pris dans un cercle vicieux qui ne peut qu'aboutir à la panne. »*

Tout cela explique que Franck soit peu demandeur de sexualité. Augmenter la durée des périodes sans sexualité l'autorise à être tranquille et à dénier l'impuissance partielle dont il souffre. C'est là le processus qui se passait lors de ses rencontres épisodiques avec

L'homme est-il responsable de la jouissance de la femme ?

Beaucoup d'hommes sont préoccupés par la jouissance de la femme pour diverses raisons. On peut penser *a priori* que cette préoccupation est tout à fait normale et ordinaire. Cependant, il faut distinguer ce qui est légitime et positif de ce qui est une préoccupation névrotique.

Les raisons positives tournent autour de la préoccupation qu'ont les hommes pour le bien-être de leur compagne, avec le souci bien légitime de ne pas se comporter en égoïste.

Les raisons névrotiques tournent autour de deux axes : l'image virile et la culpabilité.

L'image virile est véhiculée par l'inconscient collectif qui définit « un vrai homme » comme maîtrisant parfaitement la jouissance de la femme. C'est une croyance très forte dans les grandes valeurs populaires, à laquelle il est difficile d'échapper.

Mais, du fait de cette croyance, les hommes ont alors l'impression que la jouissance de la femme est de leur responsabilité. Ce qui implique que si la femme ne jouit pas ils ont l'impression que la faute leur en incombe et ils s'en sentent coupables. De ce fait également, l'homme est très vulnérable puisque son image virile dépend de la jouissance de sa compagne. C'est ce mécanisme qui peut amener la femme à simuler un orgasme.

Par ailleurs, chez un homme comme Franck, une culpabilité liée à son histoire s'ajoute à la précédente et accentue le processus. Il est menacé alors de perdre ses sensations en étant obsédé par le fait de maintenir suffisamment son érection pour faire jouir sa compagne.

Quelle réponse apporter à cette difficulté ?

Il faut tout d'abord mettre au jour les raisons inconscientes de la culpabilité. Nous voyons à travers l'exemple de Franck que cela nécessite en général une démarche analytique rigoureuse. En se libérant progressivement de la culpabilité, l'homme se libère l'esprit et devient de plus en plus apte à se centrer sur ses sensations corporelles pendant l'acte sexuel, ce qui contribue à augmenter sa vigueur sexuelle. Si le couple suit une démarche commune, ce qui est le cas pour Cécile et Franck, chacun peut faire profiter l'autre de sa vitalité sexuelle retrouvée. Les deux partenaires se sentent alors authentiquement satisfaisants sur le plan sexuel. Une boucle positive est ainsi créée, chacun des partenaires œuvre à sa propre jouissance et en est responsable, tout en étant intéressé et respectueux de la jouissance de l'autre.

ses maîtresses : les voir peu souvent permettait à Franck de maintenir le déni de ses difficultés sexuelles.

Pour la première fois de ma vie, je me sens bien dans mon corps d'homme et fier de celui-ci

Voir combien j'ai la tête prise par des pensées multiples pendant l'acte sexuel m'aide beaucoup. J'essaie de mieux me concentrer sur mes sensations sexuelles et la sexualité marche mieux pendant quelques mois.

Cependant, à un certain moment, Cécile me fait part pendant un partage verbal que, lorsque nous faisons l'amour, elle ressent vaguement que je suis « un peu mou, en retrait, insuffisamment présent et viril ». Cette expression de Cécile me met très en colère. J'écris dans mon journal :

> *« Je ne comprends rien au renvoi de Cécile. J'ai pourtant l'impression de faire tout ce qu'il faut pour la satisfaire. Que veut-elle à la fin ? Que je la violente ? Que je la brutalise ? »*

Franck s'est défini face au discours maternel comme « doux et aimant », et c'est ce qu'il croit être. Mais Cécile lui renvoie qu'elle le sent peu présent dans la sexualité et qu'elle souhaiterait de sa part un positionnement plus viril. La demande de Cécile provoque l'incompréhension de Franck, car elle ne correspond pas à la définition qu'il a de lui-même, confondant affirmation virile de soi et brutalité. Mais cette réaction et cette incompréhension sont de bon augure car elles révèlent à Franck qu'il y a bien un problème.

Je me sens blessé par l'affirmation de Cécile et, après la phase de colère, je reste dans un marasme boudeur pendant un certain temps. Pendant toute cette phase, je me sens sans énergie, comme écrasé par je ne sais quoi.

J'aborde ce sentiment d'écrasement au cours d'une séance individuelle de travail psychocorporel, ce qui m'amène alors à revivre les affirmations maternelles selon lesquelles les hommes sont des salauds par définition à partir du moment où ils expriment un désir sexuel.

Dans la séance, je contacte, à un moment, un fort sentiment de désespoir. Je me revis petit garçon, totalement submergé par les émotions, et me sens complètement coincé par les assertions maternelles. L'analyste me propose alors de pousser contre un matelas placé verticalement sur un mur. J'essaie d'abord sans beaucoup de succès, puis, encouragé par l'analyste, je pousse de plus en plus fort en sentant ma colère monter. À un moment, une phrase commence à se répéter dans ma tête : « Je suis un homme et je suis fier de l'être ! » Je constate alors qu'en affirmant à haute voix cette phrase, je me redresse corporellement et, plus je la répète, plus je me sens sortir de l'écrasement. Cette affirmation est, bien entendu, dans mon esprit, adressée à ma mère. En affirmant cela haut et fort, je m'oppose ouvertement à elle et rejette ses croyances qui ne pouvaient que coincer l'enfant que j'étais. C'est sortir de la bienséance et du rôle du « gentil garçon à Maman ». Pour la première fois de ma vie, je me sens bien dans mon corps d'homme et fier de celui-ci.

Enfin ! J'ai l'impression de me libérer d'un gros poids. Je prends vraiment conscience à ce moment-là combien cette pseudo-gentillesse – que j'ai mise en place en espérant correspondre aux désirs maternels – m'écrase en empêchant toute affirmation, que ce soit dans la relation ou la sexualité. Non pas une expression agressive destructrice, mais bien plutôt une expression saine qui est simplement l'affirmation forte et légitime de mon propre désir. C'est bien la première fois que je fais une telle distinction : l'éducation que j'ai reçue de ma mère m'en a rendu jusque-là tout à fait incapable.

L'affirmation naturelle du désir : une sexualité forte et joyeuse

Je commence alors à prendre conscience que c'est ce manque d'affirmation qui me fait fuir la relation et qui est responsable de mes tendances à l'impuissance et de mon approche hésitante et trop timorée de la femme. Mais comment faire pour retrouver cette expression ?

Pendant tout un temps j'essaie d'agir avec plus d'allant et de vigueur dans la sexualité avec Cécile. Je vais même jusqu'à imaginer que je la prends de force, comme j'imagine que se comportent les hommes critiqués par ma mère. Mais cela ne marche pas vraiment car – bien que Cécile soit coopérante – la culpabilité diffuse qui existe en moi bloque rapidement toute expression libre.

Un soir, nous regardons un film à la télévision Cécile et moi. Dans ce film dont j'ai oublié le titre, figure un homme plutôt viril mais rustre, descendant de sa montagne pour aller faire la fête dans la vallée. Il paraît rustre dans le sens où il se comporte avec les femmes avec sans-gêne, mais avec un tel naturel qu'il en est excusé d'avance. En voyant ce film Cécile et moi plaisantons sur ce « modèle d'affirmation naturelle », moi disant que c'est une direction vers laquelle il me faut aller. Si sur le moment je dis cela sur le ton de la plaisanterie, je sens curieusement au fond de moi combien ce rôle m'attire.

Peu de temps après, dans un rapport sexuel avec Cécile, ce personnage du film me revient en tête. Je constate alors que cela m'excite beaucoup et je sens que je bande beaucoup plus fortement. En fait, je n'ai jamais bandé ainsi avec aucune femme jusqu'alors. Comme Cécile me demande ensuite ce qui m'est arrivé, je lui raconte ce qui m'est passé par la tête. Cela la fait rire, mais elle ajoute aussitôt qu'elle est très contente et satisfaite de mon positionnement plus viril. Elle m'indique également qu'elle s'est sentie fortement désirée et que le jeu corporel entre nous était très agréable et amusant, beaucoup plus qu'à l'ordinaire, car cela sort des cadres habituels de notre sexualité et la rend moins « sérieuse ». Nous avons appelé ce personnage : « le rustre sexuel ».

En y réfléchissant, je me rends compte que si ce symbole du rustre sexuel est si porteur pour moi, c'est parce que d'une part il est la parfaite antithèse du modèle d'homme qui plaisait à ma mère, et que d'autre part il n'est pas pour moi destructeur, ce qui fait que ma culpabilité ne peut pas s'accrocher à lui. C'est une libération non destructrice de toutes les injonctions de fausse gentillesse castratrices issues de ma mère.

Cependant, j'ai tout à fait conscience que sans mes prises de conscience préalables sur mon manque d'affirmation sexuelle et ses origines dans le climat moralisant que faisait régner ma mère, ce film n'aurait pu stimuler le moindre changement positif chez moi.

Ce travail analytique éclaire de manière très logique – ce qui est rassurant pour mon esprit cartésien – les causes de l'impuissance partielle que je ne voulais surtout pas voir. Les boucles mentales dans lesquelles je tournais étaient vraiment infernales et ne pouvaient que me conduire à la panne sexuelle ! Cet éclairage me permet maintenant de regarder d'un peu plus près ce qui se passe réellement en moi, tant au niveau corporel de mes sensations qu'au niveau psychique où je me sens infiniment plus entreprenant et libre qu'avant.

De temps en temps le doute survient encore, mais je sais que je ne suis pas anormal et que ce doute n'est là que du fait de mes contradictions internes. Par ailleurs, Cécile a suivi toute mon évolution et je peux parler de mes difficultés avec elle. Je sens non seulement qu'elle ne me condamne pas mais qu'elle me soutient dans ces moments de doute.

Au fur et à mesure que je deviens plus homme, Cécile devient plus femme

Petit à petit je laisse à Cécile la responsabilité de sa jouissance, ce qui me libère l'esprit et me permet d'être beaucoup plus présent à mes propres ressentis. Cécile, de son côté, profite de l'épanouissement de ma sexualité. Encouragée par ma fierté retrouvée d'être un homme et mon nouveau sentiment de liberté et d'affirmation de mon désir, elle se laisse à son tour aller davantage dans l'expression de son propre désir. Au fur et à mesure que je deviens plus homme, elle devient plus femme. Notre sexualité, qui était si lourde avant, devient libre et joyeuse.

QUE NOUS ENSEIGNE LE TÉMOIGNAGE DE CE COUPLE ?

Un exemple de conditionnement d'enfance particulièrement prégnant

Cécile et Franck ont une particularité commune : l'influence maternelle est centrale dans leur milieu d'enfance et leurs mères rencontrent toutes les deux des problèmes psychologiques qui les conduisent à dénigrer les hommes et la sexualité. Bien sûr, en tant que fille et garçon, ils n'ont pas réagi de la même façon et le conditionnement maternel a produit des effets différents.

Dans le couple, Cécile reproduit en grande partie son comportement d'enfance avec sa mère. Elle a appris à se mouler inconsciemment au désir de l'autre. Elle ne peut se permettre d'exprimer un quelconque désir face à Franck de peur qu'il ne soit pas d'accord. Par ailleurs, conditionnée par la plainte récurrente de sa mère vis-à-vis de son père, Cécile en fait de même face à Franck. Dans la sexualité notamment, elle reprend le dénigrement de l'homme, jugé insuffisant, pour masquer ses propres difficultés. Voulant toujours apparaître dynamique et insouciante, alors qu'en fait elle est inconsciemment inhibée et inquiète, elle ne peut que rechercher ce qui ne va pas chez l'autre... tout comme le faisait sa mère. Bien sûr, aucun de ces conditionnements issus de sa relation à sa mère n'était conscient au début de l'analyse, mais ils étaient bien la cause de ses difficultés dans la relation de couple.

La mère de Franck est une femme fortement perturbée sur le plan psychologique. Inconsciemment obsédée par la sexualité, elle transforme cette obsession en une projection agressive contre les hommes. Pour Franck, construire son identité d'homme face à elle n'est pas une mince affaire ! Il n'est guère étonnant qu'il soit confronté à des difficultés à la fois relationnelles et sexuelles dans le couple avec Cécile. Dans la sexualité, son vécu inconscient est très contradictoire. Comme tous les hommes, il rêve de présenter une virilité affirmée, mais il est très coupable dès qu'il est en érection car, à ses yeux, il ressemble alors aux hommes décrits par sa mère. Pour tenter de se déculpabiliser, il est alors obsédé par la jouissance de Cécile afin de ne pas apparaître comme une brute égoïste. C'est la tension très forte, provoquée par cette exigence interne, qui est à l'origine de ses pannes sexuelles fréquentes.

Une complémentarité de couple à la fois positive et négative

Dans la relation avec Cécile, Franck reproduit inconsciemment le comportement qu'il a adopté pour se protéger de sa mère : sous une apparence de gentillesse, il se ferme fortement à la relation, persuadé que, quoi qu'il fasse, cela n'ira jamais. Mais heureusement, il n'a pas voulu retrouver l'atmosphère sinistre de son enfance et il a choisi avec Cécile une femme très différente de sa mère. Cécile conserve de son histoire le dynamisme vivant et joyeux qu'elle montrait pour rassurer sa mère. Même si ce n'est qu'une apparence, c'est une grosse différence avec l'atmosphère dramatisante entretenue par la mère de Franck. De plus, Cécile a appris à écouter sa mère quand celle-ci était en difficulté. Ne se sentant pas menacé, Franck apprend peu à peu à se confier. C'est pour le couple une bonne complémentarité relationnelle.

Si la complémentarité relationnelle s'avère positive au fil du temps, la complémentarité des influences négatives opère pleinement dans la sexualité. Ils sont tous les deux très inquiets face à la sexualité et la fuient. Pour éviter de se confronter à son inhibition, Cécile a beau jeu de reprendre le discours de sa mère sur l'insuffisance sexuelle des hommes et Franck retrouve la position défensive qu'il connaît bien : « Quoi que je fasse, ça n'ira pas ! » Cela lui permet, à lui aussi, de ne pas voir la réalité de ses difficultés sexuelles.

Tant que ces positions, qui dénient la réalité, demeurent inconscientes, Cécile et Franck ne peuvent que rester enfermés dans l'échec face à la sexualité.

Le choix d'une analyse personnelle avant l'analyse de couple

Les difficultés rencontrées n'ont pas conduit Cécile et Franck à commencer tout de suite une analyse de couple. Les conflits n'apparaissant pas dans la relation, c'est leur mal-être interne plus ou moins diffus qui les amène à entreprendre chacun de leur côté une analyse psychocorporelle personnelle. Ce choix peut être utile car il permet à la personne de se centrer sur sa problématique sans être sous la pression de la relation.

Une demande d'analyse individuelle repose en général sur un ou plusieurs symptômes qui perturbent la vie de la personne. Le cas de Cécile, qui consulte au départ pour une légère boulimie, montre

Quand l'homme est coupable de son désir, il fuit la relation sexuelle

Certains hommes se trouvent inconsciemment en conflit par rapport à l'expression de leur désir. Celui-ci leur apparaît en quelque sorte comme impur et en contradiction avec un véritable sentiment amoureux. Il y a d'un côté la sexualité « égoïste et animale » de l'homme, de l'autre la relation amoureuse dans laquelle ils se sentent insuffisants et qui leur paraît être le domaine réservé de la femme. En aucun cas ils n'arrivent à percevoir qu'un désir fort pour leur compagne peut être une preuve d'amour. Ils sont au contraire coupables de leur désir, surtout si celui-ci est fort. Plutôt que de les rapprocher de leur compagne, il les pousse à la fuir. Pour certains, cette culpabilité qui pèse sur leur désir en arrive de plus à perturber leur fonctionnement sexuel. Ce qui bien sûr ne fait qu'augmenter leur envie de fuir. En voici deux exemples que l'on peut qualifier de classiques.

Pour Franck, la culpabilité du désir entraîne pannes sexuelles et fuite de la sexualité

Dans son enfance, Franck *[voir le texte ci-dessus]* a été fortement imprégné par le discours de sa mère sur les hommes. Très tôt quittée par son mari, elle lui a enseigné que les hommes sont des brutes et des salauds qui ne pensent qu'au sexe. Inconsciemment, Franck ne veut en aucun cas ressembler à ces hommes décrits par sa mère. Il en résulte une forte honte à montrer son désir devant une femme. Pour échapper à cette définition de brute, il aborde la sexualité en « chevalier servant », avec l'obsession d'apporter du plaisir à Cécile, sa partenaire. Mais comme la honte d'exprimer un désir fort demeure, il est alors coincé entre la nécessité d'avoir une érection suffisamment forte pour satisfaire Cécile et la honte de montrer son sexe en érection. Cette situation inconfortable le conduit d'une part à fuir la relation et de l'autre à subir de fréquentes pannes sexuelles quand il tente malgré tout d'aller vers la sexualité.

À partir de là, Franck fuit tout autant l'inconfort des pannes sexuelles que le conflit interne inconscient insoluble entre la brute sexuelle et le chevalier servant amoureux.

Des difficultés sexuelles dans le couple sans symptôme sexuel

Nombreuses sont les personnes qui rencontrent des difficultés dans leur vie sexuelle sans qu'il y ait de symptôme sexuel apparent. Nous ne présentons pas de témoignage correspondant à de tels cas dans cette partie qui est consacrée aux problèmes sexuels se traduisant par des symptômes précis. Mais cette problématique apparaît dans d'autres témoignages du livre. Celui de Marc, que nous aborderons en détail à la fin du livre, en fournit un bon exemple.

Marc s'est très tôt vécu comme un enfant insatisfaisant dans la relation avec ses parents. Marqué par ce sentiment d'échec, il est inquiet dans le domaine de la relation intime et des sentiments amoureux. Pour lui, sans qu'il s'en rende vraiment compte, la sexualité et l'intimité sont deux domaines qui s'opposent. Il ressent beaucoup de désir pour Juliette mais, inconsciemment, il a honte de ce désir qu'il oppose à la pureté des sentiments amoureux qu'il prête à Juliette. Il en résulte une forte tendance à limiter l'expression de son désir et à espacer les rencontres sexuelles avec Juliette. Face à cet évitement, Juliette se vit comme inintéressante et n'ose relancer Marc.

Ainsi, dans ce cas, sans souffrir de symptôme précis, la sexualité du couple a tendance à s'appauvrir.

À travers ces deux exemples, nous pouvons constater que la fuite masculine de la relation sexuelle est un mécanisme qui apparaît assez souvent incompréhensible si on n'éclaire pas les raisons inconscientes qui la motivent. Cet éclairage de l'inconscient apporte en général une résolution du problème et la disparition des symptômes sexuels qui peuvent lui être associés.

comment l'analyse peut faire apparaître progressivement la problématique qui se cache derrière un symptôme.

Face à une mère dépressive, Cécile est amenée à toujours se montrer gentille et souriante pour ne pas l'inquiéter. Le souci de montrer un bien-être apparent devient obsessionnel et l'empêche de ressentir ce qui se passe réellement en elle. C'est comme si l'intérieur d'elle était vide. Elle cherche alors compulsivement à combler ce vide par la nourriture.

C'est bien l'analyse de la relation à sa mère qui permet à Cécile de comprendre la fonction réelle de la nourriture pour elle. Dans son cas, l'intérêt passionné qu'elle porte dès le début à son analyse comble en grande partie le vide interne et ralentit rapidement sa tendance à la boulimie.

L'analyse de couple prend le relais de l'analyse personnelle pour aller plus loin

Les analyses personnelles de Cécile et de Franck ont relancé leur désir de vivre ensemble de façon plus intime. Mais certaines difficultés dues à la complémentarité inconsciente du couple demeurent.

L'analyse relationnelle du couple va permettre de faire apparaître et de résoudre des conflits internes difficilement accessibles dans une analyse individuelle.

Reprenons l'exemple de Cécile. La première analyse de la relation à sa mère, qui montre la position qu'elle a dû adopter vis-à-vis d'elle dans son enfance, lui permet de comprendre le manque de désir qu'elle rencontre dans sa sexualité de couple : se mouler au désir de l'autre empêche de contacter son propre désir. Et cette compréhension entraîne une amélioration. Mais il est beaucoup plus difficile de mettre au jour la partie conflictuelle de sa relation à l'homme. Elle a repris très inconsciemment la même position que sa mère vis-à-vis de son père : fondamentalement, l'homme n'est pas à la hauteur, et s'il y a des problèmes dans la sexualité, c'est de sa faute !

Ces croyances inconscientes sont très difficiles à mettre en évidence car elles ne peuvent apparaître ainsi aux yeux de la personne. Hors du cadre d'une analyse de couple, la personne ne voit apparaître que des critiques qui lui semblent objectivement justifiées. Ne connaissant pas le conjoint, il est difficile pour l'analyste de la personne de mettre en doute ces critiques. Dans une analyse relationnelle du couple, connaissant les deux conjoints, un analyste neutre et expérimenté peut aider à mettre en évidence des subterfuges inconscients qui perturbent la relation.

Les témoignages de Cécile et de Franck montrent comment l'approche très globale de l'analyse relationnelle du couple aide à faire émerger, puis à consolider, de telles prises de conscience. Ajoutés au processus analytique, les différents exercices comportementaux et les outils pour développer et clarifier la communication favorisent une réelle transformation du couple en profondeur.

2. MARTINE ET DANIEL : UNE SEXUALITÉ PERTURBÉE PAR UNE AGRESSIVITÉ ET UNE RIVALITÉ INCONSCIENTES

Martine et Daniel viennent consulter l'un et l'autre pour des difficultés sexuelles qui ont fini par provoquer une crise assez grave dans le couple. Daniel a brisé le contrat de fidélité à cause de son insatisfaction sexuelle. Malgré la difficulté d'accepter cette situation, Martine a réagi positivement en rouvrant la sexualité qu'elle fuyait beaucoup. Mais cette crise les a beaucoup inquiétés. Ils tiennent l'un à l'autre et ont peur d'une éventuelle séparation. À leur arrivée en analyse ils apparaissent comme un couple équilibré. Ils ont un enfant et la relation à celui-ci ne semble pas poser problème.

Sur le plan symptomatique, Martine se plaint de voir régulièrement le désir sexuel disparaître et Daniel souffre de pannes sexuelles récurrentes qui le laissent désemparé.

Dans leur cas, les difficultés sexuelles proviennent des trois grands facteurs de perturbation que nous avons cités en avant-propos : l'anxiété créée par les difficultés sexuelles proprement dites, les perturbations personnelles et les perturbations relationnelles. Ils constituent donc un exemple concret montrant la genèse de difficultés sexuelles multifactorielles et les moyens mis en œuvre dans une analyse de couple pour y remédier.

Nous avons choisi de présenter leurs témoignages l'un après l'autre, pour bien mettre en évidence les problématiques de chacun face à la sexualité

2.1. MARTINE – LES CAUSES INCONSCIENTES D'UN MANQUE DE DÉSIR

L'APPARITION DU SYMPTÔME : LE DÉSIR DE MARTINE DEVIENT TRÈS INSTABLE MALGRÉ LA STABILITÉ APPARENTE DU SENTIMENT AMOUREUX

Récit de son analyse par Martine. Lorsque je rencontre Daniel, je n'ai eu que deux ou trois expériences sexuelles avec un homme, qui m'ont aidée à sortir de ce sentiment d'anormalité d'être vierge à 21 ans. Je me sens assez jolie mais je suis très timide et inquiète dans le contact avec les hommes. Le sentiment amoureux pour Daniel se développe vite. Cette excitation amoureuse me donne envie de faire l'amour avec lui. Mais, après nos premiers rapports sexuels, Daniel traverse une crise d'impuissance de quelques semaines [voir le témoignage de Daniel dans la suite du chapitre]. *Je ne suis pas spécialement inquiète de ça et, même si je ne comprends pas ce qui se passe, je suis persuadée que l'impuissance de Daniel n'est que passagère.*

Daniel habite à Paris et moi à Lyon. Nous ne nous voyons donc pas très fréquemment. Ça ne facilite pas les choses pour Daniel qui demeure très inquiet à chacune de nos rencontres. Moi, par contre, je me sens toujours très amoureuse. Paradoxalement, le fait que Daniel ne puisse pas, à ce moment-là, faire l'amour rend le désir très stable à l'intérieur de moi. Pour moi, la difficulté vient de lui et je n'ai pas à me remettre en question.

L'été venu, nous décidons bien sûr de passer nos vacances ensemble. La crise d'impuissance de Daniel s'arrête brutalement et nous vivons alors une lune de miel sexuelle très agréable et rassurante pour nous deux.

Nous décidons d'habiter ensemble : mon désir devient fluctuant

Au retour des vacances, nous décidons d'habiter ensemble. Assez rapidement, le désir devient fluctuant pour moi. Je suis souvent inquiète à l'idée de faire l'amour. Il faut que Daniel me sollicite. En général, je réponds positivement mais sans enthousiasme. La sexualité se passe de moins en moins bien pour moi : peu de désir, peu de sensations.

Je ne comprends pas ce qui se passe. Comme le sentiment amoureux pour Daniel demeure fort, je ne m'inquiète pas trop et m'accommode assez bien d'une relation douce et asexuelle. De plus, nous avons rapidement un enfant. Les journées sont bien remplies.

Au fil du temps, Daniel accepte beaucoup moins bien mon manque de désir, d'autant plus que cela le renvoie à ses doutes sur lui-même.

Nous traversons ainsi plusieurs années. Souvent, au moment des vacances, la sexualité s'ouvre de manière très satisfaisante. On retrouve pour un temps notre première lune de miel. C'est agréable et ça me permet de calmer un peu mes doutes. Mais dans la vie quotidienne, il y a de longs moments où je me débrouille pour qu'il n'y ait pas de sexualité. Dans ces moments de fuite de la sexualité cohabitent deux types de pensées en moi : Je n'y arriverai jamais ; je ne sais pas ce qu'il faut faire. Les autres femmes ont du désir, elles ont des sensations et moi pas. C'est la faute de Daniel, il ne sait pas s'y prendre. Il ne m'aide pas. Je me laisserais facilement aller dans un : « C'est trop compliqué, je tirerais bien un trait sur tout ça. » Et effectivement, c'est tellement compliqué que je me mets de plus en plus à oublier complètement la sexualité ; elle devient absente de mon corps et surtout de ma tête.

La catastrophe : Daniel prend une maîtresse !

Un jour, Daniel, très frustré de cette situation, prend une maîtresse et me le dit très rapidement, ce qui casse ce mécanisme d'enfermement. Je ne m'attendais pas du tout à ça. J'ai l'impression que la terre se dérobe sous mes pieds et je tombe dans une violente crise de jalousie, suivie d'un grand affolement, car c'est toute ma vie qui est en train de basculer. J'en veux à Daniel de m'avoir trahie.

Puis, peu de temps après, je suis surprise de ma réaction. Mon ressentiment est remplacé par un retour du désir pour lui, lié à une envie de le reconquérir et de lui montrer que je suis aussi intéressante que cette femme. De plus, si une femme s'intéresse à lui, c'est qu'il est à la hauteur sexuellement. Par ailleurs, au fond de moi, je commence à ne pas me sentir complètement innocente dans cette histoire, la difficulté à m'approcher sexuellement est bien pour quelque chose dans la trahison de Daniel.

Heureusement, Daniel met fin à cette relation extraconjugale assez rapidement. Même si cette crise d'infidélité se termine relativement bien, la relation a été violemment secouée et nous décidons de commencer une analyse de couple.

À son arrivée en analyse, Martine parle de cet épisode remuant que son couple vient de traverser. Par la suite, elle commence à se

Le scénario de l'infidélité : les réactions du conjoint trompé

La réaction de Martine *[voir son témoignage dans le texte ci-dessus]*, qui voit renaître son désir alors que Daniel la trompe avec une maîtresse, peut sembler étrange à certaines personnes.

Dans un couple, la fidélité est en général un accord tacite entre les conjoints. Quand cet accord est rompu unilatéralement, celui qui est trompé réagit à la situation par différentes attitudes émotionnelles qui se succèdent :

- la colère : tu n'as pas le droit de faire ça ! Tu me trahis ! Ce n'est pas acceptable ;
- l'abattement : la sécurité apportée par le couple disparaît, plus rien ne sera comme avant, un profond sentiment de dévalorisation, de perte de confiance voire d'humiliation peut accompagner cette situation ;
- et bien sûr la jalousie : l'autre s'est détourné vers une autre personne qui répond davantage à ses attentes. On est brutalement comparé à un autre et l'on se sent perdant dans cette comparaison.

Si le ressentiment contre le conjoint n'est pas trop fort, si l'abattement n'est pas trop écrasant pour empêcher la personne d'agir, la jalousie peut se transformer en volonté de reconquête de son conjoint. La réaction de Martine se situe dans ce cadre.

Vouloir gagner sur les rivaux est fondamental pour l'être humain. Il n'est donc pas question d'abandonner son conjoint à la rivale ou au rival sans combattre. Cette lutte peut produire un brusque renouveau du désir qui va venir s'ajouter à l'attachement que l'on a pour son conjoint. Et le fait que le conjoint ait séduit une autre personne, le rend plus attractif : la reconquête n'en est que plus motivante.

Bien sûr, les choses n'apparaissent pas ainsi à la personne. Ce processus est en grande partie inconscient et, comme on peut le voir dans le cas de Martine, seul apparaît à la conscience le ressenti d'un désir amoureux très fort, si agréable et si réparateur après la tourmente. Mais attention, le scénario de l'infidélité ne se termine pas toujours aussi bien que dans le cas de Martine. Parfois, il entraîne la dépression du conjoint délaissé ou la rupture. On ne saurait donc recommander une telle stratégie pour ranimer son couple !

poser beaucoup de questions sur les raisons réelles qui font apparaître ou disparaître son désir. Nous lui conseillons alors de revenir sur son histoire d'enfance pour mieux voir les racines de son manque de désir.

L'HISTOIRE DE MARTINE : UNE ENFANCE AGRÉABLE DANS UN MILIEU RASSURANT, MAIS QUI NE LUI PERMET PAS DE DÉVELOPPER UNE VÉRITABLE CONFIANCE EN ELLE

Avant l'analyse, je n'aurais pas raconté mon histoire comme je vais la raconter. J'aurais eu peu de choses à dire. Je pensais avoir une histoire sans histoires. Je ne faisais aucun lien entre mon mal-être et mon histoire.

Je suis la plus jeune de trois sœurs. Mes parents constituent un couple uni et ne se disputent jamais. Je vois ma mère très tournée vers mon père, le mettant en position de grand homme, et cela constitue très tôt chez moi un fort modèle de couple. Mais je vois que mon père est assez dominant sur ma mère ; même enfant, je perçois les messages de mépris voilé qu'il lui envoie. Néanmoins, l'atmosphère familiale est globalement agréable.

Je suis toujours la plus petite et la moins intéressante

J'ai une relation très forte avec ma sœur Aline qui a deux ans de plus que moi. Très tôt, elle se tourne vers moi et me prend sous sa protection. En contrepartie de cette protection indéfectible, elle exerce un très fort pouvoir de contrôle auquel je m'adapte le mieux possible, car je ne veux pas prendre le risque qu'elle se détourne de moi.

Mais je paie inconsciemment le prix fort de ce système : je traîne un sentiment d'insuffisance et d'infériorité et la conviction profonde que je suis toujours plus petite que l'autre et moins intéressante. Mais tout cela était bien caché et je n'ai pris conscience de ce sentiment d'insuffisance qu'au cours de mon analyse.

Martine, de manière bien sûr inconsciente, gomme tout sentiment pouvant la mettre en conflit avec elle-même et notamment fait disparaître tout ce qui peut lui faire ressentir son sentiment d'infériorité. Le quotidien apparaît donc sans histoire. Mais ne pas

Les « histoires sans histoires » sont souvent la forme psychique d'une « langue de bois » à usage personnel destinée à se rassurer inconsciemment

Certaines personnes traversent leur vie sans avoir conscience d'un quelconque conflit interne, persuadées qu'elles profitent au maximum de leurs capacités. On peut dire que dans leurs cas l'inconscient a parfaitement réussi son processus de refoulement.
Le refoulement est l'opération psychique qui consiste à cacher dans l'inconscient tout ce qui pourrait laisser croire à la personne qu'elle n'est pas parfaitement adaptée, c'est-à-dire qu'elle ne correspond pas complètement aux modèles de normalité proposés par la société. Dans les modèles sociaux que chacun cherche à réussir, on trouve les grands idéaux proposés par la société dans laquelle on vit, ainsi que les modèles plus personnels transmis par sa propre famille.
Ce besoin de normalité apparaît très tôt chez les enfants, au moment de la socialisation. Certains d'entre eux choisissent comme stratégie de « peindre en rose » leur vie familiale. Que tout se passe bien dans sa famille est un signe tangible de normalité. Les sentiments négatifs tels que la frustration ou la jalousie, par exemple, ne sont pas ressentis. C'est ainsi que l'enfant se fabrique « une histoire sans histoire ».
L'intégration dans la société s'effectue de la même manière, « sans problème », sans ressentir les échecs réels ou redoutés. En cas d'échec, la personne pense que ce sont surtout les circonstances extérieures qui empêchent les réalisations de ses projets et qu'elle-même n'est pour rien dans cet échec. Tout ce qui va à l'encontre de cette vision des choses est refoulé dans l'inconscient.
Le mécanisme de refoulement demande beaucoup d'efforts inconscients et sclérose fortement l'énergie de la personne. Il fait aussi obstacle à toute remise en question tant qu'il n'y a pas de crise majeure dans la vie, comme la trahison du conjoint qui prend un amant ou une maîtresse. La personne passe toute sa vie en croyant être parfaitement épanouie, alors qu'elle a bloqué fortement ses possibilités de bien-être.

Bien entendu, une recherche sérieuse dans son inconscient lui permet de découvrir qu'il y a une véritable histoire, avec plein d'histoires. La personne est alors en contact avec son monde intérieur. Cela peut être un peu remuant et troublant, mais c'est aussi l'ouverture vers un épanouissement beaucoup plus réel. *[Pour un exemple illustrant cet encadré voir le témoignage de Martine dans le texte ci-après]*

sentir les conflits à l'intérieur d'elle ne la pousse pas non plus à faire émerger un désir de quelque chose de plus satisfaisant.

La séduction n'est pas une valeur familiale

Dans son enfance, mon père a eu un accident qui a occasionné une claudication assez marquée. Il en souffre physiquement et dans son image. Ma mère est jolie mais elle a laissé son corps un peu se déformer par ses trois grossesses. Ces blessures d'image les conduisent à se mettre d'accord pour critiquer de manière acide tout ce qui est de l'ordre d'une séduction affirmée par le corps. Tout ceci, bien sûr, est dénié.

Un exemple illustre bien, pour moi, leur façon de faire. J'ai souvent entendu la phrase : « La mer, ce n'est pas bon pour les enfants, car ça les énerve. » En fait, montrer leur corps les gênait sans qu'ils veuillent le reconnaître. Et donc, bien qu'habitant à 50 km de la mer, nous n'y allions presque jamais. Nous passions nos vacances à la montagne !

La séduction féminine n'est donc pas encouragée dans ma famille. Quant à la sexualité, elle n'est pas à proprement parler tabou, mais la relation intime au corps est absente. Le corps sert seulement à faire des activités sportives.

La stratégie inconsciente de Martine : ne pas voir et ne pas sentir

Ma sœur Aline, qui veut être la grande fille sage de la famille, a fait sienne cette vision des choses et refuse, très tôt, tout contact corporel avec moi. Moi, j'ai bien envie de câlins avec cette grande sœur protectrice qui est tout pour moi, mais je suis bien obligée de m'adapter. En fait, j'oublie mon désir et je ne m'intéresse plus à mon corps « désirant ». Je développe ainsi une ignorance assez surprenante à ce sujet. Je n'apprends pas à connaître mon corps de manière intime et mets un voile opaque sur la sexualité.

L'envie, l'idée même de me caresser, de découvrir mon corps, mon sexe, est absente. Je ne sens pas consciemment d'interdit ou de réprobation. Mais comme Aline n'en parle pas, cela n'existe pas pour moi.

En apparence, cela ne me pose pas de problème, mais cela contribue à créer un sentiment d'échec et d'anormalité, qui est resté très inconscient jusqu'à mon analyse.

Martine se comporte avec elle-même, comme avec sa sœur : « ne pas sentir, ne pas se poser de questions ». Elle se protège inconsciemment des problèmes relatifs à sa sexualité en ne les posant pas. Ce refoulement insidieux va déboucher sur une absence de désir sexuel.

À l'adolescence, je me protège beaucoup en ne prenant pour amies que des filles qui ont, elles aussi, des difficultés avec la féminité et qui s'expriment par le sport.

Les signes de mon écrasement interne n'apparaissent qu'à mon entrée à la faculté. Beaucoup d'autres étudiantes ont un savoir-faire et une assurance pour plaire aux garçons que j'ignore complètement. Je commence à ressentir alors mon inadaptation au monde de la séduction et de la sexualité. Je me sens très mal à l'aise dans les groupes mixtes.

J'arrive donc à l'âge adulte avec le sentiment inconscient de ne pas être une femme. J'ai un projet de construire un couple amoureux car j'ai envie de retrouver une relation forte comme celle connue avec Aline. Mais j'ai de gros doutes secrets sur ma capacité à intéresser un homme.

La nature de la difficulté sexuelle spécifique de Martine apparaît clairement

Il y a deux facteurs qui se renforcent.

D'une part, Martine est la petite de la famille. Elle se sent moins intéressante que ses sœurs. Cet aspect est très accentué par la relation particulière qu'elle développe avec Aline. Vécue par Martine, cette relation est un mélange intime d'amour et de soumission : la petite Martine passe son temps à suivre sa grande sœur Aline. La partie amoureuse est consciente et donc très agréable. La partie soumission est totalement et nécessairement inconsciente.

Prendre conscience de la position dominante d'Aline serait pour Martine introduire le loup de l'ambivalence dans la bergerie de son attachement sans tache à Aline. Martine préfère conserver la jouissance et la sécurité de la bulle amoureuse. Elle ne cherche donc pas à en sortir en affirmant une identité plus personnelle. Mais en agissant ainsi, elle limite son désir à ne devenir, en quelque sorte, que le double d'Aline. Elle renonce inconsciemment à devenir autonome et intéressante à ses propres yeux.

D'autre part, les parents de Martine, pour des raisons personnelles, mettent à distance la séduction et la sexualité. La séduction est critiquée et la sexualité ignorée. Aline a, elle-même, adopté ces valeurs parentales. Cette absence de stimulation vers la féminité, doublée de la tendance à demeurer la petite sœur d'Aline, ne peut conduire Martine qu'à fermer les yeux sur son évolution corporelle et sexuelle en tant que femme.

Martine, qui est une jolie femme, a construit ainsi inconsciemment une image déformée d'elle-même qui ne correspond pas à la réalité. Elle a un vécu de femme inintéressante et sexuellement insuffisante. Ce vécu s'exprimera sous forme de mal-être dans ses premiers contacts avec les hommes et se retrouvera sous forme de manque de désir dans sa relation de couple avec Daniel.

La prise de conscience de son inhibition sexuelle va conduire Martine à vivre une expérience libératrice qui va la faire entrer dans une nouvelle phase de son évolution.

Quelque temps après le début de l'analyse de Martine, le voile de l'inconscience qui recouvre sa sexualité se déchire

À l'occasion d'un groupe d'analyse, quelque temps après le début de son analyse, Martine est amenée à mettre à jour des aspects importants de l'inconscience qu'elle a entretenue sur sa sexualité.

Lors d'un groupe d'analyse, les analystes nous proposent de faire un temps de partage verbal entre femmes sur nos fantasmes.

Pendant le partage, je suis très surprise de voir le foisonnement d'idées chez certaines femmes. Je suis consternée d'avouer que ça ne correspond en rien à mon vécu. Certains de leurs fantasmes s'appuient sur des vécus de situations d'adolescence à forte connotation sexuelle. Pour moi, ces situations n'ont pas existé, mon imaginaire sexuel n'est pas nourri.

Je me rends compte aussi que l'envie de montrer son corps est forte chez beaucoup de femmes. Ça m'inquiète et ça m'attire à la fois. J'ai peur de me sentir godiche, mais je sens aussi que c'est sans doute possible pour moi, notamment dans le couple avec Daniel.

À la suite de ce partage, les couples qui le désirent peuvent essayer de mettre en scène certains de ces fantasmes dans l'intimité de leur chambre. Je décide de me lancer. Je demande à Daniel s'il est d'accord. En fait il brûle aussi du désir d'essayer mais n'osait pas me le demander. J'ai retrouvé le journal de ce stage :

> *« Ce matin, pendant le partage entre femmes, X décrivait une situation pleine d'ambiguïté qu'elle a vécue avec un cousin plus grand qu'elle. J'ai été très intéressée et, malgré mon désarroi dans ce partage, je me suis sentie excitée.*
>
> *« Il m'est alors revenu un souvenir d'adolescence. Il y avait dans ma classe un garçon qui m'attirait et à qui je n'ai jamais osé parler.*
>
> *« J'ai donc proposé ce cadre à Daniel dans l'exercice. Tu es le garçon de cette époque. J'ai quinze ans et je cherche à te séduire. Je veux que tu t'intéresses à moi sexuellement.*
>
> *« J'ai joué la fille apeurée, mais très décidée à obtenir ce qu'elle veut.*
>
> *« Ce mélange d'adolescente intimidée et délurée, pleine d'énergie joueuse, m'a transportée dans un jeu débridé où j'ai pu mêler exhibition et possession du corps de Daniel.*
>
> *« Je suis très surprise du contraste entre la première partie du groupe et maintenant. En constatant combien certaines femmes dans le groupe étaient beaucoup plus délurées que moi sexuellement, j'étais atterrée et je me sentais vraiment gourde. Puis vient cet exercice dans la chambre avec Daniel et brusquement, à partir d'une scène assez insignifiante, je me sens avec plus d'énergie sexuelle et de dynamisme que je n'en ai jamais eu. C'est étrange.*
>
> *« Je suis très contente. Daniel aussi, je crois… »*

Martine bénéficie ici d'un phénomène classique dans le travail sur soi, qui peut être très accentué par le travail en groupe : l'effet rebond.

Dans le partage avec les autres femmes du groupe, elle est mise brutalement en face de ce qu'elle redoute le plus et qu'elle a toujours cherché à éviter : le sentiment d'être anormale et inintéressante en tant que femme. Depuis des années, elle est minée par ce sentiment, mais sans vraiment l'éprouver. Il est toujours refoulé ou minimisé. Dans ce partage, elle le vit en direct et c'est incontournable. Sa sexualité est bien inhibée et elle en est très inquiète.

Touchant en quelque sorte le fond de ce qu'elle redoute, elle est fortement perturbée mais pas du tout anéantie. Au contraire, elle voit apparaître une envie vitale de s'en sortir.

L'effet rebond : il faut parfois toucher le fond pour pouvoir rebondir et s'en sortir

Pour arriver à prendre réellement conscience de la situation dans laquelle elles sont, certaines personnes doivent souvent toucher le fond pour pouvoir faire l'action nécessaire pour s'en sortir. Car, dans un premier temps, l'inconscient conduit souvent la personne à se bercer d'illusions et de rêves du type : « Quand la situation sera meilleure je changerai sans difficulté », « Je n'ai pas vraiment de problème », etc. C'est une défense très solide. La rompre n'est pas chose facile.

Le cas de Martine est exemplaire *[voir son témoignage dans le texte ci-dessus]*. Ayant vécu dans un milieu où la sexualité est ignorée, elle a inconsciemment écarté de son esprit toutes les informations sexuelles, qu'elles proviennent de son corps ou de l'environnement, pour ne pas être perturbée. À partir de là, elle manque beaucoup de confiance en elle dans la sexualité et son inconscient crée une image dévalorisée d'elle-même en tant que femme inintéressante sexuellement. Cette image négative la menace et doit donc rester inconsciente. On peut dire que l'inconscient se protège lui-même. La défense de Martine est un déni du type : « Je n'ai pas vraiment de problème », et elle a longtemps été très solide.

Dans un groupe d'analyse, certains exercices ou partages permettent parfois des prises de conscience de ces manipulations de l'inconscient qui empêchent de voir ce qu'il y a à faire pour

améliorer la situation. Ainsi Martine, dans le cadre d'un partage sur la sexualité avec d'autres femmes, prend conscience qu'elle a bien fait le vide dans son esprit autour de la sexualité. Elle peut pour la première fois reconnaître la vérité, c'est-à-dire qu'elle est inexpérimentée et inhibée dans ce domaine par rapport à beaucoup d'autres femmes. Comme elle le dit, elle redoutait énormément de se voir ainsi. Elle ne voulait pas voir le problème. Mais le voyant, elle peut commencer à le résoudre dans le couple avec Daniel. Et dans son cas l'effet rebond fonctionne parfaitement : la « désinhibition sexuelle » qui suit sa prise de conscience est très spectaculaire.
Cette réaction est fréquente. Être enfin en face de ce qu'on redoute le plus n'est pas du tout aussi catastrophique que ce que l'on pouvait craindre *a priori*. Au contraire, cela libère souvent une envie vitale de s'en sortir et permet de poser les actes nécessaires à cette sortie.
On peut ajouter que le cadre sécurisant du groupe d'analyse favorise et facilite cette réaction positive. Les prises de conscience, quelles qu'elles soient, sont toujours perçues positivement par les participants car elles indiquent une possibilité d'ouverture. La personne se sent comprise et cela facilite beaucoup sa capacité à rebondir positivement.

LES PREMIÈRES EXPÉRIENCES TRÈS POSITIVES NE SONT PAS DÉCISIVES, CAR DERRIÈRE L'INHIBITION SEXUELLE SE CACHE UN AUTRE PROBLÈME : L'AGRESSIVITÉ RELATIONNELLE D'UNE « PETITE SŒUR » TROP SOUMISE

Tous les exercices qui suivront ne seront pas aussi réussis que celui que je décris dans mon journal à la page précédente !

Daniel se débat avec ses propres problèmes [voir son témoignage dans la suite du chapitre]. *Moi, je suis régulièrement rattrapée par l'image négative de moi. Je me sens alors complètement nulle comme femme. Dans ces situations, j'ai tendance à dramatiser et à perdre toute mon énergie. Je mets alors une ambiance très lourde dans la relation, d'autant plus que, face à Daniel, commence aussi à apparaître la petite sœur râleuse qui ne veut plus se sentir écrasée et qui en veut à l'autre.*

La position de seconde dans la relation avec Aline, même si elle apparaît aux yeux de Martine comme ayant été acceptée, a forcément généré une résistance de fond. Quand Martine commence à ressentir vraiment son écrasement interne, naturellement la rébellion à cet écrasement va apparaître sous la forme de la « petite sœur râleuse », voire rageuse.

Certains exercices tournent au fiasco. Nous vivons alors un nouvel échec. Mais nous demeurons très motivés tous les deux. D'une part, nous avons fait l'expérience qu'une sexualité joyeuse et épanouie est possible entre nous ; d'autre part, nous ne voulons surtout pas retomber dans le marasme que nous avons connu avant le début de l'analyse.

Je prends alors conscience que ces exercices ont transformé mon esprit. Il y a maintenant clairement deux images de moi dans ma tête : une positive dans laquelle je me sens vivante et sexuelle, j'ai alors beaucoup d'énergie et de désir ; une négative qui correspond à celle que j'ai toujours

Le changement est progressif : il faut trébucher maintes fois avant de pouvoir tenir solidement debout

Un changement important n'est jamais soudain. Pour pouvoir sortir d'un état négatif, il faut avoir la possibilité de faire l'expérience d'un état positif, mais celui-ci ne peut devenir stable qu'après plusieurs bascules entre le positif et le négatif.
Avoir l'occasion d'expérimenter une situation nouvelle beaucoup plus satisfaisante est un facteur essentiel pour initier un changement. Cette situation devient un point de repère que la personne cherche à retrouver. Une dynamique d'évolution positive est alors créée. Bien sûr, réussir à chaque fois n'est pas possible, car les mécanismes internes de mise en échec liés à une mauvaise image inconsciente de soi n'ont pas disparu. Mais une expérience un peu ratée ne crée plus de drame. La personne sait qu'il existe une sortie, même si elle ne la trouve pas à chaque fois. Cette dédramatisation de l'échec permet de renouveler les expériences avec moins de crispation et d'acquérir peu à peu la capacité à obtenir l'état recherché de manière stable.

eue inconsciemment, dans laquelle je me sens inintéressante et sans désir sexuel. C'est un gros changement, même si je n'ai pas encore de maîtrise pour choisir l'une plutôt que l'autre.

UTILISER UNE EXPRESSION CONTRÔLÉE DE L'AGRESSIVITÉ POUR RETROUVER LE DÉSIR SEXUEL

Les analystes me conseillent alors de chercher à exprimer la petite sœur râleuse qui ne veut plus se laisser dominer en luttant corporellement avec Daniel. Je suis d'abord surprise par cette proposition ; il ne m'était jamais venu à l'esprit qu'une bagarre corporelle avec Daniel pouvait faire avancer les choses. En fait, cela va être une expérience magique pour moi. Je mets rapidement ce conseil en pratique.

Dans les exercices sexuels à la maison, quand c'est à moi de diriger, je propose à Daniel de débuter en jouant à la bagarre. Comme il est beaucoup plus fort que moi, je peux exprimer assez fortement la rage de la petite sœur. Je ressens alors en moi une énorme énergie qui se libère. Je ne veux plus me sentir écrasée. Et, curieusement, cette énergie bagarreuse se transforme d'abord en sentiment d'existence très puissant, puis en excitation sexuelle intense. Avant d'essayer la proposition de bagarre corporelle je ne m'attendais pas à un tel résultat. Daniel, aussi, est très excité par l'énergie et le dynamisme qui émanent alors de moi.

Après ce simulacre de bagarre nous pouvons alors repartir dans la sexualité que nous aimons avec beaucoup d'énergie.

L'expression de l'agressivité, qui apparaît *a priori* comme un obstacle insurmontable dans la relation, peut, dans le cadre des exercices, se révéler positive. Car, dans un cadre protégé et choisi par les deux partenaires, l'énergie ainsi libérée se transforme de manière naturelle en désir amoureux et sexuel. Bien sûr, il faut un apprentissage, qui peut être assez long, pour savoir utiliser les outils psychocorporels visant à transformer l'énergie agressive dans le cadre d'un jeu sexuel. Il faut aussi que l'analyse permette de bien isoler les zones de blocage inconscient et que l'exercice soit bien choisi. Dans le cas de Martine, l'apprentissage a été très rapide car, par son enfance, elle était portée naturellement sur les jeux de bagarre. C'est une des raisons pour laquelle les analystes ont proposé ce jeu pour elle.

Utiliser le corps peut être une excellente méthode pour dépasser certains problèmes mentaux : la partie psychocorporelle de l'analyse de couple

L'analyse verbale permet à la personne d'exprimer et de comprendre certaines de ses difficultés en prenant conscience de ses contradictions inconscientes. Mais, bien souvent, l'utilisation exclusive de la parole rencontre des difficultés à résoudre certaines contradictions, car elle ne crée pas de situation nouvelle. Prendre conscience de contradictions inconscientes est une chose, les résoudre en est une autre.

L'analyse psychocorporelle, qui mêle analyse verbale et prises de conscience à partir du corps, est un outil bien adapté pour apporter des solutions dans certains cas.

Par exemple, pour Martine *[voir son témoignage dans le texte ci-dessus]*, d'un côté le désir amoureux pour Daniel et, de l'autre, le mécontentement de se sentir trop dominée par lui, créent un conflit mental assez facile à décrire, mais difficile à résoudre. La solution de laisser son corps s'exprimer dans un exercice de lutte physique joyeuse et débridée avec Daniel lui permet de libérer son agressivité et de stimuler en même temps son désir sexuel. L'expression de ce désir sexuel lui permet alors de retrouver son sentiment amoureux.

Ce cycle : « libération contrôlée de l'agressivité dans le corps à corps ludique avec Daniel = stimulation du désir sexuel = contact amoureux ,» est une découverte pour Martine. Après un certain temps de familiarisation, cet enchaînement devient facile à reproduire pour elle. Elle va l'utiliser jusqu'au moment où le préliminaire de la bagarre ludique avec Daniel ne sera plus nécessaire. Il suffit qu'elle fasse confiance à son corps, qui va chercher naturellement à satisfaire ses différents besoins sans créer de conflit.

Une des caractéristiques de l'analyse psychocorporelle est de proposer des situations dans lesquelles on peut apprendre à faire confiance à son propre corps et à se laisser guider par ses réactions.

Une clef très importante m'a été donnée. Dans la sexualité, je peux m'appuyer sur mon énergie joueuse pour éviter de tomber dans la victime qui a une mauvaise image d'elle-même, sans que cela me mette en contradiction avec le besoin de ressentir un fort sentiment amoureux pour Daniel. Pour moi, c'est le mélange de cette énergie d'affirmation de moi et du sentiment amoureux qui permet de créer un désir sexuel stable.

Progressivement j'ai acquis la maîtrise du désir que je recherchais depuis si longtemps. L'énergie bagarreuse m'a servi d'outil pendant quelque temps. Je l'ai beaucoup utilisé mais c'est maintenant du passé, je n'en ai plus besoin pour me sentir vivante et désirante. Quelquefois néanmoins je propose encore à Daniel une petite « bagarre de chiots » avant l'amour : c'est un très bon échauffement avant les choses sérieuses !

2.2. DANIEL – PANNES SEXUELLES ET RIVALITÉ INCONSCIENTE

L'APPARITION DU SYMPTÔME ET SES EFFETS DANS LE COUPLE

Récit de son analyse par Daniel. *Quand j'ai rencontré Martine, j'avais 22 ans. J'avais eu auparavant une seule expérience sexuelle, qui s'était déroulée moyennement. L'excitation avait été forte et il n'y avait pas eu de problème, ni d'érection ni de pénétration. Mais l'éjaculation était venue assez rapidement. J'en avais gardé un souvenir mitigé. J'étais soulagé mais l'inquiétude de savoir si j'avais été à la hauteur ou pas était très présente.*

Avec Martine, quand nous nous sommes rencontrés, nous avons flirté pendant quelques semaines et l'excitation était très forte. Quand nous avons décidé de faire l'amour, nous l'avons fait deux fois de suite. Nous étions à la fois excités et peu à l'aise. Pour Martine également, c'était une de ses premières expériences.

Après cette première nuit, au réveil, j'ai voulu recommencer et là, l'inquiétude m'a envahi et je n'ai pas pu bander.

Cet épisode a pris des proportions assez catastrophiques. Nous n'habitions pas dans la même région et nous nous rencontrions en général le week-end. Je n'ai pas pu refaire l'amour avec Martine pendant près de deux mois. La situation s'est heureusement débloquée ; un soir, j'avais un peu bu et j'avais pu parler de ce qui se passait pour moi à un ami. À par-

Les causes de la panne sexuelle

La panne sexuelle est due à un mouvement d'anxiété qui provoque un blocage. Il s'agit de l'anxiété de ne pas être à la hauteur du modèle d'homme que la personne souhaite être. Et dans ce projet de réussite virile, satisfaire totalement la femme est un critère essentiel.
L'acte sexuel devient ainsi une performance à accomplir pour prouver qu'on est bien « homme ». Si la personne a des doutes sur sa capacité à répondre de manière satisfaisante à ce défi, l'inquiétude peut alors venir perturber la mécanique sexuelle, et notamment l'érection, qui est un endroit particulièrement sensible à l'inquiétude chez certains hommes.
Être inquiet de ne pas avoir une érection fait qu'on y pense. Il n'y a plus qu'une pensée obsédante en tête : « Il faut que je bande ! » Et le simple fait d'y penser perturbe le mécanisme de l'érection. Inversement, quand le mécanisme de l'érection est perturbé, cela accentue l'inquiétude.
À partir de là, l'impuissance sexuelle est une boucle fermée qui a tendance à se resserrer. Plus on est anxieux, plus l'érection diminue et plus l'érection diminue, plus l'anxiété augmente. La cause de la panne sexuelle est facile à décrire, mais la perturbation est difficile à enrayer.
[Pour un exemple illustrant cet encadré voir le témoignage de Daniel dans le texte ci-après]

tir de là, nous avons traversé une lune de miel sexuelle de quelques mois, où nous étions très satisfaits l'un et l'autre et... très rassurés.

Mais le symptôme de l'insuffisance sexuelle sommeillait à l'intérieur de moi.

Nous avons eu rapidement un enfant. Notre vie s'est concentrée autour de notre enfant, des activités professionnelles et des loisirs avec les amis. Comme Martine était très inquiète autour de la sexualité et avait du mal à contacter son désir, notre vie sexuelle s'est très nettement ralentie. Après sept ou huit ans de vie commune, j'étais devenu très insatisfait sur ce plan. Assez coupable de ne pas faire ce qu'il fallait, mais surtout reprochant à Martine de ne pas être plus dynamique dans la sexualité.

Ce qui devait arriver arriva. J'ai eu une relation extraconjugale. Et huit ans après, j'ai retrouvé exactement le même déroulement que pour la rencontre avec Martine. Une forte excitation initiale, un sentiment très violent de ne pas être à la hauteur et une crise d'impuissance qui a duré plusieurs semaines. La femme que j'avais rencontrée a été compréhensive et m'a attendu, tout comme Martine l'avait fait. L'excitation sexuelle est revenue, mais l'inquiétude demeurait forte. Quand ce n'était pas la peur de ne pas bander qui était présente, c'était la peur de ne pas être à la hauteur, de ne pas satisfaire la femme.

Bien que fortement secouée, Martine a pu réagir très positivement face à cette rencontre, qui n'a duré que quelques mois. Très désireuse de sauver notre couple, elle a retrouvé beaucoup de désir. La vie sexuelle a donc été relancée. Mais elle restait chaotique pour moi, avec quelques hauts et beaucoup de bas… Nous avons commencé notre analyse de couple à cette époque.

PARLER DES DIFFICULTÉS SEXUELLES A UN EFFET LIBÉRATEUR

Rapidement, les effets de l'analyse se sont fait sentir. Paradoxalement, pouvoir parler de mes difficultés sexuelles en présence d'autres couples m'a beaucoup rassuré. Les autres participants du groupe avaient aussi leurs difficultés. Elles n'étaient pas de la même nature que les miennes mais je pouvais relativiser et commencer à entrevoir que ce qui créait la difficulté était d'ordre psychologique. Ce n'était pas une tare.

Parallèlement, la pratique des exercices d'expression émotionnelle et corporelle m'a beaucoup allégé. La chape de plomb de l'insuffisance ne pesait plus aussi constamment sur mes épaules. Je me sentais plus solide.

LA SEXUALITÉ S'AMÉLIORE MAIS ELLE DEMEURE INSTABLE CAR LE SYMPTÔME N'EST PAS TRAITÉ SUR LE FOND

Grâce aux échanges dans le groupe et aux partages dans le couple, je me suis senti rapidement plus proche de Martine. Je la trouvais plus vivante et plus sexuelle. Nous avons eu alors la capacité d'avoir des rapports sexuels beaucoup plus satisfaisants.

Mais, paradoxalement, les crises d'impuissance sont réapparues dans le couple, assez fréquemment et de manière incontrôlable.

L'impuissance sexuelle, même partielle, dégrade fortement l'image de soi

Au désagrément de ne pas avoir une érection satisfaisante vient bien sûr s'ajouter un jugement très négatif qui accentue le sentiment d'insuffisance. L'homme devient honteux de cette difficulté qu'il ne comprend pas.

Accepter d'en parler dans un cadre sécurisant est une étape importante car cela permet de sortir de l'isolement créé par l'obsession de l'échec.

Aujourd'hui, la pharmacopée peut constituer une aide très efficace. Si le sentiment d'insuffisance n'est pas trop fort, la consultation verbale et l'aide de médicaments peuvent s'avérer suffisants. Mais si le sentiment d'écrasement est trop fort, il faudra aller plus loin en soi pour en comprendre les mécanismes. La partie psychocorporelle de l'analyse relationnelle du couple, qui mêle étroitement le vécu du corps et la compréhension analytique, est une voie intéressante pour résoudre ce type de problème.

[Pour un exemple illustrant cet encadré voir le témoignage de Daniel dans le texte ci-après]

La boucle qui lie le sentiment de ne pas me sentir à la hauteur à une crise d'impuissance, qui en retour accentue l'image dégradée de moi et augmente le sentiment d'insuffisance, qui lui-même recrée l'impuissance, devenait claire à mes yeux. Toutefois, je restais complètement incapable de maîtriser ce cycle négatif.

Les expériences positives que nous faisions dans le couple n'étaient pas suffisantes pour en venir à bout. Au contraire, ces nouvelles expériences positives représentaient dans mon esprit des modèles à répéter. Il fallait donc se montrer à la hauteur. L'inquiétude que générait ce nouveau défi avait fortement tendance à provoquer une nouvelle crise d'impuissance.

Heureusement, après un certain temps d'impuissance, l'excitation sexuelle revenait et un nouveau cycle de sexualité satisfaisante pouvait commencer.

Mais le déroulement de notre sexualité, avec des hauts de plus en plus satisfaisants et des bas toujours aussi douloureux pour moi et frustrants pour Martine, demeurait très inconfortable.

LA SEXUALITÉ DE DANIEL SE DÉROULE DANS LE CADRE MENTAL DE LA RIVALITÉ AUX AUTRES HOMMES

Pour aider Daniel à sortir de ces cycles d'impuissance, nous attirons son attention sur le fait qu'il se donnait toujours de nouveaux modèles à atteindre. Dès qu'il avait réussi une performance, il fallait qu'il l'égale ou qu'il fasse mieux encore la fois suivante. Cette course au défi peut donner de bons résultats dans certains domaines, comme le sport, mais dans le cas de l'impuissance cela mène à une véritable catastrophe. Daniel le comprenait intellectuellement, mais n'arrivait pas à voir le processus au moment même où il se créait.

Nous lui avons donc conseillé de faire beaucoup plus attention aux images qui passaient dans son esprit pendant la relation sexuelle. Ce n'était pas très facile à faire car son esprit restait obsédépar la tentative de contrôler son érection et il ne voyait pas grand-chose d'autre. Cependant, après quelque temps d'essai, il commença à prendre conscience de la présence de nombreuses images de rivalité avec les autres hommes qui apparaissaient dans son esprit pendant la sexualité.

« J'observe, ces temps-ci, un phénomène qui devient de plus en plus clair. Quand je fais l'amour avec Martine et que ça se passe bien, j'ai un énorme sentiment d'être gagnant. Parfois, j'ai dans ma tête l'image de mon frère, mais le plus souvent ce sont des images d'hommes de ma vie actuelle. Il y a certains de mes amis ou d'autres. En général, ceux qui apparaissent sont les plus virils d'entre eux et je me vois alors « gagner » sur eux. Parallèlement je revois des scènes où je parle ou je plaisante avec ces mêmes hommes. Ils racontent leurs « exploits » sexuels ou font des plaisanteries à ce sujet. Je ris aussi, mais au fond de moi-même j'ai envie de disparaître. J'ai peur que mes pannes sexuelles se devinent et que l'on voie que je ne suis pas un homme. Bander fortement avec ma femme me donne l'impression que je leur montre que je suis bien un homme viril qui sait satisfaire sa femme. C'est enfin une preuve irréfutable !

« Je vois en même temps que ces démonstrations mentales sont absurdes, mais ça ne change rien. Parfois ce sentiment de triomphe viril demeure stable et ça me donne beaucoup d'énergie. D'autres fois, ça

tourne mal. Je sens l'inquiétude qui me rattrape. Les autres hommes redeviennent, dans ma tête, plus puissants que moi. Alors, ce sont eux qui gagnent. Et je me sens à nouveau écrasé. Je comprends que vouloir gagner n'est pas la solution mais c'est impossible à maîtriser.
« L'apparition de ces images est surprenante, car avant de commencer l'analyse je n'avais pas remarqué que j'avais des images aussi fortes dans la tête. Ça m'explique la violence du symptôme ! »

Ce passage révèle très clairement la nature du mécanisme profond qui régit la sexualité de Daniel. Il s'agit non seulement que la sexualité marche, mais qu'elle marche mieux que celle des autres. Le conflit inconscient est donc important entre la volonté d'être le meilleur et la peur de ne pas être à la hauteur. La fragilité sexuelle est très grande à cet endroit.

La racine du symptôme se trouve dans l'histoire personnelle

Une jalousie précoce inconsciente et indicible

Parallèlement au travail d'expression corporelle et émotionnelle, le travail analytique sur mon histoire personnelle m'a permis de comprendre l'origine plus profonde de mon symptôme.

J'étais le deuxième enfant derrière un frère qui avait trois ans de plus que moi. Jusqu'à cinq ans, je suis resté auprès de ma mère. Mon frère allait à l'école. La relation avec ma mère était très agréable et je me suis développé rapidement corporellement. J'étais un bel enfant. Je plaisais à ma mère et je le savais.

Mais le drame était que tous les soirs mon frère revenait et occupait de la place auprès d'elle. Je suis devenu rapidement très jaloux de mon frère.

Bien sûr, cette jalousie était totalement inconsciente et indicible. Par réaction, elle s'est transformée dans ma tête en un sentiment de supériorité, très secret, sur mon frère. Je nourrissais ce sentiment de supériorité totalement usurpé pendant les longues heures que je passais seul auprès de ma mère, persuadé alors d'avoir supplanté mon frère dans le cœur de ma mère.

L'impuissance sexuelle partielle dont les causes sont psychologiques est parfois le reflet d'un sentiment d'impuissance plus général qui va bien au-delà de la sexualité

La fragilité sexuelle est souvent inscrite dans l'histoire de la personne. Ainsi, pour Daniel *[voir son témoignage dans le texte ci-avant]*, elle est le fruit du désir d'être l'enfant préféré de sa mère par rapport à son frère plus âgé que lui. Il a peur que son frère soit plus intéressant que lui aux yeux de sa mère. Il se sent insuffisant par rapport à lui. Et il veut malgré tout se montrer supérieur à lui. À l'âge adulte, ce sentiment d'insuffisance inconscient se fixe chez Daniel sur la sexualité. Il faut absolument qu'il le compense en cherchant de façon obsessionnelle à prouver sa virilité dans le domaine sexuel.

Mais la réalité est tenace : Daniel n'est pas l'unique enfant de sa mère, le désir de sa mère ne peut être exclusivement tourné vers lui, son frère existe et en plus il est plus grand que lui. Il ne peut que se sentir inconsciemment très inquiet tant son projet est irréaliste. Devenu adulte cette inquiétude latente le fait échouer dans son projet inconscient le plus cher : montrer qu'il maîtrise parfaitement son excitation sexuelle, où il veut et quand il veut, pour se montrer enfin plus « homme » que son frère.

Le refus de la réalité conduit souvent à un sentiment d'impuissance sous une forme ou une autre. Dans certains cas, cette impuissance « existentielle » peut se traduire par un dérèglement de la mécanique sexuelle.

LA JALOUSIE PAR RAPPORT À SON FRÈRE EST LA RACINE DU SYMPTÔME

Le narcissisme est chez l'enfant une tendance incontournable. L'enfant ressent inconsciemment une nécessité absolue d'être le préféré et l'unique. Pour Daniel, cela le conduit à une violente négation de la réalité. Il est le plus petit de la famille. La présence du frère lui est intolérable. Il rêve alors de lui être supérieur. Ce rêve devient sa réalité intérieure. Il ne peut donc qu'être en conflit avec la réalité et ce conflit se traduira par des symptômes plus ou moins apparents, relationnels et sexuels.

Adolescent, j'étais de plus en plus émotif et inhibé, incapable de rentrer en contact avec les filles

La situation à l'intérieur de moi était très inconfortable. J'étais un petit frère de trois ans de moins qui se décrétait supérieur pour masquer sa jalousie. Bien logiquement, ce sentiment de supériorité usurpé a entraîné une peur violente de ne pas être à la hauteur. Je suis devenu un enfant très émotif.

Par la suite, mon frère ayant normalement passé la puberté avant moi, a eu aussi ses premières expériences amoureuses avant moi. À chaque fois, j'étais totalement écrasé, sans pouvoir en prendre conscience clairement. Mais j'étais de plus en plus émotif et inhibé, incapable d'entrer en contact avec les filles.

Nous voyons clairement ici un aspect important de la constitution du symptôme sexuel de Daniel.

Son narcissisme est très nourri par une relation très satisfaisante avec sa mère dans la petite enfance. À partir de là, il ne veut pas admettre la réalité de sa position de petit frère. Il dénie l'écart d'âge vis-à-vis de son frère et se décrète supérieur à lui. Ce déni de la réalité a forcément des conséquences. Pour Daniel, le point de fragilité va d'abord être l'émotivité qui indique son niveau d'anxiété. La tâche de dominer son frère est au-dessus de ses forces et l'inquiète. Cette émotivité excessive s'est avec le temps transformée en difficulté sexuelle.

Au fil du déroulement de sa vie, il va se trouver dans une prison de plus en plus étroite. Inconsciemment, il veut absolument gagner sur son frère mais s'en sent très incapable. Il est de plus en plus miné par un sentiment d'impuissance qui se traduit chez lui dans la sexualité. Tant que le problème se pose ainsi, il n'y a pas d'issue. Seule la mise à jour de cette rivalité inconsciente peut lui permettre de se libérer totalement du carcan de l'impuissance.

La compréhension des racines du symptôme est un facteur important de guérison

Les effets bénéfiques d'une prise de conscience

Concevoir et accepter que les difficultés sexuelles puissent avoir des causes psychologiques constitue, pour l'homme qui en souffre une étape importante sur le chemin de la guérison. Cela lui donne une possibilité d'agir et de rompre ainsi le cercle infernal qui conduit à ces difficultés.

Tant qu'un conflit se joue dans l'inconscient, la personne ne peut se défendre contre ses effets qui peuvent être dévastateurs. C'est comme une source de pollution qui demeure méconnue et qui distille son poison à l'insu de tous. La mise au jour de l'origine de la pollution permet d'agir pour résoudre le problème.

C'est de cette manière qu'agit une prise de conscience. Elle révèle la nature du conflit inconscient qui perturbe l'action de la personne. La prise de conscience, pour être libératrice, ne doit pas seulement être intellectuelle mais aussi émotionnelle.

Le conflit inconscient, quand il est vu, perd son effet perturbateur. La personne gagne en liberté et peut mieux exploiter son potentiel.

[Pour un exemple illustrant cet encadré voir le témoignage de Daniel dans le texte ci-après]

Je me sens, pour la première fois de ma vie, naturellement viril

Le long travail émotionnel que j'ai fait sur la relation de rivalité inconsciente à mon frère a débouché finalement sur une prise de conscience déterminante qui a progressivement complètement libéré ma sexualité. La compétition interne que je menais en permanence contre les autres hommes m'est apparue absurde. Quelque chose a lâché en moi de façon définitive.

La sexualité avec Martine s'est mise à marcher de mieux en mieux et surtout de façon très stable, ce qui était inespéré pour moi. Le sentiment d'insuffisance que je ressentais ne correspond plus à ce que je vis aujourd'hui avec Martine.

Le besoin de gagner, dont je parlais si souvent auparavant et qui créait cette boucle infernale pour moi dans la sexualité, a disparu. Quand l'intense satisfaction qui apparaît dans la sexualité a tendance à se transformer en triomphe, je peux le relativiser et jouer avec. Je prends moins au sérieux mon « triomphe interne ». Me sentant pour la première fois de ma vie naturellement viril, je n'ai plus besoin de faire le forcing mental que j'étais obligé de faire avant.

QUE NOUS ENSEIGNE LE TÉMOIGNAGE DE CE COUPLE ?

Martine oublie la sexualité pour éviter d'être perturbée par cette question

Dans le cas de Martine, le désir sexuel n'est pas spécialement perturbé. Il est simplement oublié ! Dès que Martine prend conscience du mécanisme de coupure qu'elle pratique vis-à-vis d'elle-même, le désir réapparaît sans conflit particulier. Cette problématique de l'oubli de la sexualité comparée au refoulement fait l'objet de l'encadré ci-dessous.

La nécessaire expression de l'agressivité refoulée

Si la sexualité de Martine a été simplement « oubliée », il n'en est pas de même de son agressivité qui, elle, a dû être refoulée. C'est un cas classique d'enfance « heureuse sans histoires ».

Le refoulement l'empêche notamment d'exprimer directement son agressivité quand elle n'est pas satisfaite d'une situation. Cette agressivité s'exprime alors sous la forme d'une résistance secrète à l'autre. C'est ce qui se passe dans la sexualité avec Daniel, aggravant ainsi les difficultés sexuelles du couple.

La prise de conscience et la libération de l'agressivité refoulée sont fréquemment une étape importante dans l'analyse relationnelle du couple. Dans son cas, Martine doit pouvoir faire cohabiter l'expression corporelle de son agressivité et le maintien du sentiment amoureux pour l'autre. C'est une des vertus de la partie psychocorporelle de l'analyse de couple de trouver une solution à cette contradiction *[voir l'encadré « Utiliser le corps peut être une excellente méthode pour dépasser certains problèmes mentaux : la partie psychocorporelle de l'analyse de couple »]*. Rappelons seulement que cela consiste à mêler étroitement compréhension analytique des mécanismes en jeu, échange verbal intime avec son conjoint et jeux corporels libérateurs.

Sexualité endormie ou sexualité refoulée ?

L'inhibition plus ou moins forte de la sexualité peut avoir des origines très différentes. Il est intéressant notamment de distinguer les conséquences des vécus d'enfance, selon qu'ils sont non sexuels ou sexuels.

L'absence d'éveil sexuel

Martine *[voir le texte ci-dessus]* n'a pas été en contact dans son enfance avec la sexualité, ni dans la relation avec l'autre, ni dans la relation avec elle-même. Elle est issue d'un milieu dans lequel le corps est en quelque sorte désexualisé. On ne parle jamais de la sexualité. C'est un cas assez fréquent. Par ailleurs, Martine est très intéressée par la relation avec sa sœur aînée. Elle en est même très amoureuse, comme une petite sœur peut l'être de sa grande sœur. Mais sa sœur la maintient à distance corporellement, d'une part parce que c'est le style de la famille, d'autre part pour éviter d'être débordée par l'énergie affectueuse de sa petite sœur et garder ainsi le contrôle de la relation.
Martine s'est adaptée sans difficulté à ce milieu familial qui est confortable et sécurisant pour elle. Elle n'a pas rencontré de conflit à l'intérieur d'elle à propos de la sexualité, celle-ci a seulement été oubliée. Bien sûr, peu à peu, en grandissant, la différence avec les autres filles intéressées par la sexualité risque d'apparaître à la conscience de Martine. Pour maintenir son confort interne et ne pas être perturbée, elle refoulera cette information. Alors, peu à peu, le sentiment d'anormalité grandira sans qu'elle en ait conscience et viendra étouffer la naissance de tout désir sexuel à l'adolescence.
Nous observons, dans l'exemple de Martine, des caractéristiques que l'on retrouve fréquemment dans le cas des enfances non sexuelles : un milieu dans lequel la sexualité est plus ou moins éliminée pour se protéger de ses complications, avec pour corollaire des contacts corporels peu intimes. La sexualité de la personne est comme anesthésiée.

Un éveil précoce de la sexualité suivi d'un refoulement

Quand, à l'opposé de Martine, une femme connaît des expériences sexuelles précoces, celles-ci génèrent bien souvent des conflits psychiques, y compris si ces expériences ont été bien vécues.

Nous pouvons citer ici le cas de Sophie, qui est venue en analyse à cause de difficultés à exprimer sa féminité. Elle a rencontré la sexualité, très jeune, dans des jeux sexuels avec d'autres enfants, vécus avec beaucoup de plaisir et en toute innocence. Mais en grandissant, elle s'aperçoit que les normes sociales ne lui permettent pas de continuer à pratiquer les jeux qu'elle a appris. Un jugement moral très violent lui apparaît : « Ça ne se fait pas ! » Elle est donc obligée de refouler la tendance qui la porte vers une sexualité vivante et spontanée. Ce refoulement la conduira à inhiber de façon très forte toute son expression féminine publique et à limiter l'expression de sa jouissance dans l'acte sexuel pour ne pas être en proie à de violents jugements internes.

Même si, pour Sophie, l'apprentissage précoce de la sexualité a généré par la suite un important conflit psychique, on peut dire qu'il s'est effectué dans des conditions favorables, c'est-à-dire sans menace ni contrainte. Ce n'est malheureusement pas toujours le cas, et bien des « initiations sexuelles » se font dans des conditions traumatisantes pour l'enfant. Si ces conditions ont été trop dures, la réparation n'est pas toujours possible et il peut rester des séquelles plus ou moins pénalisantes, notamment sur le plan de l'intimité relationnelle. Mais il existe de nombreux cas dans lesquels les complications qui résultent d'expériences sexuelles précoces vécues dans des conditions difficiles peuvent trouver une résolution satisfaisante dans l'analyse.

Nous pouvons en donner un exemple assez fréquent. Une fillette peut être amenée à participer à des jeux sexuels qui lui sont plus ou moins imposés, mais dans lesquels elle trouve une certaine excitation. Des sentiments très contradictoires se mêlent en elle : elle se sent non respectée et méprisée par l'au-

tre, elle est donc en colère ; mais elle se sent malgré tout excitée par le pouvoir attractif qu'elle exerce sur l'autre et elle se méprise elle-même de cette excitation. C'est un conflit impossible à gérer pour une enfant jeune. Il est donc nécessairement refoulé dans l'inconscient.
Une femme ayant vécu une histoire de ce type se verra bien souvent très encline à provoquer l'excitation chez l'homme pour vérifier son pouvoir, avec une forte envie de le dominer pour se venger de l'humiliation qu'elle a vécue, accompagnée d'une phobie de la domination par l'homme qui la replongerait dans le vécu de sa situation d'enfance. Même si elle se sent très amoureuse, s'abandonner à l'autre dans la sexualité lui est donc très difficile. C'est d'ailleurs souvent le développement d'une relation amoureuse à laquelle elle tient qui la conduit à s'interroger sur les raisons de sa résistance dans la sexualité. L'analyse en couple est alors une situation adaptée pour mettre au jour le conflit inconscient et lui apporter une solution dans le cadre de l'intimité rassurante du couple.

Un éveil solitaire de la sexualité

Le dernier cas que nous allons aborder est de nature différente : la rencontre de la sexualité précoce ne se fait pas par des jeux sexuels en relation avec un autre, mais par des jeux sexuels solitaires, parfois alimentés plus tard par des lectures. L'excitation sexuelle obtenue par la masturbation peut devenir très forte et faire foisonner l'imaginaire en générant des fantasmes plus ou moins débridés. Ici encore, le contact avec la société, ses normes et ses modèles, va souvent conduire la jeune fille à se considérer comme anormale. Ses fantasmes sont indicibles. Ils vont donc être refoulés et la personne perd ce qui constitue la source la plus vivante de son excitation. Elle peut alors aller jusqu'à se vivre frigide tant elle est occupée inconsciemment à éviter l'irruption de ses fantasmes dans son esprit.
Dans de nombreux cas, que la perturbation du fonctionnement sexuel soit due à l'anesthésie de la sexualité ou à son apparition

suivie d'un refoulement, l'analyse relationnelle du couple est une solution qui peut apporter une solution satisfaisante par la convergence de ses approches analytiques, relationnelles et corporelles. D'un côté, l'analyse a pour fonction d'apporter la compréhension indispensable pour échapper aux mécanismes d'enfermement mental. De l'autre, le développement d'une intimité vivante dans le couple favorise la réparation puis l'épanouissement de la sexualité dans un cadre clair et sécurisant.

Un conflit interne inconscient est à l'origine des pannes sexuelles

Daniel est un parfait exemple d'un conflit inconscient qui conduit à des pannes sexuelles répétitives. Il oscille, de façon permanente, entre la peur d'être perdant dans la rivalité aux autres hommes, qu'il définit alors comme plus virils que lui, et un désir très fort de se sentir malgré tout gagnant par rapport à eux. Cette oscillation, issue de son histoire d'enfance avec son frère, crée une situation très instable et très inquiétante, qui perturbe son érection, car celle-ci est prise comme symbole de sa virilité. Dans ce cas comme dans beaucoup d'autres, c'est la prise de conscience de l'ensemble du processus inconscient menant à l'échec qui rend possible la disparition du symptôme.

L'effet réparateur d'un groupe d'analyse

Un sentiment d'insuffisance et quelquefois même d'anormalité accompagne, plus ou moins consciemment, la présence de difficultés sexuelles aussi bien chez la femme que chez l'homme. « Les autres y arrivent (sous-entendu : à réussir le modèle de féminité ou de virilité)... pas moi ! » Aucune personne rencontrant des difficultés sexuelles ne peut échapper à de tels jugements internes. Ainsi pour Daniel, les pannes sexuelles, qu'il rencontre de manière cyclique et incontrôlable, le laissent effondré et défait. Son image d'homme est alors totalement dégradée. Paradoxalement, c'est le partage verbal en groupe qui constitue pour lui la première étape de la dédramatisation indispensable du symptôme.

Soulignons donc, une fois encore, combien l'expérience d'écouter d'autres personnes dans un groupe d'analyse peut avoir un effet réparateur. On se rend compte alors que rencontrer des difficultés sexuelles est beaucoup plus fréquent et « normal » qu'on ne le pense. La personne peut parler à son tour et commencer à sortir de l'enfermement mental de la dévalorisation.

Une prise de conscience salutaire du lien entre relation et sexualité

Au début de leur analyse, Martine et Daniel sont surtout intéressés par la résolution de leurs problèmes sexuels personnels. La relation, par ailleurs, ne leur paraît pas spécialement conflictuelle, car ils ne sont pas conscients de la complémentarité négative de leur couple.

En réalité, il y a bien aussi un problème relationnel dans le couple, mais au début de l'analyse il est totalement inconscient : Daniel compense sa peur de manquer de virilité par une position de supériorité machiste dans la relation ; Martine est inconsciemment mécontente, mais, habituée à être dominée par sa sœur, elle ne peut pas réagir frontalement.

La sexualité est, en général, un terrain propice pour résister à une position dominante du conjoint : Martine accentue son manque d'intérêt vis-à-vis de la sexualité pour prendre sa revanche inconsciemment sur Daniel. Dans le cas de Martine et de Daniel, les symptômes sexuels de chacun s'en trouvent aggravés : Martine en résistant inconsciemment s'inquiète d'autant plus de son manque de désir et Daniel, qui a peur de ne pas être à la hauteur dans la sexualité, ne peut prendre confiance en lui.

Au cours de l'analyse, la prise de conscience de cette complémentarité relationnelle négative et de ses conséquences permet d'assainir le climat du couple et de créer un nouvel espace de confiance. Cette évolution positive de la relation favorise alors fortement la résolution des problèmes sexuels de chacun.

L'analyse que nous pratiquons est une analyse en couple. Elle s'applique donc aux mécanismes personnels, mais aussi aux mécanismes interpersonnels du couple. Nous observons dans l'exemple du couple Martine-Daniel comment une complémentarité névrotique mal comprise conduit à renforcer les symptômes réciproques.

La mise au jour de cette complémentarité inconsciente permet de voir la nature des obstacles et ce qu'il est nécessaire de modifier pour améliorer l'intimité amoureuse et sexuelle.

Nous voyons à la fin de leurs témoignages que Martine et Daniel sont tous les deux très satisfaits de l'évolution, non seulement de la sexualité proprement dite, mais aussi de l'entente dans le couple ; car l'analyse relationnelle du couple, tout en se centrant sur les difficultés sexuelles, a considérablement assaini leur relation.

3. MARGOT ET FABRICE : DES PROBLÈMES SEXUELS LIÉS AUX IDENTITÉS FÉMININE ET MASCULINE

Le témoignage de Margot et Fabrice permet d'aborder certains facteurs fondamentaux, personnels et relationnels, qui sous-tendent la dynamique du désir entre un homme et une femme.

Nous verrons notamment comment la problématique inconsciente, nouée autour de la séduction, conditionne les fluctuations du désir sexuel de Margot ainsi que ses sensations. De même, nous aurons l'occasion de mieux comprendre comment les impératifs inconscients de virilité orientent le désir de Fabrice et le fragilisent dans le couple. Une nouvelle fois, nous constaterons les répercussions que certaines représentations idéalisées (modèles), soubassement inconscient de l'identité masculine et féminine, peuvent avoir sur le désir et les sensations corporelles et sexuelles. Ce sera également l'occasion de rappeler l'importance de l'interaction entre le corps et le mental.

Fabrice et Margot forment un couple que tout un chacun considère comme typiquement réussi : ils ont peu de conflits, une belle image, de bonnes situations professionnelles et mènent avec succès des projets en commun (maison, vacances, hobbies, etc.). Pour la plupart des couples, c'est *ça* l'amour et le bonheur.

En fait, derrière les apparences, Fabrice et Margot forment un couple distant où le désir est étouffé et ne peut s'exprimer de façon fluide et spontanée. C'est au niveau de la sexualité que cette difficulté se révèle et s'exprime au travers de symptômes classiques pour la femme et pour l'homme. Cette difficulté finit à la longue par obscurcir la relation au point de la dégrader et de motiver un travail de couple.

Les symptômes décrits par Margot dans la sexualité renvoient à un ensemble de difficultés sexuelles fréquemment rencontrées par les femmes : rapports sexuels douloureux, perte désespérante d'un désir pourtant attendu, crainte et stratégie d'évitement face au désir du conjoint, dévalorisation corporelle, fuite de l'intimité corporelle.

Les symptômes décrits par Fabrice sont également assez courants chez l'homme : une grosse difficulté à fixer son désir sur sa compagne (à l'intérieur du couple) accompagnée d'une forte culpabilité (infidélité fantasmatique) et d'une quasi impossibilité à affirmer clairement son désir, le tout entraînant une assez grande inhibition.

Ces symptômes seront progressivement résolus par une analyse approfondie des enjeux inconscients, qui permettra l'apprentissage de comportements nouveaux dans les domaines sexuels et relationnels.

3.1. MARGOT – UNE GESTION DIFFICILE D'UN DÉSIR FLUCTUANT

APPARITION ET DESCRIPTION DES DIFFICULTÉS SEXUELLES DE MARGOT

En début d'analyse, Margot parle beaucoup du contexte dans lequel se sont révélées ses difficultés sexuelles, son rapport conflictuel au désir et la forme que cela a prise pour elle.

Sans l'homme idéal, je ne peux pas être la femme idéale

Récit de son analyse par Margot. *Avant de rencontrer Fabrice, je n'ai eu qu'une seule expérience de couple, dans le cadre de laquelle s'est déroulée ma première expérience sexuelle. Ça a été un échec total : j'ai eu mal lors du premier rapport, puis lors des suivants, au mieux, je ne sentais rien. Très vite je n'ai plus jamais eu envie de faire l'amour alors même que l'envie d'une sexualité épanouissante restait importante. Je me sentais assez anormale sur le plan sexuel. J'ai, dans un premier temps, sans m'apercevoir de ce glissement, résolu mes difficultés en rendant mon compagnon responsable de ce qui ne marchait pas. Son désir m'est devenu pénible. J'ai commencé à lui en vouloir, à le trouver lourd, maladroit et répétitif dans ses demandes, puis je me suis désintéressée de lui. Je noircissais son image à volonté : il m'apparaissait clairement insuffisant, aussi bien dans son dis-*

cours que dans sa présentation et sa sensibilité ou son aspect physique et puis, avant tout, il était mauvais amant ! J'ai fini par le quitter.

Cette première partie du témoignage de Margot illustre un mécanisme psychique aussi fréquent que problématique dans la dynamique relationnelle du couple : elle attribue au monde extérieur (son compagnon) l'ensemble des causes de son malaise qu'elle ne veut pas localiser en elle-même. C'est le mécanisme classique de la projection. Ce mécanisme est une opération de protection inconsciente pour écarter l'angoisse de se sentir insuffisante en tant que femme.

En effet, les difficultés que Margot rencontre lors de ses premiers rapports sexuels sont contradictoires avec une partie de la représentation idéale qu'elle a d'elle-même : une femme « réussie » qui s'épanouit dans la sexualité. Cette contradiction est vécue comme un échec auquel est associé un vague sentiment d'anormalité. Il faut entendre ici le mot anormalité au sens large, Margot se sent en dehors de la norme qui lui permettrait de se sentir « femme ». Se sentir femme ou non conditionne inconsciemment son désir. La sexualité est alors vécue par Margot comme un lieu menaçant susceptible de la renvoyer à un sentiment d'insuffisance. Ce sentiment est projeté sur son compagnon et la sexualité est désinvestie (d'où une absence de désir), ce qui permet de résoudre momentanément les difficultés. Les circonstances décrites ci-dessous dans le récit de Margot vont rendre cette défense inopérante et conduire Margot à se tourner vers elle-même et à se questionner sur son propre fonctionnement.

Avec l'homme idéal je ne me sens toujours pas la femme idéale, bien au contraire !

Quand j'ai rencontré Fabrice quelque temps plus tard, ce fut un vrai coup de foudre, enfin je trouvais mon prince charmant ! Il était exactement comme je le voulais, l'homme idéal dont je rêvais depuis des années : beau, bien intégré socialement, séduisant et gentil. Forcément, avec lui, ça allait marcher, j'allais enfin me sentir femme et avoir une sexualité épanouie.

Mais évidemment, les choses ne se sont pas passées ainsi ! Je continuais d'avoir mal pendant les rapports, ce qui me désespérait. Je ne comprenais rien à ce qui se passait, je me sentais très contradictoire, car à la fois j'aimais et voulais cet homme, je rêvais de sexualité spontanée et épanouissante avec lui, et dès qu'il m'approchait je le rejetais et me fermais. J'avais très peu envie de sexualité, peu d'attirance et peu de sensations pendant l'acte.

Je me sentais anormale et coupable de vivre cela sans avoir la possibilité de changer quoi que ce soit. Cette fois je ne pouvais pas reporter la faute sur Fabrice puisque je le trouvais réussi sur tous les points, cela venait forcément de moi. Je me suis alors sentie très inquiète, pas à la hauteur, trop grosse, pas assez jolie. La sexualité indiquait que je n'étais pas une femme comme les autres, j'étais en échec !

J'ai commencé à résister plus activement aux avances de Fabrice. Il était frustré et mécontent et commençait à le formuler, ce qui ne manquait pas de renforcer mon sentiment d'échec. Ses tentatives de rapprochement corporel me rigidifiaient et me devenaient de plus en plus pénibles. Je ressentais confusément qu'une trop grande proximité revenait à courir le risque que Fabrice s'aperçoive que j'étais très insuffisante, en même temps le refus de cette proximité signait mon insuffisance. Incapables de sortir de cette boucle infernale, nous avons décidé d'entreprendre une analyse de couple afin de résoudre ces difficultés et comprendre ce qui se passait.

Bien qu'elle ait changé de partenaire et que Fabrice, son nouveau compagnon, incarne « l'homme idéal », Margot, amoureuse, se trouve confrontée aux mêmes difficultés sexuelles.

En retrouvant avec Fabrice, dont elle est très amoureuse, les difficultés sexuelles qu'elle a déjà connues, Margot ne peut maintenir la certitude que l'autre en est la cause. Son équilibre psychologique en est perturbé. Le sentiment d'insuffisance se retourne contre elle. Si la situation est plus inconfortable, elle correspond en fait à une expérience positive dans la mesure où Margot est en contact plus étroit avec la réalité de ce qui se passe à l'intérieur d'elle : l'incapacité de maintenir une représentation d'elle-même valorisante et l'anxiété qui en résulte.

Cette prise de conscience va motiver Margot à s'investir dans un travail analytique qui va lui permettre d'ouvrir sa conscience sur les causes réelles de ses difficultés. En libérant son désir de la tension qu'impose sa lutte inconsciente contre l'anxiété d'être insuffisante, elle aura moins besoin de se fermer à la relation amoureuse et sexuelle.

Changer de partenaire pour résoudre ses difficultés personnelles : solution ou illusion ?

Les réactions relationnelles et sexuelles d'une personne dépendent des conditions dans lesquelles elle a grandi et qui ont forgé sa personnalité. Bien souvent, la personne n'a pas conscience de ce conditionnement et attribue la cause des difficultés qu'elle rencontre à des conditions extérieures à elle-même. Dans la relation notamment, on a tendance à croire que ce qui ne va pas, ce sont seulement les défauts, vrais ou imaginaires, de l'autre et non pas nos propres difficultés.

C'est le cas pour Margot *[voir son témoignage dans le texte précédent]*, qui a rencontré des difficultés sexuelles dans sa première relation de couple. Elle a eu tôt fait d'en attribuer la cause à son partenaire qu'elle a disqualifié sur tous les plans. Elle garde ainsi l'espoir de rencontrer plus tard celui qui lui permettra d'être la femme épanouie qu'elle rêve d'être.

Mais la réalité n'est pas aussi simple que cela. Margot rencontre des difficultés sexuelles liées au fait qu'inconsciemment elle ne se sent pas assez femme. Et les raisons inconscientes qui font qu'elle ne se sent pas femme sont profondément enfouies en elle. Changer de partenaire n'est pas un remède suffisant. Il est donc logique qu'elle retrouve les mêmes difficultés dans son nouveau couple avec Fabrice, bien qu'elle soit très amoureuse de lui.

Ce qui est vrai pour les difficultés d'ordre sexuel reste bien sûr vrai pour les difficultés d'ordre relationnel. Sans une analyse de l'origine des difficultés et un dépassement de celles-ci, la personne est condamnée à répéter inlassablement les mécanismes inconscients qui se sont créés dans les relations de son enfance. D'où les échecs répétitifs qui marquent la trajectoire amoureuse de certaines personnes.

Faut-il en déduire alors qu'il est vain de changer de partenaire pour résoudre ses difficultés ? Pas toujours heureusement ! La certitude superficiellement réconfortante que c'est l'autre qui ne va pas peut se trouver mise en doute par une nouvelle expérience. Si la personne est très motivée pour réussir la relation avec son nouveau partenaire, la remise en cause de ses certitudes erro-

nées peut en être facilitée. En ce sens, le choix d'un nouveau partenaire peut être un élément déterminant. Bien sûr, la situation est alors psychologiquement plus inconfortable pour la personne puisqu'elle est mise en face de son sentiment d'échec. Mais le problème est posé de façon plus réaliste et elle a donc plus de chance de chercher la solution dans la bonne direction.
En ce qui la concerne, Margot, voyant que le choix d'un nouveau partenaire ne résolvait pas à long terme ses difficultés, fait le choix de se tourner vers elle-même et de commencer une analyse relationnelle du couple pour comprendre en profondeur les raisons de celles-ci .

PREMIÈRE PHASE D'ANALYSE : M'OUVRIR À UNE SEXUALITÉ QUI ME SATISFAIT

Le partage avec les autres femmes me soulage en me faisant voir que se sentir femme « anormale » est en fait très « normal »

Dans un premier temps, l'analyse me donne des outils qui vont me permettre d'accéder au désir et à la jouissance sexuelle : je la vis comme un apprentissage et une libération. Grâce aux exercices et au cadre proposés, à l'analyse de mes comportements, j'apprends à connaître ce qui me plaît, ce qui me déplaît, ce qui me bloque, et aussi ce qui plaît à Fabrice. Les douleurs vont disparaître et je vais découvrir que je peux avoir, finalement, assez facilement accès au désir et au plaisir.

Certains des stages proposés ont pour thème la sexualité. Beaucoup d'exercices nous sont suggérés, certains favorisent le partage, d'autres un travail sur nos comportements, une prise de conscience de notre corps, de nos sensations, l'expérimentation de différents jeux relationnels et sexuels dans nos chambres.

La présence d'autres couples dans le groupe d'analyse, même si elle a été intimidante au début, m'a été d'une grande aide, notamment lors des exercices de partage pendant lesquels chacun, s'il le souhaite, a la possibilité de partager avec d'autres sur les difficultés qu'il rencontre, ou a rencontrées à un moment de sa vie, dans le rapport à son corps ou à sa sexualité. C'est l'occasion pour moi d'entendre d'autres femmes parler de difficultés similaires aux miennes. Cela m'apaise beaucoup, je sens une détente peu coutumière et j'ai l'impression de me libérer. Je ne suis plus seule ! Je m'aperçois au fil des partages que nous vivons à peu près toutes ce même sentiment d'anormalité dès lors que nous nous heurtons à des difficultés sexuelles. Finalement, se sentir femme « anormale » est très « normal » !

Ce que ressent et constate Margot au cours de ces exercices de partage est fondamental. Le sentiment d'anormalité, même léger, est un enfermement douloureux. Pouvoir prendre conscience de son caractère irréel est un grand soulagement.

D'autres situations vont donner à Margot l'occasion de mieux percevoir ces processus de comparaison aux modèles idéalisés qu'elle a plus ou moins inconsciemment dans la tête et de comprendre l'impact négatif qu'ils ont sur son désir.

Les raisons de mon échec : je me sens écrasée par une image idéale impossible à réaliser

Les exercices qui sont proposés au cours des groupes d'analyse vont particulièrement m'aider. Surtout le travail de scénarios. Les analystes nous fournissent un ensemble de cartes sur lesquelles sont représentées différentes scènes sexuelles. Ils nous proposent de sélectionner celles qui nous plaisent, puis de les montrer à notre partenaire tout en partageant avec lui, si on le désire, les raisons de notre choix. Ensuite, nous pouvons aller dans notre chambre mettre en scène notre sélection si cela nous semble intéressant et utile. Dans un premier temps, sans en être vraiment consciente, je ne choisis que des cartes de femmes très séduisantes, sûres de leur impact sexuel. Les scénarios qui suivent échouent systématiquement : je m'y sens très mal à l'aise, je perds mon énergie, je me sens lourde, ne ressens aucun désir et finis immanquablement par bouder dans mon coin, très insatisfaite et n'y comprenant rien.

Les analystes me font travailler sur mon choix de cartes et m'amènent à prendre conscience des raisons de ces échecs. Ils me proposent d'organiser un dialogue entre les deux types de femmes impliqués dans mes scénarios : la femme que j'ai en tête (le modèle : la grande séductrice sexuelle) et moi qui fais concrètement l'expérience de la relation sexuelle (la femme mal à l'aise qui n'a pas de désir). Le résultat est édifiant ! Lorsque je fais parler la femme « réussie » sexuellement, je suis très hautaine, méprisante et jugeante vis-à-vis de celle qui est en difficulté et que je considère comme une femme de seconde classe. Lorsque je suis dans l'autre position, je ne sais pas quoi dire, je me sens complètement crispée, dominée, écrasée et nulle, je n'ai qu'une envie : disparaître. Il m'apparaît très clairement que je choisis des modèles de femmes bien trop « parfaites » et, d'une certaine façon, irréelles, si bien que je ne me sens pas du tout à la hauteur et suis très inhibée dans mes actions.

Dialoguer avec soi-même pour trouver une porte de sortie

La méthode du dialogue interne, très utilisée en Gestalt-thérapie, permet de mettre en évidence certaines parties de nous-mêmes dont l'expression a été occultée. Le dialogue interne met en jeu des positions internes contradictoires ou conflictuelles, dont la personne n'a pas forcément clairement conscience. Ces positions sont considérées comme différents personnages qui cohabitent à l'intérieur de la personne. Il s'agit alors de faire dialoguer ces différents personnages en leur donnant la parole chacun à leur tour. Tout au long du processus, l'analyste a un rôle important : il aide la personne à choisir des personnages internes significatifs pour elle et il la soutient dans la conduite du dialogue.
Frederick Perls, le créateur de la Gestalt-thérapie, avait donné des noms à deux des protagonistes les plus classiques du dialogue interne ; il les nommait le « grand chef » et le « sous-fifre ». Le « grand chef » est un peu l'équivalent du surmoi de la psychanalyse. Il représente une instance interne sévère et critique. Quand la personne se sent en échec, elle s'identifie inconsciemment au « sous-fifre », dominé et humilié par le « grand chef »... en oubliant qu'elle a créé elle-même le « grand chef » !
Pour Margot *[voir son témoignage dans le texte ci-dessus]*, confrontée à des difficultés sexuelles, le « grand chef » est incontestablement le modèle de la grande séductrice sexuelle qu'elle a en tête. Quand Margot s'exprime dans cette position dans le dialogue, elle se montre hautaine et méprisante vis-à-vis de la femme qui se sent en difficulté. L'autre partie de Margot

est alors en position de « sous-fifre ». Elle se sent écrasée et se voit comme une femme de seconde classe.
La méthode permet à Margot de voir le dialogue infernal qui se déroule inconsciemment en elle. Le modèle, qu'elle a elle-même créé, l'écrase complètement par son jugement implacable. D'habitude, le modèle de la femme sexuellement réussie ne lui apparaît pas ainsi, car il représente seulement un objectif « normal » à atteindre. Elle ne voit pas la violence du jugement interne secret qui en émane.
La mise au jour d'un dialogue interne jusque-là inconscient offre souvent à la personne la possibilité de modifier les règles du jeu pour sortir de l'enfermement. C'est ce que fait Margot en choisissant intuitivement de mettre en scène, dans un scénario avec son conjoint, un personnage caricatural et provocateur qui permet au « sous-fifre » d'échapper au pouvoir tyrannique du « grand chef ». Elle y trouve beaucoup de plaisir et de vie.

En me fixant sur être une « femme nature » je retrouve mon dynamisme et mon désir

Je décide alors d'expérimenter autre chose. Je choisis une carte qui à la fois me repousse et m'attire : celle d'une femme naturelle, ronde et sans artifice, mais qui semble très sexuelle. Dans la chambre avec Fabrice, en incarnant ce personnage, je me sens très vite à l'aise, pleine d'énergie et avec beaucoup d'enthousiasme pour le jeu qui se déroule entre nous. Je sens en moi une énergie de défi, défi du modèle. Je n'en reviens pas ! Jouer cette femme nature me donne beaucoup de dynamisme et je suis pleine de désir pour Fabrice. C'est complètement le contraire de ce que je croyais au début.

L'analyse et les exercices qui l'accompagnent permettent à Margot de prendre conscience d'une partie du contenu de la représentation idéalisée qu'elle a intégrée à propos de la sexualité et de la pression interne qui en résulte. Elle s'aperçoit qu'il est impératif, pour elle, de correspondre à cette image de belle femme complètement séduisante et sûre d'elle, de réussir le modèle, sous peine de tomber sous le joug de violents jugements.

C'est ce mécanisme qui est à l'origine des symptômes sexuels de Margot et de son sentiment d'insuffisance sous-jacent. Comme elle l'indique dans son témoignage, Margot est complètement crispée dans la sexualité et a envie de disparaître. Les crispations sont à l'origine des douleurs lors de la pénétration et l'envie de disparaître induit l'effacement du désir. En fait, le désir de Margot est essentiellement investi dans la réussite d'une image idéale et sa jouissance est entièrement conditionnée par sa capacité à satisfaire ce désir de réussite.

Lorsque, prenant conscience de cette dynamique, jusque-là inconsciente, Margot spontanément pose un nouveau cadre, elle retrouve une liberté, une créativité qui vont lui permettre de jouer avec le contre modèle de la femme « naturelle », en tout point opposé à son modèle idéal. Elle crée ainsi un univers dans lequel le besoin impérieux de réussir la belle image n'apparaît plus. Sans cette pression, le désir peut s'exprimer librement et le dynamisme inhérent à la relation amoureuse et sexuelle revient instantanément.

J'ai accès à une sexualité beaucoup plus vaste, mais je m'aperçois que je fuis subtilement l'intimité amoureuse. Je ne comprends pas que ce sentiment amoureux si nourrissant, si épanouissant, puisse à ce point m'échapper.

Dans la sexualité, je ressens maintenant des sensations très positives auxquelles je ne m'attendais pas. Cela me fait prendre conscience que jusqu'à présent j'étais comme anesthésiée, insensibilisée. En fait, c'est un vrai éveil de ma sensibilité qui s'opère. J'ai l'impression que la vie se met à circuler en moi, c'est très jouissif !

Ce à quoi je ne m'attendais pas, par contre, c'est qu'en redevenant sensible je me retrouve également en contact avec des manques, des frustrations et une désagréabilité qui auparavant ne me touchaient pas autant. À certains moments, la sexualité s'accompagne d'une grande tendresse et d'un sentiment amoureux très profond et très agréable, et puis à d'autres je me sens distante, agacée par une trop grande proximité, pressée que les choses se finissent.

Je ne comprends pas ces nouvelles fluctuations et, surtout, je ne comprends pas que ce sentiment amoureux si nourrissant, si épanouissant, puisse à ce point m'échapper. En fait, avec l'épanouissement de la sexua-

**La sexualité n'est pas une image –
L'effet écrasant des modèles idéaux**

Quand le désir est essentiellement investi dans la réussite d'une image idéale, la jouissance est entièrement conditionnée par la capacité à satisfaire ce désir de réussite. La sexualité tout entière se déroule alors sur le plan des pensées et de l'imaginaire. Le plan de la réalité corporelle et sexuelle est très peu investi, voire rejeté, s'il ne correspond pas au projet idéal : ce n'est pas ce qui se passe qui est jugé intéressant, mais ce qui devrait être.

Margot, par exemple *[voir son témoignage dans le texte ci-dessus]*, est obnubilée par l'idée de correspondre à un modèle idéal de féminité qu'elle juge elle-même inaccessible. Son esprit est entièrement occupé par cette comparaison imaginaire qui tourne presque toujours à son désavantage. Il n'y a plus de place pour l'excitation sexuelle qui est inhibée. Les sensations corporelles et sexuelles peuvent même devenir déplaisantes.

Avoir une relation sexuelle dans ces conditions revient à passer un examen face à un jury implacable. Même si Margot parvient avec beaucoup d'efforts à stabiliser une image d'elle-même proche de son idéal, la tension interne reste forte. L'excitation est essentiellement mentale et les sensations corporelles et sexuelles demeurent faibles et peu satisfaisantes. La menace de l'échec face au modèle n'est jamais loin.

Il n'est pas aisé de prendre conscience du mécanisme inconscient d'action du modèle idéal. La personne s'y accroche pour répondre à sa peur de se sentir insuffisante. Il est donc par nature conflictuel et irréaliste aux yeux mêmes de la personne. Cependant, comme il est construit inconsciemment, le modèle idéal n'est jamais vraiment vu comme irréaliste. Au contraire, il est vu comme étant la norme, c'est-à-dire la réalité de ce qui doit être. Il y a de ce fait une confusion catastrophique entre le plan de l'imaginaire et celui de la réalité. Au lieu d'être au service de la personne, l'imaginaire devient un ennemi implacable qui engloutit la réalité.

Or, dans la réalité, la sexualité satisfaisante est une expérience concrète faite de sensations, de fantasmes, de tendresse et d'énergie. C'est l'ouverture à cette réalité qui amène une jouissance stable.

lité, je prends conscience que j'ai découvert le sentiment amoureux et j'ai envie de l'épanouir profondément et le stabiliser, mais je ne sais pas comment faire, car il apparaît et disparaît indépendamment de ma volonté.

Ce que Margot décrit là est assez classique dans la mesure où les symptômes sexuels (douleurs, manque de désir...) permettaient à Margot une mise à distance affective de l'autre, sans qu'elle puisse en être vraiment consciente. C'est assez souvent l'utilité d'un symptôme (ici le problème sexuel) de cacher une problématique psychique plus profonde, car toute l'attention est portée vers le symptôme, et ce qu'il y a en dessous n'est pas vu.

La résolution du symptôme sexuel permet un rapprochement corporel intime entre les deux partenaires. C'est en expérimentant ce rapprochement avec Fabrice, alors qu'il n'y a plus de barrage au niveau de la sexualité, que Margot s'aperçoit qu'elle fuit subtilement l'intimité amoureuse au-delà de la sexualité.

Il existe chez Margot un fort sentiment d'insécurité interne dont nous verrons plus tard la nature. Celui-ci crée une résistance dont elle commence à prendre conscience maintenant qu'elle est beaucoup moins préoccupée par sa sexualité. Cette résistance est bien sûr contraire à l'épanouissement de l'intimité amoureuse. C'est la mise au jour des mécanismes inconscients qui créent l'insécurité interne qui va faire l'objet du travail analytique suivant de Margot dans son couple avec Fabrice.

3.2. FABRICE – UN PRINCE CHARMANT RÊVEUR

Récit de son analyse par Fabrice. *À ma naissance, j'arrive dans une famille élargie. Comme mon père fait son service militaire, ma mère s'est installée chez mes grands-parents, centre de gravité de la famille. La plupart de mes oncles, tantes, grands-tantes, grands-cousins habitant à côté de chez eux, il y a une grande proximité à la fois géographique et relationnelle. Je suis le premier enfant à naître dans cette famille élargie et j'en serai le seul garçon. Deux cousines naîtront après moi, trois ans et cinq ans plus tard. Je me retrouve donc d'emblée l'enfant de cette large famille et j'y ai de fait une grande place, centrale et non contestée. Mon grand-père paternel, le patriarche, me désigne comme son héritier. Pour lui et ma grand-mère, ma venue est une joie qui égaye leur retraite. Leur regard est inconditionnel et valorisant. Le fait que je sois là est une réussite pour eux.*

Lorsque mon père rentre du service militaire, mes parents s'installent dans un quartier très chic, profitant d'un appartement qui leur est prêté. Ils n'ont pas de soucis financiers, sont jeunes, beaux, et rêvent de réussite. Dans cette dynamique, je représente l'enfant réussi et valorisant. Ils vont ainsi me parer de tout un tas d'attributs de réussite. Je suis habillé comme un prince dans les belles boutiques du quartier. Je suis très regardé et mes actions sont survalorisées. Je suis décrit dans leur regard comme quelqu'un d'intelligent, capable de tout réussir si je le veux et m'en donne les moyens.

Dans le rêve de ma mère je deviens un prince... Cette projection d'avenir brillant me fascine et m'écrase

Concrètement, ma mère s'occupe bien de moi. Je suis choyé et protégé. Je n'apprends donc pas à lutter pour obtenir la valorisation. Dans son rêve, je deviens un prince fantasmatique sur lequel elle projette ses désirs les plus profonds. Je ne peux qu'adhérer inconsciemment à ce rêve. Cette projection d'avenir brillant me fascine. Mais au fur et à mesure que je vais essayer de concrétiser ce rêve je vais me sentir de plus en plus écrasé par les efforts à faire pour le réaliser.

Les premiers effets négatifs de cette position rêveuse vont se faire sentir à l'école. Je ne réussis pas aussi brillamment qu'attendu. Je suis très inhibé et ai beaucoup de difficultés pour agir.

Pour se sentir exister et pouvoir agir, l'être humain doit développer un territoire propre. Celui-ci est forcément limité et doit correspondre aux qualités réelles de la personne. Dans son cas, emporté par la dynamique familiale, Fabrice a développé un immense territoire fantasmatique, beaucoup trop étendu pour l'enfant qu'il est. Il ne peut que se retrouver menacé et impuissant à agir.

L'inconscient fait un mauvais usage de l'imagination

L'être humain a la possibilité d'utiliser l'imagination de façon récréative pour délasser et amuser son esprit. Souvent le monde onirique nocturne utilise cette fonction : créer des images et des mondes irréels où l'esprit s'aventure. Le monde imaginaire permet à l'esprit de jouer. C'est la base de bien des activités artistiques. Il n'y a pas besoin de test de réalité. Tout le monde sait que c'est imaginaire.

L'imagination peut aussi servir à établir une représentation du monde physique qui nous entoure et y projeter éventuellement certaines modifications. La science et la technique utilisent cette capacité créatrice. Mais dans cette utilisation le test de réalité final est très important. Une telle utilisation de l'imagination est le fondement de la démarche scientifique. C'est le test de réalité qui valide la démarche.

Qu'il se récrée ou qu'il construise une théorie ou un projet, dans les deux cas l'être humain est conscient qu'il imagine et il ne perd aucunement le contact avec la réalité. Il peut ainsi bénéficier de ce merveilleux outil qu'est l'imagination.

Malheureusement, quand l'usage de l'imagination est au service de l'inconscient, le résultat est en général beaucoup moins positif. Le cas de Fabrice et de sa mère est exemplaire.

Quand la mère de Fabrice *[voir le témoignage de Fabrice dans le texte ci-contre]* rêve qu'elle est la mère d'un enfant aux possibilités de réussite illimitées, elle utilise son imagination pour déformer la réalité en fonction de son désir de valorisation. Elle ne voit pas le caractère imaginaire de sa pensée. Elle rêve sans savoir qu'elle rêve. Dans le vocabulaire de la psychanalyse, le terme imaginaire signifie parfois inconscient. C'est tout à fait approprié dans ce cas.

Dans cette utilisation inconsciente de l'imaginaire, il n'y a pas de test de réalité, car le test de réalité détruirait le rêve. Dans la construction imaginaire de la mère de Fabrice, c'est Fabrice qui est chargé de prouver la réalité du rêve de sa mère. Il doit correspondre au projet inconscient de sa mère.

Il ne peut s'échapper car la relation avec sa mère est son pôle principal d'intérêt, et le projet qu'elle lui propose est très valorisant. Il ne peut donc qu'adhérer à ce rêve et le faire sien. Il doit devenir exceptionnel !
Pour Fabrice, agir est alors devenu très dangereux, car toute action constitue un test qui risque de mettre à jour l'aspect irréel du projet de sa mère devenu son propre projet. La comparaison aux autres enfants peut notamment s'avérer un révélateur très menaçant. Il ne peut qu'être inhibé quand vient le moment d'agir.
D'une manière générale, l'inconscient utilise la capacité d'imagination pour déformer la représentation du monde dans le sens de la valorisation de l'image de soi. C'est ainsi que la personne se trouve alors inconsciemment enfermée dans un monde qui ne correspond plus à la réalité.

L'échec de l'adolescence : je ne suis plus un prince, mais un crapaud

L'adolescence est un gros échec. Tous les hommes de ma famille sont très actifs. J'ai, par comparaison, le sentiment d'être insuffisant et décevant. Je conserve bien une place plaisante et charmante auprès de ma mère et de mon grand-père, mais plus par l'agréabilité relationnelle que par une réussite concrète.

À l'adolescence, mes parents s'enlisent dans un projet grandiose de construire une maison, ce qui entraîne d'énormes difficultés financières. Finis les habits de prince, je suis habillé avec des vêtements récupérés et rapiécés.

L'ambiance relationnelle à la maison se dégrade énormément. Ma mère déprime et dramatise. Mon père devient agressif. Tous les deux se crispent autour de ma réussite scolaire. J'ai toujours beaucoup de mal à sortir de l'inhibition. Je me sens assez fondamentalement en échec et dévalorisé. Je me sens incapable de devenir un homme.

Ce manque de confiance en moi va peu à peu grignoter toute ma vie. Je plaisais dans ma famille en tant qu'enfant gentil et agréable. Mais mon manque d'affirmation et mon sentiment d'échec me rendent gris. Les filles ne s'intéressent pas à moi.

Le prince est totalement en échec, je n'ai plus de valorisation nulle part. Un doute fondamental sur ma capacité de plaire m'envahit. Alors que je suis beau physiquement j'en arrive à me sentir laid. Je ne suis plus un prince mais un crapaud. Je vais construire ainsi un mur infranchissable entre les filles et moi. Je développe une incapacité totale à entrer en contact avec l'autre sexe et à oser m'affirmer, moi et mon désir.

Devenu adulte, la relation avec les femmes reste très difficile. Après plusieurs échecs de couple je décide d'entreprendre une analyse psychocorporelle pour essayer de résoudre ce problème. À cette époque je n'ai pas encore rencontré Margot.

L'analyse me fait voir l'irréalité du jugement porté sur moi : je sors progressivement du sabotage et je redéveloppe une image satisfaisante de moi

Un travail systématique sur mon passé va progressivement me faire prendre conscience de l'impact des impératifs parentaux de réussite, de la peur et de l'inhibition importante qui en résultent. L'expression et la libération des émotions vont me redonner un sentiment de solidité. Le travail en groupe sera une aide importante dans la consolidation de mon identité d'homme.

Le groupe d'analyse est un milieu nourrissant qui permet de reconstruire l'image de soi sur une base objective

Souvent, une personne débute une analyse parce qu'elle est confrontée à des doutes et des interrogations sur elle-même, plus ou moins clairement liés à un sentiment d'échec interne. Ce manque de confiance se traduit fréquemment par une déformation négative de la vision que la personne a d'elle-même. Cette image négative d'elle-même, ou contre-image, peut être tout aussi irréaliste que la représentation idéalisée dont la personne rêve. Par exemple Fabrice *[voir son témoignage dans le texte ci-dessus]*, parlant de ses échecs d'adolescence, exprime ceci de façon caricaturale : « Je rêvais d'être un prince et je me vois comme un crapaud. » Cette description de lui n'a bien sûr rien à voir avec qui il est réellement, mais la dramatisation inconsciente de ses échecs, qui sape la confiance en lui, maintient la contre-image du « crapaud » dans son esprit.

Le groupe d'analyse a un rôle prépondérant dans la phase de reconstruction de l'image de soi.
D'une part, il constitue un milieu beaucoup moins menaçant que le monde social habituel par le fait que les personnes qui le constituent acceptent de partager leur vécu intime. Les sentiments d'échec interne apparaissent comme des réactions normales, car en écoutant les autres on se rend compte qu'ils sont aussi vécus par eux. Comme la dévalorisation de l'image de soi est due à la dramatisation de l'échec interne, la dédramatisation de l'échec entraîne l'arrêt de la dévalorisation de l'image.
D'autre part, de nombreuses situations d'échanges verbaux permettent aux participants du groupe d'exprimer ce qu'ils ressentent les uns par rapport aux autres. Exprimés dans le cadre sécurisant du groupe, ces ressentis sont précieux pour chaque participant. Comme ils émanent de plusieurs personnes différentes qui n'ont pas de relations entre elles en dehors du groupe d'analyse, ils peuvent donner à chacun une vision assez objective de l'effet qu'il produit dans la relation avec l'autre. Le groupe joue ainsi le rôle d'un miroir qui permet à chacun d'avoir une idée plus juste de qui il est.
Pouvoir s'appuyer sur une vision réaliste de soi permet de retrouver la confiance en soi et la capacité d'agir.

Aidé par le regard des autres personnes du groupe, je prends conscience de l'irréalité du jugement porté sur moi. Progressivement je sors du sabotage, redeviens actif et me relance dans les études. Le sentiment d'insuffisance s'estompe, les expériences de rencontre avec l'autre me rassurent. Je développe ma sexualité et sors de l'inhibition.

Pendant tout un temps, je vais aller tester mon pouvoir de séduction en papillonnant et j'y trouve beaucoup de plaisir. Je retrouve un accès à la jouissance et à la satisfaction, ce qui me permettra après quelques années de rencontrer Margot et de risquer l'expérience du couple avec elle.

Cette première partie d'analyse, effectuée avant de se mettre en couple avec Margot, est très importante. Elle permet à Fabrice de détruire le fantasme négatif de lui-même, qui s'était construit en réaction à l'irréalité du fantasme que sa mère a projeté sur lui dans l'enfance et aux attentes trop grandes de la famille.

À l'issue de ce travail, Fabrice a retrouvé les qualités de base qu'il a développées enfant et qu'il n'a pu affirmer par la suite. Il a été un enfant positif, soucieux de plaire à son entourage. Ce désir de plaire est donc fondamental pour lui. Le fait de parvenir à le vivre de manière satisfaisante et intelligente à l'âge adulte est un passage essentiel de son évolution.

Le travail d'analyse en couple avec Margot va lui permettre d'aborder ensuite une autre étape de son évolution.

3.3. LA PROBLÉMATIQUE DU COUPLE FABRICE-MARGOT : SOUS LA BELLE IMAGE RÉUSSIE, IL Y A UNE GRANDE DISTANCE

Margot et Fabrice ont déjà chacun réussi une évolution satisfaisante. Margot s'est ouverte à la sexualité et a retrouvé une aisance corporelle qui lui a permis de retrouver une confiance en elle et de reconstruire une identité féminine plus solide et satisfaisante.

Fabrice, quant à lui, a retrouvé une assurance et un dynamisme qui lui ont permis de s'investir dans la vie sociale et de développer une aisance dans la relation. Que ce soit dans le secteur professionnel ou amical, il a désormais une facilité de contact et sait se donner aisément une place agréable.

Lorsqu'ils sont ensemble, Fabrice et Margot présentent une belle image, et donnent l'impression d'une réussite à la fois matérielle et relationnelle. En fait, intimement, l'un comme l'autre, ne se sent pas satisfait. Subtilement, et pour des raisons différentes, chacun participe à la mise à distance de l'autre. La relation est vidée de son dynamisme, il y a peu de partages. Fabrice et Margot se fuient et évitent toute confrontation. Ils ne parviennent pas à ajuster leurs désirs réciproques.

Les difficultés de Fabrice n'apparaissent pas dans ses comportements immédiats, elles sont principalement internes et donc difficiles, pour lui, à appréhender et à comprendre. C'est au niveau de son vécu dans la relation intime qu'elles se révèlent à lui.

Récit de son analyse par Fabrice. *Je ne me sens jamais vraiment satisfait. En fait, j'aspire à une réussite grandiose. C'est un moteur qui me stimule fortement et que je trouve en même temps un peu ridicule. Cette dynamique a un double effet. Je suis difficilement satisfait de mon quotidien et éprouve des difficultés à affirmer mon désir dans le couple. Il en résulte une insatisfaction constante et un vague ressentiment que je ne peux jamais partager avec Margot sous peine d'apparaître vraiment très désagréable. Je me replie alors sur moi-même et j'ai envie d'aller voir ailleurs. Sans jamais passer à l'acte, parce que je tiens à la relation avec Margot, je rêve à d'autres femmes qui pourraient m'aider hypothétiquement à réussir un couple vraiment extraordinaire.*

Margot de son côté fuit sans cesse une trop grande proximité relationnelle et amoureuse.

Récit de son analyse par Margot. *Quand je m'aperçois que je résiste encore aux demandes de Fabrice, cela m'inquiète beaucoup et je préfère me mettre à distance plutôt que de sentir ce malaise. Comme la sexualité est devenue attrayante pour moi, j'en déduis que ma résistance est liée à autre chose, mais je ne sais pas bien quoi. Je me sens en fait très ambivalente : j'ai choisi Fabrice parce qu'il est bel homme et séduisant, mais je lui en veux presque de l'être ! C'est infernal !*

MARGOT : PRENDRE CONSCIENCE DES CAUSES PROFONDES DE SA MISE À DISTANCE

L'intégration des causes profondes des difficultés que décrit Margot ne peut se faire sans une analyse des identifications construites au cours de l'enfance. Nous proposons donc à Margot d'approfondir son travail sur son histoire et sa place dans le milieu familial.

J'ai préféré rester la grande fille raisonnable... J'ai été formée tôt et j'ai très mal vécu mon adolescence

Les analystes me demandent de rédiger une biographie relatant les moments et les personnages importants de mon histoire. Cette biographie est ensuite illustrée par des photos et un travail approfondi sur l'album de famille.

Mon enfance : Je suis l'aînée de sept enfants. Jusqu'à mes trois ans, j'ai été la petite princesse de ma mère. J'étais son premier enfant, une jolie poupée vivante et volontaire, et j'étais très centrale pour elle. Mais à la naissance de ma sœur cadette, ma mère s'est détournée de moi, toute à ce nouveau bébé, et j'ai perdu cette place de petite princesse centrale. Il y a eu ensuite de nombreux autres enfants et je suis vite devenue une grande sœur responsable, mais timide et renfermée.

À l'adolescence, la sexualité et les garçons étaient inquiétants pour moi. J'ai préféré rester la grande fille raisonnable, bonne élève, petite maman des frères et sœurs. Je suivais les règles familiales, j'étais la grande sœur responsable sur qui l'on pouvait compter, mais très secrète et renfermée, peu communicative, ce qui avait le don d'inquiéter mes parents.

Je me suis formée très tôt ; à dix ans j'avais déjà une grosse poitrine, ce que je n'arrivais pas à accepter. Je portais des pantalons droits avec de gros ceinturons et je me bandais la poitrine. Je ne voulais pas devenir une femme si vite ! J'ai donc très mal vécu mon adolescence. J'étais très peu sûre de moi. J'étais très affectée par ma timidité et me sentais anormale, moche et mal dans ma peau. Je n'arrivais pas à m'intégrer aux jeunes de mon âge, et je rêvais du prince charmant sans pouvoir approcher les garçons.

J'étais très envieuse de la séduction qu'exerçait ma sœur cadette, mais je niais cette jalousie en me persuadant que c'était moi qui avais les bonnes valeurs

Parallèlement, ma sœur Céline se développait tout autrement. De trois ans ma cadette, elle était l'inverse de moi, enfant rigolote et charmante, et très intéressée par les valeurs de la féminité. En apparence nous nous entendions bien, mais je me sentais très ambivalente vis-à-vis d'elle. J'étais très envieuse, mais je niais cette jalousie en me persuadant que c'était moi qui avais les bonnes valeurs puisque l'on pouvait compter sur moi.

À seize ans, j'ai été embrassée par un garçon pour la première fois. Céline, elle, avait déjà eu à treize ans des rapports sexuels. Elle fumait, sortait, faisait le mur et travaillait mal à l'école. C'était une enfant assez difficile, et malgré cela, de par son côté vivant, elle avait la préférence de mon père, ce que je trouvais très injuste. En même temps, que cette petite sœur me devance dans certains domaines qui me faisaient peur me donnait le sentiment d'être assez gourde.

Je suis sortie avec quelques garçons ensuite, mais refusais catégoriquement la sexualité. Je me sentais légitime dans ces refus, la sexualité me paraissant moralement incorrecte à mon âge. En réalité, elle me faisait extrêmement peur, ce qui m'empêchait de ressentir le désir que je recherchais. Dès qu'un garçon me touchait, c'était l'affolement total, je ne savais pas du tout comment réagir, et je me sentais anormale avec ça.

Je décide de franchir le pas avec un homme de cinq ans de plus que moi qui a accepté de m'initier. Néanmoins la sexualité mettait en évidence l'endroit de mon échec et de ma blessure, et comme je l'explique dans la première partie de mon analyse, ça n'a pas été si facile !

Malgré sa beauté Margot se sent insuffisante en tant que femme

Le point déterminant dans l'histoire de Margot est l'arrivée de sa sœur. Progressivement, Margot intègre la croyance qu'elle est moins intéressante que Céline. C'est sur cette base qu'elle va par la suite entrer en interaction avec les autres et interpréter son rapport au monde.

Ainsi, les relations avec les hommes renvoient Margot à son identification négative : « Je ne suis pas intéressante ! » Il est dès lors plus aisé pour elle d'adhérer aux valeurs maternelles qui proposent de se méfier des garçons et de les fuir. De même, choisir de se définir en grande fille raisonnable, bonne élève, petite mère lui permet d'éviter tous les lieux qui mettent trop fortement en jeu une définition féminine fondée sur la séduction.

Cette problématique conditionne et explique le rapport que Margot entretient avec son corps. Lorsqu'elle se forme à l'âge de dix ans et se retrouve propulsée sur le devant de la scène avec des attributs féminins, cela la met très mal à l'aise puisqu'elle est obligée d'assumer une appartenance féminine qui la menace profondément alors même que les photos d'elle à cette époque indiquent qu'elle est une très jolie jeune fille.

Avec mon compagnon je revis inconsciemment la rivalité perdante et la jalousie que j'ai vécues avec ma sœur

Le travail sur mon histoire m'aide à voir à quel point la rivalité avec ma sœur Céline est un point fondamental de mon fonctionnement. Je prends conscience que j'ai toujours été très jalouse d'elle sans jamais vouloir l'admettre.

Elle a tout ! Ça se dit comme ça pour moi : elle est jolie, sympa, sait se faire des amis… C'est une séductrice réussie.

Les analystes m'aident à voir comment cette jalousie se rejoue dans mon couple avec Fabrice. Fabrice est un séducteur réussi lui aussi. Je l'ai bien choisi pour ça, mais inconsciemment j'entre en rivalité perdante avec lui, comme avec Céline. La position est inconfortable et je mets en place tout un tas de résistances, pour ne pas sentir qu'en fait je me sens perdante.

Avec Fabrice je revis inconsciemment ce que j'ai vécu avec ma sœur ! J'écris dans mon journal, à la suite d'une séance émotionnelle où j'ai pu exprimer la jalousie inconsciente envers ma sœur :

> *« Je comprends maintenant que cette jalousie vis-à-vis de Céline structure inconsciemment toute ma relation de couple. Je suis jalouse de Fabrice parce qu'il est très séduisant et c'est injuste. Je suis en lutte avec la projection de ma sœur que je fais sur Fabrice à ce moment-là. Le "c'est injuste !" crée un climat de rivalité où dans la bagarre je dis à l'autre : "C'est injuste, donc tu ne m'auras pas, tu n'auras pas ce que tu veux !". Fabrice a la capacité de se valoriser que moi je n'ai pas. Si en plus je lui donne satisfaction de ses désirs, il a tout et gagne partout, c'est trop injuste ! »*

Cette prise de conscience a été pour moi surprenante. Jalouse de mon conjoint comme de ma sœur, jamais je n'aurais pu l'imaginer ! J'ai senti qu'à partir de ce moment-là j'avais un outil fondamental à ma disposition, qui est la compréhension de la projection sur Fabrice de cette jalousie historique. Cela me permet, à chaque fois que je me sens repartir dans la résistance ou la mise à distance, de savoir assez vite ce qui est en jeu derrière et, à partir de là, de moins résister ou tout au moins de pouvoir le partager avec Fabrice et lui expliquer ce qui se passe. Cette possibilité nous a considérablement rapprochés.

Peur du rapprochement intime et mécanisme de compensation agressive

Margot voit Fabrice comme étant, lui, intéressant et réussi. Le rapprochement est donc menaçant, il fait courir le risque à Margot d'être perdante. Cela génère chez elle beaucoup de peur et la renvoie à une position vulnérable, inquiétante et difficile à vivre.

Le choix du conjoint : les raisons conscientes et inconscientes

Tel le cheval de Troie, l'inconscient réintroduit à notre insu les éléments négatifs de notre enfance et nous pousse à rejouer éternellement la même scène.

Le choix du partenaire conjugal est fortement conditionné par les modalités des relations établies dans la petite enfance avec les parents ou certains frères et sœurs, voire avec d'autres personnes présentes dans le milieu familial.

En choisissant un partenaire la personne cherche à revivre certains aspects essentiels de ce qu'elle a déjà vécu dans son enfance. Si retrouver des aspects agréables paraît logique, retrouver des aspects désagréables, comme dans le cas de Margot *[voir son témoignage dans le texte ci-dessus]*, semble *a priori* absurde.

Cette absurdité s'explique si l'on considère que la logique de l'inconscient n'est pas celle du conscient. Inconsciemment, l'important est que la situation soit connue et que la personne puisse s'appuyer sur les mécanismes de défense qu'elle maîtrise bien. La personne a construit ses défenses psychiques dans une situation d'enfance où elle cherche à maintenir son sentiment d'existence face à l'apparition de conflits internes qui peuvent être violents. En reproduisant une situation qui lui permet d'adopter les mêmes mécanismes de défense, elle maintient ainsi l'illusion d'une stabilité interne.

Margot a logiquement choisi Fabrice, qu'elle trouve très réussi, pour obtenir une image gratifiante d'elle-même. C'est l'aspect positif conscient de son choix. Mais, inconsciemment, elle choisit aussi Fabrice pour rejouer la situation qu'elle a toujours vécue avec sa sœur. Celle-ci incarnait pour Margot les valeurs de la séduction. Face à elle, elle s'est toujours sentie perdante sans pouvoir se l'avouer et s'est défendue en se réfugiant dans le rôle de la grande sœur sérieuse et moraliste. Elle va se réfugier dans ces mêmes défenses avec son conjoint. Ce qui va gravement perturber le lien amoureux.

Avant l'analyse, n'ayant pas conscience de ce qui se passait véritablement en elle, elle ne peut que rejouer avec Fabrice ce qui se passait avec sa sœur. Pour ne pas risquer de se sentir perdante vis-à-vis de ceux qu'elle estime plus réussis qu'elle, elle se coupe de son désir de séduction, sabote son expression féminine et met l'autre, sœur ou conjoint, à distance en se plaçant moralement au-dessus et en l'accusant de frivolité.

Consciemment, elle pensait que le choix de Fabrice lui permettrait de se sentir enfin libérée de son sentiment d'échec en tant que femme. Mais, tel le cheval de Troie, son inconscient réintroduit à son insu les éléments négatifs de son enfance et la pousse à rejouer éternellement la même scène. On trouve ici un exemple de la compulsion de répétition décrite par Freud.

L'analyse, en dévoilant les motivations inconscientes des comportements relationnels, permet à Margot de sortir de cet enfermement.

Cette peur, tant qu'elle est inconsciente, est mal gérée et donne lieu à une compensation agressive inconsciente : « C'est injuste ! » Ce sentiment d'injustice résulte d'un mécanisme projectif qui permet d'attribuer à l'extérieur les causes du malaise interne. Il légitime le fait d'être en lutte et de s'opposer à Fabrice. De plus, Margot s'est définie enfant comme étant une grande fille raisonnable et, en tant que grande fille raisonnable, ne peut exprimer le sentiment d'injustice en se mettant en colère. Il en résulte une mise à distance et une fermeture à l'autre puisque l'émotion ne peut être dite.

Comprendre les enjeux de sa résistance va permettre à Margot de changer de comportement

À partir de cette prise de conscience importante, un grand changement se passe chez Margot. Cette jalousie, autrefois complètement refoulée chez elle, car jugée inacceptable, prenait la forme de la mise à distance et de la résistance, ce qui lui permettait alors d'éviter le conflit interne entre la grande fille raisonnable et la sœur jalouse. Mettre ce conflit interne au jour va permettre à Margot de se rapprocher authentiquement de Fabrice. Pour que cela puisse se réaliser pleinement, il faut cependant que Fabrice, de son côté, mette aussi au jour ce qui l'éloigne de Margot.

PRISE DE CONSCIENCE DES MÉCANISMES DE MISE À DISTANCE CHEZ FABRICE

Récit de son analyse par Fabrice. *Je me souviens d'une séance d'analyse fondamentale pour moi, où j'ai brusquement compris les mécanismes de la mise à distance chez moi.*

Pour moi, la problématique autour du modèle de prince séducteur se réactive quand je suis en couple avec une femme. Je rêve d'une grande réussite de couple avec une femme extraordinaire pour pouvoir me sentir moi-même extraordinaire. Je rêve donc la relation. Puis je compare la réalité du couple avec ce rêve et trouve toujours le couple insuffisant, et donc Margot insuffisante. Cela crée chez moi un sentiment de culpabilité fort car je me sens traître. Je veux être plaisant et me définir amoureux, mais en fait je trouve Margot insuffisante. Je m'en sens très coupable, mais ne peux en parler, car cela me renvoie à une image négative de moi qui n'est pas celle du prince amoureux que j'ai en tête. Je me mets donc à distance et coupe la communication.

Le désir de Fabrice est menaçant et il le ressent comme illégitime. Fabrice ne peut donc pas s'appuyer sur lui pour se dynamiser, et ne peut pas non plus se rapprocher de Margot pour partager. Il s'enferme dans le rêve, seul espace stimulant qui lui reste, et en même temps se juge et se dévalorise, ce qui le relance dans le rêve et le désir compensatoire : c'est un cercle vicieux dont Fabrice ne peut sortir qu'en en comprenant les mécanismes, comme il est en train de le faire.

Je commence à bien comprendre que je veux une femme étendard pour me mettre en avant et me valoriser, or Margot résiste farouchement à ce désir qui me tient à cœur. Je lui en veux. Toute ma valorisation passe par l'image de la femme qui m'accompagne.

Les analystes m'aident à prendre conscience que mon action avec Margot est de type Pygmalion : il faut absolument que je modèle Margot pour qu'elle corresponde à l'image que je veux et qui va me permettre de me sentir homme. Tout le projet du couple est donc centré sur Margot. Bien entendu, cela met une énorme pression sur elle. À partir de là elle résiste et prend elle-même une distance. Je suis alors déçu et je renforce un peu plus ma pression sur elle. C'est un cercle infernal qui fait que nous ne pouvons jamais nous rapprocher tranquillement. Je vois qu'il faut absolument que je change si je veux que le couple aille bien.

Cette prise de conscience de Fabrice, qui a dû mûrir longtemps avant d'entraîner un changement décisif de son comportement, va beaucoup aider le couple à se rapprocher. Margot, déjà beaucoup plus ouverte à Fabrice depuis ses propres prises de conscience sur sa jalousie secrète, est maintenant définitivement rassurée par la baisse de pression des demandes de Fabrice. Elle peut ainsi se rapprocher amoureusement de lui.

Le couple de Margot et de Fabrice est un bon exemple de l'interaction des personnalités et des changements dans l'évolution d'un couple. Il faut souvent que l'un change avant que l'autre puisse changer aussi. C'est ce qui fait que l'analyse de couple est à la fois souvent difficile, mais aussi très puissante pour provoquer des changements réellement importants chez les deux conjoints.

DÉVELOPPER L'INTIMITÉ AMOUREUSE DANS LE COUPLE

Prendre conscience des ressorts inconscients qui empêchent d'être proches dans un couple est indispensable pour qu'un rapprochement durable puisse se produire. Cependant les prises de conscience ont quelquefois besoin d'être aidées pour aboutir à un changement de comportement stable. C'est pourquoi nous proposons, dans le cadre de l'analyse de couple, certains exercices relationnels, appelés temps d'intimité structurés, qui permettent de développer l'intimité amoureuse dans un couple. Quand nous proposons à Margot et à Fabrice d'expérimenter ces temps d'intimité, ils acceptent avec enthousiasme, car ils sont très désireux de profiter de la nouvelle compréhension d'eux-mêmes que l'analyse leur a apportée tout en continuant à craindre quelques dérapages de leur part.

Apprendre à gérer les réactions défensives :
l'exercice du « Non puis Oui »

Nous proposons souvent aux couples des exercices relationnels qui ont pour objectif de développer l'intimité amoureuse. Un des obstacles qui apparaît dans ces exercices est constitué par les réactions défensives incontrôlables de certaines personnes face à une situation qui les attire, mais qui aussi leur fait peur. C'est le cas de Margot qui raconte son expérience.

« Les analystes nous proposent alors de mettre en place des "soirées couple" où nous consacrons toute une soirée à être ensemble et à faire des exercices relationnels intimes. Les difficultés que nous rencontrons dans ces soirées sont ensuite travaillées en analyse. Chacun dirige une soirée à tour de rôle, l'autre doit suivre en étant autant que possible de bonne volonté, et en étant attentif à ses propres résistances internes. Ce qui est fait lors de cette soirée est choisi par celui qui dirige : sexualité, sortie, exercices relationnels, et tout ce dont il a envie.

« Lorsque les analystes nous ont parlé de ces soirées couple, j'ai eu une double réaction : d'une part, j'étais très contente de cette proposition concrète pour développer l'intimité avec Fabrice, et d'autre part cela m'a donné une bouffée d'angoisse. Je me suis dit "Mon Dieu ! Si mes résistances reviennent, même légèrement, au cours de ces soirées couple, quelle déception cela va être pour Fabrice et pour moi." Je me suis rendu compte qu'honnêtement l'idée d'être en relation comme ça toute une soirée, même avec mon amoureux, me faisait à la fois très envie et assez peur. »

La réaction la plus fréquente à la situation que redoute Margot est de vouloir éliminer de façon volontaire ses résistances, en espérant ainsi trouver l'acceptation. Cette stratégie ne fait que renforcer la résistance, puisqu'il n'y a aucune possibilité d'expression pour l'énergie qu'elle renferme.

Nous proposons à Margot d'utiliser une tout autre approche : bien prendre conscience de sa résistance, accepter sa présence et s'autoriser à dire non, de façon interne, à la situation proposée. En disant non à une situation dont on ne veut pas, on dit oui à ce qui se passe en soi, même si c'est un conflit ou une résistance que l'on découvre. Ce oui préalable à son propre désir rend alors plus facile, dans un second temps, de dire aussi oui à l'autre, au moment que l'on choisit soi-même, au lieu de subir directement la pression de la demande de l'autre.

« Ensemble avec les analystes, nous avons décidé que Fabrice dirigerait la première soirée, et je pourrais m'aider de l'exercice du non puis oui. Cet exercice consiste à prendre conscience de la résistance, quand elle se manifeste, en m'autorisant de façon interne à dire non à la demande de Fabrice, et donc accepter pleinement que la résistance soit là, puis dans un deuxième temps, dès que je me sens prête, dire oui et m'ouvrir à la demande de Fabrice. Cet exercice, qui paraît presque trop simple, a été très efficace et m'a aidée à passer par-dessus ma résistance lors de ces soirées.

« Je l'ai utilisé ensuite avec beaucoup de profit dans notre relation quotidienne. La forte réconciliation interne que provoque l'acceptation par moi-même de mon réflexe de résistance recrée à chaque fois le petit miracle du retour du sentiment amoureux pour Fabrice. Le oui vient alors spontanément. »

Le miracle dont parle Margot n'en est pas tout à fait un, car cet exercice arrive à un moment où Margot a déjà développé une bonne compréhension de son fonctionnement psychique. Cette compréhension, en diminuant les conflits et la culpabilité, permet d'accéder plus aisément à l'acceptation de soi et à l'ouverture à l'autre.

Il est évident que le même exercice, présenté à quelqu'un qui ne se connaît pas aussi bien que Margot, ne va pas du tout produire les mêmes effets positifs. Dans l'analyse relationnelle du couple les exercices ne doivent être présentés que quand l'inconscient a été suffisamment travaillé pour qu'ils puissent faire effet. Sinon leur utilité est minime. Inversement, des prises de conscience sans exercice de changement de comportement risquent de rester stériles.

Récit de son analyse par Margot. *Cette première soirée s'est finalement bien passée. Fabrice a tenu compte de ma difficulté en demandant des choses intimes, mais simples et peu menaçantes. Je me sentais très reconnaissante qu'il tienne compte de moi comme ça, et à la fin de la soirée, je me sentais heureuse et très amoureuse de lui.*

La soirée suivante, c'était à moi de diriger et j'avais encore plus peur que la première fois. Je me suis rendu compte alors qu'aucune des positions ne m'était confortable : quand je dirige, j'ai du mal à poser mon désir et à demander ce qui me plaît (j'ai même du mal à savoir réellement ce qui me plaît), et si c'est Fabrice qui dirige, j'ai du mal à le suivre sans résister.

Accepter d'expérimenter et de me confronter à ces difficultés de façon aussi concrète a été très bénéfique pour moi. Sans vraiment m'en apercevoir, j'acceptais de ne plus les fuir, ce qui naturellement m'a conduit à chercher des solutions pour pallier l'absence de désir et la frustration qui l'accompagne. Finalement, cela a porté ses fruits. Voici ce que j'ai écrit dans mon journal d'analyse à ce sujet :

> *« J'ai aimé jouer à dominer gentiment Fabrice à la façon d'une gamine. Je me sentais comme une petite fille qui veut diriger tout de la relation. J'ai commencé par embêter Fabrice physiquement en le chatouillant, car je sais qu'il a du mal à supporter les chatouilles, et cela me donne le sentiment de le dominer en le tenant à ma merci. En plus cela nous fait rire.*
>
> *« Puis j'ai voulu continuer à me sentir dans une position dominante et je lui ai demandé de faire exactement tout ce que je faisais, et si je trouvais qu'il ne le faisait pas comme il faut, je le grondais et je le menaçais de recommencer les chatouilles. En même temps, je me collais à lui et le serrais très fort. Puis l'instant d'après je m'éloignais et lui tournais le dos, pour revenir vers lui et lui demander de m'embrasser. Je sentais une liberté à exprimer mon ambivalence (alternativement la mise à distance et le besoin de coller) sans aucune culpabilité ni aucun effort, c'était extrêmement plaisant. Ça me semblait tellement simple d'exprimer mon désir tout d'un coup ! Moi qui me plains toujours de ne pas savoir quoi faire dans la relation, là je me sentais vraiment vivante et spontanée.*
>
> *« On a terminé en faisant l'amour devant la cheminée, il m'a prise très fortement (il m'a dit après que c'était pour se venger de ma domination dans les chatouilles), mais cela m'a beaucoup excitée. »*

Grâce à ces rendez-vous, je me sens plus proche de Fabrice et beaucoup moins résistante, plus spontanée et ouverte dans la relation. Fabrice et moi tenons énormément à nos soirées. Nous nous organisons pour qu'elles aient lieu le plus souvent possible. Petit à petit, le bien-être que je ressens dans ces moments-là se diffuse dans notre relation au quotidien.

NOTRE COUPLE VA MIEUX, NOUS DÉCIDONS DE FAIRE UN BÉBÉ

Au fil du temps, Margot sent en elle revenir un projet important pour elle, qu'elle avait mis de côté au profit de la construction du couple. Celui-ci allant beaucoup mieux, elle décide d'aborder avec Fabrice l'envie d'avoir un enfant. Ils se sentent prêts à être parents, mais ils savent aussi que cela va forcément apporter des changements importants dans l'organisation de leur vie. Il y a de nouveaux repères à trouver, une troisième petite personne qui prend beaucoup de place, moins de temps pour l'intimité. Mais c'est une expérience tellement enrichissante.

Récit de son analyse par Margot. *La grossesse a été pour moi un moment béni. Je me sentais en dehors de la rivalité et des modèles de féminité. La relation avec mon bébé m'enchantait. Cela se passait bien et j'étais comblée. Fabrice était amoureux et comprenait ce que je vivais. La sexualité restait fréquente, nous avions plaisir à passer des soirées tranquilles à la maison, tout allait bien.*

Lorsque le bébé est né, nous étions tous les deux très heureux, même si nous passions beaucoup de temps à nous occuper de lui. Au début, bien sûr, difficile de faire autrement, mais au bout de quelques mois, je me suis rendu compte que ma priorité relationnelle avait glissé sur le bébé. Il était normal que je m'occupe de lui, mais j'y voyais bien une autre composante : la relation avec mon bébé me semblait simple et non conflictuelle. Même si la relation avec Fabrice s'était beaucoup améliorée grâce à l'analyse de couple, elle était quand même plus délicate à gérer pour moi.

Parallèlement, je ressentais également une certaine frustration : les soirées câlines, la sexualité seule avec Fabrice me manquaient. Mais bébé avait besoin de moi !

Ce que décrit Margot est une relation classique mère-enfant positive où tout se passe bien entre le bébé et sa maman. La relation symbiotique mère-enfant est très riche et très valorisante pour la mère puisque l'enfant est totalement tourné vers elle et que celle-ci se sent à la fois utile et aimante.

Dans la société, le rôle de la mère est solide et très valorisé. C'est une voie toute trouvée pour Margot qui peut ainsi occulter ses derniers doutes sur la féminité et la séduction, et se sentir positive dans son rôle de mère.

La relation développée avec le bébé est bien sûr de nature très différente de celle construite avec Fabrice. En effet, se tourner vers le bébé est beaucoup moins confrontant. Mais le risque, c'est qu'au bout d'un certain temps le père se sente totalement exclu. C'est ce que Fabrice décrit ci-après.

Récit de son analyse par Fabrice. *Au bout d'un temps, j'ai commencé à me sentir assez mécontent de la situation, mais je ne pouvais rien en dire parce qu'il me semblait qu'il était légitime que Margot s'occupe du bébé. Je suis reparti dans les fantasmes, ce qui a entraîné aussi beaucoup de culpabilité de mon côté. J'avais le sentiment que nous étions de nouveau dans la grisaille et la mise à distance polie du début de notre relation, et je me sentais assez désarmé devant la situation.*

J'ai préféré attendre un groupe d'analyse pour pouvoir aborder ce point délicat tout en ayant assez confiance sur le fait que Margot pourrait m'entendre. J'ai profité d'un partage en écho dans le cadre protégé du groupe pour décrire mon mécontentement à Margot, en essayant de ne pas dramatiser, ni la culpabiliser. Si cela dérapait nous pourrions clarifier le conflit au cours d'un travail individuel avec l'analyste. Margot n'a pas fait de commentaire à chaud mais elle ne semblait pas avoir mal vécu ce partage.

Récit de son analyse par Margot. *Sur le moment, j'ai trouvé que Fabrice exagérait un peu ma position, mais comme il ne le faisait pas de manière agressive et même par moment avec une pointe d'humour, je l'ai écouté sans difficulté et j'ai même ri de bon cœur à certains passages. Je ne pouvais pas précisément dire ce que j'avais à modifier mais j'ai senti l'envie d'y réfléchir, et cette fois avec l'aide de Fabrice que j'avais un peu écarté ces derniers mois.*

Le lendemain, lors d'un partage avec une femme du groupe, grâce en particulier à ce qu'elle me renvoyait, je me suis aperçue qu'en fait j'étais secrètement très inquiète de la réaction de Fabrice à la naissance du bébé.

En effet, dans ma famille, j'avais vu des couples très proches ne pas se remettre de la naissance des enfants. Et précisément à cause de cette inquiétude, je reproduisais exactement la même chose dans mon couple en mettant Fabrice à distance ! Heureusement, grâce à la confiance qui s'était développée dans notre couple, j'ai pu entendre le mécontentement de Fabrice et comprendre ma propre réaction. J'ai pu ainsi ne pas reproduire la malédiction des femmes de ma famille : celle de devenir une bonne mère mais avec un couple médiocre.

J'ai eu alors, et l'intensité m'a étonnée, une bouffée de reconnaissance envers Fabrice de m'avoir aussi délicatement alertée et j'ai assez naturellement pu réinvestir avec lui le fort sentiment amoureux que j'ai vécu avec mon enfant.

QUE NOUS ENSEIGNE LE TÉMOIGNAGE DE CE COUPLE ?

Margot : un cas classique d'adolescence mal vécue

Tout au long du témoignage de Margot, nous avons pu voir que son sentiment d'échec par rapport à la séduction féminine s'était nourri de plusieurs éléments. Historiquement, le vécu difficile qui a accompagné toute son adolescence n'est pas le premier de ces éléments, mais il est le plus proche de sa conscience et pèse lourdement dans son mal-être.

Son point de départ se situe au moment du délicat passage de la puberté. Les règles du jeu et les valeurs changent alors brutalement. Au premier plan de la scène apparaît l'impact sur les garçons dont le regard change de nature quand ils regardent celle qui peu de temps avant n'était qu'une petite fille sans grand intérêt. La fillette entre dans le monde des femmes ! Pour beaucoup de jeunes adolescentes comme Margot, ce changement est trop brutal et elles le vivent mal. Cherchant à l'éviter, elles se tiennent en retrait des jeux de séduction entre adolescents. Elles ont alors loupé l'entrée dans le grand bal des filles à l'aise face aux garçons et, au fil du temps, elles se vivent de plus en plus en échec, en le déniant plus ou moins. Il est important de rappeler que dans le cas de Margot, comme c'est souvent le cas, son vécu interne d'échec ne correspond pas à des difficultés d'image corporelle. Margot est jolie et seule l'inhibition de son expression féminine vient ternir l'image qu'elle donne.

Ce sentiment d'être à côté de la vie intéressante participe fortement à la création, par compensation, d'un modèle imaginaire brillant, mais très normatif, de la séduction sexuelle féminine épanouie, totalement à l'opposé du caractère maussade du vécu interne.

Dans bien des cas, comme cela est expliqué dans l'encadré sur l'effet écrasant des modèles idéaux *[« La sexualité n'est pas une image – L'effet écrasant des modèles idéaux », p. 212]*, le jugement négatif sur soi qui résulte de ce modèle pratiquement irréalisable conduit à des difficultés.

C'est en particulier le cas dans la sexualité qui est abordée, face aux exigences du modèle, comme un examen à l'échec programmé d'avance. Pour Margot, le stress de l'épreuve perturbe à la fois son désir sexuel et ses sensations, qui peuvent même devenir douloureuses, à la suite de sa crispation. Nous retrouvons alors la tentation des défenses compensatoires habituelles : projection de l'échec sexuel sur le partenaire : « Il s'y prend mal ! », ou dénigrement plus ou moins moralisant de la sexualité par rapport aux nobles valeurs amoureuses.

Margot, heureusement, tenait suffisamment à Fabrice pour accepter une remise en cause de son modèle interne, dans la première partie de son analyse centrée sur ses difficultés sexuelles. Le pronostic d'une analyse relationnelle du couple abordée dans ces conditions est très favorable. La mise au jour du jugement inconscient négatif, issu du modèle interne construit par la personne, et la compréhension de son caractère irréel apportent rapidement un grand soulagement. La possibilité d'utiliser les situations expérimentales dans le couple pour essayer différents scénarios d'approche de la sexualité permet alors à la personne de trouver la forme d'expression sexuelle qui lui convient.

Fabrice : les méfaits de l'idéalisation, le prince et le crapaud

Fabrice, enfant unique, est enfermé dans le rêve de sa mère : elle le voit comme un prince qui va réaliser ses désirs les plus profonds. Peu à peu, Fabrice y croit et fait de ce prince fantasmatique l'idéal de lui-même.

Alors que le modèle idéal de Margot était précis dans son esprit car il est véhiculé par tous les médias de la société, le rêve de Fabrice d'être un prince est plus impalpable. Margot « savait » ce qu'il aurait fallu faire pour être une femme « idéale », mais elle s'en sentait incapable. Pour Fabrice, toute action qu'il est susceptible d'entreprendre doit témoigner qu'il est effectivement un prince. La tâche apparaît rapidement insurmontable, le manque de confiance grandit et l'inhibition finit par envahir tous les domaines de sa vie avec la perte d'estime de lui qui l'accompagne.

Il s'agit bien d'un mécanisme inévitable lié au processus d'idéalisation fantasmatique. Plus son caractère idéal est fort, ce qui est le cas pour Fabrice, plus la menace interne d'échec est forte et plus le fantasme négatif de soi peut se développer, sapant progressivement l'énergie de la personne. C'est ainsi que le rêve de prince se transforme en cauchemar de crapaud, pour reprendre l'expression imagée utilisée par Fabrice.

Soulignons encore qu'ici, comme pour Margot, le jugement d'incapacité qui résulte du processus que nous venons de décrire est très irréel et ne correspond pas aux qualités de Fabrice. Dans ce cas, le rêve n'est pas une compensation à un échec réel. C'est le rêve lui-même qui génère son propre échec.

La jalousie est un sentiment souvent difficile à reconnaître

Le cœur de l'analyse de Margot est la prise de conscience du déni de la jalousie qu'elle éprouve à l'égard de sa sœur et qu'elle revit inconsciemment vis-à-vis de Fabrice.

Il existe souvent une grande résistance inconsciente à voir la rivalité avec une personne proche. C'est notamment le cas entre frères et sœurs. Deux facteurs justifient cette résistance :

1. Dans la plupart des familles – celle de Margot en est un exemple – la pression parentale est forte pour que n'apparaisse pas la jalousie, pourtant inévitable entre les enfants ;
2. Pour un enfant, reconnaître qu'il est jaloux signifie à ses yeux reconnaître qu'il est moins bien que l'autre. C'est tout à fait le vécu inconscient de Margot vis-à-vis de Céline qu'elle trouve plus réussie et plus jolie. Étant l'aînée des deux, ce vécu est d'autant plus humiliant.

La pratique de l'analyse, surtout s'il s'agit d'une analyse relationnelle, use progressivement les défenses inconscientes de la personne. Pour Margot, le besoin de compréhension d'elle-même et de ce qui se passe dans la relation la conduit à prendre conscience du déni de la jalousie envers sa sœur et de la projection vis-à-vis de Fabrice. Elle écrit alors dans son témoignage : « J'ai senti qu'à partir de ce moment-là, j'avais un outil fondamental à ma disposition, qui est la compréhension de la projection sur Fabrice de cette jalousie historique. » Cet outil va en effet lui permettre de rompre l'éloignement avec Fabrice. Elle peut enfin lui parler de ce qui se passe véritablement en elle. C'est un changement considérable qui va beaucoup favoriser l'évolution vers un couple intime.

La compréhension apportée par l'analyse n'est pas qu'une simple compréhension intellectuelle

Il est intéressant de faire le parallèle avec le changement qui se produit quasiment simultanément dans l'analyse de Fabrice. Dans son témoignage, il parle d'une séance d'analyse fondamentale dans laquelle il comprend les mécanismes de la mise à distance. Il redécouvre, en fait, les conséquences négatives cachées des processus d'idéalisation de soi : déception cachée sous le caractère illusoire de l'idéalisation, projection de cette déception sur Margot, qui devient alors insuffisante à ses yeux, et culpabilité de ressentir un tel sentiment vis-à-vis d'elle. Ce ressenti complexe et difficile le conduit alors à contrôler inconsciemment ce qui se passe en lui et à éviter l'intimité avec Margot.

Il est important de souligner que la compréhension dont parle Fabrice n'est pas une simple compréhension intellectuelle. Intellectuellement, il n'est pas difficile de comprendre la logique des mécanismes inconscients. Mais voir comment ils se jouent à l'intérieur de soi, alors qu'ils sont justement masqués par l'inconscient, est une tout autre histoire.

La compréhension dont parle Fabrice est une compréhension qui est la conséquence d'une forte prise de conscience soudaine. Il constate avec étonnement : « Oui, c'est bien ainsi que ça se passe en moi ! » C'est de cette façon que, après un certain temps de travail et de concentration sur le lien existant entre son histoire et ce qu'il vit dans son couple, le voile de l'inconscience se déchire. Il peut alors voir et comprendre la nature réelle des phénomènes qui empêchent le rapprochement intime.

La convergence des nouvelles compréhensions de Margot et de Fabrice conduit à une transformation profonde de leur relation et apporte une base d'une qualité inestimable pour l'intimité amoureuse.

Nous retrouvons dans l'exemple de Margot et de Fabrice ce qui caractérise le fonctionnement du processus analytique dans le cadre de l'analyse relationnelle du couple :

– il y a un problème à résoudre : ici, il s'agit d'abord des difficultés sexuelles, puis de l'impossible rapprochement du couple. C'est un élément caractéristique de l'analyse en couple : l'ana-

lyse ne se fait pas au hasard, mais est motivée par une problématique concrète précise ;
- la personne cherche à comprendre les éléments fondamentaux de son passé qui déterminent son fonctionnement psychique et relationnel actuel ;
- elle fait alors le lien entre ces éléments fondamentaux personnels et ce qui se passe dans la relation de couple. Ce lien, validé par les deux partenaires, va entraîner naturellement un changement dans le couple, aidé par les techniques comportementales. Cette évolution est spécifique de l'analyse en couple.

La naissance d'un enfant est un changement profond pour le couple

Dans leur témoignage, Margot et Fabrice abordent le thème délicat de l'évolution de la relation amoureuse après la naissance d'un enfant. Nous consacrons l'encadré ci-dessous à cette question.

Que devient l'intimité amoureuse du couple après la naissance d'un enfant ?

Il n'est pas rare qu'un couple montre des signes de fragilité à l'occasion de la naissance du premier enfant. Des circonstances défavorables peuvent précipiter le recul de l'intimité conjugale : la femme se remet difficilement de son accouchement ou bien l'enfant exige des soins constants. Toute à son bébé, la femme s'éloigne de l'homme. Un appauvrissement ou une complexification de la sexualité témoignent de cette mise à distance fréquente.

Parfois, c'est la mauvaise qualité de la relation conjugale qui pousse la mère à se consacrer exclusivement à son enfant et y trouver une satisfaction qu'elle ne rencontre pas ou plus avec son partenaire.

Mais le témoignage de Margot et Fabrice *[voir texte dans ce chapitre]* montre que quand tout se passe bien avec le bébé et que la relation de couple est investie positivement, l'intimité amoureuse du couple peut malgré tout en souffrir. Il est en effet très difficile d'investir simultanément les deux relations avec l'enfant et avec l'homme. Quand elle se passe bien, la relation de la mère avec son enfant est par nature très unitaire et très prenante. Comme nous le voyons tout au long de ce livre, la relation conjugale est beaucoup plus complexe et confronte bien souvent les deux conjoints à une ambivalence relationnelle difficile à vivre. Il est donc assez naturel que la mère ait tendance à abandonner le projet amoureux pour se consacrer au projet maternel, avec les inconvénients dont témoignent Margot et Fabrice : l'homme, même s'il est comme Fabrice très intéressé par son rôle de père, peut alors se sentir plus ou moins inconsciemment exclu sur le plan affectif.

Une communication vraie pour maintenir l'intimité du couple

Il est très difficile de parler de ce sentiment d'exclusion tant il apparaît infantile et déplacé. C'est oublier que la relation affective intime d'un couple est en prise directe avec les mécanismes les plus archaïques de l'histoire de chacun, parmi lesquels la possessivité et la peur de l'abandon occupent une place essentielle. Renouer des liens intimes dans le couple ne consiste certainement pas à faire disparaître ou à condamner des réactions aussi profondément ancrées dans la vie psychique. Il est vrai aussi qu'il est très difficile de partager autour de ce point délicat. L'homme est coupable de se plaindre et la femme est coupable de ne pas le satisfaire. Dans le cas de Margot et Fabrice, l'aide du cadre de l'analyse de couple s'avère très utile. Le partage en écho *[voir l'encadré sur ce sujet, p. 308]* offre à Fabrice la possibilité de parler sans faux-fuyant de ce qu'il ressent. Il permet également à Margot de ne pas s'arrêter au sentiment d'être mise en accusation et d'entendre la demande de Fabrice. Elle peut ainsi rééquilibrer son investissement en permettant à la femme de revenir prendre sa place à côté de la mère. Le fil de l'intimité amoureuse qui s'était distendu après la naissance de l'enfant est alors renoué.

CONCLUSION DU CHAPITRE 1

Dans l'introduction à ce chapitre, nous distinguions trois grands facteurs de perturbation de la sexualité : l'anxiété créée par les difficultés sexuelles elles-mêmes, les perturbations personnelles et les perturbations relationnelles. Nous ajoutions que la problématique des difficultés sexuelles rencontrées par des personnes vivant en couple est complexe, car elle est en général sous-tendue par cet ensemble de facteurs personnels et relationnels qui agissent les uns avec les autres et les uns sur les autres. Les témoignages qui précèdent le confirment.

Pratiquement, dans une analyse relationnelle du couple, surtout en son début, il est très difficile d'isoler l'action d'un facteur sans faire référence aux autres. Par contre, une fois que les problèmes sexuels ont été bien résolus, comme dans les cas que nous présentons, il peut être intéressant d'observer certains aspects de l'action de ces différents facteurs dans le couple. Cette observation permet de dégager quelques remarques à caractère général pour les personnes intéressées par la sexualité et le couple.

Les difficultés sexuelles et l'anxiété qui les accompagne sont bien souvent déniées

Cinq des six personnes qui témoignent dans ce chapitre rencontrent des problèmes dans la sexualité. Pourtant, seuls Daniel et Margot parlent dès leur début en analyse de la difficulté à vivre leur symptôme, pannes sexuelles chroniques chez lui, perte de désir et rapports douloureux pour elle. L'un et l'autre en souffrent consciemment. Comme toujours dans ce cas, les perturbations qu'ils rencontrent les rendent de plus en plus anxieux au fur et à mesure de la répétition de leurs échecs sexuels. Cette anxiété croissante ne fait que renforcer leurs difficultés et contribue à dégrader leur image en tant qu'homme et femme. Guérir leur symptôme sexuel constitue leur principale motivation pour aborder leur analyse.

Pour Martine, Cécile et Franck, le symptôme sexuel n'apparaît pas vraiment à leur conscience. Martine oublie la sexualité, Cécile met les difficultés de la sexualité dans le couple sur le compte de Franck, et celui-ci fuit la relation pour ne pas se trouver confronté à des pannes sexuelles désagréables et inquiétantes. Pour Cécile, la non-expression de son désir sexuel s'est transformée en une boulimie qui la pousse à entreprendre une analyse personnelle. Dans le cas de Martine et de Franck, c'est l'échec de la relation de couple qui les conduit à s'intéresser à ce qui se joue dans le domaine sexuel.

Pour tous les trois, c'est dans le cadre de leur analyse qu'ils vont réellement prendre conscience de leurs difficultés sexuelles. C'est un tournant important, car il n'est pas possible d'agir sur des phénomènes qui demeurent inconscients. Or, ce n'est pas parce que le symptôme n'est pas conscientisé qu'il ne crée pas dans l'inconscient de la personne anxiété et perte d'estime de soi. Le déni peut alors entraîner d'autres symptômes comme la boulimie pour Cécile ou la fuite de la sexualité pour Martine et Franck.

L'influence du milieu d'enfance sur les difficultés sexuelles

Les messages familiaux négatifs

Il est reconnu aujourd'hui que les messages qui circulent dans le milieu d'enfance conditionnent fortement l'enfant dans tous les domaines et notamment dans la sexualité. Il peut s'agir de non-dits comme dans la famille de Martine dans laquelle la séduction et le rapport au corps sont totalement ignorés. Il est bien normal alors que Martine ait tendance à oublier la sexualité. Ces messages peuvent aussi être transmis fortement comme pour Cécile, voire assénés comme pour Franck. La mère de Cécile, en se plaignant régulièrement de son mari, ne laisse planer aucun doute sur le fait que celui-ci n'est pas à la hauteur en tant qu'homme. Ce message est enregistré inconsciemment par Cécile qui le réutilise sans s'en rendre compte quand les difficultés sexuelles apparaissent dans son couple. Le dénigrement violent des hommes que Franck entend quasi quotidiennement de la bouche de sa mère rend impossible une construction masculine cohérente. On peut comprendre que l'approche de la sexualité ne soit pas aisée dans ce cas.

Qu'ils soient seulement suggérés ou bien énoncés clairement, ces messages négatifs sont intériorisés par l'enfant et deviennent des croyances inconscientes profondes. Le déni des difficultés sexuelles pour Martine, Cécile et Franck en est une conséquence. Pouvoir reconnaître la réalité de ces difficultés est un pas en avant souvent décisif pour remettre en cause ces croyances qui constituent un soubassement pathogène de la sexualité.

Les situations de rivalité inconsciente dans la famille

Les phénomènes de rivalité dans la famille jouent aussi un grand rôle dans le dérèglement de la sexualité chez de nombreuses personnes. La comparaison aux autres est un mécanisme universel chez l'être humain. L'enfant se repère par rapport au monde qui l'entoure. Il veut devenir aussi grand que maman ou papa, ou occuper une place privilégiée par rapport à ses frères et sœurs. Les situations de rivalité sont innombrables. Certaines d'entre elles peuvent être à l'origine de difficultés sexuelles.

Reprenons les exemples de Daniel et de Margot. Nous pouvons remarquer que tous les deux ont vécu une situation de rivalité avec un frère ou une sœur. Daniel a la volonté farouche de dépasser son frère aîné et Margot redoute de se voir dépassée par sa sœur cadette. Dans les deux cas, c'est la peur inconsciente de se sentir perdant face au rival ou à la rivale qui crée la tension à l'origine des difficultés sexuelles. C'est ce sentiment qui transforme la sexualité en un examen à réussir. Pour Daniel le risque est si grand qu'il génère régulièrement une situation d'impuissance sexuelle. Dans l'inconscient de Margot, la partie est perdue d'avance.

Le manque de désir féminin est souvent lié à la surprotection de la relation

L'être humain, dans sa quête de relation amoureuse, se trouve confronté à deux tendances : plaire à l'autre pour bénéficier de son amour et s'opposer à lui pour affirmer son identité. Très tôt, l'enfant rencontre ce dilemme dans sa famille, avec ses parents et ses frères et sœurs.

Pour Margot et Daniel, c'est la tendance à lutter contre l'autre qui domine leur comportement dans la situation familiale, avec les inconvénients que nous venons d'évoquer.

Martine et Cécile ont au contraire le souci constant de protéger la relation avec la personne qui leur est la plus proche, la sœur pour l'une et la mère pour l'autre. Ce maintien de la relation à tout prix les oblige à refouler tout ce qui, dans leur vécu, risquerait de perturber l'entente avec l'autre. C'est une problématique féminine fréquente.

Pour préserver la relation, la femme prend l'habitude de se couper de ses désirs véritables *[voir l'encadré « Une problématique féminine fréquente : oublier ses propres désirs pour plaire à l'autre »]*. Cette contrainte que la femme s'impose engendre de façon inéluctable une résistance secrète à l'autre qui trouve souvent pour s'exprimer un terrain privilégié dans la sexualité. Le facteur principal du manque de désir n'est alors rien d'autre que l'expression cachée de cette résistance.

Ce qui caractérise les causes psychiques des difficultés sexuelles liées au milieu d'enfance, c'est qu'elles apparaissent très tôt dans l'histoire des personnes et sont donc assez profondément enfouies dans leur inconscient. Elles sont aussi directement liées à des relations fortement investies dans l'enfance, qui vont inévitablement se rejouer dans la relation de couple. Une tentative de résolution limitée à une sexologie purement comportementaliste a dans ce cas peu de chance d'aboutir au-delà d'une consolidation de la sexualité peu épanouissante. Une analyse relationnelle mettant en évidence les racines du symptôme est en général indispensable pour obtenir une évolution plus profonde et plus satisfaisante du couple.

Soigner la relation pour guérir la sexualité

En analyse relationnelle du couple, le travail sur la relation négative inconsciente du couple est un facteur essentiel de toute amélioration, y compris dans le domaine de la sexualité. Les exemples que nous présentons témoignent de la forte interaction existant entre la relation et la sexualité, tant au niveau de la genèse des difficultés que de leur résolution. Sans reprendre l'ensemble des éléments qui sont décrits en détail dans les chapitres précédents, nous pouvons souligner quelques aspects significatifs de l'approche analytique dans ces différents exemples :

- pour Cécile et Franck, ce sont les difficultés sexuelles fortement déniées qui les éloignent l'un de l'autre. La dégradation de l'estime d'eux-mêmes, la culpabilité de ne pas satisfaire leur partenaire et les reproches, plus ou moins conscients, qu'ils font secrètement à l'autre contribuent fortement à la sclérose de la vie intime du couple. Dans leur cas, c'est le rapprochement amené par l'analyse de couple qui leur permettra de prendre conscience de ce qui se passe dans le domaine de la sexualité, puis de trouver des solutions ;

- le problème est délicat dans le cas de Martine et Daniel, car la complémentarité négative de leur couple est un facteur déterminant des difficultés sexuelles. Ils sont enfermés inconsciemment dans la logique du dominant et de la dominée. Tant que cette complémentarité ne leur apparaît pas, la situation est très bloquée. Martine ne peut que résister en fuyant la sexualité, entretenant ainsi les doutes de Daniel sur sa capacité sexuelle. Comme souvent, c'est la prise de conscience de l'un, ici celle de Martine, qui entraîne la prise de conscience pour l'autre ;
- l'interaction relation-sexualité est plus complexe dans le couple de Margot et Fabrice. La distance subtile qui s'est établie entre eux est due à la fois aux difficultés que rencontre Margot pour se sentir femme et qui se traduisent par des symptômes sexuels précis, mais aussi au rêve de grandeur de Fabrice qui le conduit à dénigrer fantasmatiquement Margot. Dans leur cas, le processus analytique est très progressif et constitué de prises de conscience successives. Les premières leur servent à reprendre confiance en tant qu'homme et femme en voyant l'irréalité de leur jugement négatif sur eux-mêmes. Les suivantes mettent en évidence les mécanismes qui les poussent à maintenir une distance dans la relation.

Chaque couple représente une configuration unique des différents facteurs que l'on retrouve dans toute relation entre un homme et une femme. On ne peut pas utiliser de solutions standard qui s'appliqueraient automatiquement à tous les couples. La résolution des problèmes rencontrés est toujours un acte créatif unique entre les conjoints.

L'épanouissement de la sexualité est un élément fondamental de l'épanouissement amoureux du couple

L'évolution de tout couple suit un cycle qui commence généralement par une phase amoureuse, la lune de miel. Pendant cette période le sentiment amoureux entre les partenaires est à son maximum. Malheureusement, bien que ce sentiment soit authentique, il

La sexualité peut-elle échapper aux conflits inconscients du psychisme ?

Lorsqu'on étudie la vie des couples en allant au-delà des apparences, on s'aperçoit que les difficultés sexuelles sont la norme et non pas l'exception. Elles peuvent se traduire par des symptômes précis comme les pannes sexuelles ou l'éjaculation précoce chez les hommes ; un manque de désir ou des douleurs à la pénétration chez les femmes.

Le plus souvent ces difficultés sont légères et peuvent même passer inaperçues à ceux et celles qui en souffrent, par manque de points de comparaison, mais elles existent presque toujours. Cette affirmation peut paraître surprenante mais elle est complètement en accord avec la logique du comportement sexuel. En effet, il n'existe pas chez l'être humain de comportement sexuel qui soit indépendant du psychisme et, comme celui-ci est par nature conflictuel, le domaine sexuel échappe difficilement aux perturbations créées par ces conflits. On constate d'ailleurs que l'amélioration authentique de la relation entraîne un renforcement du lien amoureux et sexuel entre les conjoints, prouvant par là que même si la sexualité ne posait pas ouvertement de problème au couple, elle était néanmoins plus ou moins perturbée ou limitée par les conflits relationnels.

est basé sur des constructions psychiques inconscientes fallacieuses. Les conjoints ont construit une image idéale de l'autre et d'eux-mêmes, qui ne correspond pas du tout à la réalité. Ce sont ces représentations psychiques embellies qui permettent à l'amour de prendre son essor. Cependant, au bout d'un certain temps de vie commune les partenaires retombent sur terre et le rêve prend fin.

Il s'ensuit une forte déception. Comme celle-ci est très frustrante, l'inconscient s'arrange pour la masquer le plus longtemps possible grâce à des mécanismes de défense puissants et variés, que nous avons décrits en détail dans le chapitre 2 de la première partie. La relation est à nouveau bâtie sur un faux semblant, mais celui-ci, mieux adapté à la personnalité des deux conjoints, est beaucoup plus durable que les illusions instables de la lune de miel.

Nous avons vu dans l'introduction à ce chapitre que les difficultés sexuelles ont trois axes qui interagissent entre eux : les problèmes personnels des conjoints, les perturbations relationnelles du couple et l'anxiété générée par les échecs sexuels répétitifs.

Pendant la lune de miel, la sexualité est généralement assez bonne, car un seul de ces trois facteurs est actif : les problèmes personnels concernant la sexualité. Par contre, dans la suite de la relation de couple, les difficultés relationnelles vont retentir sur la sexualité, et inversement, puisque les frustrations sexuelles vont généralement accentuer les difficultés de la relation. Il en résulte une intrication inconsciente compliquée entre ces différents facteurs qui va prendre des formes spécifiques pour chaque couple. Les trois couples que nous avons étudiés sont de bons exemples de ces interactions inconscientes complexes.

Cette complexité fait qu'il est difficile d'épanouir la relation amoureuse sans travailler sur la sexualité. Inversement, sans travailler sur la relation on ne peut pas épanouir la sexualité. Les deux sont trop imbriqués l'un dans l'autre. On peut, dans un certain nombre de cas, remédier à certains problèmes sexuels en mettant la relation « entre parenthèses », mais on n'obtiendra jamais par ces méthodes un véritable épanouissement sexuel et amoureux.

Ce que nous proposons dans l'analyse relationnelle du couple permet aux couples réellement motivés d'atteindre une relation plus harmonieuse qui unit amour et sexualité. On voit apparaître dans ces couples une forte envie de jouer amoureusement ensemble et de laisser leur désir s'épanouir de façon spontanée. L'analyse des mécanismes inconscients, associée au travail sur les aspects fantasmatiques et énergétiques de la sexualité, conduit à la création progressive d'une véritable fête sexuelle amoureuse entre les conjoints. La forme de cet épanouissement est spécifique à chaque couple, car la forme du jeu est propre à chacun, mais les couples qui témoignent se retrouvent pour dire que ce qu'ils découvrent dans la sexualité est très au-delà de ce qu'ils avaient connu jusqu'alors.

Chapitre 2

Libérer l'amour des crises et du ressentiment

L'existence de crises et de ressentiments fait partie du quotidien de nombreux couples. C'est souvent une raison qui les amène à consulter. La plupart de ceux qui viennent vers nous avec cette demande sont sincèrement désolés de cet état de choses, mais indiquent presque toujours que cette difficulté les dépasse et qu'ils ne savent pas comment y remédier. Cette impuissance face aux difficultés qu'ils rencontrent n'est pas étonnante, car les racines de l'agressivité qui génère les crises sont inconscientes. C'est seulement en remontant à leur origine que l'on peut espérer les faire disparaître de façon durable.

LES CRISES ET LES RESSENTIMENTS DÉTRUISENT L'AMOUR DANS UN COUPLE

Il est courant d'entendre dire que les disputes sont normales à l'intérieur d'un couple et qu'elles sont même le signe d'une bonne santé de la relation. On peut comprendre ce point de vue dans la mesure où les conflits ouverts signifient que les problèmes ne sont pas dissimulés. En effet, vouloir cacher les problèmes entraîne à la longue des effets très négatifs sur le couple. Néanmoins, on est bien obligé de constater qu'en l'absence d'un travail portant sur les causes inconscientes de l'agressivité, les affrontements se répètent à intervalles réguliers sans qu'il y ait, dans la plupart des cas, d'avancée vers leur disparition, sauf à installer un *modus vivendi* qui ne résout rien et vide la relation de toute intimité.

À la longue, ces conflits ouverts ou larvés, installent un climat détestable quasi permanent. On en a l'exemple quand on regarde les couples qui ne cessent de se disputer lorsqu'ils sont ensemble et qui semblent se détester. Qu'est devenu alors le sentiment amoureux qui réunissait cet homme et cette femme au début de leur relation ? Il ne reste plus que la cohabitation de deux personnes aigries, enfermées dans leur fonctionnement névrotique.

Les disputes incessantes créent des blessures chez chacun des partenaires et finissent par tuer l'amour si l'on n'y prend garde. En effet, au bout d'un certain temps, la violence du ressentiment est telle que même le désir de tenter de se rapprocher a disparu.

Un outil pour la relation : le stage individuel intensif

Complémentaire des séances individuelles espacées dans le temps et des séances de groupe, le stage individuel en couple est réservé à un seul couple qui vient travailler avec l'analyste de façon intensive durant un à deux jours.
Nous le proposons en général aux couples qui arrivent en crise, car il permet de repérer rapidement les enjeux de pouvoir qui se jouent au sein du couple et de commencer à calmer les tensions qui en découlent.
Par la suite, parallèlement au travail d'analyse, ce type de stage est proposé aussi souvent que nécessaire afin d'aborder de façon personnalisée un point particulier, en fonction de l'évolution du couple et des personnes : par exemple, travail sur la sexualité, sur des points de conflits répétitifs, ou encore sur certains aspects de l'histoire de chacun et leurs incidences sur la relation.
Pendant ce stage, nous demandons aux partenaires de se concentrer uniquement sur leur relation, en se libérant provisoirement de tout ce qui pourrait l'en détourner (travail, enfants, téléphone, etc.). Il s'agit véritablement d'une retraite, au sens de retrait de la vie quotidienne, dans le but de réfléchir à sa vie et à son couple.

Dans un stage individuel intensif, nous proposons une alternance de séances avec l'analyste et de travail personnel, seul ou avec son partenaire (travail sur le couple au moyen de supports projectifs, diverses expériences relationnelles à vivre dans le couple et à travailler ensuite avec l'analyste, etc.).
Au cours de ces stages, nous poursuivons différents objectifs :
- Permettre au couple de vivre un moment privilégié au cours duquel il peut se retrouver sans être parasité par des soucis extérieurs et se consacrer entièrement à la relation avec une volonté commune de dépasser les difficultés. Cette simple démarche a très souvent des effets positifs sur la relation, indépendamment des bénéfices du travail analytique.
- Créer un cadre permettant une véritable communication. Comme nous l'écrivions plus haut, la présence de l'analyste est indispensable pour réguler les échanges et éviter qu'ils ne dérapent vers des prises de bec comme cela se passe fréquemment lorsque l'échange n'est pas cadré. De plus, l'utilisation de supports projectifs permet d'aller beaucoup plus loin dans la communication qu'au cours d'un simple échange verbal.
- Commencer à décrypter ce qui se passe dans la relation sous l'angle de la relation d'inconscient à inconscient. En d'autres termes : qu'est-ce qui se joue réellement (quels sont les enjeux secrets) pour chacun dans les interactions plus ou moins violentes du couple ?
- Donner au couple quelques outils concrets permettant aux deux partenaires de poursuivre leur travail seuls, entre les séances d'analyse.

Même s'il n'est pas question de résoudre tous les problèmes du couple en un temps si court, le stage individuel intensif permet, très souvent, de débloquer une situation figée depuis longtemps ou de sortir d'une crise aiguë, en apportant un éclairage nouveau sur la nature des difficultés rencontrées, alors que, bien souvent, les couples sont un peu désespérés devant leur incapacité à résoudre ce type de problèmes.

Tous les couples, même ceux qui s'entendent assez bien, sont confrontés un jour ou l'autre à l'agressivité dans la relation. Il peut s'agir de crises ouvertes dans lesquelles l'agressivité s'exprime de manière directe, mais bien souvent l'expression de l'agressivité est masquée.

Dans ce dernier cas, on assiste alors fréquemment, comme conséquence des mécanismes de défense évitant toute crise ouverte, à une certaine sclérose de la relation. En cherchant à éviter à tout prix toute forme de conflit, les partenaires perdent la possibilité d'un rapprochement intime et vivant.

Les principales formes d'agressivité indirecte

La mise à distance

La mise à distance de l'autre est le mode de fonctionnement principal pour éviter le risque de conflit direct avec son conjoint. Une espèce de voile invisible s'installe entre les partenaires. Il n'y a pas de dispute, mais il n'y a plus non plus de vie, pas plus que de tendresse et d'intimité. La communication se limite à des sujets pratiques, elle devient fonctionnelle et dépourvue d'affectivité. Il s'agit d'une forme d'agressivité très insidieuse car elle n'est pas vue par celui qui la met en place. En effet, aucun signe objectif ne permet de la mettre en évidence. Elle apparaît seulement parfois sous la forme d'un changement d'ambiance très subtil et impossible à dénoncer.

Le mépris secret

Souvent la mise à distance s'accompagne d'une forme de mépris quasi invisible. Là encore, rien n'est exprimé ouvertement. Il s'agit d'une « pirouette mentale » destinée à se valoriser en dévalorisant l'autre, à se mettre sans en avoir l'air dans une position supérieure. Bien que silencieuse, une attitude méprisante implicite peut être très violente pour celui qui la subit sans qu'il ne puisse rien dénoncer. Tout passe par des regards, des mimiques, des expressions qui expriment mépris et dévalorisation, jamais par des propos explicites.

La bouderie

Très proche de la mise à distance, elle se manifeste en inquiétant l'autre, et en laissant planer une espèce de menace tout en niant qu'il y ait le moindre problème. Le boudeur ou la boudeuse sont fermés, ils rejettent l'autre en le battant froid. Mais si ce dernier s'en inquiète, il n'est pas rare que le boudeur lui rétorque que « Non, vraiment, il ne se passe absolument rien d'anormal ! » C'est une forme de provocation, le boudeur attendant que l'autre explose pour pouvoir déclarer la guerre sans en prendre la responsabilité.

La culpabilisation

Il s'agit là d'une tentative pour rendre l'autre coupable en étant, par exemple, triste, déprimé ou malade, de façon suffisamment voyante et pesante pour attirer son attention et lui laisser supposer qu'il en est responsable. Il est clair que toute tentative pour aider, soulager ou consoler la personne qui se trouve dans cette position est inévitablement vouée à l'échec. Le but est bien de continuer à souffrir et rendre ainsi l'autre à la fois coupable et impuissant.

Une résistance « machiavélique » : le sabotage du désir de l'autre

Pour des raisons qui, comme toujours, trouvent leur origine dans l'enfance, la résistance d'une personne peut prendre la forme d'une manipulation subtile. Inconsciemment, celui que nous appellerons le « saboteur » va faire en sorte de décourager toute initiative de l'autre, tout en donnant l'impression, au contraire, de l'encourager. Par exemple, après quelques phrases positives qui vont dans le sens du projet de son conjoint, le saboteur va dresser la liste des obstacles qui risquent de se présenter. Ceci, dans le but avoué d'aider l'autre à les affronter, bien sûr, mais en fin de compte les dites difficultés apparaissent tellement importantes que raisonnablement il ne reste plus qu'à renoncer au projet. Le partenaire sort de la discussion abattu et frustré par rapport à son désir, mais il ne peut se plaindre, car son conjoint l'a apparemment écouté avec beaucoup d'attention.

Crise ouverte et ressentiment déclaré

À l'inverse des couples dans lesquels l'agressivité s'exprime de façon indirecte, d'autres sont en quelque sorte aspirés dans le cycle des disputes à répétition. Il n'est pas nécessaire d'en faire ici une description détaillée car les modalités sont toujours les mêmes. Dans ces moments de crise ouverte, les reproches ou les sentiments de colère sont exprimés directement, et les mots employés sont destinés à blesser et non pas à s'expliquer. Les ressentiments réciproques ne peuvent qu'augmenter, créant en général une atmosphère irrespirable dans le couple.

Nous allons revenir maintenant sur les causes inconscientes de cette agressivité relationnelle, avant d'aborder dans un second temps les méthodes que propose l'analyse relationnelle du couple pour sortir de la prison que constituent les conflits récurrents dans une relation de couple.

Les causes inconscientes de l'agressivité relationnelle

Quand on interroge quelqu'un sur les causes de son agressivité dans le couple, on obtient en général deux types de réponse : soit un déni de cette agressivité, soit une justification par le comportement du partenaire. Ces réponses défensives témoignent de la difficulté de prendre conscience de la lutte relationnelle et des blessures narcissiques qu'elle inflige.

Le déni est une déformation de la réalité par effacement

Le déni est un mécanisme inconscient qui, par exemple, permet à la personne de faire disparaître à ses propres yeux un trait de sa personnalité qui constitue une image négative et inacceptable d'elle-même. Nous retrouvons ici le rôle de l'inconscient : il cherche à maintenir une représentation valorisante de soi-même en niant une agressivité réelle.

Se justifier est souvent la conséquence de la « mauvaise foi » de l'inconscient

À propos des conflits du couple, les justifications se présentent souvent sous la forme d'une liste d'accusations : « Il a fait ceci ! », « Elle a dit cela ! » Si on interroge à son tour l'autre conjoint, on obtient en général une description contradictoire de la situation. Cette double description montre bien que l'inconscient de l'un ou de l'autre des deux partenaires – et en général des deux – déforme la réalité. C'est cette déformation que nous appelons mauvaise foi inconsciente : pour l'inconscient, tout est bon pour conserver le rôle positif !

Soulignons qu'au travers des justifications on a presque toujours l'impression que l'agressivité est provoquée par des événements extérieurs à la personne : X n'a pas rangé telle chose, Y n'a pas tenu sa promesse, etc. En réalité, le rôle de ces facteurs est faible, car ce ne sont généralement que des alibis ; les facteurs fondamentaux qui sont à l'origine des réactions agressives sont inconscients et font partie de la personnalité des deux conjoints.

Nous allons décrire maintenant les facteurs psychiques principaux qui provoquent l'apparition de l'agressivité.

L'agression comme réaction à une blessure narcissique

La volonté inconsciente de préserver – à ses propres yeux – une bonne image de soi-même, souvent au mépris de la réalité, rend dangereux le rapprochement avec l'autre. En effet, la vie à deux, si elle n'est pas sclérosée par une mise à distance trop importante, va conduire à recevoir fréquemment de la part du conjoint une image de soi qui ne correspond pas à celle que l'on a consciemment et que l'on cherche à maintenir. Même si le conjoint a souvent, en raison de son propre souci de maintenir une image positive de lui-même, une vision déformée de son partenaire, il perçoit néanmoins des aspects importants du comportement réel de celui-ci. C'est en ce sens que le couple peut servir de révélateur des déformations inconscientes de la représentation de soi.

Cette mise en cause de l'image de soi est souvent ressentie comme une menace venant de l'autre. Certaines personnes ont appris dans leur enfance à répondre automatiquement de façon agressive aux situations qui les menacent. Leur réaction « instinctive » consiste alors à attaquer celui ou celle qui est identifié comme responsable de la menace. Dans le couple, c'est le conjoint.

Notons bien que dans les cas dont nous parlons ici, ce n'est pas l'intégrité physique de la personne qui est menacée bien sûr, mais l'estime d'elle-même, souvent fondée sur une image déformée qui ne correspond pas à qui elle est vraiment. C'est la peur que cette distorsion soit mise en évidence qui génère le sentiment de menace et la susceptibilité qui l'accompagne.

Quand les deux membres du couple sont de typologie agressive, le cycle répétitif des crises est bien difficile à éviter. Dans les moments de dispute, chacun des partenaires est accusateur de l'autre et constitue pour lui un miroir négatif. Les arguments s'entrechoquent et, bien souvent, c'est l'escalade.

Nous pouvons encore une fois souligner que le couple est bien l'endroit où il est le plus difficile de maintenir une image de soi qui ne correspond pas à la réalité. C'est pour cette raison qu'il donne la possibilité de se connaître en profondeur, car il est difficile d'y tricher, contrairement à d'autres situations sociales – amis, collègues – qui sont des miroirs beaucoup plus faciles à influencer que le conjoint.

La lutte de pouvoir entre les conjoints : un mécanisme archaïque mais puissant, remontant à la petite enfance

De nombreux couples sont surpris, voire choqués, lorsque cette notion de lutte de pouvoir est évoquée avec eux. L'idée qu'il existe une lutte de pouvoir dans le couple n'est ni perçue ni acceptable, car elle ne correspond pas aux idées généralement véhiculées sur l'amour. Et pourtant, il est impossible de comprendre les conflits de nombreux couples si l'on se refuse à envisager cette lutte.

La lutte de pouvoir relationnelle est la survivance d'un stade de développement infantile, remontant environ à l'âge de deux ans, qui consiste à vouloir imposer à tout prix sa volonté à l'autre. L'enfant de deux ans s'affirme, affirme son existence, en opposant sa volonté à celle de sa mère. C'est le fameux stade du « non » bien connu de tous les parents. Pour l'enfant de cet âge-là, l'enjeu essentiel de l'interaction est d'imposer son désir contre celui de sa mère. Qui va dominer qui ? Est-ce l'enfant ou est-ce la mère ? Voilà ce qui l'intéresse !

Au cours du développement de l'enfant – quand la socialisation se passe normalement – cette tendance à l'affirmation de soi contre l'autre va, en apparence, disparaître. En réalité, elle persiste dans les profondeurs de l'inconscient et va réapparaître dans le couple, car celui-ci est l'endroit où se manifestent de façon privilégiée des fonctionnements très archaïques. Cependant, cette lutte n'apparaît pas sous cette forme à un regard qui n'est pas rompu aux subtilités de l'inconscient. En effet, une personne est en général capable de justifier ses comportements au moyen d'arguments qui semblent cohérents. Une analyse suffisamment poussée des motivations inconscientes, va cependant montrer que ces arguments servent avant tout de rationalisations et qu'il s'agit essentiellement d'arriver à dominer l'autre en lui imposant son point de vue. Dans presque chaque conflit de couple, on retrouve, en dessous des arguments échangés, la volonté personnelle d'avoir raison et d'être celui qui a le dernier mot.

La rivalité à l'intérieur du couple

Comme la lutte de pouvoir que nous venons d'évoquer, la rivalité à l'intérieur d'un couple est, pour certains, un sujet quasiment tabou. Beaucoup considèrent d'ailleurs en général que jalousie et rivalité caractérisent l'enfance mais que, normalement, à l'âge adulte ces sentiments n'ont plus cours. Or, comme beaucoup d'autres sentiments jugés anormaux, ils n'ont pas disparu du psychisme de l'adulte. Ils ont simplement été refoulés et continuent à être actifs et à se manifester de façon plus ou moins masquée dans la relation.

COMMENT LIBÉRER LE COUPLE DES CRISES AGRESSIVES ?

L'agressivité, quelle que soit la forme sous laquelle elle se manifeste, est un véritable poison pour la relation. Comme nous l'avons vu plus haut, elle peut, petit à petit, détruire l'amour. Il est donc essentiel de s'employer d'abord à en prendre pleinement conscience, puis à la réduire et à la canaliser, pour progressivement la faire disparaître. Différentes approches complémentaires les unes des autres sont utilisées pour cela. Nous allons en donner un bref aperçu, sachant que l'ensemble des méthodes de l'analyse relationnelle est décrit par ailleurs.

Réussir enfin à se parler. Favoriser la communication utile

Une mauvaise communication est une plainte fréquente chez les couples qui viennent consulter : « Nous n'arrivons plus à nous parler, il (ou elle) ne m'écoute pas, ne me comprend pas. » De fait, bien souvent, toute tentative pour se parler se transforme en affrontement.

Pourtant, si l'on veut une relation proche et complice, il est nécessaire de s'écouter et de se comprendre.

La difficulté de communication dans le couple est due au fait que chaque partenaire a une vision subjective – inconsciemment déformée – de la situation, notamment lorsque celle-ci met en jeu leur propre définition d'homme ou de femme. En conséquence, les conjoints, sans s'en rendre compte, ne parlent souvent pas de la même chose quand ils essayent de discuter d'un sujet qui leur tient à cœur dans la relation.

Cette déformation de la réalité est ce que nous avons appelé la « mauvaise foi » inconsciente. Le premier travail de communication a pour but de prendre conscience de l'existence de ce phénomène.

Au début de l'analyse, les séances en couple ont, entre autres, cette fonction de créer un cadre dans lequel une communication plus claire devient possible : la présence d'un tiers, le respect de règles de fonctionnement précises sont autant d'éléments permettant une meilleure écoute du vécu de son partenaire et une relativisation de son propre point de vue.

Par ailleurs, nous avons mis au point des méthodes de communication qui peuvent être pratiquées par les couples en dehors de la présence de l'analyste. Elles ne remplacent pas les séances, mais les complètent très efficacement. Elles constituent une sorte d'apprentissage d'un échange respectueux avec l'autre et « utile » dans le sens qu'elles permettent de réellement se comprendre et de faire progresser la relation.

Il s'agit notamment de la méthode du « partage en écho » qui consiste à se placer dans les bras de son conjoint pour lui parler, tandis que celui-ci répète mentalement ce qui lui est dit, sans rien changer de la tournure des phrases et de l'intonation. La répétition silencieuse « en écho » des propos du partenaire est là pour empêcher la lutte de pouvoir verbale dans laquelle la personne cherche à avoir raison sans vraiment écouter et répond en justifiant sa position avant d'avoir entendu celle de l'autre. L'utilisation de supports projectifs *[voir l'encadré « Les supports projectifs, à la fois moyen d'expression et miroir du psychisme »]* donne également de bons résultats, car elle permet de prendre de la distance et d'exprimer le vécu de chacun sans en rester à une accusation stérile.

Modifier les comportements destructeurs : la méthode des contrats

La méthode des contrats est issue des approches comportementales et cognitives. Nous l'avons intégrée dans notre méthode car elle permet de modifier rapidement des comportements néfastes à la relation. Ceci est nécessaire pour calmer le climat de tension existant dans le couple en apportant une solution rapide à des difficultés concrètes, et pour permettre d'approfondir le travail analytique qui ne peut avoir lieu tant que des fonctionnements trop défensifs sont à l'œuvre. De plus, elle permet un véritable apprentissage de nouveaux comportements non destructeurs pour la relation.

Cette méthode s'applique à des actes relationnels facilement identifiables. Elle est utilisée entre autres pour gérer les conflits ouverts dans le couple.

Lorsqu'un comportement négatif est identifié, il est envisagé par les conjoints, aidés par l'analyste, de le remplacer par une attitude plus adéquate. Il s'agit alors d'expérimenter de nouveaux modes de fonctionnement et d'en observer les effets sur la relation. Cela fait l'objet d'un « contrat », c'est-à-dire d'un accord librement consenti par lequel les conjoints s'engagent à modifier des comportements précis qui sont à l'origine de tensions dans le couple. Il est important, dans ce cas, que les efforts soient justement répartis afin qu'aucun des deux ne se sente lésé.

Première utilisation des contrats : gérer les conflits ouverts

Dans la plupart des cas, face à un couple en crise, la première démarche à entreprendre consiste à tenter de « calmer le jeu », c'est-à-dire à trouver un moyen pour diminuer le caractère destructeur de ces réactions émotionnelles. Pour cela, il est nécessaire que les partenaires réalisent clairement, dans un premier temps, que la dispute n'apporte jamais de solution, mais qu'au contraire, elle ne fait qu'envenimer la situation.

Ensuite, il s'agit de mettre en place une procédure simple permettant d'interrompre la discussion dangereuse avant qu'il ne soit trop tard et de prendre de la distance en attendant que la colère soit retombée de part et d'autre. En effet, l'émotion ressentie dans ces moments-là empêche de prendre suffisamment de recul pour comprendre quels sont les enjeux cachés de l'affrontement. Ce n'est qu'ensuite que la discussion peut reprendre sur des bases plus objectives, chacun étant à même d'expliquer sa réaction en la resituant dans le cadre de son système personnel (qu'est-ce qui m'a blessé et pourquoi ?).

Deuxième utilisation des contrats :
cadrer les situations génératrices de conflits

Outre la gestion des conflits, la méthode des contrats permet, après avoir repéré les situations qui en sont généralement à l'origine, de proposer une solution concrète et équitable pour éviter qu'elles ne dégénèrent en affrontements. Avec l'aide de l'analyste, les conjoints vont mettre en place un contrat leur permettant d'aborder la situation délicate autrement. Cela va consister à se répartir clairement les rôles dans une situation qui pose problème comme les différentes tâches de la vie quotidienne : ménage, éducation des enfants, gestion administrative, etc. ou la répartition de la participation financière de chacun dans la vie commune, par exemple.

Un contrat de couple est librement accepté par chacun

Quelquefois vécu dans un premier temps comme une contrainte, un contrat se révèle rapidement être une aide, un outil de travail dont le but est ici de désamorcer les disputes latentes et, également, comme nous le verrons plus loin, de mettre en lumière certaines contradictions inconscientes des conjoints. Un contrat est toujours choisi et accepté par les deux conjoints avec l'aide de l'analyste. Il est modifiable, renégociable, après analyse des difficultés rencontrées, si l'un des conjoints n'en est pas satisfait.

Analyser les causes profondes des conflits

La méthode des contrats décrite plus haut permet d'agir sur des comportements aisément identifiables et modifiables par la seule volonté. Cependant, en rester à ces prises de décisions comportementales est insuffisant, à long terme, si elles ne sont pas accompagnées d'un travail d'analyse permettant aux protagonistes de remonter à l'origine inconsciente de leurs réactions. L'analyse se fait à partir de l'observation minutieuse de la relation du couple, d'une part dans des interactions spontanées et, d'autre part, lors de situations expérimentales qui sont proposées au couple. Il s'agit de cadres relationnels précis conçus pour mettre en évidence certains aspects inconscients beaucoup plus clairement que des interactions spontanées.

Recycler l'énergie destructrice pour rapprocher les conjoints au lieu de les éloigner

L'agressivité est en général vécue comme une énergie destructrice qu'il est nécessaire de beaucoup diminuer pour (re)trouver une relation agréable. Cela amène souvent les personnes, une fois qu'elles ont vu leur agressivité et qu'elles ne cherchent plus à la justifier par de mauvaises raisons, à faire des efforts pour ne plus être agressifs. Ces efforts sont louables et positifs, mais cette façon de gérer l'agressivité pose deux sortes de problèmes :

- l'agressivité peut ne pas avoir été vue dans sa totalité. Elle risque alors d'être refoulée ou contenue, mais elle ne disparaît pas et risque de ressurgir sous une forme ou une autre dès que les circonstances s'y prêtent (stress important par exemple) ;
- même si l'agressivité est une énergie négative, c'est une énergie. Si celle-ci se trouve bloquée par un moyen ou un autre, il peut en résulter une perte de dynamisme et un accroissement excessif du contrôle sur soi, c'est-à-dire une perte de spontanéité. Ceci peut se traduire en particulier dans la sexualité.

Pour remédier à ces deux inconvénients, nous proposons aux couples d'expérimenter une autre manière de gérer leur énergie agressive. Cela nécessite que cette agressivité ait été clairement vue au préalable et au moins partiellement acceptée sans culpabilité.

C'est la condition *sine qua non* pour être capable de jouer ensemble et d'utiliser cette énergie de façon positive.

Lorsque c'est le cas, nous proposons aux conjoints de mettre en scène sous la forme de scénarios ludiques leur désir de « dominer » l'autre. Ils utilisent pour cela la méthode des situations relationnelles expérimentales (ou temps d'intimité structurés) qui constitue un cadre suffisamment sécurisant, car les règles en sont claires. Le suiveur, notamment, a toujours la possibilité d'interrompre le jeu s'il se sent trop menacé. Cela permet à l'homme et à la femme, à tour de rôle et à égalité, de vivre « pour rire » leurs pulsions dominatrices en les intégrant à une relation ludique. De cette façon ces pulsions ne sont plus destructrices tout en conservant leur potentiel énergétique.

Rappelons encore que nous ne conseillons pas cette pratique de transformation de l'énergie agressive en énergie amoureuse et sexuelle en dehors du cadre de l'analyse relationnelle du couple. Les risques de dérapage sont trop importants pour un couple qui n'est pas guidé.

Développer des liens amoureux dans le couple

Les situations expérimentales et les temps d'intimité structurés *[voir une description complète de ces méthodes dans le chapitre 2 de la première partie]* sont des outils utiles pour développer le lien amoureux entre un homme et une femme.

En mettant en place un cadre particulier, ils permettent aux conjoints de faire l'expérience d'une relation où les obstacles habituels sont soit provisoirement écartés soit, au contraire, totalement pris en compte de façon consciente (la lutte de pouvoir par exemple est prise en compte en désignant clairement qui « mène le jeu » et qui suit le « jeu » proposé par l'autre). On peut dire que la relation peut à ce moment-là devenir plus saine et que les sentiments amoureux peuvent s'y développer à nouveau. Cela constitue un point de repère et rassure les conjoints sur la présence de ces sentiments.

Le processus de changement : dépasser l'agressivité pour intégrer réalité et plaisir

Les couples qui recherchent l'intimité amoureuse se heurtent fréquemment à des obstacles bien difficiles à franchir, en particulier les multiples formes de la lutte de pouvoir et l'agressivité latente entre les partenaires. Indépendamment de la forme qu'elle peut prendre, l'agressivité relationnelle existe, à des degrés divers, dans presque tous les couples. Cependant les causes profondes de cette agressivité restent inconscientes. Ce qui est conscient, ce sont les disputes, les bouderies, les accrochages variés se répétant à des intervalles plus ou moins fréquents. Les conjoints, rivés sur les causes apparentes de la dispute, ne voient que celles-ci, car à la surface on ne remarque que les prétextes du type : « Tu as fait ceci ou tu n'as pas fait cela... donc je suis en droit d'être en colère. » Or, la cause profonde et inconsciente des disputes est bien souvent ailleurs.

Il existe des forces agressives puissantes refoulées dans l'inconscient de chacun. Ce sont ces mécanismes inconscients qui constituent les obstacles à l'intimité amoureuse en alimentant la lutte relationnelle à l'intérieur du couple. Quand deux personnes cherchent à se rapprocher intimement, ces forces agressives entrent en action et s'opposent à l'amour. C'est comme un gaz comprimé mis dans un petit espace : il est sous pression et devient potentiellement explosif. Il en va de même dans le couple. Quand les conjoints se rapprochent les risques de friction entre eux augmentent. L'agressivité refoulée devient plus dangereuse que lorsque les conjoints restent à distance. C'est comme si elle était mise sous pression par la proximité même des conjoints, et qu'elle risquait d'exploser au moindre incident.

Le 1er axe de travail : l'analyse des mécanismes négatifs inconscients

La mise en évidence des comportements négatifs et des mécanismes inconscients subtils qui les sous-tendent est donc un

des premiers axes du travail en analyse de couple. L'analyse permet au couple, d'une part, de voir plus clairement ce qui se passe réellement dans la relation et, d'autre part, de travailler sur la cause profonde, intrapsychique, de ces comportements. La fréquence des crises qui apparaissent dans le couple ne diminue pas forcément immédiatement, mais leurs raisons réelles, au-delà des incidents incriminés, deviennent de plus en plus claires et cela permet d'en sortir plus rapidement.
L'analyse de ces crises apporte une compréhension de plus en plus fine des mécanismes inconscients qui sous-tendent la relation. Même si cette étape est inconfortable, elle est très utile dans le processus de transformation du couple.

Le 2e axe de travail : le développement de comportements nouveaux positifs

Parallèlement à cette démarche analytique, la recherche de comportements nouveaux positifs est le deuxième axe de travail du couple. Elle a pour but d'améliorer la relation en profondeur en apprenant à recycler positivement, tout au long du processus de changement, l'énergie agressive de la relation. C'est en apprenant à dédramatiser celle-ci, puis à s'en servir pour rapprocher les conjoints au lieu de les éloigner, que ce recyclage devient possible dans le couple. Il prend alors la forme d'un jeu relationnel qui, en devenant de plus en plus libre au fil de l'analyse, va permettre de développer l'intimité amoureuse dans le couple.
Nous présentons tout au long du livre de nombreux exemples de ces jeux relationnels, décrits par les couples dans leurs récits d'analyse. Pour qu'un jeu soit un cadre de sécurité, ses règles doivent être choisies et acceptées par les deux conjoints. Le rôle des analystes est bien sûr important pour veiller à la pertinence du cadre choisi par les conjoints en fonction de leur problématique et de leur évolution ou pour conseiller de nouvelles modalités.
Nous pouvons souligner ici que la sexualité est, pour beaucoup de couples, un terrain de prédilection pour développer ces pra-

tiques. L'érotisation ludique de la lutte relationnelle est une voie très efficace pour avancer vers l'épanouissement amoureux et sexuel. Les cas présentés dans ce livre en donnent différents exemples.
Le processus de transformation du couple que nous présentons consiste à ramener à la conscience les mécanismes refoulés qui empêchent l'épanouissement de l'amour dans le couple et à transformer progressivement les forces négatives devenues conscientes en un jeu positif, vivant et joyeux.

1. CLARA ET ADRIEN : UNE RELATION EXPLOSIVE

Lors du premier entretien, le couple de Clara et Adrien apparaît *a priori* comme un couple posé. Adrien est médecin, il est grand, solide, il a l'air calme et réfléchi. Clara est enseignante, c'est une jolie femme dynamique, mais qui semble traverser une période un peu dépressive, due aux difficultés de la relation de couple. Ils réussissent tous les deux dans leur vie professionnelle. Ils ont deux enfants, des jumeaux, et s'entendent relativement bien sur la façon de les élever.

Ce qui pose problème, c'est la relation de couple, qui est loin d'être satisfaisante. Adrien est miné par un sentiment de rivalité perdante qui entrave son énergie et le rend méfiant dans la relation. Clara a été survalorisée dans son enfance et a baigné dans un milieu très machiste où la lutte entre hommes et femmes est omniprésente.

Du fait de leur histoire et malgré le travail thérapeutique qu'ils ont déjà effectué avant de se rencontrer, ils restent tous les deux extrêmement susceptibles à la moindre remise en question de l'image idéalisée qu'ils ont d'eux-mêmes. Leur relation naturellement les confronte sans cesse à la réalité et entraîne une lutte de pouvoir intense qui leur rend la vie impossible.

Voici comment ils décrivent l'un et l'autre leur relation à cette époque.

Notre relation est comme de la nitroglycérine

Récit de son analyse par Adrien. *Notre rencontre a été l'aboutissement, pour chacun de nous, d'un long cheminement personnel. Auparavant, nous avions vécu, l'un et l'autre avant de nous connaître, une relation de couple difficile qui s'était soldée par une séparation. Le profond sentiment d'échec qui en a résulté nous a amenés, chacun de notre côté, à entreprendre une analyse, car nous sentions que ces difficultés n'étaient pas liées uniquement à des circonstances défavorables.*

Ces premières tranches d'analyse nous ont permis de régler nos principales difficultés, en particulier un fort sentiment de dévalorisation exacerbé par l'échec de nos couples précédents. Nous nous sommes mis ensemble peu après avec le sentiment que nous avions enfin rencontré l'âme sœur et qu'un avenir radieux s'offrait à nous.

En réalité, une fois passée l'euphorie de la lune de miel, les difficultés ont commencé à apparaître sous la forme de disputes de plus en plus fréquentes et parfois violentes, face auxquelles nous nous sentions totalement impuissants.

Notre relation était comme de la nitroglycérine : elle pouvait « exploser » à chaque instant pour des raisons apparemment insignifiantes. Nous étions à vif et parfois la moindre parole nous blessait profondément. C'était épuisant.

Seule la sexualité échappe à cette lutte de tous les instants

Récit de son analyse par Clara. *Notre relation a connu une évolution très rapide dans ses débuts, un peu comme si nous nous étions toujours connus. Six mois à peine après notre rencontre, nous décidions de prendre un appartement ensemble, et un an plus tard de nous marier. Nous sentions comme une certitude qui nous transportait. Nous étions sûrs d'avoir trouvé l'un comme l'autre le conjoint idéal. Pourtant, après à peine un an de vie commune, juste au moment où je suis tombée enceinte, les difficultés entre nous ont commencé et sont allées en s'accentuant. J'écrivais à ce sujet quelques mois plus tard, dans mon journal intime :*

« Nous sommes satisfaits de notre vie professionnelle, nous avons eu de beaux jumeaux, Lisa et Lou, nous avons tout pour être heureux, mais la relation est de plus en plus difficile, la lutte entre nous est féroce. Les disputes se multiplient à propos de tout, nous sommes épuisés mais aucun de nous ne lâche. Nous ne savons d'ailleurs pas quoi lâcher, car nos revendi-

cations respectives nous semblent, à l'un comme à l'autre, totalement justifiées. Seule la sexualité échappe, on ignore comment, à cette lutte de tous les instants. Dans ce domaine, le pouvoir se distribue entre nous sans difficulté, la relation est fluide et intense, cela nous donne parfois un peu d'espoir mais je suis de plus en plus découragée, je ne sais plus quoi faire. »

Clara, qui a investi toute son énergie dans la réussite de ce projet de couple, est très profondément en échec et présente des signes de dépression, car elle ne voit pas d'issue à cette situation. Adrien, comme beaucoup d'hommes dans ce genre de circonstances, est moins affecté, car parallèlement il s'investit aussi ailleurs : sa vie professionnelle, sa réussite sociale sont importantes pour lui et lui offrent un dérivatif à l'échec du couple qu'il se refuse d'ailleurs à voir aussi clairement que Clara.

Cependant, ils tiennent fortement l'un à l'autre et ne baissent pas les bras face à leurs difficultés et, assez curieusement, ils continuent à avoir des rapports sexuels assez fréquents et satisfaisants.

Devant cet échec de la relation, ils décident d'entreprendre une analyse relationnelle du couple.

Surtout ne pas perdre face à l'autre

Ce qui se révèle assez rapidement, après le début de leur analyse, pourrait se résumer par une phrase : « inconsciemment, aucun des deux ne veut avoir le sentiment de perdre en face de l'autre ». Bien sûr, personne n'aime se sentir perdant, mais dans leur cas il s'agit d'une hypersensibilité, d'une hypersusceptibilité à toutes les situations qui pourraient être interprétées comme une tentative de prise de pouvoir de l'autre, y compris des intonations de voix ou des façons de s'exprimer qui pourraient laisser croire que l'autre se place « au-dessus ».

Cette réactivité, hors de proportion avec la relative insignifiance des évènements qui la provoquaient, incita à chercher dans leur histoire les causes profondes qui pouvaient l'expliquer.

CLARA : UNE PETITE REINE QUI ENTHOUSIASME LES HOMMES DE LA FAMILLE, MAIS BEAUCOUP MOINS LES FEMMES

Récit de son analyse par Clara. *D'origine méridionale, je viens d'une très grande famille. Nous vivons, mes parents, mes frères et moi, ainsi que deux de mes oncles paternels avec leurs femmes et enfants sur le domaine de mon grand-père. Il possède la plus grande exploitation de fruits et légumes de la région. Depuis longtemps retiré officiellement des affaires, il reste, en fait, le seul maître du domaine comme il l'a toujours été. À ma naissance, première et seule fille dans cette tribu de garçons, tant du côté paternel que du côté maternel, je suis accueillie comme une petite reine par mon grand-père. Mon père en tirera une fierté toute particulière et veillera jalousement sur sa « petite merveille ». J'ai trois frères de six, sept et huit ans mes aînés, et de nombreux cousins pour la plupart plus âgés que moi. Mes frères sont, eux aussi, très fiers d'avoir une petite sœur et même si j'ai le don de les pousser à bout, ils auront toujours un comportement assez protecteur envers moi.*

En fait, les seules personnes de la famille à ne manifester qu'un enthousiasme très relatif à mon égard sont ma mère et mes tantes.

Ma mère est agacée par la relation proche et surprotégée que j'ai avec mon père. Elle me met d'ailleurs souvent en boîte à ce sujet : « Oh ! La fifille chéeeriee à son pôpaaa ! »

Mes tantes, peu féminines et assez effacées, ne voient pas d'un très bon œil cette petite star élue par les hommes de la famille.

Ma mère est une très jolie femme, avec un fort caractère. Je suis fascinée par sa beauté et son élégance, ses gants et ses chapeaux toujours assortis à ses toilettes, son dynamisme ainsi que sa capacité à tenir tête à mon grand-père – elle est la seule à oser le faire – et, en même temps, je m'en sens très jalouse très tôt. Je pense que je n'arriverai jamais à faire aussi bien qu'elle ! Bien sûr, ce n'est que bien plus tard, et grâce à l'analyse, que j'ai pu comprendre et nommer ces sentiments contradictoires.

Lorsque je suis petite fille, cela se traduit par des relations difficiles où je m'oppose beaucoup à elle, comptant sur le soutien de mon père, alors que, de son côté, ma mère prend celui-ci à parti afin qu'il punisse mon mauvais caractère. Mon père, très amoureux de sa femme mais ne supportant pas de me gronder, déteste ce rôle d'arbitre et essaye d'y échapper autant qu'il le peut.

Clara est promise à un destin particulier

Dans son enfance, Clara vit une situation paradoxale où d'un côté elle est mise sur un piédestal par son père et son grand-père et, de l'autre, elle se retrouve face à sa mère et aux femmes de la famille qui se chargent de la remettre dans le rang.

Sa mère, comme Clara nous l'a décrite, est une belle femme, très féminine et sûre d'elle, qui n'hésite pas à s'opposer au pouvoir machiste représenté notamment par son beau-père qui régente tout dans la famille. Ses tantes par contre sont à l'opposé, peu féminines, plutôt soumises, du moins apparemment, au pouvoir de leur mari. Elles sont jalouses du rayonnement de la maman de Clara et se vengent un peu sur la fille pour atteindre la mère.

Cette situation complexe – la survalorisation distribuée par le père et le grand-père, le modèle très réussi que représente sa mère, les frères et les cousins tous plus âgés mais vis-à-vis desquels elle est placée quasiment à égalité, et les tantes aigries et en échec – amène Clara à intégrer un ensemble de données contradictoires : une femme doit non seulement être belle, féminine et séduisante sans en faire trop, pour plaire à l'homme, mais aussi rivaliser avec lui dans tous les domaines tout en vivant une relation harmonieuse et amoureuse !

À propos de sa lutte avec les hommes, Clara écrit dans son journal au début de son analyse :

> *« Dans ce milieu très macho, je découvre le pouvoir de l'homme, direct et incontesté, et la domination subie par les femmes sauf par ma mère, la seule à avoir une position différente. Par ailleurs, mon grand-père et mon père me laissent entendre que je suis promise à un destin particulier. Mon grand-père me dit souvent que c'est lui qui choisira mon futur mari. Il sous-entend par là, à la fois qu'il me faut un homme à la hauteur, et que moi, de toute façon, je ne me laisserai jamais dominer par un homme.*
>
> *Cela me fait à chaque fois une étrange impression. Je suis bien sûr incapable de voir alors la contradiction énorme que ce message comporte, mais je sens un malaise et, surtout, combien les attentes de mon père et de mon grand-père sont pesantes. Je comprends aujourd'hui que c'est probablement ce qui m'a fait poursuivre à Paris des études que j'aurais très bien pu faire en province. Mais en attendant, je vais grandir en prouvant sans relâche qu'une fille est aussi capable que ses frè-*

res et ses cousins, gommant les années de différence entre nous ! Je vais donc m'atteler à ne jamais déclarer forfait devant des tâches traditionnellement réservées à des hommes. J'apprends dès 16 ans à démonter les bougies de ma future voiture et même à en changer les plaquettes de frein ! »

Les messages contradictoires reçus dans son enfance, ainsi que les fortes attentes qui pèsent sur elle, vont avoir une incidence très négative sur la relation de couple de Clara. Dans l'intimité, sans s'en rendre compte, elle est en permanence dans une position défensive et très susceptible vis-à-vis d'Adrien. Cherche-t-il à la dominer ? À l'humilier ? Pour Clara, la relation de couple est sans cesse, de façon inconsciente, considérée sous l'angle des rapports de pouvoir.

Nous allons voir que la situation d'enfance d'Adrien, quoique très différente de celle de Clara, l'amène à adopter la même attitude de méfiance et d'inquiétude.

ADRIEN : UN ENFANT SOLIDE, MAIS QUI SE SENT PERDANT SUR TOUS LES TABLEAUX

Récit de son analyse par Adrien. *Je suis le troisième enfant d'une fratrie de cinq. Je suis précédé par un frère et une sœur et également suivi d'un frère et d'une sœur plus jeunes. Mes parents tiennent un restaurant à Lille.*

Les deux aînés sont fortement valorisés par nos parents en tant que premier garçon et première fille, car ils constituent, comme c'est souvent le cas avec les premiers enfants, un miroir positif pour eux. André et Marie ont ainsi pu développer des personnalités dont la composante narcissique assez marquée leur permet d'afficher une certaine aisance relationnelle et de prendre facilement une place.

En tant que troisième enfant, arrivant assez rapidement après les deux aînés, je ne suis pas regardé par mes parents de la même façon qu'eux. Je suis bien aimé par eux, ce sont des parents aimants, mais le regard admiratif qu'ils portent sur mon frère et sur ma sœur me manque. De ce fait, je me sens rapidement « moins bien » que les deux aînés. Je me fixe sur leurs qualités relationnelles, au détriment de celles que j'ai développées et que je considère comme mineures.

Les choses se compliquent par le fait que, à mes yeux, les plus jeunes sont perçus comme « purs », c'est-à-dire dépourvus de tout sentiment négatif tel que la jalousie ou l'agressivité : Marc est défini comme un enfant fragile, hypersensible et qu'il faut protéger. Quant à Laurence, c'est la « petite dernière » par excellence, toujours contente, agréable et aimée de tous pour son bon caractère. Je suis coincé, car la jalousie que je ressens vis-à-vis des aînés provoque chez moi une culpabilité très forte, en particulier par comparaison avec mes frère et sœur plus jeunes qui semblent ignorer complètement ce sentiment agressif qui me ronge et que j'essaie de masquer par tous les moyens, la jalousie. Je me sens donc perdant sur toute la ligne et tente de lutter par tous les moyens contre ces sentiments.

Pour compenser cette dévalorisation interne, je réussis malgré tout à prendre la place de l'enfant sérieux et solide de la famille sur qui on peut compter, ce qui me fera choisir la profession de médecin.

La compensation d'Adrien est en effet remarquable car il apparaît comme un homme stable et confiant en lui. Cependant, la notion de contrôle est primordiale dans sa personnalité. Contrôle sur lui-même et sur ses sentiments, mais aussi tentative de contrôle sur son environnement afin de ne jamais être confronté à ces sentiments qui entraînent chez lui une forte dévalorisation. De façon assez obsessionnelle, il ne veut jamais se sentir moins bien ou « perdant » par rapport à l'autre. Il développe à partir de là une véritable phobie vis-à-vis de toutes les situations susceptibles de lui faire perdre la maîtrise et de le confronter à la peur d'être insuffisant.

Dans son couple, cela va l'amener à exercer sur Clara une pression insidieuse et culpabilisante afin que celle-ci réfrène tout ce qui risquerait de la faire apparaître supérieure à lui.

Une nécessité au début de l'analyse : faire cesser la bagarre en utilisant des contrats entre les conjoints

La complémentarité négative est très forte dans ce couple, c'est-à-dire que les défenses de l'un blessent l'autre profondément et réciproquement.

La susceptibilité est d'autant plus forte qu'Adrien et Clara sont deux personnes « réussies », avec un système de compensation efficace : ils apparaissent aux yeux de leur entourage comme un homme et une femme sûrs d'eux, n'ayant pas de problème particulier. Cette bonne image leur procure de nombreux bénéfices qu'ils ne sont pas prêts à remettre en question.

Cependant Clara va mal. Elle ne voit pas d'issue à ces disputes incessantes et est donc davantage prête à changer qu'Adrien qui souffre moins de la situation. Toute l'énergie de celui-ci est concentrée, depuis toujours, dans un effort pour ne pas se sentir « dominé » par l'autre. Malgré sa bonne volonté, faire un pas dans la direction de Clara lui est difficile.

Étant en présence d'un système « boule de neige » où les blessures entraînent de la colère et de l'agressivité qui, à leur tour, provoquent un grave sentiment d'échec, il nous apparaît que le plus urgent est de trouver un moyen de stopper ces affrontements destructeurs. Dans ce cas, attendre que l'analyse produise ses effets n'est pas une bonne solution, car, en fait, aucun travail d'analyse n'est possible dans ces conditions, puisque aucun des deux protagonistes ne peut prendre suffisamment de recul pour cela.

Un contrat de non-agression

Nous allons donc proposer, dans un premier temps, à Clara et à Adrien de travailler en priorité sur leur agressivité en établissant entre eux un contrat constituant une sorte de pacte de non-agression. Au cours de leur analyse, Clara et Adrien passeront entre eux, avec notre aide, de multiples contrats, afin de les aider à changer de comportements en prenant une distance par rapport à leur agressivité.

Précisons ici que nous ne prétendons pas régler ainsi, sur le fond, le problème de l'agressivité dans ce couple, mais que ce moyen nous apparaît, dans un premier temps, comme la seule possibilité de faire bouger les choses.

Voici ce qu'écrit Adrien à ce propos :

Nos analystes nous ont proposé de passer un contrat par lequel nous nous engageons à arrêter de nous disputer dès que nous sentons que nous dérapons. Au départ, ça n'est pas facile à mettre en place, mais nous sommes suffisamment motivés pour calmer la bagarre entre nous et nous sommes prêts à tout essayer, même si cela a un caractère un peu « artificiel ».

Le système « boule de neige » de la bagarre dans le couple

Il s'agit d'un mécanisme qui concerne, à des degrés divers, la plupart des couples.

Schématiquement, on pourrait dire que certains traits de personnalité de l'un touchent l'autre à un endroit où il se sent blessé, sans qu'il y ait nécessairement d'intention agressive de la part du premier.

Par exemple, l'un des conjoints peut dire soudainement à l'autre qu'il va regarder tel film à la télévision, sans vouloir vraiment imposer son choix à l'autre ; cependant, si ce dernier se sent mis devant un fait accompli, il peut répondre d'une façon un peu trop sèche qu'il faut lui demander son avis avant.

De plus, très souvent, les mécanismes de défense de celui qui se sent blessé vont être mal vécus par le premier, qui se sentira à son tour blessé, c'est-à-dire touché à un endroit où il est fragile. Dans notre exemple, si le premier conjoint a tendance à se sentir coupable d'être trop dominant, il va réagir émotionnellement à la remarque du second, car il pense qu'il est accusé à tort puisqu'il avait bien l'intention de demander son avis à l'autre avant de regarder le film.

À partir de là, la situation est bloquée, car les deux conjoints, se sentant attaqués ou menacés, sont sur la défensive et vivent l'autre comme un ennemi.

Ces situations sont pénibles à vivre, mais on peut dire que, paradoxalement, elles sont très intéressantes au plan analytique, car elles mettent en évidence les failles secrètes de chacun.

Lorsqu'une telle crise se présente, nous conseillons en général de prendre un petit peu de distance, car la confrontation immédiate ne peut rien donner de bon dans de telles conditions. Lorsque l'émotion est un peu retombée, il devient possible, en prenant certaines précautions ou dans le cadre de séances d'analyse, de revenir sur ce qui s'est passé pour en tirer des enseignements.

[Pour un exemple illustrant cet encadré, voir les témoignages de Clara et d'Adrien dans le texte ci-dessus].

Dès qu'une dispute commence à se produire, l'un de nous deux (le premier qui y pense) signifie à l'autre de façon non verbale qu'il désire arrêter ce qui est en train de se passer et qu'il souhaite sortir momentanément de la relation (c'est l'équivalent du « pouce » utilisé par les enfants lorsqu'ils désirent quitter une situation de jeu, à la différence près que là, le jeu n'est pas très drôle...). Utiliser un geste ou un signe a l'avantage d'être plus neutre que d'employer des mots qui peuvent être encore chargés d'agressivité, en particulier par le ton employé.

Nous nous engageons à nous éloigner l'un de l'autre pendant le temps nécessaire pour que l'émotion retombe. Lorsque l'un de nous se sent prêt à reprendre la relation, il le signifie à l'autre au moyen d'un objet qu'il place à un endroit convenu. Nous choisissons d'utiliser des cartes postales un peu humoristiques. De mon côté, je choisis une photo représentant un ours qui a une expression de fermeture butée, ce qui représente une sorte d'autodérision de ce que je suis dans ces moments de dispute. Clara choisit pour sa part la photo d'un petit félin toutes griffes dehors, que je trouve très représentatif de ce qu'elle montre lorsque nous nous affrontons !

Lorsque nous avons tous les deux placé notre photo, la relation peut reprendre, mais de façon très prudente. Nous devons commencer de préférence par un contact physique, puis petit à petit la parole peut être à nouveau utilisée, mais sans revenir tout de suite sur l'objet de notre dispute. Celui-ci n'est pas « enterré », ce qui risquerait, à la longue, d'alourdir le passif, mais mis de côté jusqu'à ce que nous puissions réaborder le sujet sans passion excessive. Cela pourra être fait, en particulier, à l'occasion d'un « partage en écho » [voir l'encadré sur ce sujet] *que nous pratiquons régulièrement.*

Nous étions soulagés tous les deux d'avoir à notre disposition un moyen concret pour faire avorter nos bagarres et nous l'avons mis en pratique à la première occasion. Autant dire que ce n'est pas aussi simple que ça en a l'air ! Lorsque l'on est emporté par l'émotion, il n'est pas toujours aisé d'avoir la force de se retirer mais nous essayons.

En proposant ce contrat, nous nous doutions qu'il ne serait pas facile à respecter, car les blessures ressenties par Clara et Adrien sont fortes et elles mettent en danger la façon dont ils se définissent chacun comme ayant toujours raison. Pourtant, l'avantage de ces échecs est qu'ils permettent de faire sentir la profondeur de ce qui est touché en eux dans ces moments-là et donc d'orienter leur travail analytique dans une direction essentielle.

Qu'est-ce qu'un contrat dans le couple ?

Un contrat est un accord passé entre les partenaires avec l'aide de l'analyste afin d'apporter une solution comportementale à un problème concret qui se pose dans la relation (par exemple : qui fait quoi à la maison, qui choisit où l'on va passer les vacances...). Outre le fait de proposer une solution au problème posé, le contrat a pour objectif de mettre en évidence certains aspects de l'inconscient des deux conjoints, en particulier les contradictions qui peuvent exister dans leurs désirs.

Quelles sont les situations auxquelles on peut appliquer la méthode des contrats ?

Cette méthode peut être employée pour modifier des comportements inadéquats clairement identifiables. Par exemple, comment gérer un conflit, en cas de difficultés concernant l'argent dans le couple, quand l'un des deux a l'impression que la répartition des dépenses communes est injuste, ou bien lorsqu'il y a des différends sur la répartition des tâches à la maison...

Les contrats suffisent-ils à régler définitivement un problème ?

Les contrats ne suffisent pas à apporter une solution complète et définitive, car celle-ci nécessite un travail d'analyse permettant de comprendre ce qui se joue inconsciemment à cette occasion.

Ces contrats ne sont pas toujours bien acceptés dans un premier temps, sous le prétexte que ça n'est pas « naturel » ou « spontané ». Ces objections sont fondées, mais il faut bien reconnaître que, dans la plupart des cas, ce qui est naturel ou spontané c'est... la bagarre ou la mise à distance de l'autre ! Un engagement des conjoints à modifier leurs comportements est donc souvent indispensable et peut être assez rapidement obtenu par cette méthode.

Bien entendu, comme nous l'indiquons plus haut, cet engagement ne dispense pas de faire le travail qui consiste à remonter à l'origine inconsciente des difficultés, si l'on veut obtenir une modification durable des comportements qui nuisent à la relation.

[Pour un exemple illustrant cet encadré, voir les témoignages d'Adrien et de Clara dans le texte ci-contre.]

Voici ce qu'écrit Clara sur sa réaction face aux contrats :

Lorsque l'analyste nous a expliqué le principe des contrats, j'ai mal réagi dans un premier temps. La notion de contrat relationnel était si éloignée de ce que j'appelais l'Amour avec un grand A, le vrai, spontané, ouvert, naturel ! Cet amour-là n'avait pas besoin, selon moi, de cadres, de précautions, de prévisions, et surtout pas d'organisation !

Néanmoins la situation entre nous était tellement bloquée que je décidai d'essayer. Quelque temps plus tard, j'ai dû me rendre à l'évidence : ces contrats avaient nettement amélioré notre relation dans le sens qu'il n'y avait plus autant ces explosions de colère si destructrices entre nous. Cependant, nous étions bien conscients qu'il nous restait à travailler sur l'origine de notre agressivité l'un envers l'autre. La tension étant en partie tombée, ce travail d'analyse devenait possible.

Jusque-là, en refusant de cadrer la relation j'empêchais toute forme de partage et d'échange réels avec mon conjoint, car je me conduisais en réalité – et au nom de l'amour en plus – comme un véritable dictateur. C'était moi et moi seule qui savais ce qu'il était bien ou pas de faire, de penser, ou encore la façon de se comporter dans la relation amoureuse. À aucun moment je ne m'attardais à me demander pourquoi Adrien traînait les pieds à ce point-là. La réponse me semblait tellement évidente : « Il avait tort, un point c'est tout ! » ; ou encore : « Il ne voulait pas me faire plaisir, c'était la vérité, c'était un égoïste doublé d'un menteur lorsqu'il m'affirmait m'aimer et tenir à la relation ! »

Un contrat met clairement en lumière les prises de pouvoir et surtout les contradictions propres à chacun. Il n'est pas possible, dans un cadre défini par les deux conjoints et avec « l'arbitrage » de l'analyste, de se mentir. Par exemple, si je me suis engagée à retrouver Adrien à une heure précise pour une soirée de couple qu'il a organisée et que je trouve mille choses à faire qui me mettent en retard, je ne peux que constater que les raisons que j'invoque pour expliquer ce retard sont de mauvaises raisons et que, probablement, il y a de la peur et de la résistance à me confronter à cette situation.

LES SITUATIONS RELATIONNELLES EXPÉRIMENTALES : UNE NOUVELLE FAÇON DE TRAVAILLER

L'objectif de l'analyse est d'aider la personne à prendre conscience de certains de ses fonctionnements inconscients problématiques. Ceci est difficile. En effet, ce qui est inconscient est par définition hors du champ de conscience et la personne « ne voit pas » ce qui constitue la trame invisible de son psychisme, qui colore ses pensées et l'amène à des comportements d'échec.

Nous proposons donc à Clara et Adrien de vivre des situations expérimentales qui vont permettre d'une part de révéler certains aspects de leur inconscient, et d'autre part de leur faire découvrir un autre mode relationnel dans lequel la rivalité et la lutte de pouvoir sont clairement prises en compte et cadrées.

Récit de son analyse par Adrien. *Les analystes nous ont proposé une nouvelle façon de travailler. Elle consiste à programmer des temps où, à tour de rôle, nous conduisons la relation, c'est-à-dire que l'un de nous deux a le pouvoir de décider ce que nous allons faire ensemble. Le rôle de l'autre est de suivre en participant avec la meilleure volonté possible, tout en étant conscient des émotions qu'il ressent dans cette situation. Il s'agit d'expérimenter d'une part des temps corporels et sexuels, et d'autre part des temps plus longs consacrés à des activités extérieures (sorties, loisirs...).*

Clara m'emmène faire du shopping

Extrait du journal d'analyse d'Adrien. « *L'idée des situations expérimentales dans le couple nous a paru séduisante, mais dans les faits, ça n'a pas été si simple que ça ! Il y a quelques jours, c'est Clara qui devait organiser et diriger un temps relationnel pendant une durée de trois heures. Elle a souhaité que nous allions en ville pour faire du shopping car elle souhaitait faire quelques emplettes. À l'annonce de ce programme je me suis senti inquiet. C'est une activité dont je ne raffole pas énormément, mais je me suis raisonné très vite en me rappelant intérieurement que c'était une expérience à vivre et que j'avais le droit d'être mécontent à condition de remplir ma part de contrat, c'est-à-dire de suivre Clara sans entraver le déroulement de cette expérience.*

« *Je l'ai donc suivie assez docilement dans les différents magasins où elle souhaitait aller, mais ce qui m'était pénible intérieurement, c'était le temps qu'elle passait à chaque fois pour comparer, hésiter, essayer, réessayer et quelquefois ne pas acheter. Au fur et à mesure que j'écris, je me rends compte que mon agacement est toujours présent et que ça se traduit par une façon assez ironique de raconter les choses. Ces temps*

d'attente me confrontent à une dépendance quasiment insupportable et je réalise que je "sabotais" légèrement en étant peu souriant, en exécutant ce qu'elle me demandait de faire de façon apparemment irréprochable, mais sans y mettre aucune bonne volonté.
« À un moment ça a dérapé. Je me suis fichu en colère en prétextant qu'elle me parlait sur un ton autoritaire qui ne se justifiait pas. Sur le moment, j'étais sincère, mais en y repensant je ne suis pas très sûr de la réalité de ce que je lui ai reproché. Je crois surtout que j'ai choisi le premier prétexte venu pour sortir du cadre que je supportais mal en lui reprochant d'abuser de la situation. Le point positif est que nous avons réussi à surmonter l'incident et à continuer l'expérience au bout de quelques minutes. »

Nous voyons ici l'intérêt de ces situations expérimentales. Adrien prend le temps de regarder ce qui se passe en lui. Il privilégie cette introspection par rapport à la réaction émotionnelle. Il voit ainsi que c'est son éternelle phobie d'être dominé qui crée pour l'essentiel son mécontentement vis-à-vis de Clara. Pouvoir observer ce phénomène « en direct », sans en faire une crise, constitue un progrès remarquable. Nous voyons d'ailleurs que cela lui permet de reprendre rapidement à son compte son dérapage émotionnel et de continuer l'exercice. Il s'agit donc d'un véritable apprentissage d'une maîtrise relationnelle qui permet au fil du temps un assainissement considérable de la relation.

Extrait du journal d'analyse d'Adrien. *« Par contre, les temps sexuels se passent bien. Curieusement, en ce qui me concerne, ce sont les temps où Clara est meneuse qui sont presque les plus agréables. Je me rends compte, à cette occasion, que je ne me sens jamais dominé désagréablement dans la sexualité, même quand c'est Clara qui a le pouvoir de décision. Quand c'est moi qui dirige, Clara ne résiste pas non plus et semble également bien vivre la situation. Voilà pourquoi, sans doute, malgré nos conflits fréquents, la sexualité reste intense et vivante : aucun de nous ne se sent dévalorisé quand l'autre mène le jeu. »*

La sexualité est un espace préservé pour Clara et Adrien. Autant ils sont fortement identifiés à des modèles dominants dans la plupart des domaines de leur relation, autant cela ne semble pas être le cas dans la sexualité. En réalité il y a bien une forme de domination mais celle-ci consiste à avoir un fort impact sexuel sur l'autre. Peu importe alors qu'ils puissent être à certains moments « dominés » au sens habituel du terme. L'important, pour chacun d'entre eux, est que l'autre manifeste un intérêt sexuel, ce qui les rassure et les valorise à la fois.

Cette réassurance et cette valorisation réciproques créent une alliance très solide. Cela explique pourquoi il n'y a jamais eu de problème sensible dans le domaine de la sexualité. Ils échappent à cet endroit aux éléments négatifs qui caractérisent leur relation : la peur des jugements extérieurs sur le mauvais fonctionnement de leur couple d'un côté et leur forte rivalité de l'autre.

La relation évolue positivement

Grâce aux outils que nous leur avons proposés, Clara et Adrien ont pris conscience de ce qui détruisait peu à peu leur couple : leur hantise de se sentir dominés et les mécanismes de défense agressifs par lesquels ils se protégeaient de ce sentiment.

Parallèlement à ce travail au quotidien, les séances d'analyse, en faisant le lien avec leur histoire, leur ont permis d'intégrer ces prises de conscience dans une compréhension plus globale de leur fonctionnement et de celui de leur couple.

Ce travail a permis à leur relation d'évoluer très sensiblement.

Récit de son analyse par Adrien. *Nous étions l'un et l'autre tellement motivés – ne voulant pas vivre un second échec de couple – que nous avons suivi à la lettre les indications de nos analystes. L'utilisation de ces cadres nous a permis de prendre conscience assez rapidement des fonctionnements inconscients qui nous empêchaient de vivre harmonieusement ensemble, alors que c'était notre souhait le plus cher. Je peux dire que l'effet que cela a eu sur notre relation a été spectaculaire. Je ne prétendrais pas pour autant qu'il n'y a plus aucun problème et que nous baignons chaque jour dans un océan de bonheur, mais nous avons retrouvé des sentiments amoureux l'un pour l'autre et les difficultés quotidiennes (d'ailleurs moins nombreuses et moins importantes) sont vécues de façon totalement différente.*

Je me rends compte maintenant combien j'étais sur la défensive vis-à-vis de Clara. En fait, sans en avoir conscience je me méfiais d'elle en permanence et j'étais d'une grande rigidité. Aujourd'hui, c'est beaucoup moins le cas. Maintenant, nous arrivons très souvent à discuter de nos différends, en ayant confiance dans la volonté de l'autre de s'expliquer et de trouver des solutions. Cela peut sembler évident pour d'autres, mais pour notre couple c'est une véritable révolution !

Nous revenons de loin !

C'est ainsi que s'exprime Clara vers la fin de leur analyse, indiquant ainsi combien leur relation avait évolué, alors qu'ils étaient passés très près de la séparation.

Récit de son analyse par Clara. *Quand nous avons commencé cette analyse de couple, je n'y croyais pas tellement. L'horizon me semblait complètement bouché, je ne voyais pas comment nous allions nous en sortir. C'était pour moi la démarche de la dernière chance. Aujourd'hui, je peux dire que nous revenons de loin. C'est étonnant comme les choses ont pu changer entre nous. Bien sûr, tout n'est pas parfait, il y a encore du chemin à faire. Nous avons encore parfois des conflits et des incompréhensions, mais le climat dans la relation est complètement différent de ce qu'il était. Une véritable complicité s'est installée entre nous et je me sens beaucoup plus proche et amoureuse d'Adrien.*

Les témoignages d'Adrien et Clara indiquent bien la naissance d'une complicité réelle : les comportements agressifs cèdent le pas au désir de créer un lien rassurant. Progressivement, le « j'ai raison sur l'autre » qui exclut l'autre négativement, s'efface au profit du « j'ai besoin de l'autre » qui inclut l'autre positivement.

QUE NOUS ENSEIGNE LE TÉMOIGNAGE DE CE COUPLE ?

Beaucoup de couples de célébrités fonctionnent sur le modèle du couple « explosif » de Clara et Adrien

Clara et Adrien ont commencé une analyse de couple parce que leur couple est soumis à de fréquentes disputes explosives. Ces disputes sont le symptôme visible des contradictions internes de leurs personnalités respectives. Tous les deux ont été habitués dans leur enfance à rivaliser et à lutter au sein de leur famille. Ils ont pu développer de réelles qualités qui leur apportent la satisfaction d'une réussite indéniable, tant sur le plan de leur apparence de femme et d'homme que sur celui de la compétence professionnelle.

Mais la volonté de réussir entraîne toujours la peur d'échouer. Dans le face à face à l'intérieur du couple, le risque est grand d'apparaître comme celui qui ne fait pas ce qu'il faut ou de se sentir dépassé par l'autre. Pour des personnes habituées à réussir, comme Clara et Adrien, ce risque d'échec devient une phobie. La susceptibilité est toujours à fleur de peau et les disputes peuvent s'enclencher et s'envenimer de manière soudaine et brutale.

Cette description de la rivalité à l'intérieur du couple de Clara et Adrien peut s'appliquer à bien des couples de personnes qui ont « réussi » socialement. Beaucoup de couples de célébrités : acteurs, artistes, hommes politiques, fonctionnent sur ce modèle. Seule l'intensité apparente des conflits varie en fonction des stratégies inconscientes de chacun des conjoints et de la distance qui s'établit entre eux au fil du temps.

Il est difficile d'être à la fois guerrière et amoureuse. Ce n'est qu'au cinéma ou dans les romans que l'histoire se termine bien

Le milieu d'enfance de Clara est caractérisé par la lutte entre les hommes et les femmes autour de la séduction et de la domination. Inconsciemment, elle a retenu de cette situation complexe qu'elle doit plaire aux hommes, comme elle le faisait avec son père et son grand-père ; et leur résister comme sa mère le faisait en imposant son pouvoir de séduction et sa forte personnalité.

Clara est bien sûr très fascinée par l'image féminine de sa mère et elle a peur de ne pas être à la hauteur. La rivalité avec les hommes et les femmes domine donc clairement l'inconscient de Clara, ce qui ne laisse pas présager une réussite facile dans la relation amoureuse.

Pourtant, Clara veut faire la preuve de ses capacités féminines par la réussite d'un couple harmonieux. Nous rencontrons ici une manœuvre classique de l'inconscient. Pour ne pas voir l'aspect « guerrier » de sa personnalité, qui n'apparaît pas assez féminin, Clara échafaude un nouveau projet, qui par son caractère amoureux et harmonieux semble réparateur. Mais bien sûr, il ne tient pas compte de la personnalité réelle de Clara et introduit de ce fait une contradiction supplémentaire qui constitue une menace interne violente. Quand une dispute vient marquer l'échec du projet amoureux compensatoire, après l'expression de la colère, elle se retrouve très abattue. Elle a alors perdu le combat symbolique face à sa mère : elle n'est pas à la hauteur. Chaque crise du couple renouvelle l'échec du projet amoureux et contribue à nourrir l'anxiété quant à la possibilité de le réussir.

Un autre facteur vient renforcer cette situation interne très conflictuelle. Ayant bénéficié d'une place très centrale dans son enfance, Clara a pris l'habitude d'imposer son désir à l'autre. Plus son inquiétude inconsciente augmente, plus elle va chercher à imposer son point de vue. L'ensemble – volonté d'imposer son désir, anxiété due à l'irréalité du projet – constitue alors une position agressive très instable qui peut exploser dès que les événements ne tournent pas comme elle le souhaite.

Clara est un bon exemple de projet amoureux recouvrant des tendances agressives et dépressives fortes. On retrouve, ici encore, une situation commune à bien des femmes qui réussissent brillamment dans la société, mais dont le couple, qui doit leur servir d'alibi pour montrer qu'elles sont bien femmes, est en fait un véritable chaos. Il est difficile d'être à la fois guerrière et amoureuse. Ce n'est qu'au cinéma ou dans les romans que cette situation se termine bien.

La lutte des deux « ego » : qui va réussir à gagner sur l'autre et à imposer son désir ?

Quant à Adrien, son « drame » est de se trouver au milieu d'une fratrie de cinq enfants. Ses frère et sœur aînés ont bénéficié de la place de premier garçon et de première fille. Adrien est fortement jaloux d'eux. Inconsciemment, il se vit très tôt comme moins brillant qu'eux, inintéressant même. Et la présence des deux petits frère et sœur n'arrange rien. Adrien les perçoit comme plus joyeux et agréables que lui, qui se voit engoncé dans la lourdeur de son sentiment perdant par rapport à ses aînés. Sur le plan relationnel, Adrien se sent donc, comme il le dit lui-même, « perdant sur toute la ligne ».

Pour éviter d'être envahi consciemment par ce vécu difficile, Adrien va prendre l'habitude de contrôler son environnement. Il s'intéresse à des choses concrètes, réussit bien à l'école et prend ainsi la place de l'enfant sérieux de la famille sur qui on peut compter. Cette compensation positive se traduit par la suite par une très bonne réussite en tant que médecin.

Mais cette compensation réussie a pour effet d'accentuer l'impression de gouffre interne que constitue l'apparition de ses sentiments négatifs – jalousie, agressivité – très dévalorisants à ses yeux. Il redevient alors aussitôt l'enfant Adrien, qui se sent inintéressant et jaloux et, par-dessus tout, coupable de se voir comme ça. Cette image interne de lui-même, en totale contradiction avec l'image externe du médecin sérieux et sûr de lui, devient de plus en plus intolérable au fil du temps.

Le couple avec Clara va pousser le conflit interne d'Adrien à son paroxysme. Clara est la femme belle et valorisante qui convient parfaitement pour compléter le tableau de la réussite d'Adrien aux yeux du monde. Mais, quand ils sont face à face, Adrien se retrouve dans la situation qu'inconsciemment il redoute le plus. Clara a toutes les qualités apparentes de son frère et de sa sœur aînés : vivante, brillante, sûre d'elle... C'est tout à fait insupportable pour Adrien et il réagit souvent de façon agressive et disproportionnée pour des événements qu'il considère lui-même comme insignifiants.

De son côté, Clara poursuit son rêve inconscient : réussir un couple harmonieusement amoureux pour gagner sur ses rivales, en montrant qu'elle est véritablement une « femme amoureuse qui sait réussir son couple ». Habituée à imposer son désir, elle ne supporte pas la résistance d'Adrien à ce qu'elle considère comme une demande légitime d'amour. Son rêve se brise alors, et le dépit la fait réagir de façon agressive.

Une approche comportementale indispensable avant l'analyse

Heureusement, les milieux d'enfance de Clara et Adrien leur ont aussi apporté, à l'un et à l'autre, l'aptitude à ne pas baisser les bras devant les difficultés. Ayant déjà échoué une première fois en couple, ils ont voulu se donner une vraie chance de réussir leur relation en choisissant de faire une analyse de couple.

Nous avons déjà souligné l'importance de la synergie entre l'approche analytique et l'approche comportementale dans l'analyse relationnelle du couple.

Dans le cas de Clara et d'Adrien, il s'avère que sans une approche permettant de diminuer l'intensité du processus des crises agressives, la compréhension analytique de la situation ne peut apparaître. Les contrats qu'ils mettent en place avec l'aide des analystes présentent plusieurs intérêts pour leur évolution :

1. Le premier objectif est de calmer le jeu, éviter l'embrasement de la relation sous l'effet de l'insatisfaction de l'un ou de l'autre. Ce n'est pas quelque chose de simple, comme le soulignent Clara et Adrien. Mais, comme souvent, ce qui constitue un défaut dans un domaine peut devenir une qualité dans un autre. Leur volonté respective de maîtriser leur environnement, si problématique habituellement dans la relation, trouve dans le cadre du respect des contrats matière à s'exprimer positivement. Les efforts fournis canalisés dans une direction précise portent leurs fruits.
2. En respectant le contrat, Clara et Adrien sont amenés à dédramatiser l'exigence du maintien de leur image. Ils s'aperçoivent progressivement que la phobie d'une défaite humiliante face à l'autre est une création de leur esprit. En ce sens, ils débutent alors clairement le processus analytique qui consiste avant tout à accepter de remettre en cause le contenu de ses pensées en le confrontant à la réalité. Ils sont rapidement prêts à jouer avec des contrats plus subtils dans le cadre des situations relationnelles expérimentales qui vont permettre le dévoilement progressif de leurs personnalités réelles.

Leur témoignage montre l'efficacité de cette approche comportementale constituée de cadres successifs qui d'une part apportent la sécurité indispensable pour améliorer le climat du couple et d'autre part constituent un lieu d'observation et d'analyse des comportements personnels.

2. PAULINE ET RÉGIS : LA FEMME REPROCHANTE ET L'HOMME QUI SE RÉFUGIE DANS LE TRAVAIL

Pauline et Régis forment un couple dans lequel les conflits sont nombreux. Pauline fait beaucoup de reproches à Régis, car il ne satisfait pas ses attentes qui lui semblent légitimes. En retour, Régis fuit la relation en s'investissant toujours plus dans son travail, ce qui ne fait qu'augmenter les reproches que lui adresse sa femme.

Ils sont pris dans un cercle vicieux – une complémentarité négative dont ils sont un bon exemple – et il leur est très difficile d'en sortir, car chacun se sent dans son bon droit et reste fixé sur ce que fait – ou ne fait pas – l'autre. C'est ce qui entraîne les conflits et le durcissement de la situation.

Nous allons voir comment, en prenant conscience de leur véritable fonctionnement dans la relation et en revenant l'un et l'autre sur leur histoire pour en trouver l'origine, ils ont pu sortir de ce mode de fonctionnement.

Ce chapitre est divisé en deux parties. La première est consacrée à l'analyse de Pauline avant sa rencontre avec Régis. La deuxième décrit l'évolution de leur couple après cette rencontre. Nous avons demandé à Pauline de bien vouloir présenter la première partie de son analyse, car elle constitue un bon exemple de la mise en évidence des mécanismes d'agressivité relationnelle qui échappent à la conscience de la personne et qui l'empêchent de stabiliser une relation amoureuse. Elle permet aussi de mieux comprendre le travail en couple effectué par la suite, qui ne devient possible que grâce à la réussite de cette première étape. De son côté, Régis venait tout juste de débuter une analyse personnelle quand il a rencontré Pauline. Son témoignage débute donc avec la deuxième partie du chapitre qui est consacrée au couple.

2.1. L'AGRESSIVITÉ INCONSCIENTE DE PAULINE L'EMPÊCHE DE STABILISER LA RELATION AMOUREUSE

Je suis une jeune femme positive et dynamique... Pourtant les hommes me quittent et j'en souffre

Récit de son analyse par Pauline. *Dans ma famille, je suis la dernière d'une fratrie de trois enfants, avec un frère de dix ans mon aîné et une sœur qui a trois ans de plus que moi. Le couple de mes parents ne va pas très fort. En faisant ce troisième enfant, mes parents espèrent bien se rapprocher.*

J'ai souvenir d'avoir eu une bonne relation avec ma mère, qui me voit comme une enfant positive et dynamique. Par contre, j'ai plus de mal avec mon père et ma sœur : ils ont une relation forte et je me sens tenue à l'écart. Mon frère, lui, m'apparaît un peu lointain. C'est un gentil garçon agréable, plutôt centré sur les études.

Quand je quitte ma famille, vers vingt ans, j'ai quelques aventures amoureuses, mais elles ne durent pas. Les hommes ne restent pas. Je ne comprends pas pourquoi, car je me vis comme une jeune femme positive et dynamique, trait de caractère que j'ai hérité de l'enfance.

C'est toujours la même chose. Je rencontre un homme qui me plaît et au début ça marche bien. Puis la relation devient compliquée et l'homme finit par me quitter. À chaque fois, je me sens très abattue. Ces états dépressifs, qui se répètent avec chaque rencontre, m'épuisent et m'inquiètent. J'ai besoin de comprendre ce qui se passe. Comme j'ai entendu parler de l'analyse psychocorporelle, je décide d'essayer.

Les échecs amoureux répétés créent une importante perte d'estime de soi-même. Sans forcément en avoir conscience, la personne vit dans un état dépressif larvé. C'est le cas de Pauline. À chacune des ruptures, c'est une petite période dépressive qui s'ouvre. À un certain moment, une aide extérieure devient fortement souhaitable pour l'aider à les surmonter.

Au cours des séances individuelles et des séances de groupe de son analyse, Pauline va découvrir peu à peu les raisons de sa difficulté à garder un homme auprès d'elle.

La mise au jour de la rivalité et de l'agressivité inconscientes permet à Pauline de comprendre les raisons de ses échecs

Un exercice d'apparence anodine mais très révélateur

Malgré les tourments de sa vie amoureuse, Pauline se définit à son arrivée en analyse comme une personne dynamique. C'est exact, mais derrière ce dynamisme se cache une forte agressivité, dont elle va prendre conscience à l'occasion d'un exercice fait en groupe, d'apparence ludique et assez anodine *[voir l'encadré « Les manifestations de l'inconscient dans le travail corporel relationnel en groupe »]*. Voici ce qu'elle écrit au sujet de cet exercice.

À un moment donné, on fait dans le groupe un drôle d'exercice qui m'a bien fait réfléchir. L'analyste nous explique qu'il s'agit, en utilisant le corps, de vivre symboliquement ce qui se passe en nous dans un contexte de frustration. Pour cela, il nous propose de nous mettre en face d'une personne du groupe et de nous amuser à nous pousser légèrement en répétant la phrase « Laisse-moi passer ! » Au bout de quelques minutes, on change de partenaire et on recommence ce même jeu.

Au début, ça crée une ambiance de chahut joyeux qui me convient bien. À un moment donné, je me trouve en face de X, et je sens l'agressivité monter en moi. C'est assez inattendu car j'aime bien X. Soudain je prends conscience que X est devenue ma sœur : ce n'est plus X que j'ai en face de moi, c'est ma sœur ! J'ai envie de pousser plus fort, de pousser ma sœur, de l'évincer, d'occuper le terrain... Je me sentais très remuée, avec de fortes émotions contradictoires : je me sentais très agressive et, en même temps, ça me plaisait de ressentir une telle énergie. C'était libérateur.

Cet exercice, apparemment sans problème, m'a fait beaucoup réfléchir. La force de la réaction que j'ai eue change la perception que j'ai de moi. Je ne suis plus seulement la fille dynamique et positive telle que me le répétait ma mère, mais j'ai aussi en moi une grosse part d'agressivité qui ne demande qu'à sortir.

Pauline avait déjà ressenti des pulsions agressives dans sa vie. Mais, jusqu'à présent, elle pouvait toujours les justifier : elles étaient déclenchées par telle situation ou telle personne. Ce qui est nouveau ici, c'est que l'agressivité que Pauline sent monter en elle n'est pas rattachée à ce qui se déroule présentement dans l'exercice. L'énergie de Pauline n'est pas dirigée contre sa partenaire de poussée. C'est une énergie très inattendue, qui sort spontanément, en dehors d'un contexte conflictuel, avec en filigrane l'image de la sœur aînée.

Nous encourageons donc Pauline à revenir sur son enfance, et notamment à réfléchir à la relation avec sa sœur aînée.

Les manifestations de l'inconscient dans le travail corporel relationnel en groupe

À l'occasion d'un exercice corporel qu'elle décrit dans le texte ci-dessus, Pauline est surprise par l'énergie agressive qui l'envahit soudain. L'exercice est très simple : il s'agit de pousser contre un partenaire en lui disant : « Laisse-moi passer ! » Pauline sent clairement que l'énergie agressive vient de l'intérieur d'elle et n'a rien à voir avec la personne qui se trouve en face d'elle à ce moment-là. Surprise par la force de sa réaction, dans une situation aussi simple et aussi neutre, Pauline prend alors conscience que la base de son agressivité relationnelle est liée à la jalousie qu'elle éprouvait vis-à-vis de sa sœur quand elle était enfant.

Techniquement parlant, nous avons affaire ici à un transfert latéral. Pauline transfère sur une personne neutre les sentiments négatifs qu'elle éprouvait enfant pour sa sœur. Ce type de transfert entre participants d'un groupe est appelé transfert latéral, pour le distinguer du transfert principal qui peut se faire sur l'analyste. Notons que ce transfert est analysé par Pauline immédiatement et de façon complète, sans l'intervention de l'analyste. Elle prend instantanément conscience que la personne en face n'est aucunement responsable de son agressivité, mais que c'est elle-même qui a effectué un déplacement et une projection de sa propre agressivité sur celle-ci.

Nous rencontrons ici deux éléments fondamentaux qui permettent des prises de conscience intéressantes dans ce type d'exercice :

- ***Le cadre relationnel est neutre.*** L'exercice est conçu pour que le partenaire de la situation constitue une présence vivante pouvant provoquer des réactions émotionnelles. L'interaction corporelle peut être forte alors que l'interaction relationnelle reste faible. Il n'y a pas réellement de relation interpersonnelle. Dans la situation décrite par Pauline, pour accentuer cette « dépersonnalisation » du partenaire, on le fait changer plusieurs fois en cours d'exercice. Ce ne sont donc pas les caractéristiques spécifiques d'un partenaire particulier qui créent la réaction émotionnelle. Le partenaire constitue seulement un obstacle vivant et concret à la volonté d'expansion de la personne. Pour une personne un peu habituée à ce travail et refoulant donc moins ses émotions, cela suffit à produire une réaction émotionnelle qui peut être intense. Du fait qu'il n'y a pas d'implication personnelle dans la relation, la projection sur le partenaire peut être vue clairement. Ce qui est projeté appartient à la personne qui projette.

- ***Le corps est impliqué de manière dynamique.*** Les mouvements et les postures, le volume et le ton de la voix, les mots utilisés s'il y en a, indiquent spontanément la nature des émotions qui agitent la personne. Il y a bien sûr un temps d'apprentissage nécessaire pour devenir capable de laisser ainsi parler ses émotions au moyen du corps. Dans la vie courante, sauf chez le jeune enfant, ces émotions sont refoulées, fortement chez certaines personnes, moins chez d'autres. Il est logique et souhaitable qu'elles le soient dans la vie sociale. Ce qui est nuisible, c'est que ces émotions refoulées agissent malgré tout et créent des comportements négatifs dans la relation.

Laisser s'exprimer l'agressivité refoulée dans une situation cadrée permet de diminuer la tension qu'elle génère et de percevoir beaucoup plus clairement ce qui se passe à l'intérieur de soi.
Cette combinaison de la mise en évidence des émotions refoulées et de leur analyse est caractéristique de l'analyse psycho-corporelle.

La jalousie vis-à-vis de sa sœur est la base de l'agressivité de Pauline

Récit de son analyse par Pauline. *Les jours et les semaines qui suivent, l'image de ma sœur ne me quitte pas. Curieusement, je retrouve à plusieurs reprises, au cours d'exercices émotionnels, cette énergie agressive. Je me remémore des scènes de mon enfance. Je me revois petite fille serrant les dents, crispée, en présence de cette sœur plus grande, qui savait mieux que moi attirer l'attention de Papa.*

J'ai du mal à admettre que je ressens de la jalousie à l'égard de ma sœur. J'ai enfoui cette jalousie au plus profond de moi.

Je réalise de plus en plus que l'agressivité est une des composantes de ma personnalité. Cette prise de conscience n'est pas facile, mais elle m'aide à comprendre les raisons de mes échecs relationnels. Sans jamais vraiment vouloir m'y arrêter, je sais vaguement au fond de moi que j'ai été très agressive avec mes ex-petits amis. C'est normal qu'ils m'aient quittée.

Il s'agit d'une étape importante dans l'analyse de Pauline. D'un côté, elle prend conscience de sa rivalité d'enfant par rapport à sa sœur plus âgée qu'elle et, de l'autre, elle commence à percevoir que l'agressivité générée par cette rivalité se retrouve dans ses relations avec les hommes. Ce mécanisme, dont elle n'avait pas conscience jusque-là, est bien la cause de ses échecs amoureux répétitifs : l'agressivité non assumée ressort de multiples façons dans la relation, en particulier sous la forme d'accusations, souvent non fondées, sur l'autre. Les tentatives de justifications de ces accusations ne font, malheureusement, qu'aggraver le problème.

EN SE RESPONSABILISANT, PAULINE SORT PROGRESSIVEMENT DE L'ÉTAT DÉPRESSIF

À partir de cette prise de conscience, Pauline accepte de voir sa part de responsabilité dans la difficulté à établir une relation durable avec un homme. La culpabilité inconsciente diminue et son sentiment de honte de ne pouvoir « garder un homme », qui s'exprimait de manière inconsciente par un état dépressif, va pouvoir disparaître.

L'incidence du refoulement de l'agressivité dans la relation avec l'autre : « Ce n'est pas moi, c'est lui ! »

Se voir agressif, ou agressive, constitue une image négative de soi, surtout pour une femme. L'inconscient ayant pour fonction de maintenir une image valorisée de soi, il est logique que la perception de sa propre agressivité soit refoulée. Mais ce n'est que la perception qui est refoulée : l'agressivité elle-même demeure. Pour faciliter la disparition de cette perception perturbante de soi-même, l'inconscient effectue un tour de passe-passe. Une solution facile, pour éviter de se voir agressif, consiste à rendre l'autre responsable des conflits dans la relation. La personne surveille donc inconsciemment les faits et gestes de son partenaire pour repérer ce qu'elle peut considérer comme une attaque. Il lui est alors légitime de répondre de manière agressive : c'est l'autre qui a commencé !

Bien entendu, cette défense inconsciente aggrave fortement la pénibilité d'une personne agressive, car à l'agressivité s'ajoute la mauvaise foi.

Dans l'exemple de Pauline *[voir son témoignage dans le texte ci-dessus]*, l'aveuglement sur sa propre agressivité a été fort pendant des années. Elle a connu de nombreux échecs relationnels à cause de cela, sans en comprendre la raison véritable. Quand elle prend conscience du déni de son agressivité, elle devient beaucoup plus ouverte dans la relation. Dans le déni, elle était inconsciemment coupable non seulement d'être agressive, mais aussi d'être malhonnête dans la relation. Or la culpabilité inconsciente ne peut que relancer la recherche de justification et donc l'agressivité contre l'autre. Assumer son agressivité et ne plus en rendre l'autre responsable diminue considérablement la culpabilité, facilitant ainsi l'ouverture à l'autre.

Arrêter de rechercher systématiquement la cause de son agressivité chez l'autre permet aussi de mieux en comprendre l'origine. Pauline, en analysant la relation avec sa sœur, peut voir la racine de son comportement agressif, qui constitue une sorte de réflexe d'autodéfense d'une petite sœur jalouse de sa sœur

plus âgée. Cette compréhension va lui permettre peu à peu de se défaire de cette réaction compulsive dans son couple avec Régis.
Nous voyons une fois encore la nécessité de mettre à jour les mécanismes de défense de l'inconscient, car ils constituent des obstacles majeurs pour accéder à une relation harmonieuse.

Le fait de mieux percevoir son agressivité apporte à Pauline deux bienfaits immédiats :

- en premier, en assumant davantage sa définition de femme agressive, son rapport aux autres va paradoxalement s'améliorer, car Pauline devient plus ouverte et moins défendue ;
- en second, elle peut maintenant envisager de ne pas rejouer éternellement le scénario de la femme quittée.

Une nouvelle relation qui se passe bien... et pourtant Pauline décide de rompre

Récit de son analyse par Pauline. *Le fait de comprendre les raisons de mes échecs amoureux me libère et me sort de la dépression. Je retrouve l'espoir d'avoir une relation qui marche. J'ai envie de séduire à nouveau, de retenter l'expérience d'une rencontre. Ayant davantage confiance en moi, j'ose me lancer...*

Je rencontre alors un homme qui semble tenir à moi. De mon côté, ça se passe bien aussi, mais j'éprouve malgré tout le besoin d'arrêter la relation, sans trop comprendre pourquoi. Je ne retombe pas en dépression, mais je me sens perdue. Je ne sais plus ce que je veux...

Pauline a retrouvé le goût d'agir. Elle se présente de façon plus ouverte et l'homme qu'elle rencontre s'attache plus facilement à elle. Mais la relation amoureuse demeure manifestement un milieu très inquiétant pour elle. Ne contactant pas clairement son inquiétude et surtout ne la comprenant pas, elle décide de rompre la relation, de manière incompréhensible à ses propres yeux.

L'analyse doit suivre son cours et apporter de nouvelles prises de conscience pour éclairer les autres aspects de la construction psychique de Pauline, qui la rendent aussi anxieuse dans la relation proche avec un homme.

UNE ANALYSE PLUS COMPLÈTE DE LA STRUCTURE FAMILIALE AIDE PAULINE À DÉPASSER SON INSTABILITÉ RELATIONNELLE

Comme nous l'avons vu précédemment, la rivalité avec sa sœur dans l'enfance est un élément fondamental dans la constitution de la personnalité agressive de Pauline. Mais, tel qu'il a été analysé jusque-là, ce seul facteur ne lui permet pas de comprendre pourquoi elle a rompu cette dernière relation qui avait bien commencé. Dans ce cas, la cause de la rupture nous semble liée à une anxiété profonde de Pauline quand elle est engagée dans une relation amoureuse. Nous faisons alors l'hypothèse que le contexte familial dans lequel s'est jouée la rivalité des deux sœurs est un élément prépondérant pour expliquer cette anxiété. Nous proposons donc à Pauline de dresser, en utilisant les personnes du groupe, un tableau de sa famille à l'époque où elle était petite fille. Elle décrit de façon très claire, dans son journal d'analyse ci-dessous, la façon dont se déroule cet exercice.

Il nous semble intéressant de souligner que, dans ce type de situation, l'aspect émotionnel et l'aspect analytique se trouvent intimement mêlés. Émotionnel parce qu'il s'agit d'un tableau vivant : la surface sur laquelle la personne projette son milieu familial est constituée par des partenaires du groupe qu'elle choisit. Analytique, parce qu'elle cherche à retrouver avec le plus de précision possible la nature exacte de la structure familiale de son enfance et des interactions qui s'y déroulaient. C'est ce mélange entre les dimensions émotionnelle et intellectuelle qui donne à cet exercice toute son efficacité.

L'exercice du tableau familial éclaire la nature contradictoire des désirs de Pauline

Pendant un groupe, l'analyste m'a invitée à choisir des personnes du groupe pour représenter ma famille. J'ai un peu peur de m'approcher des gens et de faire ce tableau. Devant le groupe, j'hésite, n'osant pas. Puis, encouragée par l'analyste et les sourires des personnes, je commence par réfléchir aux personnes qui pourraient représenter ma mère, mon père, etc. Finalement, le choix se fait assez vite. Ça me fait penser au jeu des enfants : toi, tu serais machin, et puis moi, je serais... En plus, les gens du groupe jouent le jeu et se laissent choisir. C'est très aidant.

Je dois ensuite positionner ces personnes membres de ma famille les unes par rapport aux autres et leur donner des attitudes. C'est comme un tableau à construire dans lequel je dois me situer moi aussi.

Je place mon grand frère un peu à l'écart, en train de travailler, mon père au centre, ma mère derrière et à genoux, ma sœur en face de mon père. J'ai envie, moi, d'être à plusieurs endroits à la fois : devant ma sœur, puis entre elle et mon père, mais aussi près de ma mère, et enfin entre mes parents dans le but de les réconcilier. Je sens aussi que je veux plaire à mon père. Je suis très agitée et je ne peux pas prendre une place fixe dans ce tableau. Une chose est sûre : je cherche à occuper la place centrale ! Mais je dois l'avouer, mes désirs sont bien compliqués et contradictoires...

L'analyste m'aide à y voir plus clair : il me conseille de faire trois tableaux différents à partir de trois positions différentes que je dois adopter. Je me mets d'abord à proximité de mon père. Je suis très contente d'être là, mais je ressens pourtant une légère inquiétude. Puis je rapproche ma sœur de mon père et je m'assieds à distance. La jalousie m'envahit. Je finis par venir m'asseoir à côté de ma mère. Là, je me sens en sécurité, mais ce n'est pas exaltant ! Ce qui m'intéresse fortement, c'est ce couple père-sœur que j'ai laissé, vers lequel j'ai une furieuse envie de me tourner.

Cet exercice me paraît fondamental. Il m'éclaire sur la nature contradictoire de mon désir.

Pauline, grâce à cette mise en scène de sa famille, met au jour les contradictions de ses désirs.

Sa mère est un lieu sécurisant, en dépit de sa place non enviable (Pauline la représente à genoux, derrière les autres protagonistes). C'est manifestement le couple grande sœur-père qui retient toute l'attention de Pauline quand elle est petite fille. La conquête du père est un enjeu pour lequel elle et sa sœur vont s'affronter. Dans ce projet d'être la plus intéressante aux yeux du père, Pauline est loin de se sentir gagnante. Elle est en effet la cadette, fragilisée par son obsession de gagner sur sa grande sœur et mal à l'aise en présence de son père.

Elle se sent inconsciemment coincée : incapable de renoncer à rechercher la place de préférée auprès du père puisque ce serait laisser la victoire à sa sœur, Pauline vit en permanence dans la crainte de ne pas y parvenir. Elle doute d'elle et devient ambivalente. Pour plaire à son père et gagner dans la rivalité avec sa sœur, elle doit faire bonne figure en refoulant des sentiments négatifs. Il y a une contradiction entre son désir de charmer et la jalousie qui se niche à l'intérieur d'elle.

Dans ce contexte historique, Pauline apprend que séduire un homme intéressant, le père, est compliqué ; et, surtout, le succès n'est jamais garanti. En permanence plane l'ombre d'une rivale dangereuse et la crainte de ne pas être choisie pleinement par l'homme. Cette insécurité fondamentale, devenue inconsciente, et contre laquelle elle lutte par l'agressivité, perturbe ses relations affectives, créant de nombreux échecs. Ceux-ci alimentent en retour ses inquiétudes quant à sa capacité d'intéresser durablement un homme.

Nous sommes ici en présence d'une boucle négative typique des processus inconscients qui s'autoalimentent et recréent en permanence ce que la personne redoute le plus.

Comprendre tout cela est à la fois déstabilisant et profondément rassurant, car enfin des mécanismes sont mis au jour et ils expliquent de façon logique ce qui apparaissait comme un chaos relationnel inextricable et une sombre fatalité.

Cette compréhension donne à Pauline une solidité et une maîtrise relationnelle suffisante pour rompre le cercle vicieux de l'échec et pour stabiliser une relation.

Une relation durable devient alors possible : Pauline rencontre Régis

Extrait du journal d'analyse de Pauline. *« Je me sens attirée par Régis, qui vient juste d'arriver dans le groupe d'analyse. Il me plaît et représente l'homme que j'attends : viril, indépendant et non agressif à la fois.*

« Mon allure de jeune femme dynamique et sexy semble l'intéresser beaucoup.

« Cette fois-ci, je suis décidée à être vigilante et à faire fructifier ce que j'ai appris sur moi. Je sais que mon gros défaut est de dissimuler par

une posture agressive mon inquiétude de ne pas être aussi intéressante que ma sœur.
« J'ai choisi d'en parler avec Régis. Comme il effectue aussi un travail sur lui, je pense qu'il peut entendre ce que je dis, voire m'aider à mieux le gérer. »

Avec Régis, Pauline pose les bases d'une relation beaucoup plus stable où les croyances négatives – « Je suis moins intéressante que ma sœur en tant que femme », « La place auprès d'un homme est incertaine », « L'homme est un traître », etc. – et des compensations – agressivité, mise à distance en quittant ou en étant quittée – sont rendues conscientes et peuvent être intégrées à la relation. Dès lors, il n'y a plus de raison pour que le scénario de la femme quittée ou de l'homme que l'on quitte se reproduise mécaniquement. La construction d'une relation durable est rendue possible.

2.2. UNE COMPLÉMENTARITÉ NÉGATIVE FRÉQUENTE : L'HOMME FUYANT ET LA FEMME REPROCHANTE, DÉTENTRICE DES VALEURS AMOUREUSES

Pauline est devenue beaucoup plus agréable dans la relation à l'autre, mais l'expérience concrète de la vie de couple va révéler de nouveaux obstacles à l'établissement d'un lien amoureux stable. Passé la période de la lune de miel, des conflits éclatent. Pauline souhaite que Régis soit davantage présent à la maison, et qu'il manifeste plus d'attention à son égard. Pour fuir ces reproches qu'il supporte difficilement, Régis plonge comme un forcené dans son travail d'éducateur spécialisé, et devient de moins en moins disponible. Les reproches de Pauline s'intensifient, ce qui finit par provoquer de grosses colères chez Régis.

Il nous a semblé très utile de présenter le travail de couple qui permet de venir à bout de cette complémentarité négative fréquente dans laquelle l'homme et la femme se trouvent enfermés.

La description de l'analyse individuelle de Pauline nous a permis de la connaître. Quant à Régis, il se présente ainsi :

Je suis l'unique enfant d'un couple de restaurateurs. Mes parents travaillent beaucoup pour réussir. Si j'ai globalement peu de contacts avec mon père, par contre ma mère est plus présente, mais elle est également très préoccupée par la réussite de son projet professionnel commun avec mon père. Cette situation mécontente l'enfant que je suis.

À l'adolescence, étant plutôt timide et réservé, je fréquente peu les filles. À vingt-trois ans je rencontre Sonia, de dix ans mon aînée. Nous vivons ensemble et nous avons rapidement deux enfants. Cependant, la relation est plutôt chaotique, avec des moments où je me sens fortement désiré par elle et d'autres où je me sens rejeté. Je ne comprends pas ce qui se passe. Au bout d'un certain temps, il n'y a plus de sexualité et la relation se dégrade. Après six ans de vie commune, nous décidons de nous séparer.

Je vis cette séparation comme un échec total car j'aurais voulu faire comme mes parents : avoir un couple solide qui dure dans le temps.

Quand je rencontre Pauline je me sens tout de suite attiré par elle et, très rapidement, mon désir est de former un couple stable avec elle.

Un exercice de cartes instructif : « Nous osons nous dire ce qui ne va pas »

À un moment, pendant un stage de groupe, nous proposons un exercice utilisant des supports projectifs. Pour parler de leur couple, les participants choisissent des cartes représentant des situations relationnelles variées. À tour de rôle, chacun des conjoints présente les cartes qu'il a choisies à l'autre, en présence d'un autre couple. Ce deuxième couple témoin peut poser des questions.

Récit de son analyse par Pauline.

Parmi les cartes que j'ai choisies, il y a :

- *un couple face à des amis : j'ai envie de montrer mon couple à la famille et à mes amis. Je sens que c'est important pour moi, cela me rassure en tant que femme ;*
- *une femme qui se regarde dans un miroir avec un homme derrière elle : j'ai envie que Régis me regarde, me rassure, qu'il me désire sexuellement. Mais je ne veux rien avoir à dire. Il doit le sentir. Ça doit venir de lui. C'est la preuve qu'il m'aime vraiment. Je suis très inquiète de ne pas l'intéresser ;*
- *un homme qui court en regardant derrière lui : c'est caricatural, mais c'est un peu comme ça que je vois Régis. Plus je lui demande de s'investir dans le couple, plus il me parle de son travail. Ça me met en colère ;*

Les supports projectifs, à la fois moyen d'expression et miroir du psychisme

Ce que nous appelons supports projectifs est un ensemble de cartes constitué de photographies expressives, de dessins caricaturaux ou symboliques recouvrant les différents domaines de la vie psychique relationnelle et affective, dont on peut se servir pour décrire son vécu dans diverses situations.

Ces cartes sont utilisées en séance individuelle, seul ou en couple, et en groupe pour aider la communication entre les conjoints.

La personne qui utilise les cartes en choisit un certain nombre de façon à illustrer et décrire un domaine de sa vie qui la préoccupe ou une difficulté qu'elle rencontre dans sa relation avec elle-même ou avec l'autre. Elle utilise les cartes dans un double but :

- décrire la situation qu'elle vit pour communiquer le plus clairement possible avec son interlocuteur ;
- projeter sur les images choisies des idées, sentiments ou émotions qui témoignent de son vécu interne.

Le caractère polysémique de l'image permet une approche beaucoup plus globale que la parole. Il est possible, en quelques cartes bien choisies, de décrire une situation qu'il serait beaucoup plus difficile d'appréhender par une description verbale. Mais surtout, une image apporte une quantité importante d'informations dont certaines peuvent échapper à la censure de l'inconscient. Elles fonctionnent alors sur le même principe que le lapsus sur le divan de l'analyste. Elles révèlent à soi-même et à l'autre certains aspects de l'inconscient.

On observe souvent que plus les personnes avancent en analyse, plus elles laissent une grande part à l'intuition dans le choix de leurs cartes. C'est à la fois un signe de confiance en elles et d'ouverture. Une carte choisie intuitivement peut contribuer à éclairer, de façon parfois étonnante, un questionnement important pour la personne et à révéler les mécanismes inconscients qui sont à l'œuvre.

Nous pouvons prendre l'exemple de Régis et de Pauline *[voir leurs témoignages dans le texte ci-dessous]*. Dans un exercice en groupe Régis choisit deux cartes fortes pour parler de sa relation avec Pauline : une femme sur un sofa avec un homme à ses pieds et un homme derrière un bureau au travail. Ces deux cartes lui permettent de dire à Pauline qu'il se sent toujours à son service dans la relation et que le travail lui sert beaucoup à fuir la relation avec elle et ses exigences. L'essentiel ici n'est pas de savoir à quel point le ressenti de Régis est fondé objectivement. Répondre à cette question est l'objet du travail d'analyse de la complémentarité de leur relation. Mais Régis a pu, par l'intermédiaire de ce choix de cartes, communiquer à Pauline un vécu subjectif tout à fait fondamental pour lui. Il dit lui-même qu'il n'aurait jamais osé dire directement son ressenti à Pauline. Il est en effet très probable que la culpabilité et la censure l'en auraient empêché. Pauline est bien sûr remuée par cette « révélation ». Mais passé la première réaction de refus et de mécontentement, elle peut réfléchir de façon constructive à sa part de responsabilité dans le vécu de Régis.

On peut pressentir dans cet exemple combien cet outil, utilisé dans le cadre rassurant d'une séance individuelle ou d'un groupe d'analyse, peut devenir essentiel dans la communication du couple. Celle-ci se trouve tout d'un coup plus vraie et plus complète, donc plus intime.

– *une carte représentant une jolie femme, mais dont l'aspect est assez sévère : elle représente pour moi la femme à la fois attirante et aimante. C'est ce que je voudrais être. C'est ce que je crois être.*
  Régis voit cette femme différemment. Elle apparaît, à ses yeux, exigeante, critique, pas facile à vivre... Je ne suis pas contente d'entendre cela. Ce n'est pas ainsi que je vois cette femme et je ne me sens pas être celle que Régis décrit.

Récit de son analyse par Régis. *Voici les cartes que j'ai retenues :*
– *un couple enlacé amoureusement : j'aime Pauline et je voudrais que cette relation marche. J'aime la sexualité avec elle. Je me sens désiré et ça me plaît beaucoup, surtout après l'expérience traumatisante de mon premier couple. Mais il m'arrive de ne pas toujours comprendre ce qu'elle attend de moi, car elle ne me le dit pas clairement ;*

– *un homme à genoux aux pieds d'une femme allongée sur un sofa : quand Pauline a des demandes vis-à-vis de moi, je me sens tenu d'y répondre, sinon je peux vite apparaître comme celui qui est désagréable et pas satisfaisant dans la relation.*
L'homme du couple témoin me demande : « Pourquoi mets-tu Pauline sur un sofa ? »
Je réponds : « Je ne sais pas trop pourquoi, mais ça me rappelle ma mère. J'ai toujours eu l'impression d'être à son service. Mon désir à moi ne comptait pas » ;
– *un homme tenant deux masques devant son visage, l'un souriant, l'autre boudeur : je suis de bonne volonté et accommodant mais, par moments, je trouve Pauline trop exigeante ; elle ne tient pas suffisamment compte de moi. Parfois ça me met en colère ;*
– *un homme installé derrière un grand bureau de ministre : ma priorité, c'est le travail !*
La femme du couple témoin me demande : « À quoi ça te sert dans la relation avec Pauline ? »
Ma réponse fuse : « Ça me sert à fuir Pauline, ou plus exactement à fuir les exigences de Pauline ! »
Mon audace de dire quelque chose d'aussi spontané et précis, en présence de Pauline, me surprend beaucoup. Pauline n'a pas l'air très contente.

Pauline et Régis se sentent ambivalents après cet exercice. Pauline n'est pas contente de la franchise de Régis et, pour elle, leur couple ne s'est pas montré sous son meilleur jour. Régis craint la colère de Pauline, mais est assez satisfait d'avoir, pour la première fois, osé dire spontanément ce qu'il ressentait en sa présence. Cet exercice de choix de cartes a réveillé la susceptibilité de chacun. Mais, contrairement à la maison où les disputes prennent aisément le pas sur la communication et l'écoute de l'autre, ici le cadre analytique va leur permettre d'échanger sur leurs difficultés de couple sans déraper dans le conflit.

Peu à peu, la vision plus claire des difficultés de la relation leur apporte une certaine tranquillité qui va leur permettre d'aborder le travail indispensable sur la complémentarité négative du couple. Car l'exercice des cartes indique clairement que frustration, reproches et fuite asphyxient la vie quotidienne.

Une forte complémentarité négative

Régis vit Pauline comme exigeante. Elle, de son point de vue, attend « seulement » que son compagnon la regarde, la rassure, et la désire sexuellement. Ces attentes sont bien sûr légitimes, mais la façon dont Pauline les exprime pose problème. Le plus souvent, ces désirs que l'on peut qualifier d'existentiels restent secrets : c'est à Régis de deviner ce que Pauline désire pour la satisfaire ! En général, lui ne devine pas et elle est frustrée...

Parallèlement, dans des domaines très concrets, elle énonce clairement ses demandes : partir en vacances ensemble, partager des loisirs, participer à des rencontres familiales, etc. Ici encore, ces demandes sont parfaitement légitimes, mais Régis les vit comme des exigences auxquelles il résiste fortement, car il ressent derrière elles le désir de Pauline de faire la démonstration d'un couple réussi face aux autres. Il se sent alors manipulé.

On en arrive ainsi à une situation dans laquelle il ne répond quasiment jamais aux demandes de Pauline, qu'elles soient implicites ou explicites. Et, bien sûr, elle lui en veut.

La pression interne inconsciente qui pousse Pauline à se comporter de cette façon demeure pour l'instant invisible et incompréhensible pour elle. C'est la suite de son analyse qui lui apportera la réponse.

De son côté, Régis est extrêmement réactif à toute demande de Pauline qu'il accuse aussitôt d'être tyrannique et d'exercer une forte pression sur lui pour obtenir satisfaction. Il juge sa compagne égocentrique, et l'accuse de ne pas s'intéresser à ses désirs à lui. En fait, il retrouve la situation de son enfance face à sa mère, qu'il traduit très clairement en disant : « J'ai toujours eu l'impression d'être à son service. Mon désir à moi ne comptait pas. » Tant que la situation actuelle se confond avec celle de l'enfance, Régis ne peut que fuir la relation. Cette fuite entraîne la frustration de Pauline, mais aussi la sienne, car secrètement il attend tout autant qu'elle d'être au centre du désir de l'autre.

Il est indéniable que le couple a une forte complémentarité négative. La vie commune n'est pas de tout repos. Nous leur proposons de revenir vers leur histoire familiale pour chercher à comprendre l'origine de leurs comportements dans la relation, avec pour objectif de rompre les liens névrotiques qui les enchaînent.

Ne pas être un simple faire-valoir !

Régis écrit dans son journal :

« Les analystes m'ont conseillé de me concentrer de nouveau sur la relation avec ma mère. Quand je pense à elle, je ne me sens pas à l'aise, j'ai des sentiments partagés. Gamin, j'admire ma mère : c'est une jolie femme qui présente bien. Elle forme un beau couple avec mon père. Je n'ai pas envie de la décevoir, et je m'adapte à elle. Je n'ai pas le souvenir de l'avoir contrariée. Je suis plutôt un bon fils. Pourtant, je ressens de la colère à son égard. Je n'ai pas l'impression qu'elle se préoccupe de moi, dévorée qu'elle est par son ambition sociale et professionnelle. Je pense qu'elle recherche en moi l'image du bon fils pour la galerie ! En fait, au fond de moi, j'ai envie de lui dire non, de lui résister.
« Ça m'étonne vraiment de ressentir cela aujourd'hui, vis-à-vis de ma femme, comme si rien n'avait changé. Et je crois bien que cette envie de résister à ma partenaire explique en partie l'échec de mon premier couple. En surface, j'apparais plutôt conciliant ; je m'opposais rarement ouvertement à ma première femme. Mais je me revois lui résister secrètement : jamais de compliments, ni d'encouragements de ma part, un manque d'entrain, une espèce d'inertie et de lourdeur dans la relation… Bref, mon adhésion au discours de ma femme et à ses projets était tiède, quand il ne m'arrivait pas de lui mettre des bâtons dans les roues ! »

Régis exprime son ambivalence par rapport à sa mère. Il a envie de lui plaire, d'être un bon fils. Mais il ne veut pas être un simple faire-valoir. Sa mère étant très tournée vers le monde extérieur, il est déjà frustré qu'elle ne s'intéresse pas plus à lui. Le rôle de l'enfant sage qu'il doit tenir pour la satisfaire lui est alors d'autant plus insupportable et génère un fort sentiment de colère qu'il a longtemps réprimé. Paradoxalement, c'est dans le cadre plus ouvert du couple avec Pauline qu'il peut se permettre de ressentir cette colère et de l'exprimer.

Il se sent coincé, hier par sa mère et aujourd'hui par Pauline. Tout en étant fortement attiré par la féminité de Pauline comme il l'était, enfant, par celle de sa mère, il évite le contact intime avec elle. Toute demande de celle-ci est interprétée par lui comme une obligation de la servir. En échappant à cette obligation et en piquant des colères, il se vit comme un mauvais mari. La relation devient un lieu d'échec qu'il tente d'éviter en se réfugiant dans le travail.

En prenant progressivement conscience de ces forts conditionnements issus de l'enfance, Régis voit pourquoi il a échoué dans sa première relation de couple et comment il risque de reproduire la même chose avec Pauline. Ces prises de conscience ont assez de force pour lui donner envie de ne plus la considérer comme une ennemie potentielle et de changer de comportement envers elle.

L'idéologie amoureuse de Pauline compense son manque de confiance en elle

Pauline, de son côté, doit faire face à sa tyrannie affective dans la relation avec l'homme. Le fait qu'elle ait eu à partager l'affection de son père avec une sœur aînée, qu'elle vivait comme une rivale ayant une meilleure place qu'elle, met Pauline dans une attente de réassurance éternelle. Elle fantasme un amour rédempteur où l'homme serait si amoureux qu'il comblerait ses désirs avant que ceux-ci ne s'expriment.

Nous venons de le voir, Régis ne correspond pas à cet idéal de chevalier servant. Pauline est donc forcément déçue et contrariée. Mais peu à peu la compréhension s'installe. Il y a bien sûr la résistance de Régis issue de son histoire d'enfance. Mais lui-même en ayant pris conscience, Pauline peut voir à son tour que son besoin d'être rassurée ne peut être satisfait par l'autre : c'est bien elle-même qui se définit inconsciemment comme inintéressante à partir de son conditionnement personnel. Son idéologie amoureuse est un leurre qui lui fait croire que si son conjoint était vraiment conforme à ses rêves, elle ne se sentirait plus tenaillée par l'anxiété dans la relation. Longtemps, cette idéologie amoureuse lui est apparue comme totalement réaliste et légitime. Or elle sert surtout à compenser la fragilité de son sentiment d'existence. Loin de la conduire à aimer authentiquement son partenaire, elle ne fait bien souvent que générer des exigences et des reproches.

Après une séance individuelle, elle écrit dans son journal d'analyse :

« J'ai pensé pendant si longtemps que si Régis m'aimait vraiment, il répondrait naturellement à mes désirs, qui seraient aussi les siens. Pour moi l'amour c'est ça ! Je comprends maintenant pourquoi j'ai construit

cette espèce d'amour idéal, c'est pour éviter de retrouver toutes ces histoires compliquées de séduction vécues dans mon enfance, dans lesquelles je me sentais perdante par rapport à ma sœur. Adulte, j'ai "décidé" que l'amour serait quelque chose de très simple : si l'homme m'aime, il doit le montrer et me choisir en toutes circonstances. Il doit être tourné vers moi, me désirer... Il doit aussi deviner mes désirs, les partager et y répondre. L'amour doit m'apporter la certitude d'être aimée. Quel programme ! Tout cela doit être très lourd pour l'homme en face ! »

Pauline peut aborder maintenant une nouvelle étape de son évolution : la prise en compte de l'irréalité de ses demandes affectives et de la pression qu'elle exerce sur Régis. Ce travail va rapidement porter ses fruits. Régis, rassuré par une Pauline plus acceptante, se rapproche d'elle et fuit moins dans le travail. Le couple va beaucoup mieux.

Un partage en écho exemplaire

Récit de son analyse par Pauline. *Revenir longuement à l'origine de nos comportements perturbants dans notre histoire familiale nous a permis de mieux nous comprendre et de mieux nous accepter. Nos conflits ont diminué.*

En outre, les analystes nous ont donné des outils pour gérer les crises quand elles réapparaissent. Ça marche plutôt bien. Je me souviens par exemple d'une de nos dernières disputes. Avant de partir chez des amis, je trouve à redire sur la tenue vestimentaire de Régis. Vexé, Régis fait la tête. La soirée est gâchée.

Plus tard, la pratique du « partage en écho » nous a sortis de cette bouderie. J'attendais ce partage avec impatience. J'avais des choses à dire à Régis ! Mais c'est lui qui, après tirage au sort, commence à parler. Il commence par me dire sur un ton assez mécontent : « Je n'aime pas que tu décides de ma façon de m'habiller, et surtout de la façon brutale dont tu me le dis. J'ai le sentiment de n'être qu'un faire-valoir au service de ta prestation de couple modèle. » Puis son ton se radoucit et il poursuit : « Ça me rappelle ma mère quand elle me pomponnait pour aller me présenter à ses amies. J'ai toujours eu le sentiment qu'elle faisait ça pour elle, sans se préoccuper de moi. »

Les paroles de Régis me touchent. Quand c'est mon tour de m'exprimer, je n'ai plus très envie de lui faire des reproches. J'ai maintenant beaucoup plus de sensibilité et d'empathie par rapport à ses sentiments. Je pense qu'avant je n'aurais vu que mon désir. Je n'aurais pas écouté Régis et j'aurais encore mésestimé sa blessure à cet endroit.

Nous retrouvons dans cette anecdote le comportement de Pauline qui est sans doute le plus déplaisant pour Régis. Ce besoin exigeant, à la fois pour elle et pour l'autre, d'exposer l'image d'un couple réussi, a des racines très fortes dans son histoire. Le sentiment d'être inintéressante s'est développé dans la rivalité perdante à sa sœur sous le regard du public familial. La tentative fantasmatique de réparation la conduit donc à demander à l'homme non seulement d'apporter la preuve qu'elle est au centre de son désir, mais de surcroît à donner cette preuve publiquement.

Laissons Régis revenir sur cette anecdote et sur l'évolution qui a suivi.

J'étais très fâché par rapport à Pauline, mais le fait qu'elle accepte d'écouter les raisons de mon mécontentement dans le partage en écho m'a beaucoup radouci.

Dans les temps qui ont suivi, j'ai beaucoup réfléchi à ma réaction. J'y voyais une part légitime, mais aussi une grande susceptibilité sur cette question du faire-valoir, qui me conduisait bien souvent à frustrer systématiquement Pauline dans ce qui est pour elle à la fois un besoin et un plaisir : que je sois habillé comme elle le désire quand nous sortons ensemble. Je me suis beaucoup assoupli par la suite. Aujourd'hui, je suis toujours très heureux quand Pauline est contente de la façon dont je suis habillé !

Un pas décisif a été franchi vers l'ouverture amoureuse

Cette minicrise et sa résolution rapide par le partage en écho qui lui fait suite indiquent qu'un virage important dans l'évolution du couple est en train d'être pris. L'un et l'autre ont maintenant une vision suffisamment claire d'eux-mêmes pour conserver une attitude ouverte dans la relation, même dans une situation de crise potentielle.

Le témoignage précédent de Régis montre cette volonté de se responsabiliser de son comportement et de devenir plus satisfaisant pour Pauline. Voici ce qu'écrit Pauline dans son journal, peu de temps après.

Le partage en écho

Il s'agit d'une méthode de communication entre les conjoints destinée à favoriser un partage sincère en limitant au minimum les risques de distorsions de la communication ou de dérapages agressifs assez fréquents dans ce genre de discussion.

Celle-ci consiste à programmer un temps suffisamment long (de l'ordre de 20 à 40 minutes) pour se parler sans être dérangé. Le temps est divisé en deux parties égales au cours desquelles chacun peut parler sans être interrompu par l'autre. Le couple prend une position confortable pour le partage. Souvent, les deux partenaires s'allongent côte à côte. Celui qui commence à parler dispose du temps convenu à l'avance pour aborder tous les points sur lesquels il souhaite s'exprimer. Il n'est pas obligé de parler tout le temps, il peut se taire à certains moments.

Celui qui écoute n'intervient jamais. Il s'oblige à écouter ce que son conjoint a à lui dire en répétant intérieurement les paroles de ce dernier (d'où le nom de partage en « écho »). C'est la « répétition empathique » qui permet de se mettre à la place de l'autre et évite de préparer des arguments pour lui répondre et le contredire.

Lorsque le temps prévu est écoulé, les rôles sont inversés pour une durée équivalente.

Il est parfois difficile de se placer dans les bras de l'autre ou de l'accueillir dans ses bras lorsque l'on s'est disputé. On a alors plus envie de le fuir ou de l'affronter. Cependant, adopter cette position signifie que le lien positif fondamental n'est pas rompu, puisqu'il y a, au-delà des conflits qui ont pu apparaître, une volonté commune de comprendre et de dépasser les difficultés.

[Pour un exemple illustrant cet encadré voir le témoignage de Pauline dans le texte ci-dessus.]

« Comprendre mon fonctionnement dans le couple décrispe la situation. Je me rends compte maintenant que la pression que j'exerce encore parfois sur Régis sous forme de demandes diverses ne peut que le faire fuir. Au fur et à mesure que je comprends ce mécanisme, j'essaye de le surveiller et de le diminuer. Je m'emploie à exprimer mes

désirs clairement tout en diminuant la pression que je mettais pour obtenir satisfaction.

« J'apprends à accepter qu'il puisse avoir d'autres désirs que les miens ou qu'il ne soit pas tenu d'aller au-devant de mes désirs. C'est parfois difficile, mais mes efforts portent leurs fruits : la relation est vraiment plus agréable.

« Parfois, c'est plus fort que moi, je retrouve cet état de crispation et cette envie impérieuse de contrôler Régis, de tester son attachement. J'arrive à me dire, contrairement à ce qui se passait avant, que, la plupart du temps, ce n'est pas Régis qui est frustrant, c'est moi, Pauline, qui ai un fort besoin de réassurance. Ces pensées m'aident à me retenir d'attaquer injustement mon homme.

« Je constate alors que Régis retrouve le plaisir de me dire oui. Il peut même se montrer très amoureux, et moi, obtenant ce que je veux, je suis comblée. Curieusement, notre vie sexuelle est devenue aussi plus intense et plus amoureuse, cela nous surprend car nous n'avons jamais travaillé sur ce point en analyse, puisque cela allait bien de ce côté-là. Mais comme on a beaucoup moins de ressentiments l'un envers l'autre, on se rapproche et on a spontanément plus envie de se faire des câlins. »

Tant que leurs désirs et leurs fonctionnements dans le couple demeuraient inconscients, Régis et Pauline ne pouvaient pas sortir du cercle vicieux de la complémentarité négative. Ce travail de découverte de l'inconscient les a conduits à modifier leurs comportements négatifs et à développer une relation beaucoup plus positive et stable, accompagnée spontanément par une intimité amoureuse et sexuelle plus grande.

QUE NOUS ENSEIGNE LE TEMOIGNAGE DE CE COUPLE ?

L'agressivité et la fuite : deux défenses inconscientes qui s'emboîtent parfaitement

Pauline : l'insécurité de ne pas se sentir choisie crée une défense agressive

Pauline est un exemple classique des difficultés que peut rencontrer un enfant quand un des deux parents occupe une place plus en vue que l'autre dans la famille. Dans son cas, c'est le père qui occupe la place centrale de la famille. La mère occupe un rôle en retrait manquant de considération. Les enfants sont alors naturellement attirés par le père. La mère qui s'occupe d'eux représente un pôle important de sécurité, mais c'est le père qui constitue le pôle attirant, plaçant de façon mécanique ses filles en rivalité par rapport à lui et créant ainsi de la jalousie entre elles. Dans le cas de Pauline, la forte différence d'âge avec sa sœur accentue l'insécurité. Elle voit son père et sa sœur comme grands et, tout en rêvant d'occuper la place à côté du père, elle s'en sent incapable. Elle peut toujours se réfugier près de sa mère, mais compte tenu de la position peu valorisante de celle-ci dans la famille, elle se sent alors petite et inintéressante.

Pour mettre au jour ce type de situation et ses conséquences, l'exercice du tableau familial tel que le décrit Pauline est en général très parlant.

L'impossibilité de trouver une place satisfaisante agite beaucoup Pauline, qui devient inconsciemment accusatrice et exigeante dans la relation pour masquer son désarroi. Accusation et exigences sont en fait deux aspects d'une même réaction défensive qui visent à combattre l'inquiétude relationnelle. Toutefois le niveau d'agressivité et ses conséquences ne sont pas les mêmes.

Le mécanisme d'accusation, quand il est fort et systématique, peut rendre la relation impossible. C'est une façon radicale de gérer l'inquiétude qu'utilisait inconsciemment Pauline dans ses premiers couples. Le résultat était sans appel : l'homme la quittait au bout d'un certain temps.

L'exigence relationnelle excessive est une tentative de maîtrise de la relation et de l'inquiétude afférente qui permet la relation mais la rend très inconfortable. C'est ce qui se passait au début du couple avec Régis.

La phase intermédiaire entre ces deux niveaux d'agressivité est intéressante à observer. Pauline, après avoir pris conscience de son agressivité accusatrice, a acquis la capacité de mieux la gérer et de rendre la relation possible. Ce rapprochement la met alors en contact avec l'inquiétude contre laquelle elle cherchait à se défendre. Et cela la contraint à rompre une nouvelle relation qui ne marchait pas trop mal. Au niveau fantasmatique, être avec un homme revient pour Pauline à évincer sa sœur et gagner la place auprès du père. Se pose alors la question de savoir si elle va être suffisamment intéressante pour la conserver. La menace interne est trop grande : elle préfère donc rompre, sans en comprendre véritablement la raison.

Avec Régis, grâce au cadre de l'analyse de couple, elle parvient à surmonter cette peur, mais le deuxième niveau de défense apparaît. L'homme n'est plus mis directement en accusation mais il est soumis à des exigences auxquelles il doit répondre pour prouver à Pauline qu'elle est digne d'intérêt. S'il n'y parvient pas, il subit alors des reproches.

Régis : le sentiment inconscient de ne pas plaire vraiment entraîne une fuite de la relation

Régis aussi a eu une position inconfortable dans l'enfance. Sa mère est une jolie femme, attirée par les mondanités et très soucieuse de montrer en toutes circonstances une image réussie du couple et de la famille. Régis a le sentiment qu'elle n'est pas vraiment intéressée par lui. Quand elle le pomponne pour sortir, il se vit comme un simple faire-valoir.

La situation de Régis est assez caricaturale mais elle recouvre néanmoins un vécu très répandu des garçons face à leurs mères. Se sentant dépendants d'elles dans leur désir de leur plaire, ils peuvent vivre très difficilement d'avoir à faire des efforts comportementaux dont les bénéfices ne leur reviennent pas directement. Ils prennent alors l'habitude de lutter inconsciemment contre cette dépendance en résistant ou en fuyant.

C'est le cas de Régis. Il a conservé de son histoire le sentiment qu'une femme ne peut pas vraiment être intéressée par lui. Il s'ensuit que toute forme de demande émanant de sa compagne lui apparaît comme une exigence ou un reproche qui vient faire la preuve qu'il ne lui plaît pas vraiment. Il est donc très susceptible et fuit fortement la relation.

Les conjoints ne se choisissent pas au hasard : des défenses qui s'emboîtent parfaitement

Encore une fois, nous constatons que Pauline et Régis ne se sont pas choisis par hasard. Leurs défenses inconscientes s'emboîtent parfaitement. Elle, taraudée inconsciemment par le souci de ne pas être capable de réussir une relation amoureuse avec un homme, inverse la situation en devenant une « amoureuse » exigeante, reprochant à l'homme de ne pas la comprendre et de ne pas faire ce qu'il faut pour la satisfaire. Elle représente donc tout à fait le danger que redoute Régis. Lui, en fuyant, ravive les incertitudes de Pauline sur elle-même et relance son système de défense.

Notons bien que cela ne signifie pas qu'ils ne sont pas attirés l'un par l'autre en tant qu'homme et en tant que femme. Au contraire, car ils retrouvent également dans leur relation l'attraction qu'exerçaient sur eux leurs père et mère respectifs. L'analyse est très utile pour séparer progressivement cette composante positive de la composante négative.

Revenons maintenant sur quelques aspects de cette analyse.

Le déni de l'agressivité relationnelle est un mécanisme fréquent

Comme elle le dit elle-même au début de son témoignage, Pauline est une jeune femme dynamique et positive. Compte tenu de ces qualités, on peut être surpris de constater sa difficulté à se rendre compte de l'agressivité relationnelle dont elle fait preuve. Or, ce n'est pas un cas rare et cela s'explique pour deux raisons.

1. D'une part, l'agressivité est un défaut qui est considéré comme dévalorisant, encore plus dans le cas d'une femme. La culpabilité qui en résulte est forte. L'ensemble de ces réactions – agressivité, dévalorisation de soi et culpabilité – doit donc demeurer inconscient pour que la personne conserve une bonne estime d'elle-même. En déniant son agressivité, Pauline est poussée à en attribuer la responsabilité à l'autre, qui devient alors la cible d'accusations et de reproches. Ces reproches font paraître

Pauline encore plus agressive. On a ici un cercle vicieux classique dans lequel l'agressivité se renforce automatiquement. Soulignons ici l'utilité de certains exercices corporels et émotionnels pour qu'une personne puisse prendre conscience de sa réaction agressive quand elle est confrontée à la présence proche de l'autre *[voir l'encadré « Les manifestations de l'inconscient dans le travail corporel relationnel en groupe »].* C'est dans un exercice de ce type que Pauline voit apparaître simultanément la jalousie par rapport à sa sœur et la pulsion agressive qu'elle a générées dans son enfance, toujours active aujourd'hui.

2. D'autre part, si cette agressivité peut être, comme pour Pauline, une réaction à une situation de jalousie, elle est aussi un mécanisme de défense pour ne pas ressentir l'anxiété relationnelle. Celle-ci peut avoir des causes très variées, mais elle se traduit toujours par le sentiment plus ou moins marqué de ne pas être assez intéressant aux yeux du partenaire pour maintenir une relation durable. Ce recouvrement de l'anxiété par l'agressivité est bien mis en évidence dans l'exemple de Pauline. Quand, après quelque temps d'analyse, elle contrôle mieux ses réactions agressives dans le cadre d'une nouvelle relation amoureuse, et que son ami, qui se sent moins menacé par son agressivité, se rapproche d'elle, sa peur inconsciente de ne pas être à la hauteur lui fait rompre la relation précipitamment.

Le chemin vers la responsabilité et la sensibilité relationnelles

Pauline reproche à Régis son comportement fuyant dans la relation et Régis fuit les reproches de Pauline. Sans une aide extérieure, il est très difficile de s'extraire de cette situation bloquée, tant leurs réactions respectives leur semblent légitimes. L'aide de l'analyse de couple est dans ce cas tout à fait appropriée. Elle apporte la compréhension indispensable des mécanismes inconscients à l'œuvre et une approche comportementale qui permet au couple d'évoluer concrètement vers une intimité satisfaisante.

C'est dans le cadre d'exercices de communication spécifiques à l'analyse relationnelle du couple que Pauline et Régis peuvent amorcer la résolution de leur conflit. Ces exercices présentent deux caractéristiques :

1. Les conjoints utilisent des supports projectifs pour parler de leur relation *[voir l'encadré « Les supports projectifs, à la fois moyen d'expression et miroir du psychisme »]*. Ceux-ci permettent de déjouer en partie les censures de l'inconscient et de créer un espace dans lequel l'écoute de l'autre devient possible, même si ce qui est dit n'est pas facile à entendre.
2. La présence d'un témoin extérieur au couple. Le plus souvent, ce sont le ou les analystes qui assurent ce rôle de témoin. Dans le cas présent, il s'agit d'un autre couple du groupe d'analyse qui effectue le même travail en parallèle. Loin de nuire à l'expression, cette présence permet de dédramatiser l'échange entre les conjoints et stimule une prise de responsabilité positive vis-à-vis des problèmes du couple.

Ces conditions permettent à Régis d'inverser sa tendance habituelle. Au lieu de fuir en étant secrètement mécontent et fermé vis-à-vis de Pauline, il peut partager son vécu réel et « se plaindre » ouvertement de la pression qu'il subit dans la relation. Ces mêmes conditions donnent aussi la possibilité à Pauline d'entendre la plainte de Régis et de se remettre en cause. Pauline sait maintenant qu'elle exerce souvent inconsciemment une pression sur Régis par ses exigences personnelles. Régis sait qu'il est très susceptible face aux demandes d'une femme et peu enclin à les satisfaire. Il a compris aussi que pour trier entre les demandes légitimes de Pauline et celles qui le sont moins, il doit communiquer sur ce qu'il ressent, permettant ainsi à Pauline d'ajuster son comportement.

Cette meilleure compréhension de leurs fonctionnements mutuels fait progressivement son chemin, en permettant à la relation « reproches-fuite », qui caractérisait le début du couple de changer progressivement. Bien sûr sa disparition définitive est lente, mais les conjoints ont maintenant des outils pour réparer très vite les dérapages.

La dernière anecdote concernant les habits de sortie de Régis montre que les deux partenaires sont capables de réparer rapidement les accrocs relationnels. Dans le partage en écho qui suit cette anecdote, ils peuvent tous les deux exprimer leur vécu et entendre celui de l'autre. Régis, qui s'exprime en premier, peut expliquer sa réaction à ce qu'il estime être une pression sur lui, mais en même temps, il s'aperçoit clairement que son attitude de refus ne permet guère d'espace de valorisation pour Pauline. Celle-ci comprend que son obsession de réussite de l'image du couple peut blesser Régis, qui se vit alors comme un simple objet au service de cette image. Elle devient alors beaucoup plus compréhensive de la réaction de Régis.

C'est cette responsabilisation des côtés négatifs de leur personnalité et la compréhension réciproque des défauts de l'autre qui créent progressivement une profonde ouverture entre eux, en leur apportant une authentique confiance mutuelle.

CONCLUSION DU CHAPITRE 2

L'agressivité relationnelle est naturelle

Telle est la nature du psychisme humain que, dans la relation chacun constitue pour l'autre un miroir dans lequel il espère trouver une image valorisée de lui-même *[voir l'encadré ci-dessous]*. La phase de séduction amoureuse de la relation – caractérisée par la lune de miel – correspond à deux miroirs qui se renvoient mutuellement la réponse positive attendue : je t'aime / tu m'aimes. Mais sous l'effet de la vie quotidienne et des conflits inconscients, les miroirs se dérèglent peu à peu et révèlent des traits négatifs de personnalité que chacun redoute inconsciemment de voir apparaître.

Le mécontentement dû à ces reflets déplaisants crée un engrenage dans lequel les partenaires sont tentés de souligner encore plus les défauts de l'autre. C'est la naissance de l'agressivité relationnelle. Celle-ci existe dans tous les couples. Seule l'expression de cette agressivité varie d'un couple à l'autre. Dans bien des couples, elle s'exprime de façon indirecte. D'autres, comme les couples qui témoignent dans cette partie, sont aspirés dans le cycle des crises à répétition qui minent la relation amoureuse.

Il nous a semblé intéressant de comparer les motivations de l'agressivité de chacune des quatre personnes, ainsi que son expression dans leur couple respectif.

Amusons-nous à faire un petit portrait humoristique des deux couples au début de leur travail d'analyse de couple, en imaginant que chacun des conjoints se présente en dévoilant son inconscient :

- Clara pourrait dire : « Je suis certaine d'être très intéressante car j'ai toutes les qualités. D'ailleurs je veux être celle qui est la plus intéressante. Mais, attention, il n'est pas question qu'on émette le moindre doute sur mes qualités ou mes intentions, car toucher à mon image est trop insupportable : je me sens alors trop en échec dans ma rivalité aux autres et à celle avec ma mère en particulier » ;
- Adrien continuerait : « Il ne faut surtout pas que l'on voie que je suis un frère jaloux, ayant très peur d'être le perdant de la famille. Je dois donc tout contrôler, aussi bien mon comportement que celui de l'autre. Rien ne doit révéler le terrible secret » ;

La fusion relationnelle est un processus psychique inconscient par lequel chacun des acteurs de la relation fixe son sentiment d'existence sur l'image que lui renvoie l'autre

La fusion relationnelle peut être positive. C'est le cas de la lune de miel amoureuse. Chaque partenaire constitue pour l'autre un miroir qui renvoie une image purement positive. Malheureusement, la pureté de cette image est obtenue par une déformation inconsciente de la réalité. C'est le résultat du processus de clivage, qui consiste à séparer deux aspects de la représentation du partenaire à l'intérieur de soi. L'image positive est renvoyée au partenaire pour lui plaire. L'image négative est déniée et reste inconsciente.

La fusion peut être négative. C'est l'inverse de la fusion positive. Chaque partenaire renvoie à l'autre une image négative. Paradoxalement, chacun y trouve son compte car l'inconscient fait de subtils calculs. Si l'autre me renvoie que je suis mauvais alors que je sais qu'il est lui-même mauvais, sa parole n'a pas de valeur. Cela confirme qu'il est effectivement le mauvais dans la relation, et donc que je suis le bon.
D'autant plus que j'ai beaucoup de mérite à vivre avec quelqu'un d'aussi difficile. Ce mérite à vivre une situation difficile peut être une grande valeur inconsciente à laquelle s'accroche la personne pour renforcer l'estime qu'elle a pour elle-même. Si cela est le cas, cette fusion négative devient très solide. Elle maintient unis de nombreux couples dans un face à face assez hostile.

La fusion ambivalente est un mélange de la fusion positive et de la fusion négative. Elle peut prendre une forme passionnelle avec une alternance de « je t'aime » et « je te hais ». Mais le plus souvent elle prend la forme d'un mélange inconscient et indissoluble d'amour et d'agressivité masquée, dans des proportions variables. La personne ne se pose pas de question à ce sujet puisqu'elle ne voit consciemment que l'amour. Seules les crises viennent rappeler l'existence de l'agressivité cachée.

- Pauline à son tour : « Depuis que je suis toute petite, je pense que je suis moins intéressante que ma sœur et je ne supporte pas la vision de moi que me donne cette pensée. Je dois donc prouver en permanence le contraire. Mais que c'est dur face à l'autre qui résiste à ma démonstration sans que je sache pourquoi » ;
- et enfin Régis : « Je me vis dépendant de ma femme comme je l'ai été de ma mère et je suis persuadé qu'elles ne m'aiment pas vraiment. Elles sont beaucoup trop intéressées par ce qu'on pense d'elles pour s'intéresser à moi. C'est une situation intolérable : je fuis pour y échapper et la leur faire payer ».

Le couple de Clara et Adrien est explosif car aucun des deux ne fuit. Ce n'est même pas imaginable pour Clara, et pour Adrien cela constituerait un terrible aveu de sa défaite. Ils ne peuvent que s'affronter, sabre au clair, et finir effondrés à la fin de chaque crise.

Rien de tel chez Pauline et Régis. L'affrontement n'a jamais vraiment lieu tant Régis fuit la relation. La crise n'est pas très violente, mais elle est quasi permanente. Elle prend la forme un peu absurde d'une poursuite inlassable digne d'un dessin animé : Pauline poursuit Régis qui la frustre de toute reconnaissance et Régis fuit les reproches de Pauline.

Nous nous permettons de caricaturer et de plaisanter pour deux raisons. D'une part nombreux sont ceux qui peuvent se reconnaître dans l'une ou l'autre des personnes décrites, tant elles représentent des aspects universels du comportement des humains vivant en couple. D'autre part, les couples en question ont fait ce qu'il fallait pour briser le déterminisme apparemment fatal de la mauvaise entente dans le couple et peuvent donc en rire de bon cœur avec nous.

Changer les mauvaises habitudes et semer les graines de l'intimité

Quand un couple vient en analyse pour cause de crise ouverte, sa première demande est de trouver un remède pour améliorer le climat détérioré du couple qui est devenu très inquiétant. C'est tout à fait le cas de Clara et Adrien qui ont le sentiment de vivre sur une poudrière.

La situation est un peu différente pour Pauline et Régis qui ont déjà débuté une analyse psychocorporelle à titre personnel.

Néanmoins, eux aussi se trouvent confrontés au processus de crise permanente que nous avons décrit dans le paragraphe précédent.

Il apparaît donc nécessaire dans ces cas de proposer des solutions concrètes pour mettre un frein à la détérioration de la relation. C'est la forme que prend la crise qui indique la marche à suivre et non les raisons inconscientes (sous-jacentes) qui en sont à l'origine.

Pour Clara et Adrien, il convient de juguler l'explosivité des disputes en leur proposant un cadre dans lequel ils peuvent par la volonté éviter l'embrasement. Cette approche ne leur demande pas de compréhension de ce qui se passe, seulement beaucoup de bonne volonté pour maîtriser leurs réactions agressives habituelles. C'est comme une trêve dans une guerre ouverte. Rien n'est réglé sur le fond, mais les deux adversaires décident de mettre fin momentanément au désastre.

Il faut que les conjoints tiennent à leur couple pour que l'analyse de couple marche

Toutefois le problème est très différent entre un couple, comme Clara et Adrien, qui choisit authentiquement de trouver une solution pour mieux vivre ensemble, parce qu'ils tiennent l'un à l'autre, et deux belligérants dont les divergences d'intérêt peuvent être insurmontables. Dans ce dernier cas, nous ne pouvons rien proposer d'efficace pour aider le couple. L'analyse relationnelle ne marche que si, en dépit de leurs disputes, les conjoints tiennent vraiment l'un à l'autre.

Un cas particulièrement pernicieux est le couple dans lequel l'un des partenaires a décidé secrètement de rompre le couple, sans vouloir le dire à son conjoint. Il accepte d'entamer une analyse de couple dans l'espoir caché que l'analyse va montrer que le couple ne peut être sauvé. Il espère ainsi ne pas avoir à dire clairement à son conjoint qu'il veut s'en aller. Bien entendu, cette personne s'arrange pour faire discrètement échouer toutes les tentatives de rapprochement proposées dans le cadre de l'analyse. Un bénéfice secondaire espéré, tenu également secret, est qu'il compte sur les analystes pour s'occuper du désespoir du conjoint berné. C'est une manipulation assez odieuse dans laquelle tout le monde est trompé, d'autant plus que ce genre de personne va facilement laisser croire que si le couple rompt, c'est parce que l'analyse a aggravé la relation entre les conjoints !

Organiser une « conférence » où chacun peut donner son point de vue en présence d'un regard neutre

Dans le cas de Pauline et Régis, il ne s'agit pas d'éviter l'expression des griefs en face à face, mais au contraire de permettre qu'elle ait lieu pour arrêter un processus de poursuite stérile. Mais pour éviter de tomber dans le schéma de la dispute explosive, il faut que cette confrontation ait lieu dans de bonnes conditions de sécurité. Pour continuer le parallèle avec les conflits à l'échelle internationale, il faut organiser une conférence où chacun peut donner son point de vue en présence d'un regard neutre.

Le partage avec supports projectifs en présence d'un tiers neutre, analystes ou autres participants du groupe d'analyse, joue ce rôle et permet effectivement à Régis de parler de ce qui se passe pour lui sans craindre une réaction immédiate négative de Pauline. Au contraire, celle-ci peut dans ce cadre accepter d'écouter et d'entendre ce qui lui est reproché. Nous voyons qu'ici aussi, la situation s'avère plus simple qu'une conférence internationale.

Dans le couple, sauf cas rare, il n'y a en général pas d'autre divergence d'intérêt que celle due au maintien inconscient d'une image idéalisée de soi qui ne correspond pas à la réalité. Même si, compte tenu de la nature de l'inconscient, cette divergence n'est pas facile à résoudre, tout processus d'ouverture et de rapprochement a de bonnes chances de réussir, car l'objectif à atteindre correspond à une attente profonde de chaque être humain : aimer et être aimé au-delà des apparences. C'est le pari d'une analyse de couple basée sur la recherche de la meilleure transparence possible entre les deux conjoints par la mise au jour des obstacles inconscients.

Revenons à l'aspect pratique de l'évolution des deux couples. Pour chacun d'entre eux, ces premières approches, apaisante pour le premier, éclairante pour le second, apportent les premiers fruits pour une amélioration de l'intimité de la relation. En respectant avec la meilleure volonté possible le « pacte de non-agression » qu'ils ont adopté, Clara et Adrien découvrent peu à peu qu'ils peuvent faire confiance à leur partenaire et apprécier le climat apaisé du couple. Ils vont alors avoir le temps de réfléchir sur l'origine réelle de leurs réactions agressives.

Pauline découvre la façon dont elle fait pression sur Régis. Lui prend conscience que son mutisme dans la relation ne peut qu'entraîner la frustration et les reproches de Pauline. Cette ouverture réelle de la communication dans le couple ne peut que contribuer à les rapprocher de façon intime.

Les bases d'une analyse des mécanismes inconscients à l'œuvre dans le couple ont été posées : il faut continuer cette analyse

Ne pas arrêter l'analyse lors d'une simple rémission des crises

Malgré ces améliorations sensibles, il est beaucoup trop tôt pour s'arrêter à ce stade. La suite de l'analyse des deux couples le montre. Il est indispensable de comprendre ce qui a entraîné le couple vers cet état de crise pour réellement résoudre le problème. S'arrêter à ce stade de l'évolution, c'est prendre le risque du retour du climat de crise avec le découragement consécutif. C'est assez souvent le cas pour des couples qui ont fait une tentative de thérapie de couple et qui se sont arrêtés trop tôt. Ils sont désabusés : « On a essayé et ça n'a pas marché. »

D'autres parviennent à s'installer dans une distance respectueuse qui leur permet de penser que le problème est résolu. Ils rejoignent alors la catégorie des couples sclérosés dont nous parlons dans le chapitre suivant du livre. L'expression des sentiments réels est mise sous contrôle pour ne pas retrouver l'état conflictuel du couple.

La motivation du couple est le premier facteur de réussite

Pour éviter l'arrêt prématuré d'une analyse de couple dû à des résistances inconscientes, la motivation est un facteur fondamental. Elle permet de surmonter les différentes épreuves rencontrées pendant l'analyse et conditionne sa réussite.

Pauline et Régis étaient déjà motivés avant leur rencontre pour comprendre les raisons de leurs échecs amoureux répétés. Ils avaient entrepris une analyse personnelle pour cette raison. Leur rencontre leur a apporté un surcroît de motivation, car malgré les difficultés du début de leur relation, ils ne voulaient pas laisser passer la chance que constitue le fait d'avoir un partenaire intéressé par la même démarche de compréhension.

Pour Clara, l'énorme souffrance que créaient en elle les disputes violentes avec Adrien constituait une motivation suffisante. Adrien, très investi dans son métier de médecin ressentait moins nettement le besoin d'un travail sur le couple. Mais, très attaché à Clara, il ne pouvait envisager une rupture et a donc accepté de venir en analyse. Très vite, il a vu l'intérêt du travail entrepris et a pu partager avec Clara l'enthousiasme pour l'évolution de leur relation.

À partir des reproches, la naissance d'un intérêt réciproque positif et authentique

Notre propos n'est pas de reprendre ici les détails de l'analyse de chacun des deux couples.

Nous pouvons néanmoins ajouter un petit commentaire au témoignage de Pauline et Régis. Tous deux étaient minés par le sentiment d'être inintéressant aux yeux de l'autre. La pratique de l'analyse de couple les amène à constater, dans un premier temps, qu'ils ont en fait le regard rivé l'un sur l'autre. Bien sûr, c'est pour se faire des reproches, mais en partageant clairement sur ces reproches respectifs, chacun donne à son partenaire la possibilité d'être compris.

C'est dans cet échange sans faux-fuyant que prend naissance un intérêt réciproque positif et authentique. N'étant plus tenaillés par le doute sur les sentiments de leur conjoint, il leur devient alors possible d'aller vers une compréhension d'eux-mêmes moins déformée par les défenses inconscientes contre ces doutes.

C'est, en très résumé, un bon exemple de l'un des processus de changement que permet le cadre de l'analyse de couple pour aller vers l'intimité personnelle et relationnelle.

Chapitre 3

La sclérose du couple : libérer la relation du carcan du contrôle et de la surprotection

Les couples qui vont témoigner dans ce chapitre se caractérisent, au moment où ils arrivent en analyse, par une apparente tranquillité dans la relation, avec peu ou pas de conflit et un accord sur l'essentiel de leurs valeurs. Malgré tout, leur vie intime apparaît empreinte de morosité. Cette morosité peut ne pas être apparente pour un observateur extérieur, car certains couples présentent en société l'image d'une relation réussie et heureuse. Ce n'est que dans l'intimité que le manque de vie est manifeste. Pour d'autres, la morosité transparaît et ils donnent l'image d'un couple un peu éteint.

Compte tenu de leur bonne entente apparente, la plainte des conjoints n'est pas aiguë. Ils se demandent même parfois s'ils ont vraiment besoin de faire un travail sur leur couple. Mais ils ressentent malgré tout dans leur vie à deux une certaine déception. Même s'ils ne comprennent pas précisément pourquoi, leur relation ne les satisfait pas.

Une bonne entente apparente masque souvent la sclérose du couple

Les apparences ont beaucoup d'importance pour ce type de couple. En effet, tout doit être fait pour que les conflits n'apparaissent pas, tant dans la vie intime du couple que vis-à-vis de l'extérieur. Les apparences sont donc en général trompeuses, car derrière une bonne entente affichée se cache une vie intime peu vivante, bloquée par le souci permanent d'éviter toute crise.

Dans cette quête permanente pour préserver l'image d'un couple harmonieux, chacun des conjoints est inconsciemment occupé à contrôler ce qui se passe dans la relation, afin d'éviter toute dé-

L'amour-spectacle entraîne la sclérose de la relation

Montrer à la famille et aux amis l'image d'une relation harmonieuse sans nuages constitue bien souvent un objectif essentiel pour le couple. Mais le prix à payer pour préserver cet amour-spectacle est généralement lourd pour l'intimité du couple.

C'est un peu comme si le couple était propriétaire d'une vaste et jolie maison confortable et que les deux conjoints choisissaient de vivre fenêtres et volets ouverts pour être vus, mais cantonnés sur le canapé du salon, côte à côte sans bouger, sans se toucher ni faire de bruit de peur de salir ou d'abîmer le beau décor et d'être surpris par les regards interrogateurs des voisins. Le beau décor est à voir ici comme la représentation valorisée et figée de leur image de couple, telle qu'ils souhaitent la montrer au monde et à eux-mêmes. Les voisins incarnent le regard social, qu'ils imaginent fixé sur eux en permanence, porteur des normes et des valeurs auxquelles ils essaient de correspondre en s'interdisant de bouger.

La priorité inconsciente donnée à la protection de l'apparence du couple oblige à éliminer beaucoup d'aspects vivants et spontanés dans la vie du couple et conduit à la sclérose de la relation intime.

Prendre conscience de ce phénomène et de ses conséquences est indispensable pour permettre à la vie de circuler à nouveau dans le couple.

stabilisation. La surprotection de la relation pour ne pas en voir les difficultés et le contrôle de tout ce qui peut amener une mise en cause de ce statu quo constituent deux verrous qui bloquent la vie amoureuse de ces couples.

Les personnes ont alors très peu d'éléments concrets sur lesquels s'appuyer pour prendre conscience de ce qui ne va pas dans la relation. Les désaccords ne créent pas de crise, comme c'est le cas pour les couples de la partie précédente dont les défenses sont de type agressif.

Au-delà des apparences et quel que soit le style du couple, les symptômes de la sclérose du couple se trouvent au niveau de la vie intime et sont toujours les mêmes : sentiment d'ennui, de vide, d'insatisfaction et de frustration, perte chronique de dynamisme ou de désir, incapacité à dire, ou même à se formuler à soi-même, ce qu'il y aurait à dire pour retrouver une intimité dynamique.

Ces symptômes sont liés à des mécanismes de défense inconscients qui sont difficiles à détecter et à comprendre, car ils n'induisent pas de comportements visiblement problématiques.

Voyons maintenant sur le plan analytique quels sont les mécanismes qui sous-tendent la dynamique de ces couples.

Les mécanismes inconscients qui conduisent à la sclérose du couple

Nous avons expliqué dans le chapitre 2 de la première partie pourquoi tous les couples sont, sauf travail permettant de mettre au jour l'inconscient ou coup de chance soumis à des cycles, plus ou moins courts ou plus ou moins longs, qui se répètent tout au long de la vie du couple. Chaque cycle débute par une phase positive qui donne le sentiment que la relation est harmonieuse. La première de ces phases amoureuses que rencontre le couple, et qui est souvent la plus intense, est la lune de miel. Au bout d'un temps plus ou moins long, la phase positive est suivie d'une phase de déception, plus ou moins cachée, qui elle-même donne naissance, si les choses empirent, à une phase d'agression réciproque.

Ces phases de déception et d'agression sont pénibles à vivre pour le couple. Elles peuvent provoquer la rupture. Si la rupture est évitée, c'est parce que la phase d'agression est suivie d'une phase de réparation, qui permet de retrouver la phase amoureuse, tout en créant fréquemment une blessure secrète chez chacun, sur laquelle se grefferont les crises et les blessures suivantes.

Pour les couples dont nous parlons dans cette partie, le cycle se bloque et se stabilise à la phase de déception, tout en essayant de masquer inconsciemment celle-ci au maximum. Ils font tout pour ne pas ressentir cette déception, et encore plus pour ne jamais entrer dans une phase d'agression. Les partenaires vont donc utiliser beaucoup d'énergie pour contrôler leur déception et leur frustration afin de ne pas les ressentir.

L'apparition de la déception dans le couple est une épreuve difficile à vivre. Comme toujours, la personne a tendance à se défendre inconsciemment contre cette situation désagréable. La première de ces défenses est la disqualification du conjoint : « Il m'a déçu, il n'est pas le conjoint que j'attendais », qui préserve efficacement l'estime de soi, mais qui fait glisser le couple dans la phase agressive du cycle de la relation.

Les personnes dont nous parlons dans cette partie ont une caractéristique commune liée à leur histoire d'enfance : elles cherchent à éviter à tout prix l'apparition de cette situation conflictuelle dans le couple. Pour cela elles vont adopter deux formes de défense :

1. La mise à distance d'eux-mêmes et de l'autre, pour éviter les sentiments trop chaotiques liés à la relation amoureuse ;
2. L'idéalisation de soi-même, de l'autre ou du couple.

La mise à distance de ses ressentis est le mécanisme de défense principal qui conduit à la sclérose de la relation

D'une façon générale, la mise à distance inconsciente sert à ne pas voir apparaître certains sentiments ou désirs que l'on juge inacceptables, car en contradiction avec les croyances que l'on a sur soi, l'autre ou le couple.

L'agressivité contre l'autre est le premier des sentiments à éviter si on veut conserver la croyance que tout se passe bien dans la relation. Mais il est très difficile de ne jamais être confronté, à l'intérieur de soi, à des réactions agressives contre son conjoint. Seule la mise à distance de ses propres ressentis permet de maintenir une façade d'équanimité à toute épreuve.

L'agressivité peut aussi être dirigée contre soi-même sous la forme de jugements variés. Par exemple, une personne qui ressent fortement le besoin d'être au centre des préoccupations de son partenaire peut se juger trop infantile ou égocentrique. Pour camoufler cette tendance « condamnable », la personne peut alors préférer inconsciemment se couper de son désir et ne plus donner aucun signe à son partenaire pouvant laisser croire qu'elle cherche à attirer son attention.

Le manque de confiance en soi, qui est aussi une forme d'agression contre soi-même, peut entraîner une mise à distance du sentiment amoureux. Être très amoureux et avoir peur de ne pas être à la hauteur sous le regard de son partenaire est effectivement une situation potentiellement menaçante. La mise à distance du désir amoureux est alors une défense qui d'un point de vue inconscient est adaptée à la situation. Mais bien sûr elle empêche l'amour de se développer.

Ces trois exemples montrent à l'évidence que la défense par mise à distance ne peut que conduire à l'absence de vie qui caractérise la sclérose des personnes et du couple.

Le processus d'idéalisation peut donner une impression de vie plus colorée, mais aboutit à renforcer la sclérose

La mise à distance, forme de défense inconsciente que nous décrivons dans le paragraphe précédent, s'accompagne assez souvent d'une défense par idéalisation. Le processus d'idéalisation peut s'appliquer soit au couple, soit au partenaire, soit à la personne elle-même. L'idéalisation permet d'échapper à la grisaille de la vie relationnelle ambivalente, en créant une image brillante et colorée de l'objet idéalisé et en s'y identifiant. Mais bien sûr, comme tous les mécanismes qui déforment la réalité, elle présente des inconvénients importants.

Reprenons l'exemple des couples dont il est question dans l'encadré sur l'amour-spectacle *[« L'amour-spectacle entraîne la sclérose de la relation »]*. Ils cherchent à montrer, à leur famille et à leurs amis, l'image d'un couple vivant en totale harmonie, quel que soit l'état réel de la relation intime. Dans ce cas, l'objet de l'idéalisation est cette image du couple réussi. Comme il est dit dans l'encadré, le souci constant de maintenir la valorisation créée par cette belle image conduit les personnes à éliminer tout élément qui viendrait en contradiction avec ce projet. Le processus d'idéalisation contribue donc à renforcer les mécanismes de mise à distance de ressentis émotionnels qui pourraient perturber l'image. L'idéalisation renforce donc la sclérose de la relation.

En plus de l'immobilisme qu'elle provoque dans la relation, l'idéalisation inconsciente est aussi la source d'une angoisse chronique, car il y a toujours la peur que la défense soit inefficace : angoisse de se sentir incapable de satisfaire l'autre, angoisse qu'une crise arrive, angoisse d'avoir en fait un couple moins réussi que celui des autres, etc. On entre alors dans le cercle vicieux classique dans lequel : plus on idéalise, plus on craint que la vérité ressorte et plus cette crainte augmente, plus on idéalise pour la conjurer.

Sortir de l'étouffement provoqué par ces mécanismes

Les témoignages des deux couples dans les chapitres qui suivent illustrent de façon détaillée la problématique considérée et les solutions apportées. Nous verrons comment les méthodes de l'analyse relationnelle du couple sont utilisées de façon spécifique pour aider ces couples dont la vie intime s'est sclérosée à surmonter leurs difficultés.

1. ANNE ET PHILIPPE : L'ÉTOUFFEMENT DES CONFLITS ET DES DÉSIRS, LES DEUX « PARFAITS »

Quand Anne et Philippe se présentent à notre cabinet, ils apparaissent comme un couple agréable. Lui est plutôt bel homme, mais semble réservé, voire un peu timide et silencieux. Anne est une jolie femme très à l'aise, mais un peu stricte, comme si elle n'osait pas se mettre tout à fait en valeur. C'est tout de suite elle qui prend la parole pour expliquer leur démarche.

Elle décrit une relation sans conflit : ils sont en accord sur l'essentiel de leur vie commune depuis sept ans, et leur petite fille grandit sans problème, même si Anne la sent trop timide et s'inquiète un peu pour elle. Elle craint de ne pas être une bonne mère car – elle le dit dès les premières minutes de l'entretien – elle voudrait être parfaite dans tous les domaines de sa vie. Cela la met sous pression et elle a le sentiment de ne jamais y parvenir vraiment.

Malgré ce tableau plutôt positif – puisque, d'après leurs dires, ils apparaissent comme un couple sans problème aux yeux de leurs amis et de leurs familles réciproques – Anne se plaint d'une certaine morosité dans leur relation. C'est comme si tout allait bien sans qu'elle se sente vraiment heureuse. Elle cherche « autre chose » mais ne sait pas exactement quoi. Anne se demande si elle n'est pas trop exigeante et si une analyse relationnelle du couple est appropriée dans leur cas, d'autant plus qu'ils ont déjà fait, chacun de leur côté, une psychanalyse qui leur a permis de mieux se connaître.

Nous leur proposons de prendre quelques séances individuelles et de participer ensuite à un groupe de couples, afin de se faire une idée de l'intérêt qu'ils pourraient y trouver. Leur interrogation sur leur motivation est légitime, puisque la nature des obstacles à l'épanouissement de leur relation est très difficile à voir, l'un et l'autre fuyant toute confrontation et toute expression susceptible de générer un conflit.

UN PETIT FRÈRE DOMINÉ AVEC UNE GRANDE SŒUR DOMINANTE

Un « petit dernier »... dindon de la farce

Sur notre conseil, Philippe décrit son histoire en détail.

« Je suis le benjamin de la famille avec deux sœurs aînées de 5 et 7 ans de plus que moi. Mes parents – petits commerçants – rentrent tard le soir. Ma mère est très effacée devant mon père, qui lui est très exigeant et reprochant avec l'ensemble de la famille : gare à nous si tout n'est pas prêt et en ordre quand les parents rentrent... Il a par ailleurs de grands idéaux et entend bien que toute la famille s'y soumette. Mais il place la barre à une telle hauteur que nous sommes mis en permanence en échec.

« À l'école par exemple, bien qu'étant plutôt bon élève, non seulement je n'ai pas le souvenir d'avoir été encouragé par mon père, mais je

garde plutôt en mémoire qu'il souligne en permanence mes faiblesses. À ses yeux, la seule place méritante est la première en toutes matières. Mais si je rapporte la note maximale à un devoir il me rétorque systématiquement l'air entendu : « On verra bien combien de temps ça va durer ! » Inévitablement une moins bonne note apparaît à un moment donné, le confortant ainsi dans sa position dévalorisante.

« Je garde également le souvenir que les lettres que j'envoie à mes parents lorsque je suis en colonie de vacances sont systématiquement corrigées par mon père, les fautes d'orthographe ou d'expression étant soulignées de rouge. Inutile de dire que je perds très vite l'envie d'écrire...

« Par ailleurs, lorsque je rentre de ces colonies de vacances, je suis accueilli à la descente du train d'un « Hé ben... tu n'as pas dû trop te laver ! » de la part de mon père. Sans doute voudrait-il que j'apparaisse tout propret et gominé après un voyage de quelque douze heures en train en compagnie d'une bande de gamins ?

« Ces positions paternelles sont plutôt décourageantes... Ses exigences et ses reproches dans tous les domaines créent en moi un modèle de perfection et d'irréprochabilité. Mais je me sens très impuissant à satisfaire ce modèle, secrètement en rage et très coupable.

« Pour mes sœurs, je suis le "petit", le "môme" qu'elles peuvent utiliser à leur guise dans leurs jeux. Être le "petit" dans ces moments-là ne me dérange pas, trop car cela fait partie du jeu. Ce qui ne me convient pas c'est qu'à un moment, sans raison apparente, elles se mettent à jouer entre elles en m'envoyant promener, me traitant de "bébé", de "môme pas intéressant", m'enjoignant d'aller jouer "dans mon coin". Je me sens alors très exclu et en colère.

« Mes sœurs tentent également de m'imposer sans cesse leurs positions d'aînées en essayant de me diriger dans les différentes tâches et activités qui nous incombent pour satisfaire les parents. Les tâches en elles-mêmes sont à ma portée : il s'agit par exemple de mettre le couvert, de descendre la poubelle ou d'aller acheter le pain. Elles ne me posent donc pas de problème en elles-mêmes. Mais c'est le fait que cela me soit imposé par mes sœurs sans que je puisse émettre le moindre avis qui me fait bien souvent râler contre elles. J'ai l'impression qu'elles m'utilisent et reproduisent sur moi les exigences paternelles qu'elles subissent elles-mêmes. En tant que "petit dernier" je me sens le dindon de la farce, le dernier maillon de la chaîne...

« Je traverse vers sept ans une courte période colérique. Mais il n'est pas bon d'être coléreux dans l'idéologie paternelle. Quand mes sœurs rapportent mes colères à mon père, j'ai droit à une série de coups de martinet "cul nu" le soir avant d'aller au lit. Tout cela en présence du reste de la famille, le plus humiliant étant d'être obligé de baisser mon pantalon de pyjama devant mes sœurs.

« Pour résumer, je me sens très écrasé par les exigences et les reproches de mon père, mais ceux-ci constituent bien la base de la recherche de perfection et d'irréprochabilité qui m'habite. Je me sens également manipulé par mes sœurs, ce qui engendre une râlerie permanente contre elles. Je suis donc très mécontent de cette place de "petit dernier"et en même temps je ne peux rien dire sans que cela me retombe dessus. L'apprentissage de la relation est bien difficile et je n'ai donc pas d'autre choix que de me mettre à distance tout en affichant une façade de gentillesse de façon à me protéger. Par ailleurs, face à l'impossibilité d'exprimer quoi que ce soit de quelque manière que ce soit, je m'enferme petit à petit dans une bouderie secrète dès le moindre problème relationnel. »

J'ai tendance à me positionner au-dessus de Philippe

De son côté, Anne aborde son histoire en groupe.

Récit de son analyse par Anne. *Le thème d'un des premiers groupes d'analyse est l'étude de ce qui est appelé « le tableau familial de notre enfance ». Il s'agit de représenter le positionnement des membres de sa famille et leurs relations en utilisant des personnes du groupe.*

Je place mes parents l'un à côté de l'autre au centre de la pièce, et un peu plus loin mes deux petites sœurs qui jouent à quatre pattes dans leur coin. Je dois ensuite me placer dans ce tableau et je choisis de m'installer debout entre mes parents et mes sœurs, un peu comme si je faisais un trait d'union entre eux tous. Je prends conscience à ce moment-là de cette place particulière au sein de la famille : c'est à la fois une position très valorisante de grande sœur, et en même temps une position très inquiétante puisqu'il me faut satisfaire tout le monde.

Pendant ma psychanalyse, je m'étais plaint à maintes reprises de la charge que mes parents m'imposaient en me demandant de m'occuper de mes petites sœurs. J'avais compris que je faisais énormément d'efforts pour les aider à la maison et les soulager, car ils étaient débordés par leur activité professionnelle, mais jamais je n'avais réalisé aussi clairement que j'en tirais une forte valorisation par la grande place que cela me donnait. Les analystes qui m'aident à mieux voir ce qui se dégage de mon tableau soulignent également qu'en plaçant Marion et Sophie à quatre pattes, moi debout devant elles, cela semble indiquer que je me situe très au-dessus d'elles. J'écris alors dans mon journal :

> *« C'est vrai, si je repense honnêtement à mes relations, que ce soit avec mes amis ou même avec Philippe, j'ai vite tendance à me positionner en grande sœur qui sait mieux que l'autre. Il faut dire que Marion et Sophie étaient souvent pénibles. Si je ne les surveillais pas sans arrêt, elles en profitaient pour faire des bêtises et après Papa et Maman auraient pu me gronder. Je me souviens aussi que j'inventais des jeux et je leur racontais des histoires de façon à les occuper pour qu'elles restent calmes.*
> *« C'est peut-être à cause de ce positionnement que j'ai tendance à voir Philippe comme plus petit que moi. »*

ANNE PREND CONSCIENCE QU'ELLE S'ATTRIBUE TOUJOURS LE MEILLEUR RÔLE DANS LE COUPLE

À ce stade-là du travail de couple, Anne n'a pas encore intégré cette prise de conscience. Elle se pose bien les bonnes questions sur la complémentarité « grande-petit » de leur couple mais elle n'en mesure pas toutes les conséquences.

Il faudra la répétition de nombreux exercices en couple, pour avancer dans cette compréhension.

Récit de son analyse par Anne. *Un exercice assez fréquent dans le groupe consiste à rejouer des scènes de la vie quotidienne qui se sont mal passées pour mettre à jour les comportements de chacun. Cet exercice nous met systématiquement en échec, puisque toute notre énergie est investie à éviter de voir les conflits. Nous ne savons pas quoi faire. Un jour, pour la première fois, j'accepte de regarder les pensées qui apparaissent dans cette situation. Jusqu'ici, je ne me rendais pas compte que j'accumulais des reproches contre Philippe en lui faisant porter l'échec de ces exercices. J'écris alors dans mon journal :*

« Je ne peux pas m'empêcher de penser que quand même Philippe est coincé et de comparer avec les autres couples qui me paraissent plus joyeux et dynamiques que nous. J'ai l'impression qu'il s'y prend mal, qu'il manque d'énergie, qu'il n'a même pas le désir d'être avec moi. Ça m'énerve et je lui en veux. Mais je ne peux pas le lui dire car sinon on va être fâché et ce sera pire encore. »

Ces exercices de revécu des scènes difficiles du couple créent, contrairement à ce que l'on pourrait penser *a priori*, un vécu relationnel dynamique et souvent agréable pour les couples qui les font. Les instructions qui sont données insistent sur deux points : être honnête et utiliser quand c'est possible un certain humour joueur. Bien sûr, l'humour et le jeu ne sont pas toujours au rendez-vous, puisqu'il s'agit d'aborder des conflits dans le couple. Cependant l'ambiance globale du groupe est assez joyeuse pendant ces exercices et bon nombre de couples ont une énergie relationnelle dynamique. Anne se compare à eux et est affligée par la difficulté de leur couple à rester dynamique. Elle accuse aussitôt Philippe de mal s'y prendre et de la fuir.

À l'occasion d'une autre séance d'analyse, je choisis des photographies montrant cette difficulté à entrer dans une dynamique relationnelle agréable. Pour ma part, je suis persuadée d'avoir décrit les événements de façon tout à fait objective. Mais l'analyste m'aide à voir que – mine de rien – ma description tend à me positionner toujours comme meilleure que Philippe : plus agréable, plus vivante, plus imaginative… Philippe étant toujours désigné par moi comme celui qui pose problème. J'écris après cette séance :

« Même si cette prise de conscience est déstabilisante pendant un certain temps, maintenant que je le vois, c'est évident : je me présente toujours comme celle qui va bien ! Philippe a ainsi toujours le mauvais rôle : celui qui va mal ! Plus ou moins secrètement, je le critique et je l'accuse : moi, je sais ce qu'il faut faire, lui ne sait pas…

« Je prends conscience que je reproduis avec Philippe le même comportement qu'avec mes sœurs. Je le positionne comme plus petit que moi et ensuite je l'accuse d'être insuffisant. C'est absurde et je comprends qu'il puisse se sentir écrasé et manquer de dynamisme si c'est là le message que je lui envoie. »

Pendant les mois qui suivent, je me prends souvent en flagrant délit d'avoir des pensées jugeantes sur Philippe. Je me rends compte aussi que je ne dis rien de ces pensées négatives pour rester soi-disant protectrice et agréable. Mais comme ce sont bien ces pensées négatives que j'ai en tête, cela m'oblige à rester à distance de Philippe. Cela explique bien cette espèce de lourdeur entre nous, aussi bien relationnellement que sexuellement. Je commence à beaucoup mieux voir quel est mon rôle dans la morosité du couple. J'écris alors :

> *« Je suis contente de ce qui se passe. Au moins je peux mettre des mots sur ce sentiment de morosité dans notre relation que je ressens depuis longtemps sans pouvoir l'expliquer. Je n'ose rien dire, mais je n'en pense pas moins, encore que même la pensée est refoulée, car penser consciemment du négatif de Philippe ne colle pas avec mon désir de rester parfaite relationnellement. D'où cette lourdeur pénible dans notre relation. »*

Jouer des rôles à contre-emploi pour sortir d'une situation bloquée

Je me souviens d'un groupe au cours duquel on nous propose de reprendre des scènes de la vie quotidienne qui posent problème. Pour sortir de l'échec provoqué par ces exercices, nos analystes nous proposent alors de jouer le contraire de nos rôles habituels dans le couple.

Nous nous lançons à fond dans cette proposition : je me mets à faire des caprices, à râler, à faire semblant de laisser tout traîner... tout cela en le caricaturant très fortement. Ce jeu est vraiment libérateur et nous nous amusons beaucoup. Je joue à la sale gamine et Philippe prend le rôle de l'adulte qui sait et qui essaie de cadrer une enfant pénible. C'est tout ce que je n'ai pas eu le droit de faire lorsque j'étais petite et c'est extrêmement jouissif. Philippe prend également beaucoup de plaisir à ce jeu puisque, pour la première fois de sa vie, les rôles sont inversés : il sort là momentanément du rôle pénible dans son histoire de « petit dernier ». Nous ne cessons de rire et de nous amuser dans ce jeu où les personnages sont à l'inverse de ce que nous sommes habituellement. Ce jeu fait voler en éclats la morosité et la grisaille qui nous gouvernent d'ordinaire ! Quand nous nous retrouvons dans notre chambre nous enchaînons tout naturellement sur une sexualité vivante et joyeuse.

Je comprends pour la première fois ce que nos analystes appellent « le jeu dans le couple ». Auparavant, je pensais que jamais je ne saurais jouer puisque j'ai appris à être sérieuse dès la toute petite enfance...

Jouer des rôles caricaturaux, à contre-emploi, pour sortir de la sclérose : le Ça contre le surmoi

Dans cet encadré, nous utilisons le vocabulaire de l'inconscient tripartite freudien : moi, Ça, et surmoi. Nous expliquons ce vocabulaire dans l'encadré suivant qui traite du passage de l'Œdipe.
Quand le surmoi, associé à l'idéal du moi, impose sa loi, la personne est enfermée dans un carcan de jugements dont elle ne peut se libérer. Le désir et l'énergie vivante sont alors sclérosés. C'est particulièrement sensible dans le cas d'Anne et de Philippe *[voir leurs témoignages dans le texte ci-dessus]* dont le modèle idéal est d'être parfait. Le surmoi est alors particulièrement à son aise pour jouer son rôle dictatorial de répression des comportements déviants par rapport au modèle idéal.
Le moi, dont le rôle est de maintenir un équilibre entre le Ça et le surmoi, est alors impuissant à le faire. Il n'y a plus rien à arbitrer. Le surmoi a triomphé. La sclérose s'est installée.
Seule une libération de certaines forces contenues dans le Ça peut créer une ouverture permettant à la vie de reprendre un processus créatif.
En ce sens, utiliser des rôles caricaturaux à contre-emploi de ceux préconisés par l'idéal du moi et surveillés par le surmoi peut constituer un outil intéressant pour libérer les personnes et la relation de la sclérose.
Quand Anne joue la sale gamine qui est tout sauf conforme au modèle de parfaite, elle donne la parole à une partie d'elle-même qui a été refoulée dans le Ça au moment du passage de l'Œdipe. Pour Philippe, laisser apparaître sa jouissance à dominer met en échec la position morale de perfection qui se regarde dans le miroir des convenances.
Ces jeux apportent une bouffée d'air frais dans l'univers étouffant créé par le surmoi pour réaliser le modèle de la perfection comportementale.

Si cet exercice a montré à Anne et Philippe qu'ils étaient capables de jouer de façon vivante, il a aussi préparé une prise de conscience importante pour Philippe. En prenant avec beaucoup de jouissance le rôle du grand frère qui cadre la petite sœur pénible, il se rend compte qu'il ne veut absolument pas se sentir dominé. D'ailleurs Anne écrit dans son récit d'analyse :

Dans les mois qui suivent, malgré un positionnement plus positif de ma part dans la relation, dû au fait que je me sens beaucoup plus ouverte par rapport à Philippe, j'ai l'impression qu'il résiste plus ouvertement à mes propositions et à ma façon de faire qui paraissent ne pas le satisfaire. Il est comme tendu, sous pression. J'ai l'impression qu'il est vite agacé, voire mécontent.

PHILIPPE : UN RÉSISTANT RÂLEUR DERRIÈRE L'IRRÉPROCHABLE

Philippe s'est structuré dans l'enfance en opposition secrète aux exigences et aux reproches paternels, ainsi qu'aux manipulations de ses sœurs – opposition masquée derrière une façade de gentillesse. Philippe s'en est sorti de cette manière et cela a été vital pour lui. En ce sens, cette résistance a été positive. Mais son psychisme s'est figé dans cette structure pendant l'enfance et cela s'est renforcé à l'adolescence. Il prend de plus en plus conscience de cette résistance au désir de l'autre et écrit dans son journal :

« Dès la moindre demande sur moi, j'ai immédiatement un "non" qui se formule dans la tête. Un "non" gigantesque qui ne s'exprime pas oralement mais qui envahit tout mon esprit. Après un certain laps de temps seulement, je peux entendre la demande, l'examiner et y répondre en fonction de mes véritables désirs... »

La râlerie : une façon d'agresser le monde

Philippe constate maintenant qu'il oppose systématiquement un « non » à toute demande quelle qu'elle soit et d'où qu'elle émane. Y compris si cette demande va dans le sens de son propre désir ! Il constate là que ce qui s'est mis en place dans l'enfance et lui a permis de s'en sortir se rejoue maintenant à son insu de manière systématique, ce qui finit par constituer une entrave et se retourner contre lui. Il écrit :

« Je ne peux que constater l'immensité de ma râlerie. Dès qu'Anne fait quelque chose, j'ai un œil critique sur ce qu'elle fait, et forcément, à mes yeux, elle le fait mal. Je n'exprime pas forcément cette grogne interne, mais comme Anne est fine mouche, je suis persuadé qu'elle la perçoit. Pire, je me surprends parfois à râler après une chose qui à mon sens n'a pas été faite dans les règles de l'art, persuadé qu'Anne en est la cause... pour me rendre compte quelque temps plus tard qu'en fait Anne n'y est pour rien, mais que j'en suis l'auteur ! »

Un renvoi du groupe bien utile

Il est en général très difficile pour une personne d'évaluer le niveau réel de sa désagréabilité dans la relation intime. Les comportements négatifs des deux partenaires sont très imbriqués, car complémentaires. Nous en voyons un exemple frappant avec Anne et Philippe. Philippe se rend mieux compte à présent de sa râlerie, mais il continue à la justifier plus ou moins, face à l'attitude dominante d'Anne. Ce qui fait qu'il ne voit pas à quel point vivre avec lui est difficile du fait de sa résistance active aux désirs de l'autre.

Pour favoriser la prise de conscience par Philippe des effets de sa résistance sur l'autre, nous utilisons un exercice qui se révèle très efficace. Nous proposons aux participants du groupe d'analyse d'imaginer être amenés à vivre une situation d'intimité à deux avec chacune des personnes du groupe de l'autre sexe. Nous comparons cette situation d'intimité hors du regard de la société, à la vie à deux sur une île déserte. Il s'agit bien sûr d'un jeu imaginaire, mais les réponses sont bien souvent révélatrices.

Récit de son analyse par Philippe. *Un nouvel exercice nous est proposé pendant un groupe. Il s'agit de classer les personnes du sexe opposé en imaginant partir vivre sur une île déserte avec chacun d'eux. Le résultat de cet exercice est assez catastrophique et me fait tomber des nues... car les femmes m'ont placé dans le peloton de queue. Là, je ne comprends pas et je me sens très blessé dans mon amour propre.*

À l'occasion d'un travail individuel l'analyste me suggère de faire le parallèle entre le résultat du classement des femmes et la plainte d'Anne sur mes insatisfactions continuelles. Ces deux éléments rapprochés mettent en évidence que le « gentil » n'est qu'une façade destinée à masquer une forme d'agressivité issue de l'écrasement que j'ai subi dans l'enfance. Cette prise de conscience s'accompagne, dans un premier temps, d'une réaction émotionnelle que je n'attendais pas, mélange de colère et de déprime. Puis ces émotions font place à la compréhension et je peux intégrer le renvoi des femmes du groupe. J'écris alors dans mon journal :

> *« Je sais pourtant depuis longtemps combien je résiste intérieurement à tout, combien je suis arc-bouté contre toute demande…*
> *« Je me rends compte maintenant que ça m'arrange bien d'utiliser le mot de résistance. Parce qu'ainsi je reste innocent : je ne fais que résister à l'agression de l'autre. Jusqu'à maintenant, je percevais cette résistance comme une réaction à l'agression du monde sur moi, comme une sorte de résistance passive. Mais je découvre qu'en fait cette résistance est bien plus active qu'elle ne le semble : c'est là la forme essentielle de mon agressivité et la source de ma râlerie continuelle sur le monde.*
> *« Je comprends maintenant qu'il faut que tout ça reste en dehors du champ de ma conscience : cela me permet de conserver la façade de gentil à laquelle je tiens tant. C'est cette façade qui me permet de masquer mon agressivité à mes propres yeux et donc de me sentir dans mon bon droit… »*

Nous constatons une nouvelle fois l'utilité du *feedback* des participants d'un groupe d'analyse pour aider une personne à prendre conscience de certains de ses comportements. Avant le *feedback* du groupe, Philippe pouvait parler de sa désagréabilité, à condition de la minimiser beaucoup. C'est là une caractéristique du refoulement : la chose peut être nommée, mais elle est simultanément niée. On a donc affaire à une mauvaise foi profonde. Les plaintes d'Anne ne sont pas suffisantes pour toucher Philippe, car elles apparaissent comme subjectives. Philippe peut toujours répondre : « Oui, mais… » Par contre dans le *feedback,* quand les avis de plusieurs personnes, qui ne sont pas impliquées relationnellement avec soi, convergent dans le même sens, elles constituent un miroir qui s'avère en général objectif et qui peut remettre en cause la mauvaise foi de la personne. Philippe d'ailleurs ne s'y trompe pas et il accepte, après un temps de mécontentement, la remise en cause de sa vision de lui-même.

La boucle infernale de la recherche de perfection

Philippe, se sentant inconsciemment coupable de sa râlerie constante, se veut irréprochable aux yeux du monde. Pour cela il fait de gros efforts, depuis la nuit des temps, pour cacher cette râlerie, ce qui lui permet de se croire bon. Cependant, comme ces efforts consistent à n'exprimer qu'une partie des reproches qu'il a en tête et à cacher le reste, il n'en reste pas moins d'un contact globalement peu agréable, du moins dans le couple, car au niveau social il s'efforce d'apparaître aimable. Lorsque Anne le lui renvoie, Philippe, en échec dans son projet d'irréprochabilité, se met en colère et crie à l'injustice. Ce qui le rend à nouveau désagréable. Lorsque sa colère tombe, il fait de nouveaux efforts pour se corriger, s'améliorer, dans l'espoir d'atteindre son modèle d'irréprochabilité, tout en hurlant intérieurement à l'injustice... La boucle est ainsi bouclée. C'est ce qui a permis jusqu'à présent à Philippe de ne jamais remettre en cause la partie négative de sa structure psychique.

Chez Anne la recherche de perfection n'est pas placée au même endroit.

Récit de son analyse par Anne. *Je constate bien que Philippe continue par moments à se fermer. Dans ces moments-là, je n'arrive pas à dire quoi que ce soit. Je pourrais, comme par le passé, rendre Philippe entièrement responsable de mon inhibition, mais je sens bien qu'il y a quelque chose qui m'appartient aussi dans cette difficulté de communication.*

Anne, de son côté, est une « parfaite relationnelle », dans le sens où elle cherche à s'adapter à l'autre en cachant ses ressentis réels à elle-même et à l'autre. Dans son enfance elle a appris à s'adapter instantanément aux désirs de ses parents. Adulte, elle continue ce comportement en répondant, en apparence, aux moindres désirs de Philippe. Ainsi son regard est fixé sur Philippe, car il constitue le miroir inconscient qui doit lui renvoyer l'image de l'épouse parfaite. Du coup, ses insatisfactions et ses désirs doivent rester inconscients et ne peuvent être exprimés, ce qui génère frustration et mécontentement. Elle doit alors surveiller inconsciemment ce qui se passe à l'intérieur d'elle-

Le système des deux « parfaits » : un passage de l'Œdipe particulièrement « réussi »

Le système des deux « parfaits », que nous venons de voir dans le couple d'Anne et de Philippe *[voir leurs témoignages dans le texte ci-dessus]*, produit une relation de couple sclérosée dans laquelle chacun essaie de montrer une façade parfaite à l'autre, alors qu'à l'intérieur les choses sont beaucoup moins réjouissantes. On peut dire ici quelques mots sur la création dans l'enfance de ces façades apparemment impeccables, que l'on trouve chez beaucoup de gens.

L'enfant de deux à trois ans vit dans un climat émotionnel interne très instable. Les émotions négatives et positives se succèdent. Vis-à-vis de l'autre et particulièrement de sa mère, il alterne entre attirance et agression. Il veut tout à la fois posséder, dominer et être aimé. Son désir est impérieux et non négociable fondamentalement. Si son désir est en accord avec le désir de l'autre, tout va bien. Sinon, il ne peut que s'opposer au désir de l'autre et chercher à imposer le sien.

De façon inconsciente, le mécanisme de défense qui permet au tout jeune enfant d'éliminer la contradiction de son désir à la fois amoureux et hostile, et l'angoisse que cela suscite chez lui, est le processus de clivage. L'enfant divise sa perception de l'autre en deux images opposées : une positive et une négative. L'autre est alternativement blanc ou noir. Ce mécanisme permet à l'enfant de préserver l'unité de la représentation de lui-même. S'il est mécontent, il s'appuie sur l'image négative de l'autre pour justifier sa colère. À l'inverse, la création d'une image parfaitement pure de l'autre, face à laquelle il ne ressent aucune menace, lui permet de ressentir une attirance amoureuse sans limites. Nous retrouvons ici les caractéristiques de la lune de miel chez l'adulte. L'image de l'autre est idéalisée, elle constitue alors un miroir parfait dans lequel la personne peut se voir comme parfaite également.

Ce mode de fonctionnement, caractérisé par l'alternance rapide et la violence des passions, est très mal adapté à la vie en société. Le mélange d'émotions passionnées, négatives et posi-

tives, très liées aux pulsions de l'organisme, va devoir être refoulé dans l'inconscient pour permettre la socialisation entre trois et cinq ans. Ce refoulement est un moment essentiel de la vie psychique. En termes psychanalytiques freudiens, c'est le passage de l'Œdipe : il y a création de l'inconscient tripartite « Ça, moi et surmoi ». La partie passionnelle violente qui est refoulée constitue le Ça. L'enfant s'identifie alors aux modèles sociaux présents dans son environnement et la société de son époque. Les modèles une fois intériorisés constituent le surmoi et l'idéal du moi. Dans cette partition du psychisme, le Ça constitue la partie « noire », l'idéal du moi est la partie « blanche ». Le mécanisme est massif car il s'applique à la totalité de la représentation mentale de la personne.
Pour veiller au refoulement de la partie noire et à la prédominance de la partie blanche, le psychisme crée une conscience morale qui est le surmoi. Celui-ci a pour rôle d'émettre des jugements de valeur sur les actes de l'individu : ce qui va dans le sens des modèles est bien, ce qui va dans le sens du Ça est mal. Il ne faut surtout pas oublier que tout autant que le Ça, l'essentiel de l'activité du surmoi est inconsciente. Dans ce modèle de l'inconscient, le moi, inconscient lui aussi, a une fonction d'arbitrage des conflits entre les exigences affectives et pulsionnelles du Ça et celles morales du surmoi. Il doit ainsi assurer le maintien de l'unité psychique tout en répondant aux demandes du milieu extérieur.
Dans le cas d'Anne et de Philippe, le conditionnement créé par leurs parents respectifs qui répriment tout débordement dès le plus jeune âge, favorise l'établissement de modèles de perfection comportementale très exigeants et d'un surmoi très sévère. Le refoulement est ainsi particulièrement bien réussi, surtout chez Anne. Comme nous l'avons vu dans l'encadré précédent, la fonction d'arbitrage du moi est peu utilisée dans ce cas, tant la dictature du surmoi et de l'idéal du moi lui laisse peu de liberté.
Bien entendu, comme nous le voyons dans le récit de l'évolution d'Anne et de Philippe, le prix à payer de ce refoulement « réussi » est un grand enfermement mental inconscient accompagné d'une sclérose importante de l'énergie vivante.

même pour que son mécontentement vis-à-vis de Philippe n'apparaisse pas à sa conscience. Elle est donc obligée de rester à distance de Philippe, car une relation trop proche ne lui permettrait pas de contrôler ses sentiments négatifs. Paradoxalement, elle est totalement rivée sur Philippe tout en se maintenant à distance. C'est, comme chez Philippe, une boucle infernale qui s'auto-alimente.

Avec des histoires très différentes, Anne et Philippe forment un couple de deux « parfaits » en face à face. L'un comme l'autre sont complètement identifiés à leur perfection. La voie normale d'évolution de leur couple, une fois la lune de miel passée, est celle de la sclérose relationnelle, cachée par une image de couple s'entendant très bien. Ils commencent à voir clairement les mécanismes en jeu, mais ceux-ci demeurent très actifs, en particulier dans la sexualité. Philippe notamment constate que sa résistance s'y joue de façon active.

Sortir de la sclérose en dynamisant la sexualité

Résister… en débandant

Récit de son analyse par Philippe. *Alors que je suis fortement désirant au départ et n'ai pas de problème d'érection, il suffit qu'Anne, par un geste ou une parole, semble vouloir prendre le dessus pour que je constate que je perds rapidement toute énergie et que mon érection disparaît. Au cours d'une séance d'analyse, je comprends que ce n'est pas seulement une conséquence du comportement d'Anne, mais bien un pouvoir à part entière qui m'appartient : il n'est pas question – et je me sens extrêmement susceptible à cet endroit – que je sois dominé d'une quelconque façon ! En débandant, je reprends paradoxalement le pouvoir en interdisant toute possibilité de sexualité. En quelque sorte, je frustre ainsi Anne. Mais c'est aussi une prise de pouvoir qui se retourne violemment contre moi, puisque non seulement je suis frustré, mais cela jette un doute énorme sur ma virilité !*

Un handicap transformé en pouvoir

Philippe, totalement soumis au pouvoir paternel et à celui de ses sœurs lorsqu'il est enfant, résiste activement depuis toujours à toute forme de domination, ce qui lui permet de reprendre le pouvoir en mettant l'autre en échec. Il réalise ici que cette tactique inconsciente se joue également dans la sexualité avec Anne sous la forme d'une perte de désir, ce qui est très handicapant pour un homme.

Philippe est coincé dans ses modèles contradictoires de perfection et de non-soumission. Il ne peut s'en sortir que par ses stratégies inconscientes habituelles, c'est-à-dire par une fuite plus ou moins agressive... ce qui se traduit dans ce cas-là par la perte de l'érection. Mais ici la stratégie élaborée inconsciemment par Philippe se retourne fortement contre lui.

Ce qui peut sembler paradoxal, c'est que c'est ce handicap même qui devient un moyen de domination et de contrôle du désir de l'autre. Il est en effet porteur de bénéfices secondaires : en perdant son érection, Philippe passe inconsciemment de la position de pseudo dominé à celle de pseudo dominant : il peut se mettre au-dessus de Anne en lui renvoyant que si elle était désirable, si elle savait s'y prendre... il n'y aurait pas de problème.

Sortir de cette tactique infernale passe par la prise de conscience d'une part du prix à payer, qui est énorme, et d'autre part du désir inconscient que Philippe a de dominer fortement la femme. Sa tactique ressemble à une bouderie sexuelle dans laquelle c'est lui qui décide de s'impliquer ou de ne pas s'impliquer sans aucunement tenir compte des désirs de l'autre.

Le paradoxe des bénéfices secondaires d'une défense psychique handicapante : l'exemple de la bouderie

Dans certaines circonstances, un enfant peut adopter un comportement en réponse à son environnement qui devient par la suite un véritable handicap.

La bouderie en constitue un excellent exemple. N'ayant pas la possibilité d'exprimer ce qui ne lui convient pas dans son milieu, de manière verbale ou émotionnelle, l'enfant peut se couper de son ressenti agressif et se retrouver enfermé dans une bouderie qui le domine et qui l'empêche de s'exprimer. Si ce comportement devient une réponse habituelle dans l'enfance, la personne aura bien sûr tendance à le répéter au fil de sa vie face aux contrariétés conscientes ou inconscientes qu'elle rencontre.

Les personnes qui utilisent cette arme défensive se sentent en général très handicapées, car elles comprennent mal ce qui se passe. Elles ne peuvent donc pas communiquer avec l'entourage sur l'origine de la contrariété. Elles se retrouvent seulement dans cet état interne noirâtre qui indique que ça va mal, mais qui reste incompréhensible pour la personne et souvent aussi pour son entourage. Bien entendu la personne elle-même souffre énormément de l'enfermement ainsi créé et de l'image dégradée d'elle-même qui en résulte.
Cependant, tout le monde connaît l'énorme pouvoir culpabilisant de la bouderie pour l'entourage. En face, l'autre ne peut que se sentir impuissant et coupable de ne pas faire ce qu'il faut pour aider la personne. Paradoxalement, le handicap émotionnel et relationnel que constitue la bouderie, qui au départ exprime une impuissance, s'est ainsi transformé en système de pouvoir caché redoutablement efficace.

La bouderie sexuelle

Philippe *[voir son témoignage dans le texte ci-dessus]*, dans son cas, a adopté une forme de bouderie sexuelle qui se traduit par une perte de l'érection. Lui non plus ne comprend pas ce qui se passe. Face au pouvoir d'un père autoritaire et exigeant, et aux manipulations de ses sœurs, il a résisté en se fermant à eux. Il reproduit inconsciemment cette stratégie dans son couple, même si ce que recherche Anne dans la relation n'a plus rien à voir avec ce qu'il vivait dans sa famille. Sa résistance systématique à l'autre est devenue un réflexe assez catastrophique, notamment dans la sexualité où elle se traduit par une forme d'impuissance partielle, qui constitue un véritable handicap pour un homme.
Anne devient alors coupable, car elle se dit que si elle était plus désirable ou si elle s'y prenait mieux, Philippe n'aurait pas de problème d'érection. Philippe retrouve ainsi paradoxalement et indirectement un pouvoir sur elle, ce qui constitue pour lui un bénéfice secondaire non négligeable.

La sortie passe par le jeu et la caricature

Récit de son analyse par Anne. *Dans les exercices relationnels dans le couple, nous commençons à mettre fréquemment en scène, en les caricaturant, ces travers relationnels, et nous commençons à beaucoup nous amuser. Je me souviens en particulier d'un scénario dans lequel Philippe me reproche de laisser traîner un gant de toilette. Il le fait avec une telle mauvaise foi et une caricature de lui-même tellement hilarante que je suis prise d'un grand fou rire. Je retrouve alors dans l'intimité mon côté bon public et vivant, et Philippe retrouve son côté râleur, mais de façon amusante. Au lieu de nous retrouver « à moitié morts » dans les exercices relationnels, nous sommes souvent morts de rire.*

Parfois nous imaginons être des animaux et nous commençons à plaisanter de nos blessures psychiques : Philippe se décrivant comme un « vieux loup mité » et moi comme une « brebis faussement innocente ». Le « loup » finissant par manger la « brebis » dans notre chambre, cela relance l'énergie sexuelle de façon amusante.

Nous avons ici un bon exemple d'une utilisation positive de l'humour. À ce stade de leur analyse, la susceptibilité d'Anne et de Philippe a beaucoup diminué. Ils peuvent jouer avec leurs blessures et leurs défauts sans que cela fasse de drame. Bien au contraire, ils trouvent dans ces jeux une source d'excitation joyeuse. L'effet positif pour le couple est alors très important. Le « vieux loup mité » et la « brebis faussement innocente » sont des antidotes très efficaces contre la sclérose des deux « parfaits ».

Cette décrispation de la relation permet alors d'aborder une nouvelle étape vers l'épanouissement amoureux et sexuel du couple.

La relation devient ouvertement amoureuse.

Récit de son analyse par Anne. *Notre relation devient beaucoup plus amoureuse et je suis maintenant très contente de l'intimité avec Philippe. Cependant il me reste une dernière étape à franchir. À un moment, Philippe exprime son désir que je sois plus ouvertement amoureuse en le touchant et en l'embrassant davantage pendant nos rapports sexuels. Sur le moment je me sens un peu surprise par cette demande : moi qui croyais avoir beaucoup évolué dans la sexualité et pensais qu'elle était totalement satisfaisante pour nous deux !*

Après réflexion, je comprends le sens de la demande de Philippe : il ne remet nullement en cause mon évolution, mais exprime simplement un fort désir d'une sexualité encore plus amoureuse. Ce qui montre une évolution énorme par rapport à sa fermeture initiale. Je m'interroge alors sur cette réserve de ma part à me montrer totalement amoureuse : je retrouve là de manière plus subtile l'ambivalence liée à la relation avec mes parents puisque je suis à la fois valorisée par ma place et en colère de devoir trop en faire. Ambivalence qui m'oblige à maintenir secrètement et à mon insu une distance minimale avec l'autre.

La prise de conscience de cette distance jusque-là secrète me libère. Progressivement, j'ose des gestes plus ouvertement amoureux dans la sexualité. Au fil du temps je sens mon désir s'intensifier et la distance faire place à une véritable passion. Philippe est ravi et répond merveilleusement bien à l'expression de mon désir. Ces jeux nous plaisent énormément à tous les deux. Quand je pense à l'état un peu mort de notre couple avant le début de notre analyse, jamais je n'aurais pu imaginer une telle ouverture et une telle jouissance de la part de nous deux.

QUE NOUS ENSEIGNE LE TÉMOIGNAGE DE CE COUPLE ?

Les systèmes personnels des deux conjoints : la recherche de perfection est un double mécanisme de défense psychique utilisant l'idéalisation et la mise à distance.

L'un comme l'autre, Anne et Philippe ont réagi à leur histoire personnelle en cherchant à devenir « parfaits ».

Dans son enfance, Anne est amenée à s'occuper de ses sœurs plus jeunes à la demande de ses parents. Le rôle est valorisant mais très contraignant. Cette situation génère en elle de l'ambivalence vis-à-vis de ses parents et de ses sœurs. La valorisation et la bonne entente avec ses parents l'emportent, elle assume le rôle de grande sœur sage et responsable. L'insatisfaction liée aux contraintes de la situation est refoulée : Anne ne montre jamais aucun signe de mécontentement. Elle présente peu de défauts. Tout au plus peut-on remarquer qu'elle développe une certaine rigidité, une tendance à rechercher une position de domination dans la relation à l'autre, comme elle le faisait avec ses sœurs.

Philippe a vécu une tout autre histoire dans laquelle il est très menacé. D'un côté, il est soumis à l'autorité d'un père exagérément critique vis-à-vis de lui, et de l'autre aux moqueries de ses sœurs plus âgées. La position n'est guère confortable, il ne lui est pas possible de s'opposer ouvertement. Il se défend en adoptant une façade d'enfant gentil et obéissant, mais à l'intérieur de lui le mécontentement et l'envie de se venger sont intenses. La nécessité d'échapper aux critiques de son père a créé chez lui un modèle interne de perfection. Son pouvoir sera d'être parfaitement irréprochable.

Anne et Philippe se ressemblent par cette apparente perfection. Ils ont en commun les deux défenses qui créent cette « perfection » : l'idéalisation et la mise à distance. Cela leur permet d'éliminer inconsciemment les tendances négatives de leur personnalité : Anne ne veut pas voir son ambivalence et Philippe fuit son agressivité. Cette aptitude à se contrôler les rassure, mais les oblige à vivre à distance d'eux-mêmes et de l'autre. Ils sont donc faits pour s'entendre d'une certaine manière... à distance. Pourtant, ce système de défense commun, la recherche de perfection, n'a pas la même origine chez l'un et chez l'autre. Derrière cette façade lisse et contrôlée, les personnalités réelles d'Anne et Philippe sont très différentes, comme le montrent leurs histoires. L'analyse va mettre en évidence la complémentarité réelle du couple.

Le système du couple : l'apparence de tranquillité dissimule l'aspect conflictuel de la relation. Comment aider le couple à comprendre ce qui se passe ?

Quand le mécanisme de défense repose à la fois sur une forte coupure des ressentis émotionnels et sur une valorisation liée à l'idéalisation du couple, il est très difficile pour les personnes de comprendre ce qui se passe.

Dans le cas d'Anne et Philippe, ce sont les exercices relationnels en groupe qui amorcent le processus de compréhension. Devant travailler sur ce qui se passe entre eux, ils se retrouvent en échec, car justement leur défense interdit de savoir ce qui se passe réellement entre eux. Ils voient alors dans le groupe d'analyse d'autres couples qui communiquent beaucoup plus facilement qu'eux. Face à cet échec des deux « parfaits », ne pouvant fuir la situation, Anne et Philippe voient peu à peu apparaître la réalité de leur relation inconsciente : une grande sœur habituée à dominer face à un petit frère habitué à résister. Les défauts apparaissent : la grande sœur a une forte tendance à donner le mauvais rôle à l'autre et le petit frère apparaît susceptible, agressif et râleur. On est bien sûr loin des deux « parfaits ».

La double complémentarité du couple : pourquoi les conjoints se sont-ils choisis ?

Le cas d'Anne et Philippe est révélateur du fonctionnement de la complémentarité d'un couple. Ils se choisissent d'abord parce que les mécanismes de défense, ici la mise à distance, qu'ils ont adoptés au fil de leur vie s'emboîtent bien. Mais ils se choisissent aussi pour pouvoir jouer le jeu névrotique de la lutte de pouvoir face à l'autre. Chacun veut avoir raison dans le cadre de sa vision du monde. Pour Anne, ses sœurs sont forcément un peu moins bien qu'elle et elle veut être au-dessus. Pour Philippe, les autres sont toujours plus ou moins chargés de mauvaises intentions à son égard et veulent le dominer.

Des exercices pour faciliter la mise au jour des mécanismes inconscients

Ce témoignage présente deux exemples intéressants d'approches spécifiques pour favoriser des prises de conscience difficiles qui peuvent remettre en cause fortement la vision que la personne a d'elle-même.

Pour Anne, il n'est pas facile d'accepter qu'elle se met toujours subtilement au-dessus de Philippe. Elle constate bien au fil des exercices qu'elle a tendance à accuser Philippe de l'échec des exercices relationnels, mais cette vision lui semble objective. L'utilisation de supports projectifs *[voir l'encadré « Les supports projectifs, à la fois moyen d'expression et miroir du psychisme »]*, ici des photos, permettent à Anne de remettre en cause sa vision : elle peut directement constater que c'est bien d'office qu'elle se positionne comme meilleure que Philippe.

Les supports projectifs permettent de court-circuiter le discours tissé avec les mots, qui permet à l'inconscient de la personne de maintenir sa défense. La possibilité de voir en un seul regard la totalité de la situation (les exercices relationnels avec Philippe et la façon dont elle réagit) lui permet de constater que le point essentiel qui sous-tend et organise sa description est bien le désir de rester au-dessus de Philippe.

Du côté de Philippe, c'est l'agressivité contre l'autre qu'il a du mal à reconnaître. Il s'est toujours vécu comme victime de l'agression des autres. Il peut constater l'aspect désagréable de sa résistance, mais il ne se vit pas lui-même comme agresseur.

C'est une autre forme d'exercice projectif qui permet à Philippe de faire cette prise de conscience. Dans ce type d'exercice, chaque personne constitue un support de projection pour les autres. Sur la question « Souhaiteriez-vous vivre une situation relationnelle intime avec cette personne ? », Philippe reçoit un renvoi très négatif de l'ensemble des femmes du groupe d'analyse. Elles se méfient de l'apparence du gentil et redoutent son agressivité relationnelle refoulée. Quand cet exercice arrive au bon moment de l'analyse, il permet, au-delà de l'aspect ponctuel peu agréable de la situation, de modifier profondément l'idée que l'on se fait de soi. La défense inconsciente d'idéalisation de soi ne peut se maintenir, car aucune discussion n'est possible : la méfiance des femmes à son égard à cause de son agressivité cachée est un fait incontournable.

Bien sûr, l'aide des analystes est toujours importante dans ces situations de prise de conscience délicate. Ils permettent à la personne de comprendre la cohérence de l'ensemble de son édifice psychique et indiquent des orientations pour intégrer ces prises de conscience et faire évoluer positivement le couple.

Redonner de la vie dans le couple atteint par la sclérose

Parallèlement à l'évolution de l'analyse, la mise en place d'exercices destinés à améliorer les comportements relationnels des conjoints est caractéristique de l'analyse relationnelle du couple.

Pour des couples dont le système de défense par idéalisation et mise à distance conduit à l'étouffement relationnel, nous proposons fréquemment la méthode qui consiste à jouer des rôles caricaturaux à contre-emploi de leur personnalité apparente. Comme nous l'indiquons dans l'encadré que nous avons consacré à cet exercice *[voir l'encadré « Jouer des rôles caricaturaux, à contre-emploi, pour sortir de la sclérose : le Ça contre le surmoi »]*, l'idéalisation de soi est une défense qui soumet la personne à une forte pression du surmoi. Jouer l'envers de la perfection permet d'exprimer des aspects vivants de la personne qui ont été refoulés car jugés négativement. Dans cet exercice, la dimension humoristique est fondamentale. Anne et Philippe en font une utilisation très réussie. Pour eux, très spécialisés dans les « parfaits », cet exercice constitue tout au long de leur analyse un fil conducteur qui les conduit progressivement à une grande liberté relationnelle. Notons que dans leur cas l'utilisation de l'humour a été particulièrement facile, car Anne était naturellement bon public et riait de bon cœur aux plaisanteries de Philippe et celui-ci n'avait pas de mal à transformer son agressivité cachée en mise en boîte malicieuse des défauts du couple.

Les mécanismes de défense les plus archaïques réapparaissent dans la sexualité

La sclérose de la vie intime conduit plus ou moins inexorablement à l'appauvrissement de la sexualité. Le couple Anne-Philippe n'échappe pas à la règle. Généralement, la mise à distance relationnelle ne facilite pas le rapprochement sexuel.

À l'inverse, l'analyse en couple favorise le rapprochement relationnel et celui-ci relance plus ou moins automatiquement la sexualité. Anne et Philippe en sont un bon exemple. Le désir renaît et avec lui l'envie d'une sexualité à la hauteur de cette nouvelle qualité de relation. Mais plus la relation est intime, plus elle met en jeu des mécanismes psychiques de la petite enfance que nous qualifions d'archaïques. Ils peuvent créer, comme dans le cas d'Anne et Philippe, des difficultés qu'il n'est pas toujours facile de comprendre : le contexte dans lequel se rejouent ces mécanismes archaïques est si différent !

Ainsi Philippe se trouve confronté à des pannes sexuelles peu compréhensibles. En fait, il reproduit dans la situation sexuelle avec Anne le réflexe de résistance qui a caractérisé son enfance. La peur d'être dominé est toujours présente. C'est en résistant qu'il se sent le plus en sécurité et dans la sexualité il résiste en perdant son érection pour empêcher la satisfaction de l'autre et garder ainsi une certaine forme de pouvoir. Ici l'analyse est indispensable pour comprendre l'ensemble inconscient des mécanismes en jeu et mettre au jour le désir de dominer qui a été jusqu'à ce moment totalement refoulé. Ce qui n'était pas possible dans l'enfance le devient dans la relation sexuelle avec Anne, à la grande satisfaction des deux partenaires.

Anne retrouve aussi dans la sexualité la forme de sa résistance d'enfance à ses parents. Elle établit une distance subtile qui lui permet de ne pas ressentir l'ambivalence de ses sentiments à leur égard. Ce réflexe se rejoue physiquement dans la relation sexuelle Elle maintient une certaine retenue... que finit par lui reprocher Philippe, lui qui était si fermé auparavant ! La qualité de l'intimité de leur relation et la compréhension d'elle-même sont alors devenues suffisantes pour qu'Anne puisse abandonner cette défense.

2. JULIETTE ET MARC : SE LIBÉRER D'UNE RELATION SCLÉROSÉE. UN COUPLE GENTIL MAIS FIGÉ

Juliette et Marc n'ont pas l'image du couple modèle que renvoient Anne et Philippe. Ils ont l'air gentils mais un peu éteints. Il n'y pas de conflits apparents dans le couple : Juliette se montre toujours d'une grande gentillesse avec Marc, qui apparaît comme un homme réservé ne montrant jamais de comportement agressif. Néanmoins, tous les deux se disent insatisfaits de leur vie quotidienne. Quand on les interroge, ils ont du mal à nommer spécifiquement ce qui ne va pas car les désaccords ne sont pas apparents, comme c'est le cas pour les couples dont les défenses sont de type agressif. Il y a peu d'éléments extérieurs concrets sur lesquels Juliette et Marc peuvent s'appuyer pour prendre conscience de leurs difficultés relationnelles. Ils ont tous les deux envie de rester ensemble, mais avouent avoir besoin d'aide pour sortir de la grisaille qui noie leur relation et de l'ennui qui a envahi leur couple. Ce couple montre bien comment des mécanismes de surprotection de la relation peuvent conduire à l'absence de vie et à la sclérose du couple.

Juliette voudrait être au centre du regard de Marc, mais elle attend passivement sans vouloir donner aucun signe tangible de ce désir

Dans son enfance, Juliette a connu une forme de relation affective très particulière avec son père. Celui-ci pose en effet des conditions très rigides : pour être appréciée, Juliette doit être en tout point conforme à ce qu'il attend d'elle, à savoir une petite fille très sage et très obéissante. Pour garder l'amour de son père, Juliette a donc fait tout ce qu'elle a pu pour le satisfaire. Elle trouve ainsi une valorisation à s'identifier à une gentille enfant qui comble son papa, sans réaliser que le prix à payer pour elle est un contrôle inconscient et constant de tous ses désirs et un manque d'autonomie, qui la laisse désemparée et vide si l'autre n'est pas fortement tourné vers elle.

C'est ce qui se passe dans sa relation avec Marc où ce processus relationnel issu de l'enfance se remet naturellement en place. Juliette va tenter de répondre constamment à ce qu'elle imagine être des attentes et des désirs de Marc, sans comprendre pourquoi celui-ci ne se rapproche pas plus d'elle. Juliette se définit inconsciemment comme l'épouse parfaite qui vit pour l'autre. En conséquence, elle ne dit rien de ses désirs propres et laisse son partenaire dans le vide. Elle attend fortement d'être au centre du regard et des préoccupations de Marc. Mais elle ne peut ni se l'avouer ni lui en parler, tant ce désir lui apparaît comme trop égocentrique et contradictoire avec sa définition d'amoureuse entièrement tournée vers l'autre. Elle préfère se morfondre à attendre que Marc vienne vers elle, sans lui donner aucun signe tangible de son désir.

Marc fuit en prétextant une charge professionnelle importante, en fait il se sent très insuffisant dans la relation

De son côté, Marc est confronté à de nombreuses questions concernant sa capacité à être en relation. Enfant, il était peu actif, ses parents prenant en charge toutes les choses matérielles et pratiques. De ce fait il ne développe pas de capacités concrètes, ce qui le dévalorise et l'inquiète, d'autant plus que ses parents lui en font le reproche. Il prend ainsi très tôt l'habitude de fuir la relation en se réfugiant dans les études et les livres, tout en s'en sentant coupable et en ayant le sentiment d'être inapte à la relation. Ainsi lorsque Juliette, blessée par le peu d'intérêt manifesté par Marc, exerce une pression sur lui pour qu'il soit plus présent dans leur quotidien, Marc se retrouve inconsciemment face à ses parents et à son sentiment d'insuffisance : il ne peut que fuir davantage en prétextant une charge professionnelle importante. Marc ne peut comprendre l'attente de Juliette. Et, comme il s'est toujours vécu comme insatisfaisant face à ses parents, il se sent coupable et fuit la relation. Marc et Juliette restent tous deux figés dans l'incompréhension.

Sans s'en apercevoir, chacun des conjoints est occupé à contrôler ce qui se passe dans la relation pour éviter toute déstabilisation

Ils se trouvent dans une position dans laquelle toute forme d'expression est devenue menaçante et ni l'un ni l'autre ne peuvent exprimer leur ressenti. Juliette rêve d'amour en idéalisant à la fois la pureté de ses sentiments et sa capacité à combler son partenaire. Elle se sent frustrée dans la relation mais ne peut en parler, car reprocher quelque chose à Marc serait contraire à son idéal amoureux. Marc est écrasé inconsciemment par la culpabilité de ne pas être un mari satisfaisant et fuit la relation. La surprotection de la relation pour ne pas en voir les difficultés et le contrôle de tout ce qui peut amener une mise en cause de ce statu quo constituent deux verrous qui bloquent la vie amoureuse de leur couple.

Quelles que soient les apparences et l'image que présente le couple, les symptômes de la sclérose de la relation se trouvent au niveau de la vie intime du couple : sentiment d'ennui, de vide, d'insatisfaction et de frustration, perte chronique de dynamisme ou de désir, incapacité de dire, ou même de se formuler à soi-même ce qu'il y aurait à dire pour retrouver une intimité dynamique. Ces symptômes sont liés à des mécanismes de défense inconscients qui sont difficiles à détecter et à comprendre pour le couple concerné, car ils n'induisent pas de comportements visiblement problématiques.

UN COUPLE ENVAHI PAR LA DÉCEPTION ET L'ENNUI

« L'ennui et la déception ont envahi la relation : je me réfugie derrière mon ordinateur »

Récit de son analyse par Marc. *J'ai rencontré Juliette lorsque je suis parti à Toulouse pour commencer un nouveau travail. J'ai tout de suite senti quelque chose de très chaleureux et ouvert à son contact. Elle était jolie, mais manquait d'assurance au niveau de sa féminité ; je crois qu'elle se cachait un peu. Nous nous sommes vite rapprochés, mais nous avons gardé pendant quelque temps deux appartements ; en fait, nous vivions alternativement chez l'un et chez l'autre.*

Malheureusement, quelques mois après le début de notre relation, j'ai dû constater que l'enthousiasme du début n'existait plus. J'avais tendance à éviter le contact avec Juliette. Je me réfugiais beaucoup derrière mes livres et mon ordinateur. La sexualité fonctionnait, mais sans beaucoup de dynamisme.

Récit de son analyse par Juliette. *Après quelques mois de vie commune, j'ai pris conscience de mon insatisfaction. Je trouvais que Marc s'investissait trop dans son travail, passait beaucoup de temps devant l'ordinateur… Je n'arrivais pas à l'intéresser avec mes propositions de sortie à deux. Mais par peur de la réaction de l'autre, nous ne parlions pas de ce qui n'allait pas ; sauf quelques petites réflexions… Je me sentais déçue de ne pas pouvoir réaliser mon projet d'intimité amoureuse. Quelque chose m'échappait et, par ses attitudes, Marc semblait traduire le malaise du couple.*

UN ÉTAT DES LIEUX NÉCESSAIRE : FUITE MASCULINE ET FRUSTRATION FÉMININE

L'analyse leur permet dans un premier temps de mieux identifier leurs positions de retrait respectives l'un par rapport à l'autre et de cerner ainsi le malaise du couple. Au cours d'une des premières séances de communication, leurs difficultés sont mises en évidence par le biais d'un dessin représentant leur relation.

« Je suis là sans être là »

Récit de son analyse par Marc. *Juliette s'était représentée repliée sur elle-même, indiquant qu'elle manquait de valorisation et de reconnaissance, alors qu'elle s'évertuait à faire des choses pour me plaire et rendre notre vie agréable. Elle avait également dessiné une statue qui me représentait. Celle-ci occupait une place importante mais elle avait les yeux clos. Cette image de moi n'était pas très flatteuse ; elle indiquait le fait que j'étais là sans être là.*

Pourtant j'ai dû me rendre à l'évidence : je fuis beaucoup plus la relation de couple que je ne l'imaginais et cela blesse Juliette. Je suis depuis longtemps vaguement inquiet de ma fuite dans le couple. Mais j'ai tendance à la minimiser et à la justifier par mon travail, ou à penser que Juliette a des attentes excessives.

Marc est confronté à des inquiétudes assez fréquentes chez les hommes. Est-il à la hauteur des attentes relationnelles de sa partenaire ? Est-il assez disponible ? N'est-il pas trop fuyant ? Peut-il communiquer ? Il cherche à éluder le problème tout en étant secrètement préoccupé par la question de son agréabilité relationnelle. Le cadre analytique va lui permettre de se sentir moins coupable et de regarder en face ses difficultés.

Récit de son analyse par Marc. *L'attitude de l'analyste à mon égard a été aussi très importante pour moi, car je me suis senti compris dans mes difficultés dans le couple et non « condamné » par avance comme étant un mauvais partenaire.*

De son côté, l'inquiétude de Juliette, quoique légitime, se manifeste par une focalisation excessive sur mon comportement : elle ne me trouve pas assez ouvert et disponible. Elle ressasse les problèmes du couple, et ne pense pas à mettre en place des projets personnels.

« Je ne comprends pas pourquoi il me donne si peu de signes de reconnaissance. J'ai peur qu'il disparaisse derrière son ordinateur... »

Dans le même temps Juliette écrivait :

> *« Je me sens inquiète à l'idée qu'il disparaisse derrière son ordinateur, qu'il ne voie qu'à peine toutes les choses que je peux faire à la maison pour rendre notre vie plus agréable. Je ne sais pas ce qu'il pense de moi et je ne comprends pas pourquoi il me donne si peu de signes de reconnaissance.*
> *« Je peux ressentir beaucoup d'injustice par moments et je fais alors pression sur lui en pensant que ça peut changer quelque chose dans son attitude, mais en général je constate que ça ne fait qu'amplifier l'aspect négatif de notre relation de couple. »*

DES SITUATIONS RELATIONNELLES EXPÉRIMENTALES VIVANTES POUR REDYNAMISER LE COUPLE

Pendant un assez long temps d'analyse Juliette et Marc travaillent sur une meilleure compréhension de leurs désirs et attentes réciproques et sur la culpabilité liée à ceux-ci. Cela produit un effet de libération de leurs tensions réciproques qui se manifeste par une ambiance beaucoup moins grise dans leur relation de couple. Cependant, Juliette et Marc n'osent pas se rapprocher de façon vraiment intime et leur couple continue à manquer de dynamisme.

Pour sortir le couple de cette situation un peu figée, l'analyste de Marc et de Juliette leur propose de faire l'expérience d'une situation relationnelle expérimentale. Dans l'intimité de leur maison les partenaires ont la liberté, à tour de rôle et pendant un temps égal (une heure chacun, par exemple), de définir comme ils le veulent le cadre de la relation. Celui qui est actif, appelé A, fait l'expérience de prendre clairement la direction de la relation. Le second partenaire, appelé B, cherche à s'inscrire positivement dans le cadre proposé par le premier, en suivant ses consignes. Puis les rôles de A et de B sont échangés. Comme ce type de situation crée une forte intimité entre les deux partenaires, et que les rôles de A et de B sont permutés, on appelle cet exercice temps d'intimité structuré. Juliette et Marc ont décidé de vivre cette situation une fois par semaine et de se mettre d'accord sur le moment de son déroulement.

Juliette : pour la première fois, j'ose révéler mes besoins dans la relation

Récit de son analyse par Juliette. *J'ai été très heureuse de me lancer dans ce type d'expérience, car cela m'autorisait pour une fois à formuler clairement ce que je voulais dans la relation avec Marc. Je pouvais davantage m'exposer, montrer mes désirs, mes frustrations, prendre des risques. J'écris dans mon journal après cet exercice :*

> *« J'ai d'abord demandé à Marc d'imaginer qu'on faisait une sortie ensemble et qu'il se montrait satisfait de m'accompagner au lieu d'avoir l'air de me suivre de façon un peu morne en pensant à son travail comme il en a l'habitude.*
>
> *« Puis, je lui ai proposé de répéter à plusieurs reprises qu'il me voyait bien comme une jolie femme et qu'il appréciait le cadre affectif et matériel que je lui offrais dans la maison. Cela a pris rapidement une tournure ludique car j'ai commencé à sentir beaucoup d'énergie dans ce jeu et j'avais une certaine envie de faire la petite "peste", chose que je ne m'autorise jamais d'habitude. Je lui ai fait répéter les mêmes phrases plusieurs fois de suite, car cela me faisait jubiler de l'entendre dire que j'étais jolie et que je le satisfaisais. De son côté je sentais qu'il m'autorisait avec humour à le mettre en boîte de cette façon. C'était jouissif car on ne ressemblait plus du tout dans ce jeu aux deux "pingouins figés" de d'habitude. »*

La répétition des phrases a créé un cadre léger et humoristique et en même temps leur contenu exprimait bien un besoin de reconnaissance, jamais clairement formulé par moi dans notre vie quotidienne. Cela m'a apporté un grand soulagement car Marc pouvait entendre pour la première fois, grâce à ce cadre ludique, mes demandes qui sortaient enfin du cercle infernal des éternels reproches.

Dans cet exercice, Juliette et Marc font preuve d'humour pour parler de leur relation. Juliette peut ainsi progressivement aborder sa principale difficulté autour de l'expression de ses désirs et de ses projets féminins. Elle peut montrer à Marc ce qui est important pour elle dans le couple sans que cela entraîne une peur de déplaire à Marc et de la culpabilité.

Marc : je commence à trouver une explication à mon besoin de mettre Juliette à distance

Au sujet de la même situation expérimentale Marc écrit dans son journal d'analyse :

> *« Quand c'est à mon tour de guider dans l'exercice, je demande à Juliette de jouer à la "gentille épouse". Comme c'est un rôle que je demande de jouer à Juliette, je peux m'autoriser à jouer en parallèle le rôle du "mauvais garçon" qui râle pour un oui ou pour un non sur les différents projets de Juliette. Au lieu de fuir la relation en râlant secrètement, je peux m'opposer de façon ludique et vivante à Juliette en caricaturant ma résistance habituelle.*
>
> *« Je constate à mon grand étonnement que Juliette s'amuse bien et que cela lui donne beaucoup d'air : nous vivons les choses sur un plan humoristique car nous exagérons un peu nos travers. Le cadre sécurisant de l'exercice m'aide à prendre un peu de distance par rapport à la culpabilité et nous permet de nous moquer gentiment de nous. »*

L'organisation de ces temps d'intimité relationnels a plusieurs effets bénéfiques sur le couple : Juliette et Marc se retrouvent à égalité, chacun peut reprendre à son compte ses difficultés, mieux comprendre celles du partenaire et progressivement se rassurer et commencer à dédramatiser les scènes conflictuelles du couple. Le fait de donner un cadre à la relation permet de mieux voir ce qui se joue pour chacun. En outre, une collaboration positive à l'intérieur du couple développe le lien relationnel entre les conjoints.

Marc et Juliette utilisent spontanément beaucoup l'humour pour se dégager de la lourdeur qu'ils ressentent dans la relation. C'est un point extrêmement positif pour le couple, car les choses peuvent être dites de façon légère, au second degré, au lieu de s'embourber dans la lourdeur des reproches au premier degré. Il est intéressant de noter que cette tendance à un humour léger existait bien dans le couple avant l'analyse, mais il a fallu l'autorisation implicite de l'analyste, sous la forme de ce type d'exercice, pour que les deux partenaires puissent l'appliquer spontanément à leur relation.

L'utilité de l'humour dans l'évolution d'un couple en analyse

Dans les différents témoignages des couples de ce livre, on rencontre plusieurs exemples d'utilisation de l'humour pour faire évoluer positivement la situation du couple.

Dans ce chapitre notamment, Juliette et Marc *[voir leurs témoignages dans le texte ci-dessus)* racontent un exercice appelé temps d'intimité structuré, dans lequel l'humour a permis d'ouvrir une brèche importante dans l'univers jusqu'alors sclérosé de leur relation. En effet, jusque-là, l'analyse a permis à Juliette de prendre conscience qu'elle exprime très peu ses désirs vis-à-vis de Marc, et à Marc qu'il a une forte tendance à fuir la relation. Mais ces prises de conscience ne leur ont pas encore permis d'éviter de se retrouver fréquemment enfermés dans la femme frustrée et le mari coupable.

Dans ce temps d'intimité, Juliette s'autorise à jouer l'égocentrique qui demande sans cesse à Marc de la regarder et de lui faire des compliments. Elle contacte alors beaucoup d'énergie et se sent joueuse et joyeuse. Par ce comportement inhabituel pour elle, elle sort de son éternelle attente passive que Marc devine son désir et s'intéresse à elle. En retour, Marc choisit de jouer le « mauvais mari » qui râle en face des désirs de la « gentille épouse », quels que soient ces désirs. Lui aussi se permet de sortir de son comportement habituel de fuyard coupable en se moquant de lui-même. Ils s'amusent beaucoup dans les deux cas.

Juliette dit : « C'était jouissif car on ne ressemblait plus du tout dans ce jeu aux deux "pingouins figés" de d'habitude. »

Au lieu d'être écrasés par le premier degré de la situation habituelle dans laquelle ni l'un ni l'autre ne peut exprimer ce qui l'étouffe, ils ont spontanément utilisé l'humour pour caricaturer leurs « défauts ». L'humour a alors deux fonctions essentielles :

- ***Une fonction de désinhibition.*** L'humour permet à chacun d'exprimer de façon caricaturale des aspects de la personnalité qui habituellement sont très fortement jugés inconsciemment. Pour Juliette, c'est le désir de plaire et d'être en position centrale alors qu'elle se définit « officiellement » comme étant au service de l'autre dans la relation. Pour Marc, c'est le râleur toujours mécontent qu'il camoufle d'habitude dans la fuite, qui le rend très coupable. L'humour agit alors comme un décapant qui permet de balayer pendant un moment tous les modèles étouffants et les jugements qui en émanent. Comme disent Marc et Juliette : « Ça donne de l'air ! »
- ***Une fonction de dédramatisation.*** L'humour crée une distance qui permet de vivre la situation au second degré, avec un certain détachement. De façon étonnante, les « défauts » de l'un et de l'autre apparaissent seulement comme des particularités avec lesquelles on peut jouer. L'atmosphère du couple devient tout à coup beaucoup plus légère.

Il n'est bien sûr pas toujours aussi facile d'utiliser l'humour dans un couple. Les obstacles sont importants. Notamment, chez certaines personnes pour qui l'humour consiste souvent à se moquer de l'autre pour mieux se protéger soi-même : il n'est alors qu'une agression déguisée. On peut remarquer que Juliette et Marc choisissent en priorité de se caricaturer eux-mêmes, en laissant l'autre libre de ses réactions. C'est cette forme d'humour, respectueuse de l'autre, qui est libératrice dans le couple.
L'humour qu'utilisent Juliette et Marc est en grande partie le résultat de leur évolution en analyse. Ils commencent à bien se connaître et dans l'exercice du temps d'intimité qu'ils décrivent, la caricature d'eux-mêmes et du couple jaillit spontanément. Cette spontanéité est bien souvent un indice fiable d'un jeu libre et authentique.

Une étape importante pour Marc : sortir de l'inhibition relationnelle

Une fois un cadre de collaboration positif établi, le travail analytique va s'orienter vers la résolution de certaines difficultés spécifiques au couple. Il s'agit de partir des problématiques concrètes amenées par les deux partenaires. Juliette et Marc se plaignent au départ d'un manque de dynamisme dans la relation, qui se manifeste principalement à la maison.

L'analyse des situations conflictuelles ou bloquées va amener un travail en parallèle de Marc et de Juliette quant à leurs places respectives. Une meilleure compréhension de ce qui se joue dans le couple va renvoyer à des positionnements issus de l'enfance. Il y a un aller-retour entre un travail analytique dont l'objectif est de se dégager des mécanismes de défense issus de l'enfance et la recherche de solutions concrètes afin de redonner un dynamisme à la relation de couple.

Je trouve ma place à la maison en luttant contre un sentiment d'incapacité

Récit de son analyse par Marc. *Nous avions acquis une maison avec un jardin. C'était un projet qui me motivait. Au départ, j'étais très investi ; nous avons mené avec succès pas mal de travaux d'amélioration et d'aménagement dans la maison et dans le jardin.*

Mais au bout de quelques mois, mon dynamisme a beaucoup baissé. Je me sentais inerte, fatigué, sans énergie. Je justifiais cela par mes activités. Juliette se retrouvait à tout gérer dans la maison, c'était lourd pour elle car elle était aussi très occupée par son travail de psychologue en hôpital. Elle se plaignait de cette charge et j'étais assez susceptible sur ce point.

Nous avons souvent parlé entre nous de cette situation d'inégalité des tâches et j'ai essayé à maintes reprises de m'y mettre et d'aider davantage Juliette. Sans succès. Je me retrouve toujours débordé par mon travail professionnel et je laisse tomber ce que j'avais commencé à la maison. J'ai lu plusieurs livres donnant des conseils sur la façon de libérer du temps en organisant mieux son travail et j'ai même suivi un séminaire sur le sujet. Cela m'a apporté des choses intéressantes au niveau professionnel mais je n'ai eu aucun résultat stable sur le problème qui me tracassait : aider

Juliette à la maison. Après quelques tentatives, je suis très vite revenu à la case départ, avec une Juliette mécontente de mon manque d'implication dans la maison.

On a ici une situation classique. Il s'agit d'une personne qui a apparemment la volonté de changer et qui fait des efforts dans ce sens en suivant des conseils de bon sens. Ces conseils portent leurs fruits pendant quelque temps, puis perdent rapidement leur efficacité.

Le mécanisme de cet échec est bien connu. Il y a dans l'inconscient une résistance qui va à l'encontre de l'objectif conscient fixé. Cette résistance n'apparaît pas au sujet, celui-ci est donc de bonne foi quand il pense qu'il est de bonne volonté et qu'il fait les efforts voulus. Mais les résultats ne sont pas au rendez-vous. Pour sortir de ce piège, la nature de la résistance doit être découverte et l'analyse va y contribuer.

La situation de départ est figée, car Marc se sert du fait objectif de sa charge professionnelle importante, pour occulter le fait qu'en profondeur, s'il n'aide pas Juliette, c'est avant tout parce qu'il a inconsciemment honte de se sentir nul dans les travaux ménagers. Pour passer au-delà de cette résistance, nous avons progressivement amené Marc à faire un parallèle entre la place qu'il occupe aujourd'hui dans le couple et sa position d'enfance dans sa famille.

Dans mon enfance, je m'échappais dans les livres

Récit de son analyse par Marc. *À la maison mes parents prenaient en main toutes les choses matérielles et pratiques. De mon côté, je mettais toute mon énergie à l'école, où je réussissais brillamment, et je résistais beaucoup à participer aux tâches de la vie quotidienne. Je ne faisais pas grand-chose et mes parents voyaient cela assez négativement. Je le ressentais de manière très lourde et je m'échappais dans les livres, ce qui évidemment ne résolvait rien.*

Marc n'a pas développé de capacités pratiques ; il en souffre et se sent dévalorisé. La gestion des tâches quotidiennes lui apparaît comme une corvée. Toute remarque de Juliette sur son manque d'investissement dans la maison le renvoie à son enfance face à ses parents. C'est à l'occasion de vacances d'été au cours desquelles son vécu va se trouver modifié qu'il comprendra ce qui se passe.

Une expérience décisive : je prends conscience de ma rivalité perdante dans la gestion de la maison.

Une prise de conscience décisive a eu lieu après des vacances d'été. Nous avions loué pour trois semaines une maison dans le Périgord. Curieusement, j'ai tout de suite retrouvé de l'énergie. Cela m'a étonné et en en reparlant pendant une séance d'analyse je me suis rendu compte que le contexte était différent : il y avait évidemment moins de choses à gérer dans cette maison, mais surtout les places n'étaient pas figées comme chez nous où je me sens secrètement dans une position du nul traînant derrière une Juliette qui fait tout.

Cette expérience positive va être très utile, car elle permet à Marc de comprendre la nature de ses difficultés. Il s'agit d'une inquiétude quant à sa place. Au quotidien, la gestion de la maison est placée dans un contexte de rivalité perdante par rapport à Juliette qui, elle, est très active et définie dans le rôle positif de celle qui est au service de l'autre. Cette rivalité perdante génère une inquiétude qui se manifeste chez Marc par un manque d'énergie et une fuite qui alimente un sentiment de culpabilité par rapport à Juliette. À l'inverse, quand Marc a le sentiment d'avoir une place « positive » en étant utile au couple, son énergie revient.

J'ai arrêté d'être « en pension » chez ma femme et je vis enfin avec elle chez nous

Comprendre la nature de mes difficultés m'a beaucoup rassuré. Cela m'a motivé pour chercher des solutions pratiques afin de sortir du sentiment de nullité et de la rivalité perdante et trouver une place plus positive à la maison.

À la suite d'une séance d'analyse, Juliette et moi avons décidé que je prendrais en charge un certain nombre de tâches. Il m'est venu que je pouvais m'occuper du jardin et de l'entretien des plantes de la maison. Il s'agissait d'un domaine où je me sentais compétent. Juliette ne s'occupant pas du jardin, cela me donnait un « terrain » autonome, et qui plus est valorisant. En effet, Juliette aimait beaucoup passer du temps dans ce jardin à la belle saison et le contempler. Je lui avais aménagé un massif avec de la terre meuble afin qu'elle puisse facilement planter des fleurs à une place qui lui convienne. Certes, je n'étais pas toujours satisfait de moi-

même, tous les arbustes ne se plaisaient pas forcément dans notre jardin ! Mais j'étais alors davantage face à moi-même. Je ne pouvais rejeter un échec sur Juliette et j'étais amené à m'améliorer en tant que jardinier.

M'occuper du jardin m'a permis de retrouver une meilleure estime de moi-même et de reconnaître les qualités de Juliette sans me sentir ni perdant ni coupable. À partir de là j'ai pu commencer à l'aider beaucoup plus dans les tâches ménagères à l'intérieur de la maison, sans retomber dans mon ancienne résistance.

Le travail de Marc s'est effectué dans deux directions successives : d'abord une diminution de la culpabilité inconsciente et du sentiment interne d'insuffisance, puis, en retour, une plus grande responsabilisation par rapport à ses comportements.

Le travail d'analyse sur le contexte de l'enfance est ici un outil de compréhension qui permet de sortir des mécanismes de résistance issus du passé et de rechercher des solutions pratiques adaptées.

Le travail de Juliette : mieux assumer ses désirs

Récit de son analyse par Juliette. *J'étais très contente de l'acquisition de notre nouvelle maison. C'était un projet en commun, notre espace à nous. Passé l'enthousiasme de l'installation, je me suis sentie beaucoup moins dynamique. Il y avait un travail de décoration à faire, des meubles, des plantes, des tapis à acheter. Je trouvais tout cela trop cher et je me sentais assez vide d'idées. Au bout du compte, la maison était fonctionnelle, mais elle manquait de chaleur, de personnalité. Nous n'avions qu'un canapé et une table basse dans notre grand salon ! La maison est restée dans cet état pendant très longtemps.*

Par contre Marc achetait beaucoup d'objets, pour lui et pour la maison. J'étais souvent en train de critiquer les achats de Marc car je les trouvais systématiquement trop chers et inappropriés à notre logement. Je me souviens en particulier d'une chaîne hi-fi qui avait suscité chez moi une réaction négative très vive. Souvent, quand je l'accompagnais pour des achats, je me sentais mal car j'avais l'impression qu'il achetait sans compter.

L'analyste me suggéra de faire une vérification objective de ce que nous dépensions chacun. En vérifiant les relevés de cartes bancaires j'ai cons-

taté, à ma grande surprise, que Marc dépensait un peu moins que moi... Je me suis rendu compte que ma position jugeante était pour une large part liée à un problème personnel.

Juliette vient de prendre conscience d'un mécanisme de défense qui lui est propre : elle projette sur Marc ses propres jugements qu'elle a sur elle-même, « Il dépense beaucoup trop ». Nous lui proposons de revenir sur son enfance pour lui permettre de comprendre l'origine de cette croyance et la menace affective qu'elle représente. En fait nous proposons à Juliette d'explorer la façon dont elle a construit son rapport au désir.

Enfant, je ne savais jamais comment présenter mes projets personnels à mon père

Face à mon père, je faisais systématiquement un rapide calcul en me demandant si ce que j'avais en tête était bien fondé ou non. Je me sentais inquiète à l'idée d'avoir des projets qui puissent être en dehors de son cadre de référence à lui. Il faut dire que mon père était très exigeant et je devais faire beaucoup d'efforts pour lui plaire et obtenir un renvoi positif de sa part. Je n'obtenais de la valorisation qu'au prix d'un étouffement de mes propres désirs et de beaucoup de peur de décevoir. Je me suis donc fortement adaptée à lui en m'imaginant que je n'avais pas de désirs très différents des siens.

C'est à l'occasion d'un exercice de communication, un partage en écho, que Juliette va comprendre en quoi cette histoire d'enfance continue à interférer négativement, aujourd'hui, dans sa relation avec Marc. Elle projette son père sur Marc et croit que moins elle manifeste ses désirs propres plus celui-ci est content d'elle.

Dans mon for intérieur je me « félicite » de laisser beaucoup de place à l'autre en me faisant discrète

À l'occasion d'un partage verbal en écho, Marc m'a renvoyé qu'il lui était difficile de me satisfaire puisque je camoufle tout ce qui se passe pour moi. Comme je le laisse dans le vide, il ne peut pas deviner les choses à ma place...

Je dois dire que j'ai reçu son message un peu brutalement mais, comme l'exercice ne permet pas de réagir instantanément aux paroles de son partenaire pour se défendre, j'ai laissé ses mots descendre en moi. Il est vrai que pour moi ce que me reprochait Marc était une qualité, car dans mon for intérieur, je me félicitais de laisser beaucoup de place à l'autre.

Le renvoi de Marc a provoqué chez moi une prise de conscience de l'impact de mon fonctionnement sur l'autre. Ce que je croyais être une qualité est en fait un défaut à un autre niveau : l'autre n'a pas la possibilité de me satisfaire car il ne sait pas ce que je veux. Dans un autre cadre que le partage en écho, je n'aurais jamais entendu le renvoi de Marc de la même manière car j'aurais rebondi instantanément en lui renvoyant qu'il prend beaucoup trop de place dans le couple et que je suis obligée de m'effacer derrière lui.

Cet exemple montre bien l'utilité de certains modes de communication verbale structurée dans le couple, comme le partage en écho. Rappelons que dans ce type de partage verbal, la personne qui écoute l'autre n'a pas le droit de l'interrompre pour réagir à chaud à ses propos. Elle se contente d'écouter de façon aussi neutre que possible en répétant intérieurement les paroles de son partenaire, comme un écho à l'intérieur d'elle-même. Elle doit attendre son tour pour parler et répondre. Cela permet de laisser les paroles de l'autre descendre en soi, pour en comprendre véritablement la portée, au lieu de réagir à chaud sans vraiment écouter ce qui est dit.

Juliette découvre, grâce au renvoi de Marc, qu'il y a un décalage entre la façon dont elle avait appris à réagir en face de son père et le besoin de son conjoint. En tant que petite fille, elle se sentait valorisée quand elle ne demandait pas trop de choses, était polie, gentille, voire effacée, et elle a tendance à répéter ce comportement face à Marc. En tant que conjoint, celui-ci n'y trouve pas son compte, car il ne sait jamais ce que pense ou désire Juliette. En fait, son principal défaut, lorsqu'elle est en relation avec Marc, est de ne jamais dire son désir.

J'ai pris progressivement conscience qu'il y avait chez moi une « petite fille frustrée » qui n'avait pas beaucoup d'autres possibilités que de se montrer gentille et docile dans la relation. J'étais donc confrontée à une ambivalence de fond et une sensation interne d'étouffement.

L'analyste m'a encouragée à assumer plus clairement mon désir de me mettre en avant, de mener mes propres projets, la décoration de la maison, par exemple. En osant me lancer, j'ai réalisé que moi aussi je pouvais mener à bien ces projets.

Les projets concernant le couple, comme l'aménagement de la maison, sont à la fois personnellement importants pour Juliette, mais également conflictuels puisque Juliette ne doit pas simplement se montrer gentille et s'adapter au désir de Marc, mais assumer aussi un désir personnel. L'immobilité qui résulte de ces conflits est bien justifiée par des facteurs extérieurs, en apparence objectifs – par exemple pour la décoration de la maison, le coût des aménagements, le manque d'idées de Marc –, mais elle provient avant tout des craintes inconscientes de Juliette.

Le travail sur les conditions de l'enfance permet à Juliette de se rendre compte que le contexte relationnel du couple est très différent de celui de l'enfance. Il n'y a pas de danger, bien au contraire, à assumer son désir d'expansion à la maison. À partir de cette prise de conscience Juliette est devenue beaucoup plus sûre d'elle-même, plus active et plus joyeuse.

Progressivement mon espace intérieur grandit et devient solide

J'étais plus autonome, j'apprenais à être un parent nourricier pour moi-même. Il y avait un espace pour mon désir, en dehors de celui de Marc, et pour autant ce n'était pas contre lui. J'ai acquis un autre regard sur moi-même et sur notre relation. Ce qui s'est passé pour moi a été perçu par Marc : il a tout de suite senti que j'étais plus ouverte, moins tendue et il s'est rapproché de moi.

Marc ayant de son côté travaillé sur ses propres inquiétudes quant à ses capacités relationnelles, l'affirmation plus grande de Juliette le valorise. Il trouve une bien meilleure satisfaction dans l'épanouissement de sa femme que dans la situation initialement figée où il se sentait coupable et insuffisant.

Dans son enfance, Juliette tendait à oublier ses propres désirs, pour satisfaire avant tout le désir de plaire à un père possessif. À l'époque, elle se valorisait d'être une gentille enfant facile à vivre. Cependant, en devenant adulte, le fait de vouloir s'adapter constamment à son conjoint renvoie inconsciemment à Juliette qu'elle manque d'autonomie.

Une problématique féminine fréquente : oublier ses propres désirs pour plaire à l'autre

Le modèle de la femme amoureuse qui se réalise en étant tournée exclusivement vers l'homme qu'elle a choisi est un modèle puissant. Il conduit un certain nombre de femmes à oublier leurs propres désirs pour plaire à l'autre.
Le prix à payer est lourd sur le plan inconscient pour celle qui emprunte cette voie. Les désirs qu'elle n'exprime pas ne peuvent pas être pris en compte par son conjoint car il ne les connaît pas. Ils ne peuvent alors qu'engendrer une frustration qui, à son tour, peut se transformer en une agressivité secrète contre le partenaire.
Mais la frustration et l'agressivité sont tout à fait contraires au modèle de la femme amoureuse. Elles doivent donc rester inconscientes. En conséquence, la femme est tenaillée par un conflit interne insoluble : d'un côté, il y a celle dont le désir doit être tournée vers l'homme pour le satisfaire et, de l'autre, celle qui a bien souvent beaucoup de reproches en tête vis-à-vis de lui.
La relation avec l'homme repose donc sur une forte ambivalence et le modèle idéal de la femme totalement amoureuse est, inconsciemment, souvent mis en échec. Pour ne pas ressentir cette ambivalence et cet échec, la femme est obligée de maintenir une distance vis-à-vis d'elle-même et de l'autre. Paradoxalement, il n'y a pas de véritable intimité possible, ce qui est complètement contraire au désir amoureux initial de la femme.
Dans le cadre d'une analyse, la femme qui étouffe ses désirs peut prendre conscience que ce système d'oubli d'elle-même au nom de l'amour est un leurre qui masque le conflit interne qui la torture et la mauvaise qualité de la relation intime qui en résulte.
C'est ainsi qu'au bout d'un certain temps d'analyse, Juliette *[voir son témoignage dans le texte ci-dessus]* prend conscience que son principal défaut est de ne pas dire son désir à son conjoint,

Marc. Elle commence alors à l'exprimer dans différentes circonstances de la vie du couple. C'est très satisfaisant pour elle et, miracle de l'évolution à deux, Marc, qui a beaucoup travaillé sur la culpabilité générée par son sentiment d'incapacité à satisfaire Juliette, est, lui aussi, très satisfait de ce nouveau positionnement plus ouvert de Juliette.

La prise de conscience de ce mécanisme interne conduit Juliette à changer ses attitudes et ses comportements. Progressivement, elle voit l'intérêt de prendre des risques en se montrant plus, en affirmant plus ses désirs, ses envies. Ce changement concret l'amène à modifier son regard sur elle et la relation. Progressivement elle développe une identité féminine plus solide et gagne en estime d'elle-même. Cette transformation interne accompagnée d'un changement comportemental va contribuer durablement à libérer le couple des mécanismes sclérosants.

QUE NOUS ENSEIGNE LE TÉMOIGNAGE DE CE COUPLE ?

Les difficultés initiales : frustration et culpabilité

Dans son enfance, Juliette a connu une forme de relation affective très particulière avec son père. Celui-ci pose en effet des conditions très rigides : pour être appréciée, Juliette doit être en tout point conforme à ce qu'il attend d'elle, à savoir une petite fille très sage et très obéissante. Pour garder l'amour de son père, Juliette a donc fait tout ce qu'elle a pu pour le satisfaire. Elle trouve ainsi une valorisation à s'identifier à une gentille enfant qui comble son papa, sans réaliser que le prix à payer pour elle est un contrôle inconscient et constant de tous ses désirs et un manque d'autonomie, qui la laisse désemparée et vide si l'autre n'est pas fortement tourné vers elle.

C'est ce qui se passe dans sa relation avec Marc où ce processus relationnel issu de l'enfance se remet naturellement en place. Juliette va tenter de répondre constamment à ce qu'elle imagine être des attentes et des désirs de Marc, sans comprendre pourquoi celui-ci ne se rapproche pas plus d'elle.

De son côté, Marc est confronté à de nombreuses questions concernant sa capacité à être en relation. Dans son enfance, il ne faisait pas grand-chose à la maison, ses parents prenant en charge toutes les choses matérielles et pratiques. De ce fait, il ne développe pas de capacités concrètes, ce qui le dévalorise et l'inquiète, d'autant plus que ses parents lui en font le reproche.

Il prend ainsi très tôt l'habitude de fuir la relation en se réfugiant dans ses études et ses livres, tout en se sentant coupable et en ayant le sentiment d'être inapte à la relation. Ainsi lorsque Juliette, blessée par le peu d'intérêt manifesté par Marc, exerce une pression sur lui pour qu'il soit plus présent dans leur quotidien, Marc se retrouve inconsciemment face à ses parents et à son sentiment d'insuffisance et il ne peut que fuir encore davantage en prétextant une charge professionnelle importante.

Juliette ne peut pas se plaindre ouvertement sous peine de briser son image d'amoureuse inconditionnelle et Marc est trop coupable pour parler de ce qui ne va pas. Ils ne peuvent exprimer leur ressenti ni l'un ni l'autre. C'est pourquoi l'ennui a envahi leur couple.

Rêver de l'amour peut aussi être une source de sclérose du couple

De façon apparemment paradoxale, le rêve amoureux d'une personne peut devenir enfermant, à la fois pour la personne elle-même et pour son conjoint, et conduire à la sclérose de la vie amoureuse du couple.

Juliette *[voir son témoignage ci-dessus]* rêve de retrouver non pas tant la relation réelle à son père, qui laissait bien peu de place à son désir, mais la position fantasmatique de l'enfant totalement amoureuse de ce père. Inconsciemment elle transpose ce fantasme en un idéal d'épouse totalement amoureuse, dont le seul désir est de satisfaire son partenaire. Mais il s'agit bien d'un rêve : Juliette dénie ses tendances narcissiques réelles, légitimes ou non. Son désir d'être au centre de l'intérêt de Marc est barré, car il ne correspond pas à l'image de l'amoureuse pure qui se consacre entièrement à la satisfaction de l'autre. Elle ne peut donc pas en parler à Marc.

Marc ne peut comprendre l'attente de Juliette. Et, comme il s'est toujours vécu comme insatisfaisant face à ses parents, il se sent coupable et fuit la relation. Ils restent tous les deux figés dans l'incompréhension.

Tout se passe comme si le couple était dans une voiture, cherchant sa route au milieu d'un désert pour atteindre une oasis. Juliette est persuadée qu'elle connaît l'oasis et la façon de s'y rendre. Mais en fait elle est prise dans un mirage. Dans la réalité, elle est impuissante à donner des indications claires à Marc sur la route à suivre. Pourtant, elle lui en veut de ne pas les trouver lui-même. L'oasis lui apparaît si limpide et si facile à atteindre ! Elle se sent prête à y accueillir Marc. Mais celui-ci, pour qui la relation n'a jamais été une oasis, ne comprend pas la demande de Juliette et se sent très en échec. Il s'enferme alors dans une bulle de mutisme et se concentre sur les aspects techniques de la conduite de la voiture en abandonnant à Juliette la direction des opérations.

Plus Marc s'enferme, plus Juliette est gentille et attentive à lui pour essayer de le persuader d'aller vers l'oasis. Plus Juliette est

attentionnée, plus Marc se sent coupable de ne pas répondre de façon satisfaisante à sa demande, et la culpabilité qu'il ressent l'empêche d'en parler à Juliette. En ce sens, le rêve amoureux de Juliette enferme Marc.
Juliette est bien intéressée par l'amour, mais elle ne se rend pas compte qu'elle élimine une grande part de sa vie interne, notamment la frustration, pour préserver son image d'amoureuse inconditionnelle. Le mécontentement qu'elle ressent inconsciemment doit être refoulé pour protéger son rêve amoureux. C'est en ce sens que ce rêve enferme aussi Juliette.
Pour trouver réellement l'amour, Juliette va être obligée de reconnaître que si son rêve amoureux ressemble bien pour elle à l'amour, il n'est pas l'amour, car il ne tient compte ni de la réalité d'elle-même, ni de celle de son partenaire.
C'est cette prise de conscience fondamentale que va lui permettre de réaliser l'analyse, pour le plus grand profit de la vie intime et amoureuse du couple.

Un exercice pour sortir de la prison des reproches non exprimés et de la culpabilité

L'immobilisme de la relation est très fort au début de l'analyse tant Juliette et Marc refoulent leurs inquiétudes et leurs insatisfactions. Malgré leur attachement réciproque, la communication est au point mort. Il paraît indispensable de leur proposer un exercice de pratique relationnelle qui leur permette de briser la chape d'ennui qui a envahi le couple. L'exercice en question est une situation relationnelle expérimentale de type exercice A/B *[voir le chapitre 2 de la première partie pour une description détaillée de cette méthode]* qui peut être répétée à volonté par le couple. Juliette et Marc sont très motivés pour améliorer leur vie de couple. Ils se lancent donc sans retenue dans cette expérience. La motivation est bien sûr un facteur essentiel pour la réussite de ces exercices.

Dans cette situation cadrée et protégée, où le but du jeu est de montrer son désir à l'autre, Juliette peut commencer à s'ouvrir à ce qu'elle ressent face à Marc. La censure comportementale habituelle peut être bousculée et faire place à des jeux beaucoup plus satisfaisants. Parlant beaucoup plus clairement de ses désirs à Marc, Juliette peut comprendre la différence entre demander, qui est l'expression du désir, et reprocher, qui est l'expression de la frustration.

De son côté, Marc peut prendre le risque de montrer une certaine forme d'agressivité « masculine » par rapport aux « exigences » relationnelles de Juliette, plutôt que de fuir la relation de façon coupable. Très naturellement, il trouve une forme d'expression ludique et caricaturale qui permet de dédramatiser la situation. Nous avons déjà souligné l'importance de l'humour dans ces exercices relationnels *[voir l'encadré « L'utilité de l'humour dans l'évolution d'un couple en analyse »]*.

Dans cet exercice, Juliette et Marc affrontent de façon très directe leurs défenses de mise à distance qui se traduisent par une inhibition relationnelle et créent les difficultés du couple. Il faut encore une fois souligner que c'est le caractère très sécurisant de la situation expérimentale ainsi créée qui permet cette confrontation directe avec les défenses.

Le processus d'analyse qui se déroule parallèlement à ces expériences est lui aussi indispensable, car il dégage les éléments importants de la personnalité de chacun qui nuisent à l'intimité. Les situations expérimentales constituent alors un endroit privilégié pour intégrer la compréhension issue de l'analyse et continuer à nourrir celle-ci.

L'analyse de couple s'enracine dans le concret de la vie quotidienne

Le témoignage de Juliette et Marc met bien en évidence une des spécificités essentielles de l'analyse de couple. L'analyse de chacun des conjoints s'appuie d'une part sur leur histoire personnelle et d'autre part sur la vie quotidienne du couple. Ceci constitue une différence importante entre une analyse en couple et une analyse effectuée seul en l'absence du partenaire. Ici, les interactions dans le couple enrichissent les analyses individuelles des deux conjoints et celles-ci permettent en retour de libérer le couple des défenses inconscientes qui nuisent à sa dynamique.

Dans le cas que nous considérons, le conflit principal se joue autour de la frustration de Juliette et de la culpabilité de Marc.

Juliette est toujours frustrée et insatisfaite, et Marc se vit toujours comme coupable et insatisfaisant. Tout ceci est vécu très concrètement dans le quotidien du couple. Dans leur analyse, ils effectuent des allers-retours incessants entre leur histoire d'enfance qui explique le pourquoi des difficultés, et le quotidien de leur couple qu'ils peuvent progressivement modifier en fonction de la compréhension ainsi acquise. Il s'agit d'une démarche rigoureuse qui débouche sur des progrès observables dans la relation.

Le témoignage de Juliette et Marc est particulièrement intéressant sur ce point, car il est très précis et très concret en ce qui concerne les acquis de leur évolution de couple dans leur vie quotidienne.

En plus de l'amélioration concrète de la vie du couple, ce travail apporte une réelle satisfaction dans l'évolution personnelle. C'est particulièrement vrai pour Juliette et Marc, qui souffraient avant leur analyse d'une forte inhibition pour exprimer leurs désirs. Aujourd'hui, ils sont devenus beaucoup plus ouverts et confiants en eux.

L'intimité amoureuse dans le couple : une authentique réparation de l'estime de soi

De par le fonctionnement de l'inconscient, tout être humain est confronté au doute sur lui-même et à la hantise inconsciente de l'échec. Il est donc amené à rechercher inlassablement la réassurance qui lui permettra d'échapper à ces deux sentiments.
Dans la psychologie humaniste, réparer veut dire donner à la personne des conditions dans lesquelles elle ressent une grande satisfaction, en étant bien accueillie par l'autre et en se sentant importante aux yeux de ce dernier.
Pour avoir un effet durable, la réparation doit clairement se distinguer de toute forme de flatterie et de déclaration mensongère. Mensonger est dit au sens de l'inconscient : il est tout à fait possible de faire une belle déclaration d'amour ou de respect inconditionnel, alors qu'inconsciemment il en est tout autrement. Ce n'est alors qu'une stratégie de séduction dont certaines personnes et certains milieux font leur spécialité.

Dans le couple, le mensonge inconscient ne dure jamais longtemps, juste le temps de la lune de miel. Ensuite, l'ambivalence relationnelle fait son apparition et les phases d'amour et de non-amour se succèdent au rythme des conflits internes ou externes de chacun des partenaires.
Le développement de l'intimité dans le couple permet de diminuer progressivement l'ambivalence entre les conjoints. L'amour reçu du conjoint devient plus authentique. Il a alors un effet puissant de réparation de l'estime que l'on a de soi-même. Apprendre à créer un milieu amoureux avec son partenaire établit les conditions d'une véritable réparation. C'est une des raisons pour lesquelles l'analyse en couple est souvent une méthode qui donne d'excellents résultats du point de vue de l'analyse personnelle de chacun des conjoints. Tout en permettant de se transformer soi-même, elle permet aussi de changer de façon très positive le milieu relationnel dans lequel on vit, c'est-à-dire son propre couple. Quand le couple est devenu intime et amoureux, ce que je donne à mon partenaire me revient au centuple, et réciproquement. L'intimité amoureuse répare et nourrit simultanément les deux personnes du couple.

CONCLUSION DU CHAPITRE 3

La sclérose du couple prend une apparence très différente pour les deux couples qui témoignent dans ce chapitre.

À leur arrivée en analyse, Anne et Philippe donnent aisément une image de couple sans problème qui s'entend parfaitement. La sclérose de la relation intime n'apparaît pas. Juliette et Marc ont l'air gentil, mais montrent un couple peu vivant. Leur entente apparaît également bonne : il y a rarement un mot plus haut que l'autre et Juliette se montre toujours d'une grande gentillesse avec Marc.

Cette différence d'apparence reflète des différences réelles dans le fonctionnement psychique des personnes et des couples.

Derrière une problématique de couple similaire, les systèmes psychiques sont très différents

Les deux couples ont en commun l'étouffement de leur vie relationnelle intime. Le mécanisme principal de défense qui y est associé est le contrôle et la mise à distance de leurs ressentis.

Néanmoins, ces deux couples sont très différents. Anne et Philippe utilisent une défense par idéalisation, à la fois d'eux-mêmes et de leur couple. Le désir de se montrer personnellement irréprochables et d'afficher une parfaite bonne entente est très puissant. Ils ont donc du mal à voir ce qui ne va pas dans leur vie personnelle et dans leur couple. Leur malaise est vague. Aucun des deux ne se sent insuffisant dans la relation, et pour eux la difficulté est avant tout de ressentir ce qui se passe vraiment en eux et entre eux.

Juliette et Marc sont beaucoup plus conscients de la sclérose de leur couple et en souffrent. Comme Anne et Philippe, Juliette utilise l'idéalisation comme moyen de défense, mais l'objet de cette idéalisation est sa propre capacité amoureuse. Elle se définit comme entièrement dévouée à l'autre. Mais comme Marc fuit la relation, elle se retrouve très frustrée par rapport à son idéal. Elle utilise alors la mise à distance de ce ressenti pour ne pas prendre conscience de ses reproches vis-à-vis de Marc : ils ne doivent pas apparaître.

Depuis toujours, Marc se sent insuffisant dans la relation et il ne peut éliminer ce sentiment à l'intérieur de lui. Bien au contraire, il en est très coupable et ne peut que fuir la relation. Le travail lui permet notamment d'échapper à ce ressenti très désagréable d'incapacité et de culpabilité. C'est la forme que prend chez lui la mise à distance. Juliette est écrasée par la frustration et lui par la culpabilité. Pour eux la difficulté est avant tout de trouver la possibilité d'exprimer ces ressentis émotionnels négatifs qui les écrasent afin de s'en libérer.

Des approches différentes pour résoudre des difficultés différentes

Les problématiques des deux couples sont donc très différentes. Pour Anne et Philippe, il s'agit de prendre conscience de la réalité de leur vie relationnelle au-delà des apparences. Les exercices en groupe, qui permettent la comparaison avec les autres couples, leur sont donc très utiles, car ils permettent de prendre conscience de leur difficulté spécifique à communiquer sur ce qui se passe entre eux. Ils prennent alors conscience que leur recherche d'une perfection apparente étouffe leur vie intime, personnelle et relationnelle. Les jeux caricaturaux à contre-emploi se révèlent alors tout à fait adaptés pour contourner les défenses des deux « parfaits » et leur permettre de développer progressivement une vie amoureuse intime où joie de vivre et humour trouvent toute leur place.

Pour Juliette et Marc, l'objectif est de briser l'inhibition relationnelle qui caractérise leur couple et les amener à exprimer leurs sentiments : peurs, désirs, reproches vis-à-vis de l'autre. La situation relationnelle expérimentale, dans laquelle chacun mène le jeu à tour de rôle, que l'on peut répéter chez soi à volonté est parfaitement adaptée pour leur évolution. Dans ce cadre très sécurisant pour eux, ils se donnent le droit de ressentir et d'exprimer beaucoup plus librement ce qui se passe en eux. Ils constatent alors que leur relation n'en souffre pas, bien au contraire. Comme pour les jeux que pratiquent Anne et Philippe, ces situations vont prendre un tour de plus en plus ludique et humoristique.

C'est une des grandes richesses de l'analyse relationnelle du couple de proposer une vaste gamme d'exercices, de jeux et de situations relationnelles. Chaque couple a ainsi la possibilité de privilégier les mieux adaptés et de les utiliser de manière créative pour répondre au mieux à ses besoins.

La meilleure compréhension des mécanismes psychiques personnels et relationnels, due à l'analyse, enrichit de façon continue ces différents exercices. L'expérience vécue dans ces situations constitue toujours un matériau précieux pour affiner l'analyse.

Tous les couples sont différents : l'analyse est nécessaire pour savoir quelles sont les solutions les plus appropriées, en fonction des particularités de l'inconscient des conjoints

La vie intime des deux couples étudiés dans ce chapitre était en quelque sorte endormie. Les conseils pour réveiller la vie amoureuse des couples ne manquent pas dans les journaux ou les livres consacrés au couple. Bien qu'apparaissant judicieux et de bon sens, ils sont souvent peu efficaces pour apporter une solution durable aux couples auxquels ils s'adressent. Ceci s'explique par le fait que la sclérose du couple est associée à des mécanismes inconscients très différents. C'est ce que nous avons constaté en comparant les analyses des deux couples que nous présentons. Il n'existe donc pas de réponse générale au problème posé. La compréhension profonde des mécanismes inconscients qui structurent de façon spécifique les interactions relationnelles propres à chaque couple, est donc nécessaire pour trouver une réponse adaptée et efficace au dysfonctionnement du couple.

Ce qui est vrai pour le symptôme que nous étudions dans ce chapitre l'est bien sûr pour toute autre forme de problématique du couple, ainsi que nous l'avons vu dans les deux autres chapitres de la deuxième partie de ce livre.

Agir pour comprendre ou comprendre pour agir ?

Nous le répétons souvent dans ce livre, l'analyse de couple est beaucoup une analyse des actions effectuées dans la relation. C'est pour cela que les couples sont incités à expérimenter des situations nouvelles dans leur relation, même au risque de provoquer momentanément de petites crises. Car ces situations constituent un excellent matériau pour l'analyse et permettent aux conjoints de mieux comprendre ce qui se passe dans la relation.

Les personnes qui ont témoigné dans cette partie, dans leur souci de contrôler des ressentis trop passionnels et de protéger une certaine forme de bonne entente dans le couple, ont beaucoup de réticence inconsciente à faire des actions qui les rapprochent. Elles évitent notamment toute action relationnelle qui pourrait conduire à une crise en réveillant l'agressivité souterraine contenue. Mais cette absence d'action amène progressivement à la sclérose de l'intimité du couple.

Comme nous l'avons vu au fil des exemples, il est souvent nécessaire pour ces couples de démarrer leur analyse par la mise au jour des mécanismes qui inhibent l'action. C'est la compréhension de leurs mécanismes de défense inconscients qui va permettre aux conjoints de prendre le risque de se rapprocher et d'initier des actions dans les domaines essentiels de la relation de couple : partage intime et sexualité. Inversement, les situations nouvelles vécues dans le couple vont, à leur tour, favoriser la mise au jour de leur inconscient et amener une meilleure compréhension d'eux-mêmes et de leur conjoint.

À la base de cette désinhibition de l'action, il y a bien sûr la compréhension de leurs mécanismes mentaux, mais souvent aussi une bonne dose d'humour qui leur permet de rire du décalage entre l'image déformée de leur couple et d'eux-mêmes, construite par leur inconscient, et la réalité qu'ils voient apparaître.

Et, de façon souvent un peu magique, le contact avec la réalité objective d'eux-mêmes et de leur couple, loin de les éloigner l'un de l'autre comme ils le craignaient, leur ouvre la voie vers une forte intimité amoureuse.

Conclusion

Épanouir l'amour dans le couple

Tomber amoureux est une expérience commune. Vivre en couple n'est pas difficile en soi. Par contre, vivre ensemble en restant profondément amoureux l'un de l'autre, pendant toute la durée du couple, est un projet difficile à réaliser. Sauf circonstances particulièrement heureuses, il est très rare de pouvoir vivre un tel amour. Nous vivons à une époque où les gens se mettent en couple en ayant cette demande. Ils espèrent vivre un couple amoureux pendant toute la durée de leur union. Pour beaucoup, cette demande paraît *a priori* raisonnable. Pourquoi, puisque nous nous aimons, ne pourrions-nous pas réaliser ce rêve ? En réalité, réaliser un amour fort et permanent est une entreprise objectivement difficile et on a tendance à oublier que cette demande d'amour est en fait extrêmement récente dans l'histoire de l'humanité.

Les difficultés « historiques » du couple amoureux

Pendant des millénaires, le couple a été tout autre chose qu'un projet amoureux destiné à satisfaire les besoins affectifs des conjoints. Les mariages avaient avant tout pour but d'asseoir le pouvoir social des familles et d'accroître ou de maintenir le patrimoine. De plus, quand on examine les règles qui définissaient l'union de l'homme et de la femme, on s'aperçoit que la plupart des sociétés connues étaient en fait polygames (75 % d'après certains recensements). Or il est difficile dans un couple polygame de vivre une relation amoureuse intense. En fait, la littérature, quand elle parle de couples amoureux, cite essentiellement des amours hors du couple, souvent maudits, telle l'histoire de Tristan et Yseult au Moyen Âge.

Les données venant de la biologie confirment tout à fait cette difficulté de maintenir longtemps une relation amoureuse entre l'homme et la femme. On constate que dans toutes les espèces monogames, celles dans lesquelles le mâle et la femelle restent en couple après l'accouplement sexuel, il existe un mécanisme inné qui inhibe l'agressivité naturelle entre les partenaires du couple. Ce processus purement physiologique d'inhibition n'existe pas ou peu dans l'espèce humaine. Par ailleurs, l'étude de certaines espèces naturellement monogames indique que l'attachement dans le couple est basé sur une forte sensibilité à une hormone particulière, l'ocytocine. C'est un mécanisme physiologique semblable qui crée l'attachement initial de la mère pour l'enfant chez les mammifères. Or, ce mécanisme lié à l'ocytocine ne se produit pas entre les partenaires du couple humain, sauf de façon relativement mineure pendant l'acte sexuel.

Pour la première fois dans l'histoire de l'humanité, une majorité de personnes se mettent en couple par amour : est-ce un projet voué à l'échec ?

Ces quelques aperçus historiques et biologiques que nous venons de citer nous amènent à des conclusions *a priori* assez pessimistes concernant la pérennité de la relation amoureuse dans le couple humain. Cependant, il y a eu, comme nous l'avons vu au début de ce livre, une révolution silencieuse dans le domaine du couple depuis une trentaine d'années.

Après des millénaires pendant lesquels les conjoints se sont mis en couple pour des raisons essentiellement sociales et économiques, on assiste actuellement à une forte demande pour une relation amoureuse. On se met maintenant en couple parce que l'on est amoureux de l'autre. Ceux qui ignorent l'histoire du couple à travers les âges pensent que c'est là une évidence. Mais en fait il s'agit là d'une vue erronée, entretenue par les innombrables histoires d'amour présentes dans la littérature. Jusqu'à une époque très récente on ne se mettait en couple que rarement par amour.

Cette révolution est due à plusieurs facteurs allant tous dans le sens de donner une beaucoup plus grande liberté pour choisir ou quitter son partenaire. Les droits des femmes ont beaucoup progressé. Elles ont acquis le droit de vote en France après la Seconde Guerre mondiale, puis les droits à la contraception et à l'avortement plus récemment. L'invention de la pilule a, elle aussi, été décisive. Les droits de l'individu se sont consolidés. On considère de plus en plus que l'activité sexuelle ne doit plus être réglementée par le droit et la morale. Il s'en est suivi une importante libéralisation sexuelle. Parallèlement, les femmes se sont mises à travailler, ce qui a entraîné un changement de sens du mariage. Celui-ci ne sert plus à maintenir le patrimoine de la famille. Le choix du conjoint devient libre. On a donc assisté à une explosion de l'union libre. Le nombre d'unions libres a été multiplié par dix entre 1972 et 2000. Pour la première fois dans l'histoire de l'humanité, la grande majorité des personnes se met en couple par amour, au moins dans la société occidentale.

La question qui se pose alors est double : l'amour peut-il faire durer le couple ? Et le couple peut-il faire durer l'amour ? On peut avoir des doutes à ce sujet. Notre revue des facteurs scientifiques sous-tendant ces questions nous indique que l'espèce humaine ne semble pas naturellement très douée pour faire durer la relation amoureuse. D'ailleurs, à l'heure actuelle, on voit que les couples se font et se défont vite, alors que les partenaires au début de leur relation espéraient vivre amoureusement longtemps ensemble.

Il y a des conditions particulières à remplir pour pouvoir vivre un couple amoureux

Est-ce à dire que la recherche de l'amour est vouée à l'échec ? Notre expérience avec de nombreux couples nous fait répondre clairement : non ! Il est possible de vivre un couple amoureux, et même très fortement amoureux, mais il y a des conditions particulières à remplir pour que cela puisse se réaliser. Ces conditions sont d'ordre psychologique. Puisque la biologie nous abandonne dans notre quête de l'amour, il nous reste à miser sur un domaine très important pour l'espèce humaine : la psychologie.

Nous avons un cortex qui nous rend capables d'activités mentales très supérieures à celles permises par le cortex animal. Profitons-en ! Notre cerveau nous a permis de conquérir le monde à l'aide des sciences et des technologies. Pouvons-nous l'utiliser pour acquérir la possibilité d'aimer ? C'est la conclusion qu'en tire M. Reynaud dans son livre *L'amour est une drogue douce… en général.* Il écrit : « Les facteurs psychologiques apparaissent comme les meilleurs garants du lien dans la durée, tout simplement parce que la biologie attachante [qui permet l'attachement dans le couple] risque d'abandonner, voire de trahir, les couples qu'elle a unis [6] ». Cette conclusion de M. Reynaud est juste, bien qu'il n'indique pas lui-même quels sont les moyens permettant de se servir de la psychologie pour aider le couple.

P. Brenot, de son côté, dit clairement que le couple, sous-entendu le couple satisfaisant les besoins affectifs des conjoints, n'est pas naturel : il faut l'inventer. De notre côté, nous disons : il faut comprendre la nature profonde de la relation amoureuse dans le couple pour la protéger. Il faut apprendre à connaître son propre psychisme et s'en servir pour obtenir ce que l'on veut. Mais ce n'est pas facile, car les forces psychiques sont essentiellement inconscientes. Il faut donc entreprendre une quête qui permette de connaître cet inconscient. Cela veut dire faire une démarche analytique.

On peut nous rétorquer instantanément : « Mais l'analyse n'a jamais servi à aider le couple à rester amoureux ! » Cette objection est juste. En effet, les psychanalystes ne se sont que rarement occupés du couple. Bien au contraire, ils ne voulaient pas, par principe, aider deux conjoints ensemble. De plus, beaucoup d'entre eux ne voyaient dans les difficultés du couple que l'expression de conflits infantiles non réglés.

Cette dernière affirmation est loin d'être fausse : comme nous l'avons vu de façon répétée dans les cas que nous avons exposés, les conflits d'origine infantile jouent un grand rôle dans les dissensions du couple adulte. Cependant il faut savoir faire le tri : dépasser certains désirs infantiles qui perturbent l'amour, mais réhabiliter les désirs, également issus de l'enfance, qui sont des bases puissantes et fiables de l'amour entre adultes. L'attitude, un peu condescendante, qui consiste à considérer les conflits dans le couple comme

6 Reynaud, Michel, *L'Amour est une drogue douce… en général*, Robert Laffont, Paris, 2005, p. 187.

étant « d'origine infantile » est partagée par une grande partie du public. Mais elle n'est pas de mise quand on voit que l'amour dans le couple humain se heurte à des facteurs objectifs très puissants et difficiles à dépasser. Un sentiment amoureux fort et stable n'est pas donné spontanément à l'adulte humain, c'est une valeur et une jouissance à conquérir sur la nature.

Les pièges de l'amour

Bien que nous ayons recours à la psychologie pour aider le couple à faire durer l'amour, il n'en est pas moins vrai que le domaine psychologique est lui-même rempli de chausse-trappes. L'aide psychologique consiste à apprendre à connaître ces pièges pour les éviter. Comme nous l'avons souvent répété, les difficultés psychologiques naissent dans l'inconscient des partenaires et la partie qui affleure à la conscience ne représente que la surface des conflits psychiques. C'est pourquoi les conseils prodigués dans les journaux et dans beaucoup de livres n'ont qu'un effet très limité sur les difficultés du couple.

En résumant très grossièrement, on peut distinguer quatre domaines psychologiques qui posent problème : la passion amoureuse, l'agressivité, la mise à distance et la sexualité.

La passion amoureuse : l'amour naît d'un clivage

La passion amoureuse naît facilement entre deux êtres qui se rencontrent en cherchant l'amour. Mais elle est bâtie sur des mécanismes de clivage inconscients qui la rendent extrêmement fragile. Le clivage est une opération mentale qui consiste à diviser inconsciemment en deux sa perception du partenaire, de façon à pouvoir avoir deux visions alternées de celui-ci, une bonne et une mauvaise, selon les situations. D'un côté, on met tous les éléments qui sont attirants chez l'autre, de l'autre on range tout ce qui pourrait ne pas plaire. Puis, pendant la lune de miel, cette partie négative est niée. Ce qui veut dire qu'elle n'apparaît plus à la conscience, sauf de façon épisodique, lors d'incidents dans le couple, par exemple. Par contre, cette image négative de l'autre va prendre le devant de la scène pendant la déception qui suit la lune de miel, tandis que la vision positive tend à disparaître.

Remarquons que cette opération de clivage n'est rendue possible que par l'extrême sophistication du cortex humain. Les animaux sont incapables de manipuler ainsi leur perception du monde. C'est donc une défense spécifiquement humaine. Remarquons aussi que, chez le jeune bébé, il existe un mécanisme physiologique initial d'attachement à la mère, qui est commun à tous les mammifères. Cependant, celui-ci est relayé ultérieurement par un mécanisme psychologique de clivage qui permet à l'enfant de s'attacher amoureusement à sa mère. Le clivage est donc un mécanisme d'origine infantile. Cela ne veut pas dire que l'adulte puisse s'en passer. Le clivage reste extrêmement utile à l'âge adulte pour que l'on puisse s'attacher amoureusement à un autre, puisque le mécanisme d'attachement physiologique est très faible chez l'adulte.

Le phénomène psychologique du clivage va se substituer au mécanisme biologique manquant pour aider à créer un attachement amoureux entre les partenaires. On peut même dire que ce mécanisme de clivage est nécessaire pour que naisse l'amour, au sens passion du terme. En effet, chacun sort de l'enfance en étant normalement ambivalent, c'est-à-dire en faisant coexister le bon et le mauvais dans la perception de l'autre. Or l'ambivalence est un état assez tiède et gris qui ne permet pas la naissance d'un fort sentiment amoureux. Dieu merci, pour aimer nous restons des enfants à l'intérieur de nous-mêmes !

De la fusion amoureuse à l'union amoureuse

Cependant, il faut aussi grandir, ce qui veut dire apprendre à reconnaître la vérité. Celle-ci est que nous nous sommes mentis pendant la lune de miel et que nous allons souffrir de ce mensonge. Le couple exclusivement bâti sur le clivage est très fragile. On est amoureux d'une image idéalisée de l'autre, et cette image nous renvoie que nous sommes nous-mêmes dignes de cet amour. Il y a donc un double processus idéalisant : l'autre apparaît comme étant digne d'être aimé et, par conséquence, il en va de même pour soi. Nous avons donc deux miroirs qui se regardent en se renvoyant deux belles images : tu es belle / je suis beau, et réciproquement. C'est pourquoi on peut parler de fusion amoureuse. Quand on parle de couple fusionnel, on se réfère fréquemment à ce type d'amour.

Nous avons vu que certains couples essaient de faire durer artificiellement cette fiction, mais c'est au prix d'une rigidité extrême qui tue la spontanéité dans le couple. Normalement, au bout d'un certain temps, le clivage cesse de fonctionner et la lune de miel se termine sans que les conjoints aient véritablement compris ce qui s'est passé, sinon qu'ils sont maintenant déçus du couple. Nous avons vu comment le couple évolue ensuite en passant par des périodes de déception, d'agression éventuelle, de réparation amoureuse, etc. ; l'ensemble de cette évolution étant plus ou moins masqué par des mécanismes inconscients de mise à distance et par les événements du couple : naissance des enfants, métier, etc.

Tant que les mécanismes inconscients, qui à la fois sous-tendent et masquent le cycle de l'évolution amoureuse du couple, ne sont pas vus, on ne peut pas éviter la dégradation du sentiment amoureux. Mais si on est décidé à mettre à jour ce déterminisme inconscient, on peut le faire cesser. L'ombre fait place à la lumière et l'amour revient de façon stable. On avait goûté à l'amour grâce au mécanisme inconscient du clivage pendant la lune de miel, on peut en retrouver le goût, mais cette fois-ci de façon consciente et stable. On parle alors d'union amoureuse et non plus de fusion amoureuse.

Nous affirmons que cette union est possible. C'est difficile, et cela nécessite une forte motivation et détermination chez les deux partenaires du couple, mais l'union amoureuse est réalisable. La plupart du temps, on entend dire qu'après les excès amoureux de la lune de miel et la déception qui y fait suite, le couple doit se rebâtir autour d'un certain attachement raisonnable. Mais cet attachement a toujours l'air d'un réchauffé tiédasse, loin de la passion amoureuse du début. On sous-entend qu'il faut bien s'en contenter puisqu'il n'y a pas autre chose. Or, il y a autre chose : l'union amoureuse est possible, il suffit que le couple le veuille vraiment et fasse ce qu'il faut pour la construire.

L'agressivité inconsciente dans le couple sert à se protéger, mais elle tue l'amour

Après les mécanismes inconscients de la fusion amoureuse, l'autre difficulté dans le couple est l'agressivité. Dans les couples d'animaux naturellement monogames, il y a toujours une inhibition instinctive de l'agressivité. Les deux partenaires collaborent spontanément aux tâches du couple, en général l'élevage des petits et la défense du territoire. Ils ne se battent jamais, ce qui permet un couple stable. Il n'en va pas du tout de même dans le couple humain. C'est une des raisons qui fait dire que l'espèce humaine n'est vraisemblablement pas naturellement monogame.

L'agressivité dans le couple prend différentes formes, certaines ouvertes, d'autres cachées. Mais qu'elle soit ouverte ou cachée, l'agressivité dans le couple est toujours justifiée *a posteriori* par la personne agressive. Celle-ci modifie inconsciemment la perception de la situation pour n'avoir jamais l'impression d'attaquer l'autre gratuitement. On trouve toujours une bonne raison. En effet, la personne ne veut pas apparaître en contradiction avec elle-même et voir qu'elle veut à la fois aimer l'autre, être aimée par l'autre et en même temps avoir le désir de l'attaquer. C'est pourquoi même des couples extrêmement bagarreurs réfutent le fait qu'ils s'attaquent l'un l'autre. Au niveau conscient, ils ont en tête : « Je n'attaque pas, je ne fais que me défendre, car l'autre a fait ceci ou cela... On ne s'attaque pas, on ne fait que discuter... » C'est ce mécanisme universel de justification qui fait que très peu de gens reconnaissent leur agressivité dans le couple.

En réalité, quand on descend dans l'inconscient on se rend compte que l'agressivité est partout, sous des formes extrêmement variées allant du plus subtil au plus grossier. La raison en est simple : la personne dans un couple est en contact intime avec l'autre et craint toujours inconsciemment que le partenaire ne découvre ses faiblesses cachées. Elle protège constamment son image en redoutant que l'autre, même sans le vouloir, perce à travers ses défenses. Se sentant inconsciemment menacée, elle devient agressive et prête à repousser l'autre, même si celui-ci est hors de cause. Il en résulte une agressivité généralisée complètement inconsciente, qui se fixe ensuite sur des points variables en fonction des situations.

Le camouflage de cette agressivité est effectué par des mécanismes de projection extrêmement puissants et omniprésents, qui permettent de la justifier et de trouver une bonne raison pour rejeter la faute sur l'autre. Dans tous les cas d'analyse de couple qui sont étudiés dans ce livre, on trouve de nombreux exemples de mécanismes de projections totalement inconscients, car s'ils étaient un tant soit peu conscients ils ne rempliraient plus leur rôle.

Les partenaires d'un couple qui veulent vraiment vivre l'amour doivent essayer sans relâche de mettre au jour tous ces mécanismes de défense extrêmement profonds et subtils. Ce n'est pas facile car les gens protègent leur image en se cachant derrière ces mécanismes inconscients et deviennent très susceptibles quand on essaie de mettre en évidence ce qu'il y a derrière ces défenses.

Souvent, on a du mal à comprendre comment on peut faire renaître l'amour dans le couple. Cela devient beaucoup plus compréhensible quand on se rend compte du travail qu'il y a à faire pour débusquer toutes les formes subtiles de défense et d'agressivité dans le couple. On s'aperçoit alors que les potentialités amoureuses étaient complètement écrasées par cette agressivité subtile, cette susceptibilité cachée, cet orgueil facilement blessé, masqués par les mécanismes de projection. Quand ils disparaissent, l'amour prend spontanément son envol, comme un ballon d'hélium qu'on libère de ses amarres. Ajoutons que ce travail, nécessaire et difficile, ne peut se faire seul, car les défenses de la personne sont beaucoup trop subtiles et fortes pour se laisser percer sans la combinaison d'un fort désir de retrouver l'amour et d'une aide extérieure.

Le grand mécanisme universel qui fait tenir le couple : la mise à distance inconsciente du partenaire

Après l'agressivité dans le couple et la nature falsifiée de la passion amoureuse, dans laquelle on confond fusion imaginaire et union, le troisième facteur qui s'oppose à un épanouissement stable de l'amour dans le couple est la mise à distance inconsciente du partenaire. Les facteurs cités plus haut – la nature de la fusion amoureuse, la défense de l'image de soi et l'agressivité – font qu'il est naturellement très difficile pour un couple d'évoluer spontanément de façon satisfaisante. Il faut donc un autre mécanisme inconscient qui camoufle les deux autres et protège le couple pour qu'il dure : c'est la mise à distance inconsciente de l'autre.

Les deux partenaires se croient proches quand, en réalité, ils sont inconsciemment loin l'un de l'autre. C'est le grand mécanisme universel qui fait tenir le couple contre tous les facteurs adverses. Comme nous l'avons vu, cela n'empêche pas, dans les bons cas, une proximité familiale et une bonne réussite du couple dans ce domaine. Il n'y aurait rien à redire à cela, bien au contraire, si ce n'est que les partenaires font sans s'en rendre compte une croix sur une véritable union amoureuse. Les sorties en famille, ou avec les amis, sont une réussite, mais le désir de partir à deux en amoureux a disparu. On y pense quelquefois, mais cela reste une idée qui n'est que rarement mise à exécution, car secrètement les deux partenaires redoutent de se retrouver seuls en face à face. Il s'agit là des bons cas de mise à distance. Dans les mauvais cas, on trouve des couples stables, mais sclérosés, dont les conjoints sont, sans vraiment en prendre conscience, à des années-lumière l'un de l'autre.

La sexualité du couple suit les vicissitudes de la relation

Un autre facteur qui peut poser problème au couple est la sexualité. Généralement forte pendant la lune de miel, la sexualité suit habituellement les vicissitudes de la relation. C'est souvent un révélateur qui reflète plus ou moins bien ce qui se passe inconsciemment dans le couple. Les difficultés relationnelles du couple peuvent être cachées en surface, elles influent néanmoins souvent sur la sexualité. Inversement une mauvaise sexualité a beaucoup de chances de perturber la relation du couple en frustrant l'un ou l'autre des partenaires.

Un cas particulier concerne les couples à distance. Pour eux la sexualité est secrètement dangereuse, puisqu'elle rapproche trop intimement les partenaires. Ces couples ont souvent une sexualité peu fréquente et mécanique, de façon à ne pas éveiller des sentiments variés qui pourraient perturber l'équilibre de la relation. Il est difficile d'évaluer la fréquence des rapports sexuels dans ces couples, car beaucoup sont discrets ou mentent plus ou moins sciemment à ce sujet, mais certains sexologues estiment qu'après un certain temps de vie commune près d'un tiers des couples ne font plus l'amour que rarement, ou même quelquefois plus du tout.

L'amour est un mot galvaudé. On devient, à tort, honteux de ne pas savoir aimer

Tous les facteurs cités font que la vie amoureuse du couple est difficile et que peu de couples vivent spontanément une union amoureuse satisfaisante. Les raisons pour être en couple commencent par un désir amoureux et se terminent souvent par de multiples motifs qui sont très loin de l'union amoureuse. Citons une liste de P. Brenot à ce sujet. On reste ensemble : par devoir, par convention, par inhibition, pour élever un enfant, par nécessité financière, par intérêt, pour soutenir l'autre, par dépit... et probablement pour d'autres raisons encore.

À nouveau, nous ne sommes pas contre ces raisons, certaines peuvent, selon les circonstances, être tout à fait valables. Le problème est que le mot amour devient terriblement galvaudé car à la question : « Est-ce que vous vous aimez ? », tous ces couples répondent comme un seul homme : « Mais bien sûr que nous nous aimons ! » sous-entendu : « Puisque nous sommes en couple, cela veut dire que nous nous aimons », ce qui traduit la pensée inconsciente : « On aurait vraiment l'air d'idiots de rester ensemble, si nous ne nous aimions pas. »

Ce type de réponse a un effet pernicieux sur les quelques couples qui ont conscience que réaliser leur projet amoureux n'est pas facile. Ils entendent partout le même refrain : « Mais bien sûr que nous nous aimons », et le croient puisque tout le monde le dit. Au lieu de se dire : « Il faudrait faire quelque chose pour développer notre amour », ils se disent alors inconsciemment : « Nous ne savons pas y faire. Tout le monde dit que c'est facile, mais nous, on n'y arrive pas. Cachons cette faiblesse. » Le tour est joué. Arrêtés dans leur élan, plus rien ne se passera dans leur couple. Cela fera un couple de plus dont l'amour est sclérosé, ou un couple qui se sépare au bout d'un temps.

L'analyse de couple : une façon de réparer la relation de couple et d'épanouir l'amour

Il y a certainement plusieurs façons d'épanouir l'amour. Nous en proposons une dans ce livre qui a fait ses preuves avec beaucoup de couples. Nous l'avons longuement expliquée et nous avons donné de nombreux exemples de son application. Nous la désignons sous le terme d'analyse du couple ou d'analyse relationnelle du couple.

Cette méthode est intégrative, c'est-à-dire qu'elle réunit plusieurs approches différentes. Cette pluralité d'approches ne doit pas étonner. La vie amoureuse du couple dépend de nombreux facteurs. Il faut donc, pour l'améliorer, l'aborder sous plusieurs angles. En termes plus techniques, disons que la voie qui est présentée ici réunit quatre outils fondamentaux différents : une approche analytique jointe à une méthode cognitivo-comportementale, un travail de développement corporel et enfin, une approche sexologique relationnelle quand cela s'avère utile. Cela peut paraître beaucoup et un peu trop syncrétique. En réalité, le couple est un système compliqué et il ne faut pas moins que ces quatre approches pour l'aborder sous tous ses angles. Développer l'amour n'est pas chose facile et il vaut mieux avoir plus d'outils que moins, d'autant que l'utilisation de ceux-ci varie beaucoup en fonction de la personnalité des conjoints et de l'évolution du couple. On n'a pas besoin de tout en même temps. Apprendre à utiliser ce dont on dispose à bon escient est fondamental.

Explorer l'inconscient et ses conflits

En premier lieu on se base sur une approche analytique, puisqu'on veut explorer l'inconscient pour y trouver les facteurs qui détruisent le couple. Analytique n'est pas synonyme d'une analyse faite sur le divan. Un couple est un système de deux personnes qui nouent une relation à la fois consciente et inconsciente. Analyser les actions et les sentiments des conjoints dans le couple donne un matériel amplement suffisant pour pouvoir mettre au jour l'inconscient de chacun des partenaires. Il n'est donc pas besoin de créer un transfert particulièrement fort avec l'analyste, ou les analystes (puisque ceux-ci travaillent souvent à deux : un homme et une femme). Bien sûr, il se crée un transfert sur l'analyste, c'est inévitable. Mais on se contente de l'analyser relativement superficiellement afin qu'il ne gêne pas l'analyse du couple. Le fait qu'il y ait assez fréquemment deux analystes aide d'ailleurs beaucoup dans l'analyse de ce transfert.

Explorer les schémas de pensée qui déterminent la perception de soi et de l'autre : une approche cognitive

En second lieu, l'analyse de couple comporte une très forte composante cognitivo-comportementale. Contrairement à ce qui se dit souvent, l'approche cognitive, très à la mode en ce moment, n'est pas chose nouvelle. Ce qui est nouveau, c'est sa systématisation.

Cette approche est caractérisée par une focalisation exclusive sur certains points bien définis. Cette restriction permet de mesurer certains effets spécifiques et bien définis de la relation de couple, ce qui n'est pas le cas de l'analyse qui prend en compte de nombreux facteurs psychiques à la fois. On peut, par exemple, mesurer un changement défini et limité, comme la diminution d'une phobie à la suite d'une thérapie cognitive. On ne peut pas espérer mesurer aussi facilement des changements d'attitude ou de comportement plus généraux, comme ceux qui se produisent dans l'analyse.

Notons que la controverse actuelle qui existe entre ceux qui soutiennent l'approche cognitive et ceux qui soutiennent l'analyse est centrée autour de ce point : vaut-il mieux un changement mesurable, mais souvent limité, à un changement non mesurable, mais qui peut être beaucoup plus large ? Dans notre cas nous préférons utiliser les deux approches, selon les besoins du moment. C'est pourquoi, en analyse de couple, on emploie fréquemment l'approche cognitive quand on se focalise, pendant un temps, sur certains problèmes particuliers.

Une autre caractéristique importante de l'approche cognitive est l'importance donnée au dialogue avec la personne pour l'aider à prendre conscience des schémas mentaux erronés, à travers lesquels elle perçoit le monde. Il est évident que ce type d'intervention est utilisé par tous les thérapeutes, quels qu'ils soient. En ce sens, ceux-ci font, au moins partiellement, de la thérapie cognitive, sans toutefois la systématiser. Tous les psychanalystes en font aussi un peu, à moins qu'ils ne se contentent d'écouter la personne sans jamais intervenir. Cette dernière attitude est justifiée théoriquement par certaines écoles de psychanalyse, mais dans la pratique réelle des psychanalystes, il y a toujours un moment de dialogue avec la personne autour de l'irréalité de ses schémas mentaux.

Favoriser les comportements positifs dans le couple

L'approche comportementale est très utilisée dans l'analyse de couple. Elle permet de concrétiser rapidement des prises de conscience faites au cours de l'analyse. Au lieu de ne faire que parler, on passe à l'action. On essaie des comportements nouveaux dans le couple et on voit le résultat. Si celui-ci est positif, c'est une bonne avancée qui va retentir positivement sur la relation de couple. Si le résultat est nul ou négatif, c'est que le nouveau comportement, bien qu'apparemment approprié, ne l'est pas en réalité. Pourquoi ?

Essayer de répondre à cette question relance automatiquement l'analyse, car l'échec du nouveau comportement est généralement dû à l'influence d'un facteur inconscient qui n'a pas été vu.

On a donc une interaction positive en boucle entre analyse de l'inconscient et travail comportemental dans le couple. Les deux se complètent et se renforcent mutuellement. Nous avons développé beaucoup d'outils comportementaux : contrats, situations expérimentales dans le couple, temps d'intimité structurés, moyens de communication divers, qui aident les partenaires à changer de comportement pour améliorer la relation. L'analyse de couple est une analyse active à deux niveaux : d'un côté, elle se sert des actes effectués dans le couple pour explorer l'inconscient des partenaires, de l'autre, elle encourage les actions destinées à faire avancer le couple.

Réparer et épanouir la sexualité du couple

La sexualité du couple est un domaine particulièrement important, à la fois au niveau comportemental et au niveau mental. La qualité de la sexualité est étroitement liée à la relation existant dans le couple. Beaucoup de difficultés sexuelles sont souvent dues à des problèmes relationnels plus ou moins inconscients. Inversement, une mauvaise sexualité retentit souvent fâcheusement sur la relation entre les conjoints. Fréquemment l'un des deux partenaires, ou les deux, sont frustrés par le manque de sexualité ou sa mauvaise qualité.

Nous accordons donc beaucoup d'importance à l'équilibre de la sexualité dans le couple. Bien des méthodes que nous avons citées sont applicables à la sexualité. On en trouvera de nombreux exemples dans les chapitres de ce livre consacrés aux difficultés sexuelles. Nous sommes ici en complet accord avec le conseil issu de la biologie qui recommande de fréquents rapports sexuels. Comme nous l'avons vu précédemment, une des seules méthodes non psychologiques qui peut améliorer le couple est la sexualité. En effet, des rapports sexuels satisfaisants amènent une production de neurotransmetteurs et d'hormones très utiles dans la relation amoureuse, en particulier la dopamine, qui est le neurotransmetteur du désir, au sens très large du terme, et l'ocytocine qui est l'hormone de l'attachement.

Retrouver les émotions et mettre le corps en éveil

La dernière approche qui est utilisée dans l'analyse de couple est le travail corporel, issu de méthodes utilisées en psychologie humaniste et d'emprunts à différentes techniques d'éveil du corps : mouvement, respiration, vocalisations. Ce travail corporel sert à deux choses. En premier lieu il peut ramener à la surface des émotions enfouies, ce qui est très utile pour l'analyse de l'inconscient. C'est là un usage classique issu de la psychologie humaniste. En second lieu la mise en éveil du corps permet d'augmenter la production de neurotransmetteurs essentiels, en particulier la dopamine qui joue un rôle fondamental dans la sexualité et dans la vitalité de l'organisme.

Entreprendre une analyse de couple

Il est souvent difficile de commencer une analyse de couple. Une personne seule a déjà beaucoup de mal à s'engager dans une démarche impliquant un changement personnel. Les hésitations sont nombreuses : « Est-ce que j'en ai vraiment besoin ? Est-ce que je vais y arriver ? La démarche dans laquelle je m'engage est-elle la bonne ? Puis-je faire confiance ? » Autant de questions importantes auxquelles on ne peut pas vraiment répondre tant que l'on n'a pas commencé. La personne y pense longtemps avant de se décider, elle est sur le point de s'engager, puis hésite, revient en arrière, jusqu'au moment où elle se décide pour de bon.

La décision de s'engager dans une analyse de couple est encore plus difficile à prendre. Il faut que les deux conjoints soient d'accord pour commencer. Les hésitations sont donc généralement multipliées par deux et l'état du couple a le temps de continuer à se détériorer en attendant la décision. On peut considérer trois phases cruciales dans ce processus d'irrésolution.

Le premier temps est la phase de prise de conscience des difficultés. Le couple, ou l'un des membres du couple, prend conscience qu'une certaine difficulté, relationnelle ou sexuelle, existe bien dans le couple. Quand cette prise de conscience est le fait d'un seul des membres du couple, souvent l'autre nie cette difficulté, ou suit la politique de l'autruche en pensant que cela va s'arranger si on attend un peu. Il arrive toutefois un moment où il devient évident que cela ne va pas s'arranger tout seul et qu'il faudrait peut-être chercher de l'aide. Il y a alors fréquemment une nouvelle phase d'irrésolution où plusieurs possibilités sont envisagées, mais rien n'est décidé. Cette phase de prise de conscience des difficultés est une bonne période pour commencer une analyse de couple. Les crises dans le couple ne sont pas encore chroniques et les conjoints peuvent réfléchir et se mettre d'accord sans être dans l'urgence.

La phase suivante voit apparaître des crises plus répétitives. Il est déjà plus difficile pour les conjoints de se mettre d'accord, mais il y a encore une bonne volonté réciproque. Il n'est donc pas trop tard pour agir.

Dans la phase d'après, il devient difficile d'agir car il n'y a plus de bonne volonté commune. Au contraire, il suffit que l'un veuille prendre une décision pour que l'autre la refuse. Ce n'est plus la rationalité qui domine, c'est la volonté de s'opposer à l'autre. Puis la situation empire et l'on n'a plus aucun désir de se rapprocher l'un de l'autre. Le couple est voué soit à une longue phase d'éloignement ou de bagarre permanente, soit à la rupture.

Deux étapes dans l'évolution du couple : la phase de la réparation et celle de l'épanouissement de la relation amoureuse

L'évolution d'un couple vers une relation plus amoureuse passe habituellement par deux phases. Une phase de réparation et une phase d'épanouissement. La phase de réparation consiste à guérir les blessures du couple qui l'empêchent de fonctionner correctement. Ces blessures peuvent correspondre à des symptômes précis : relation conflictuelle, pannes sexuelles, etc. Elles peuvent aussi revêtir une forme imprécise : le couple se sent un peu mort, quelque chose ne va pas, mais on n'arrive pas à définir exactement ce que c'est. La phase de réparation consiste à relancer un fonctionnement correct de la relation. À la fin de cette phase, plus ou moins longue selon les cas, le couple peut choisir d'arrêter l'analyse, puisque la relation est devenue plus satisfaisante. Il peut aussi choisir de continuer et d'aborder la phase de l'épanouissement de la relation amoureuse.

La distinction entre les deux phases n'est pas toujours claire. Il arrive qu'un couple vienne pour essayer de résoudre un problème bien défini et que la résolution de celui-ci traîne en longueur. Ce qui semblait simple *a priori* avait en fait des racines beaucoup plus profondes que ce que l'on croyait avant de commencer à aborder sérieusement le problème. Cela n'est pas forcément une perte de temps. D'abord, si un problème est sérieux il faut effectivement du temps pour le résoudre. Ensuite, l'analyse de couple apporte parallèlement d'autres bénéfices, que les conjoints ne demandaient pas *a priori*, mais qui deviennent très intéressants au fur et à mesure qu'ils se concrétisent. Dans ce cas, les phases de réparation et d'épanouissement se recouvrent : on parcourt les deux plus ou moins simultanément.

Le couple est un espace unique d'épanouissement personnel

Nous attachons une grande importance à la phase d'épanouissement amoureux dans le couple, car celui-ci est un espace unique de développement personnel. Le Yi-king, sagesse millénaire, dit très justement : « Un lien étroit n'est possible qu'entre deux personnes ; un groupe de trois engendre la jalousie. » Le couple est l'occasion de pouvoir vraiment créer un lien proche avec l'autre.

Tout en accordant beaucoup d'importance au couple, la plupart des gens le considèrent comme une institution banale. On se met en couple parce qu'on s'aime… puis on y reste parce que cela se fait. Le couple permet de réaliser certains projets de base : fonder une famille, acheter une maison, etc. Mais, d'une certaine façon, tout cela est normal, donc banal.

Très peu de gens réalisent que le couple offre bien autre chose : le couple permet d'épanouir l'amour. À nouveau, pour beaucoup, épanouir l'amour reste banal, car ils n'en n'ont pas l'expérience réelle. Ils ont beau entendre dire, tout au long de leur vie, que l'amour est vraiment ce qu'il y a de plus agréable au monde, ils acquiescent et continuent leurs projets variés car tout le battage fait dans la société autour de l'amour reste pour eux un discours très théorique. On comprend cette indifférence puisqu'on a vu combien il était difficile de faire l'expérience réelle d'un amour fort et stable.

L'union amoureuse est aux antipodes de la fusion amoureuse

Souvent on confond approfondir la relation amoureuse dans le couple avec l'amour fusionnel. C'est en fait presque le contraire. La nature de l'amour fusionnel a été décrite plus haut. Il s'agit, en termes techniques, d'un double mécanisme de clivage idéalisant. Les membres du couple sont comme deux miroirs qui se regardent en se renvoyant réciproquement : « Je t'aime / Je m'aime parce que tu m'aimes… Je ne me sens exister que parce que tu m'aimes. »

Dans l'union amoureuse, le sentiment d'existence personnel ne vient pas du fait que l'autre nous aime. Il préexiste à l'amour et est la source de l'amour. Dans l'union amoureuse, chacun dit à l'autre : « Je t'aime parce que j'existe, que j'aime aimer et que c'est toi qui es l'objet de mon amour. »

La phase d'épanouissement du couple consiste à renforcer le sentiment d'existence personnelle de chacun, tout en développant l'attrait, au sens profond du terme, que chacun des partenaires a pour l'autre. Il s'agit donc de créer une complémentarité très positive entre les partenaires, de façon à ce que chacun ait suffisamment évolué positivement pour être vraiment l'objet de l'amour de l'autre. Quand ces conditions sont remplies, il se produit une spirale amoureuse extrêmement forte. Chacun est très attiré par son partenaire, non pas à cause d'une image issue d'un processus inconscient idéalisant, mais parce que l'autre sait lui apporter exactement ce dont il a besoin. L'amour n'est plus ni une illusion ni un impératif moral, mais une réalité concrète qui s'exprime par l'affirmation : « C'est vraiment avec cette personne que je veux vivre, il n'y a qu'avec elle que je peux satisfaire pleinement mon désir d'aimer, parce qu'elle me correspond exactement. » Cette affirmation peut ressembler superficiellement à celle que l'on entend dans la fusion amoureuse de la lune de miel, mais quand on regarde ses racines on trouve tout autre chose. Au lieu du résultat temporaire d'une manipulation mentale inconsciente, un clivage idéalisant, on se trouve en présence d'une personne unitaire désirant une autre personne unitaire.

L'individuation du couple ; chaque couple devient unique

Le passage de la fusion amoureuse de la lune de miel à l'union amoureuse est l'un des deux processus fondamentaux de l'épanouissement amoureux. L'autre processus est l'individuation du couple.

Au fur et à mesure que les deux conjoints apprennent à se connaître en profondeur, ce qui veut dire explorer suffisamment leur inconscient, ils s'individualisent, au sens donné par Jung à ce terme. Cela veut dire que chaque personne commence vraiment à voir qu'elle est unique, et que c'est totalement légitime d'avoir des besoins et des goûts spécifiques, différents de ceux des autres. Elle rejette ce qu'elle avait mal assimilé pendant sa formation et accepte des aspects personnels qu'elle n'osait pas jusque-là accepter en elle. En d'autres termes, elle apprend à dire vraiment « oui » à ce qui la constitue, et « non » à ce qui ne la constitue pas. Elle devient unitaire, non pas dans les mots, comme c'est souvent le cas, mais dans les faits, ce qui est beaucoup plus rare. Une individuation menée à son terme constitue la véritable nature de l'épanouissement personnel.

Il se produit, pendant la phase d'épanouissement de l'analyse en couple, un phénomène similaire au niveau du couple. La relation de couple trouve sa véritable nature. Tout comme l'individuation personnelle, l'individuation du couple se fait spontanément. L'analyste ne propose aucun modèle, car ce serait contraire au processus spontané de l'individuation. Il se contente d'aider à déblayer les obstacles qui se trouvent sur le chemin du couple. Mais c'est le couple lui-même qui avance intuitivement en créant sa propre voie. Progressivement, en cherchant à satisfaire complètement les désirs des deux partenaires, le couple devient unique. À deux partenaires uniques, avec des goûts et des besoins spécifiques, correspond un couple unique.

Des couples amoureux tous différents, mais ayant trois traits communs : amour, autonomie et respect de la différence de l'autre, sexualité forte et joyeuse

Tous les couples qui atteignent ce degré d'individuation sont différents les uns des autres. Ils ont cependant trois caractéristiques communes :

- la première est une relation amoureuse très profonde ;
- la deuxième est un profond respect de la différence de l'autre. Il ne peut y avoir amour partagé sans une vision claire de la nature de son conjoint, de ses besoins et de ses capacités. La confiance en l'autre est totale et on lui laisse une complète autonomie dans la gestion de ses projets. On peut le conseiller et l'aider, si celui-ci le demande, mais on respecte totalement la nature de ses projets et la façon dont il les mène. En un mot, on aide l'autre, mais on le laisse libre. Dans l'union amoureuse coexistent à la fois un

grand attachement à l'autre et une grande autonomie. C'est une combinaison très rare dans un couple ;

– la troisième caractéristique de l'union amoureuse est une sexualité forte et joyeuse, dans laquelle chacun joue à la fois les rôles qui lui plaisent et les rôles qui plaisent à l'autre. Cette harmonie sexuelle spontanée vient du fait que c'est le désir de l'autre qui sert d'aphrodisiaque. Les deux désirs se renvoient l'un à l'autre et forment une spirale montante qui satisfait complètement les deux partenaires.

On peut d'ailleurs observer ce mode extrêmement satisfaisant de relation sexuelle, appelé sexualité extraordinaire par certains auteurs [7], au début de certaines relations amoureuses, mais il est instable et ne survit généralement pas à la lune de miel. Certains couples en analyse réalisent relativement vite cette harmonie sexuelle spontanée de façon stable, quand bien même l'union amoureuse n'est pas encore au rendez-vous. C'est d'ailleurs l'un des facteurs qui facilitent l'évolution du couple. Les conjoints savent qu'ils ne trouveront pas une meilleure sexualité ailleurs et le spectre de l'infidélité disparaît complètement du couple. Cette disparition rapide du désir d'infidélité est l'un des phénomènes qui nous avaient frappés lors de nos premiers essais d'analyse de couple.

L'amour entre l'homme et la femme s'étend aux enfants du couple

Le respect naturel envers l'autre qui existe dans l'union amoureuse s'étend aux enfants. De la même façon que chaque conjoint voit clairement la différence de l'autre et la respecte, les parents voient davantage leurs enfants comme des êtres différents d'eux, des personnes à part entière, qu'ils ont à protéger et à éduquer, tout en respectant leur identité et les spécificités de leur personnalité.

La fusion émotionnelle entre le parent, souvent la mère, et l'enfant est ainsi évitée. Au lieu d'exister en fonction de l'amour que lui porte l'enfant, le parent existe d'abord par lui-même. Il a appris à le faire au cours de la phase d'épanouissement de l'analyse de couple. N'ayant plus besoin d'une réassurance constante, il n'exerce plus une pression inconsciente sur l'enfant pour être aimé par ce dernier. Ce faisant, il libère l'enfant de la culpabilité et lui permet

7 ALBERONI, Francesco, cité par BRENOT, Philippe, *Inventer le couple*, Odile Jacob, Paris, 2001, p.164.

d'explorer plus librement ses sentiments positifs et négatifs, tout en l'aidant à gérer ses émotions. Comme entre les conjoints, l'amour devient libre. On constate que plus l'enfant est jeune, plus il répond positivement aux changements qu'il perçoit chez ses parents.

À partir de cette expérience, beaucoup de relations vont changer, souvent celles avec ses propres parents, comme celles avec certains amis ou collègues. La relation est vécue avec plus de conscience, l'autre est mieux perçu et mieux pris en compte pour ce qu'il est. Il faut évidemment qu'il y ait une réponse positive de l'autre côté pour que ce type de relation soit durable.

La société a une double attitude envers l'amour

L'épanouissement du couple, tel que nous le concevons, représente une évolution majeure dans le rapport amoureux entre un homme et une femme.

Le couple, pendant des millénaires, a été chargé de nombreuses fonctions sociales fondamentales, qui l'ont transformé en un pilier de la société. Dans l'organisation sociale, l'amour a été presque totalement oublié et la domination de l'homme sur la femme a prédominé. Ce n'est que très récemment, dans notre société occidentale, que le couple s'est dépouillé de ces différentes fonctions sociales et est revenu à son point de départ amoureux.

De nos jours on se met en couple pour satisfaire ses besoins amoureux. Est-ce que le couple peut spontanément satisfaire ces besoins ? C'est ce que tout le monde croit, mais sans le croire vraiment. Il existe dans la société une attitude ambiguë concernant l'amour. On le chante, on le vante, on s'y lance et en même temps on en doute profondément. D'une certaine façon, on pense que c'est trop beau pour être vrai.

Nous avons vu au cours de cet ouvrage qu'à la fois cette attirance et cette méfiance sont justifiées. Mais pour nous, il n'y a pas contradiction. L'amour est possible, mais pour le réaliser, on doit le cultiver. Les partenaires du couple doivent faire un travail sur eux-mêmes et un apprentissage pour atteindre l'union amoureuse dont ils rêvent. Si cet apprentissage est fait correctement, le rêve devient réalité. On découvre alors que l'amour est bien la chose à la fois la plus intime et la plus extraordinaire qui soit.

Glossaire

Ce glossaire définit, de façon souvent simplifiée, un certain nombre de mots utilisés fréquemment dans ce livre. Beaucoup appartiennent au vocabulaire de la psychanalyse, mais ils peuvent être employés en analyse de couple dans un sens légèrement différent de leur sens habituel.

AMBIVALENCE. Mélange inconscient d'agressivité et d'amour vis-à-vis de la même personne ou du même objet.
ANALYSANT. Personne qui est en analyse.
ANALYSE ACTIVE. Processus analytique qui joint l'analyse des actions à l'analyse du discours. Dans l'analyse active la compréhension et l'action doivent être intégrées : l'action permet de tester l'authenticité de la compréhension et la compréhension permet d'agir de façon juste. L'analyse active est particulièrement utile dans l'analyse en couple.
ANTHROPOLOGIE. Étude comparative des caractéristiques de l'être humain, en particulier dans différentes sociétés.
ÇA. L'une des trois instances de l'inconscient selon Freud. C'est l'ensemble des pulsions rendues inconscientes par le refoulement. Les deux pulsions principales sont l'agressivité (ou le désir de domination) et le désir de plaire (ou sexualité au sens freudien).
CENSURE. Opération inconsciente de contrôle qui empêche l'accès à la conscience des désirs inconscients.
CLIVAGE. Opération inconsciente consistant à diviser en deux parties la perception d'un objet. Au lieu d'avoir une perception unitaire d'une même personne, on aura par exemple deux images de cette personne : une positive et une négative. L'une de ces images peut être ensuite déniée : la personne apparaît alors comme entièrement positive ou entièrement négative. Le processus de clivage peut aussi concerner la perception de soi-même. On aura alors deux visions de soi : une positive et une négative. Elles peuvent alterner, ou bien l'une peut être déniée et ne plus apparaître à la conscience.

CONTRAT. Accord temporaire passé entre les conjoints, avec l'aide de l'analyste de couple. Le contrat a pour but d'aider les partenaires à faire l'expérience de comportements nouveaux afin d'améliorer la relation de couple. Variables et flexibles, les contrats peuvent être révisés à tout moment si l'un des conjoints le désire.

CONTRE TRANSFERT. Ensemble des réactions affectives internes de l'analyste vis-à-vis de la personne en analyse.

CULPABILITÉ. Auto-agression par le surmoi accusant l'individu d'être en échec par rapport à des modèles intériorisés. La culpabilité inconsciente est un sentiment beaucoup plus vaste et constant que la culpabilité consciente.

DÉNI. Refus inconscient de voir certains aspects de la réalité qui menacent trop le sujet.

DIALECTIQUE DU CHANGEMENT DANS LE COUPLE. Le changement d'un individu est limité par le cadre créé par son milieu. Une personne ne peut changer profondément que si son milieu relationnel favorise son évolution, en s'adaptant à celle-ci. Dans un couple, le changement de l'un des partenaires induit le changement de l'autre. C'est cette interaction complexe des transformations des deux conjoints qui est appelée la dialectique du changement dans le couple. Cette dialectique du changement permet une transformation personnelle plus profonde en analyse de couple qu'en analyse individuelle. En effet, le milieu relationnel constitué par le couple ne reste pas fixe, il évolue de façon optimale tout au long de l'analyse pour faciliter le changement des deux partenaires.

DOPAMINE. Neurotransmetteur utilisé dans les cellules du cerveau qui sont responsables de la motivation, du désir et de la préparation de l'action. Il sous-tend l'élan vital, l'« allant », de l'organisme.

EGO. En psychanalyse, le terme ego est souvent synonyme de moi. Dans le langage courant ego se réfère à la dimension narcissique et égocentrique de l'être humain.

FORMATION DE COMPROMIS. Pensée ou acte qui laissent passer une partie d'un désir interdit, en le déguisant de façon à ce qu'il ne soit pas reconnu comme tel.

FUSION. Processus psychique inconscient par lequel l'identité et le sentiment d'existence d'un individu se fixent sur l'image que lui renvoie un objet (une personne) extérieur à lui-même. La fusion résulte d'un double mécanisme :

- projection d'une valeur affective positive sur l'objet qui va servir de miroir ;
- introjection en retour d'une valeur positive, renvoyée par l'objet-miroir.

Dans la lune de miel, par exemple, on investit amoureusement l'image de la personne aimée, puis on réinvestit sur soi le positif venant de cette image. En résumé, on a un échange imaginaire du type : « Si j'aime cette personne, c'est qu'elle est vraiment digne d'amour (projection du positif sur l'autre) ; cette personne digne d'amour m'aime, donc je suis moi-même une personne digne d'amour (introjection du positif sur soi). »
La fusion peut être aussi négative. Le dialogue imaginaire est alors du type : « Si je me dispute avec cette personne, c'est parce qu'elle a tort (projection du négatif sur l'autre) ; je suis donc juste de combattre cette personne (introjection du positif sur soi). »

IDÉAL DU MOI. Ensemble des modèles idéaux intériorisés. Ceux-ci sont généralement très teintés de narcissisme.

IDENTIFICATION. Processus par lequel le sujet se constitue, notamment au moment de l'Œdipe (vers 3 ou 4 ans), qui consiste à s'approprier des aspects (surtout les valeurs) de certaines personnes de son entourage (généralement les parents). C'est le processus principal responsable de la socialisation de l'enfant. Dans ce livre, nous considérons souvent l'identification comme un cas particulier de l'introjection de valeurs.

INCONSCIENT D'AUTOMATICITÉ. Ensemble des processus échappant par nature à la conscience : processus physiologiques, psychiques, etc. Contrairement à l'inconscient psychanalytique, aucun de ces processus n'a pour but de déformer la perception de la réalité. On parle aussi souvent d'inconscient cognitif.

INCONSCIENT PSYCHANALYTIQUE. Ensemble des processus psychiques échappant à la conscience et dont le but est de déformer la perception de la réalité (en particulier de la nature de certains désirs), afin de protéger la représentation que le sujet a de lui-même et des autres.

INCONSCIENT TRIPARTITE FREUDIEN. Forme que prend l'inconscient psychanalytique après le passage de l'Œdipe. Il comprend trois instances : le ça, le surmoi, le moi.

INDIVIDUATION. Terme créé par Jung. C'est le processus par lequel un individu devient unitaire, en ne gardant que ce qui constitue sa personnalité de base et en abandonnant consciemment ce qui est fondamentalement conflictuel avec cette personnalité.

INTROJECTION. Mécanisme inconscient par lequel la personne fait siennes, incorpore, les caractéristiques d'un objet extérieur (quand celui-ci est une valeur ou un modèle, on parle généralement d'identification). C'est le processus inverse de la projection.

LUTTE DE POUVOIR RELATIONNELLE. Lutte inconsciente entre deux individus, qui provient du désir fondamental de l'être humain de s'affirmer face à l'autre. Ce désir dérive des comportements animaux de dominance. Il s'exprime beaucoup chez l'homme au niveau de l'imaginaire, où il est intimement lié au narcissisme, à l'agressivité et au désir d'omnipotence. C'est un des principaux obstacles à l'instauration d'une relation amoureuse authentique dans un couple.

MOI. Dans la théorie freudienne, le moi est l'une des trois instances inconscientes formant l'appareil psychique, avec le Ça et le surmoi. Il faut souligner que le terme « moi » recouvre deux aspects différents l'un de l'autre :

– le moi « exécutif ». C'est la faculté du psychisme qui maintient la structure de l'inconscient par l'utilisation de la censure, et qui arbitre les conflits entre les demandes du Ça , du surmoi, et celles du milieu extérieur ;
– le moi « constitutif ». Celui-ci représente un ensemble d'identifications qui définissent le sujet (je suis ceci, je suis cela...)

MONOGAMIE. Mode d'appariement des êtres vivants caractérisé par la formation d'un couple exclusif (un seul conjoint). On distingue la monogamie temporaire et la monogamie permanente.

NARCISSISME. La conscience réflexive, dont est doté l'être humain, permet la création d'une représentation du monde (l'objet) et d'une représentation de soi (le sujet). Le narcissisme est la tendance à survaloriser cette dernière. Cette tendance n'est pas réservée à la pathologie, mais est une composante fondamentale de l'esprit humain.

NEUROTRANSMETTEURS. Substances chimiques produites par les neurones qui servent à transmettre l'influx nerveux d'un neurone à l'autre. On dit aussi neuromédiateurs.

OCYTOCINE. Hormone qui agit sur la relation d'attachement entre deux êtres. À l'accouchement, et lors de la tétée, il se produit une forte production d'ocytocine, qui induit l'attachement maternel. L'ocytocine intervient aussi pour créer, chez certains couples d'animaux, une forte monogamie naturelle.

ŒDIPE (passage de l'Œdipe). Initialement, ce stade de l'évolution de l'enfant a été défini par Freud comme le moment où se manifeste la rivalité entre l'enfant et le père au sujet de l'amour de la mère. Il est généralement interprété de façon plus large comme étant le moment où l'enfant (entre 3 et 5 ans) sort de la relation duelle avec sa mère pour s'identifier aux valeurs de la société, représentées symboliquement par le père. L'enfant quitte le stade préœdipien de « bébé » pour devenir un sujet, membre de la société, avec un statut, des droits et des devoirs. C'est le moment où se constituent le surmoi et l'idéal du moi. Globalement, on peut dire que le passage de l'Œdipe est le tournant crucial de la socialisation de l'individu.

OMNIPOTENCE. Le désir d'omnipotence, loin d'être réservé au psychisme infantile comme on le pense souvent, est une composante fondamentale de la conscience humaine. C'est la traduction psychique du désir d'expansion et d'affirmation de l'organisme propre à tous les êtres vivants. Chez les humains, il se manifeste typiquement par la croyance à la toute-puissance des mots (imaginaire).

POLYGAMIE. Mode d'appariement des êtres vivants où il n'y a pas formation d'un couple exclusif. On distingue la polygynie, dans laquelle un mâle s'accouple avec plusieurs femelles, et la polyandrie, où une femelle s'accouple avec plusieurs mâles.

POSITION SCHIZOPARANOÏDE. Position relationnelle définie par Mélanie Klein. Elle apparaît chez l'enfant au moment où la perception de l'autre est clivée en deux parties opposées : une bonne et une mauvaise.

POSITION DÉPRESSIVE. Position relationnelle, définie par Mélanie Klein, qui fait suite à la position schizoparanoïde. Pendant cette phase, la perception de l'enfant est réunifiée et les caractéristiques bonnes ou mauvaises de l'autre apparaissent de façon mêlée. La constatation de cette ambivalence produit un abattement, d'où le nom de position dépressive.

PRISE DE CONSCIENCE. Réorganisation cognitive qui permet de diminuer la déformation que l'inconscient fait subir à la réalité. Le degré de profondeur d'une prise de conscience est très variable. Il est souvent insignifiant dans la vie quotidienne, mais il est beaucoup plus important dans un processus analytique qui sert à dévoiler l'inconscient.

PROJECTION. Déformation inconsciente de la réalité qui consiste à attribuer à un objet (personne) extérieur des caractéristiques issues du sujet lui-même.

SITUATION RELATIONNELLE EXPÉRIMENTALE. Situation de couple proposée en analyse active par l'analyste (à vivre soit dans le groupe d'analyse, soit chez soi, selon la nature de cette situation). Son but est de servir de cadre pour faire l'essai d'un comportement nouveau et de développer l'intimité dans le couple.

STADE DU MIROIR. Étape du développement de l'enfant dans laquelle le moi corporel s'unifie. Il est caractérisé par le fait que l'enfant reconnaît son image dans un miroir.

SURMOI. Une des trois instances de l'inconscient freudien, avec le Ça et le moi. C'est un ensemble de modèles intériorisés qui définissent la conscience morale de l'individu. Nous utilisons souvent l'expression globale – surmoi - idéal du moi – pour nous référer à l'ensemble des modèles intériorisés, souvent très peu conscients, qui guident la vie de l'individu.

TEMPS D'INTIMITÉ STRUCTURÉ. Autre nom pour situation relationnelle expérimentale (voir ce terme).

UNION AMOUREUSE. Rapport amoureux intime entre deux êtres, quand la perception de soi et de l'autre est devenue unitaire et quand la dépendance due au rapport en miroir a disparu. L'union est le contraire de la fusion amoureuse, cette dernière étant essentiellement un phénomène narcissique de rapport en miroir.

Bibliographie

ALLAIS, C. et ALLAIS, D. : *L'Épanouissement amoureux et sexuel du couple*, Meschers, Ed. Bernet-Danilo,1999.

ALLAIS, C. et ALLAIS, D. : *Le Couple en thérapie, amour et sexualité*, Paris, Retz, 1993.

BRENOT, P. : *Inventer le couple*, Paris, Odile Jacob, 2001.

COTTRAUX, J. : *Les Thérapies comportementales et cognitives*, Paris, Massol, 1990.

DAMASIO, A. : *Spinoza avait raison*, Paris, Odile Jacob, 2003.

De ROUGEMONT, D. : *L'Amour et l'Occident*, Paris, Plon, 1972.

DELOURME A. : *Pour une psychothérapie plurielle*, Paris, Retz, 2001.

DESCAMPS, M.A. : *Corps et Psyché*, Paris, EPI, 1992.

DESJARDINS, A. : *La Voie du cœur*, Paris, La Table Ronde, 1987.

DESJARDINS, A. : *Pour une vie réussie*, Paris, La Table Ronde, 1986.

DUPRÉ LA TOUR, M. : *Les Crises du couple*, Ramonville, Éres, 2005.

FISHER, H. : *Pourquoi nous aimons*, Paris, Robert Laffont, 2004.

FROMM, E. : *L'Art d'aimer*, Paris, EPI, 1968.

GUILHOT, M.A. et GUILHOT, J. : *Psychothérapie de groupe pour les couples*, Paris, Ed. ESF, 1980.

HENDRIX, H. : *Le Défi du couple*, Québec, Ed. Modus Vivendi, 1994.

HOUSIAU, P. : *La Dépendance contextuelle des processus perceptifs. Construction de l'identité humaine et anticipation des interactions menaçantes*, Thèse de doctorat, 2001.

HITE, S. : *Le Rapport Hite*, Paris, Stock, 1976.

KAUFMANN, J.C. : *Sociologie du couple*, Paris, PUF, 1993.

KLEIN, S. : *Apprendre à être heureux, neurobiologie du bonheur*, Paris, Robert Laffont, 2005.

LELEU, G. : *Sexualité, la voie sacrée*, Paris, Albin Michel, 2004.

LEMAIRE, J.G. : *Comment faire avec la passion*, Paris, Payot, 2005.

LEMAIRE, J.G. : *Le Couple : sa vie, sa mort*, Paris, Payot, 1986.

LEMAIRE, J.G. : *Les Mots du couple*, Paris, Payot, 1998.

LILAR, S. : *Le Couple*, Paris, Grasset, 1963.
LOZOWICK, L. : *L'Alchimie de l'amour et de la sexualité*, Gordes, Le Relié, 1995.
MARC, E. : *Le Changement en psychothérapie*, Paris, Dunod, 1993.
MIDAL, F. : *L'Esprit de la chevalerie*, Paris, Presses de la Renaissance, 2005.
NEUBURGER, R. : *Nouveaux Couples*, Paris, Odile Jacob, 1997.
PASINI, W. : *À quoi sert le couple ?* Paris, Odile Jacob, 1995.
PICARD, D. et MARC, E. : *Petit Traité des conflits ordinaires*, Paris, Ed. du Seuil, 2006.
POUJOL, J. et POUJOL, C. : *Vivre heureux en couple*, Éditions Empreinte temps présent, 1999.
REYNAUD, M. : *L'Amour est une drogue douce... en général*, Paris, Robert Laffont, 2005.
ROGERS, C. : *Réinventer le couple*, Paris, Robert Laffont, 1972.
SONDAGE CSA : « Les Français et les psychothérapies », *Psychologies*, septembre 2006.
TORDJMAN, G. : *Le Couple*, Paris, Hachette, 1992.
UVNAS MOBERG, K. : *Ocytocine : l'hormone de l'amour*, Barret-sur-Méouge, Le Souffle d'Or, 2006.
VINCENT, L. : *Comment devient-on amoureux ?* Paris, Odile Jacob, 2004.

Sommaire

Encadrés

Achevé d'imprimer sur les presses de

BUSSIÈRE

GROUPE CPI

à Saint-Amand-Montrond (Cher)
en août 2008

Édition exclusivement réservée
aux adhérents du Club
Le Grand Livre du Mois
réalisée avec l'autorisation des éditions du Relié

N° d'impression : 082426/1.
Dépôt légal : août 2008.

Imprimé en France